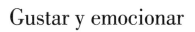

Gustar y emocionar

Gilles Lipovetsky

Gustar y emocionar

Ensayo sobre la sociedad de seducción

EDITORIAL ANAGRAMA
BARCELONA

Título de la edición original:
Plaire et toucher. Essai sur la société de séduction
© Éditions Gallimard
París, 2017

Ilustración: «Flores», Álvaro Carmona. Foto © Estela Salinas

Primera edición: octubre 2020

Diseño de la colección: lookatcia.com

© De la traducción, Cristina Zelich, 2020

© EDITORIAL ANAGRAMA, S. A., 2020
Pedró de la Creu, 58
08034 Barcelona

ISBN: 978-84-339-6460-1
Depósito Legal: B. 15775-2020

Printed in Spain

Liberdúplex, S. L. U., ctra. BV 2249, km 7,4 - Polígono Torrentfondo
08791 Sant Llorenç d'Hortons

Para Léonor

La regla principal es gustar y emocionar:
todas las demás solo están hechas para alcanzar
esta primera.

RACINE, Prefacio a *Berenice* (1670)

INTRODUCCIÓN

Desear gustar, atraer la atención sobre uno mismo, ponerse en valor y realzarse: ¿hay algo más invariable en la conducta de los hombres y las mujeres? El deseo de gustar y los comportamientos de seducción (adornos, cosméticos, regalos, miradas, coqueteos, sonrisas cautivadoras) parecen, en ciertos aspectos, atemporales, desafiar el tiempo, ser los mismos desde que el mundo es mundo y hay hombres y mujeres en él e incluso desde que existen especies que se reproducen por vía sexual. Algo universal y transhistórico parece estructurar la coreografía de la seducción.

Sin embargo, la seducción no es en absoluto un fenómeno ajeno al trabajo de las culturas y civilizaciones. Indiscutiblemente existe una historia de la seducción, de sus rituales, de su inscripción social en el todo colectivo. Y a este nivel, no hay duda de que nuestra época no se distingue de todas las que nos han precedido. La hipermodernidad marca una ruptura, una discontinuidad mayor en la historia milenaria de la seducción, debido a la destradicionalización, desimbolización e individualización de sus prácticas, pero también de la superficie social y de la fuerza de los poderes de atracción en el funcionamiento de nuestro universo colectivo. Dicha ruptura se lee en dos planos de relieves extremadamente desiguales. En primer lugar,

11

en los modos de encontrarse, de entablar un idilio, de vestirse y acicalarse para gustar: en otras palabras, todo lo que tiene que ver con el ámbito de la seducción erótica. En segundo lugar, en la extraordinaria dilatación social de las estrategias de seducción, convertidas en un modo de estructuración de las esferas de la economía, la política, la educación, la cultura. La extensión social de los poderes de atracción, así como su capacidad para reorganizar de principio a fin los grandes sectores de la arquitectura del conjunto colectivo están en el principio del advenimiento de lo que es posible denominar legítimamente la sociedad de seducción.

¡Qué extraordinario destino histórico el de la seducción! Allá donde estemos, allá donde miremos, son pocos los ámbitos que escapan del imperativo de gustar, llamar la atención, ponerse en valor. ¿Dónde empiezan, hasta dónde llegan, actualmente, las estrategias, los imperativos, los territorios de la seducción? En las sociedades del pasado, estos estaban circunscritos, ritualizados, tenían una trascendencia limitada, remitían principalmente a las relaciones de cortejo entre hombres y mujeres. Esto es ya cosa del pasado: vivimos en una época en la que los procesos de seducción han adquirido una superficie social, una centralidad, una potencia estructuradora de la vida colectiva e individual sin precedente alguno. El principio de seducción se impone como una lógica omnipresente y transectorial con el poder de reorganizar el funcionamiento de las esferas dominantes de la vida social y de reorganizar de arriba abajo las maneras de vivir, así como el modo de coexistencia de los individuos. La hipermodernidad liberal es inseparable de la generalización y la supremacía tanto del *ethos* como de los mecanismos de seducción.

Es el momento de la diseminación social de las operaciones de seducción que se han hecho tentaculares, hegemónicas, destinadas a la innovación permanente. Ya no se trata de constreñir, mandar, disciplinar, reprimir, sino de «gustar y emocio-

12

nar». Aquí es donde lo ultracontemporáneo halla un sorprendente punto de encuentro con la época clásica. Ya que es indiscutiblemente el lema clásico, «gustar y emocionar», inicialmente relacionado con el teatro, el que se ha impuesto como una de las grandes leyes estructuradoras de la modernidad radicalizada. Esta ley se aplica a todos los ámbitos, a la economía, los medios de comunicación, la política, la educación. «Gustar y emocionar»: el principio se aplica a los hombres, las mujeres, los consumidores, pero también a los políticos e incluso a los padres: estos son «la ley y los profetas» de los tiempos hipermodernos. Estamos en la sociedad del «gustar y emocionar», la última manera de actuar sobre el comportamiento de los hombres y de gobernarlos, la última forma del poder en las sociedades democráticas liberales.

DESEO DE GUSTAR Y SEDUCCIÓN SOBERANA

¿Cómo gustar? ¿Cómo iniciar un idilio? En el pasado, las técnicas de acercamiento obedecían a estrictas reglas consuetudinarias; los encuentros eran raros, poco numerosos, vigilados por los padres o por todo el grupo. Actualmente, son de una facilidad extrema, se ofrecen en cantidad casi ilimitada debido a la explosión de las páginas web de encuentros *on line*. En este ámbito ya casi nada está prohibido, todas las libertades están permitidas: estamos en una sociedad de ligue conectado, liberado de los límites del espacio-tiempo, así como de los controles colectivos y de las formas ritualizadas. Los modos de acercamiento y las maneras de gustar han entrado en el ciclo de la destradicionalización, la desregulación y la individualización llevada al extremo.

Al mismo tiempo, ya no hay ningún principio social ni ideológico que obstaculice el derecho de todos, mujeres, hombres, adolescentes, minorías sexuales, a realizar sus encantos físicos. Tras el imaginario milenario de la «seducción peligrosa», llega una cultura marcada por las incitaciones permanentes a ponerse en valor a cualquier edad, la proliferación infinita de productos y cuidados cosméticos, la exaltación del glamour y de lo sexy, el auge de la cirugía estética. Todos los antiguos límites, todos los frenos, que pretendían alertar de los peligros de la belleza seductora, han caído. Querer gustar, mejorar la propia apariencia, subrayar los encantos del cuerpo ya no suscita críticas morales.[1] La seducción soberana contemporánea designa una cultura que reconoce el derecho absoluto de poner en valor los propios encantos, erotizar la apariencia, eliminar las imperfecciones, cambiar las formas del propio cuerpo o los rasgos del rostro a voluntad y a cualquier edad. Ahora el cuerpo es lo que pide una mejora continua en una carrera sin fin hacia la estetización de uno mismo para gustar, pero también para gustarse. La edad hipermoderna es aquella en la que el derecho a gustar ha entrado en una dinámica de diseño hiperbólico de uno mismo, en la que el principio de seducción reina en toda su grandeza.

Durante la mayor parte de la historia de la humanidad, los comportamientos relativos a la seducción entre sexos se han armonizado bajo la autoridad de reglas tradicionales resistentes a los cambios. Estructuralmente ligados a cosmogonías y creencias mágicas, los artificios de la seducción disfrutaban igualmente de una legitimidad sin fisuras, al ser unánimemente reconocidos y valorados. Al mismo tiempo, las sociedades premodernas pusieron en marcha todo un conjunto de dispositivos rituales, simbólicos, estéticos, destinados a aumentar la atracción de los seres. No ha existido ninguna comunidad humana que no haya organizado rituales de seducción: no

---

1. Con la excepción notable del fundamentalismo islámico o del salafismo que erige principios radicalmente antagonistas a los de la seducción soberana liberal.

existe el subdesarrollo estético, ni la subseducción «primitiva»; hasta donde conocemos, las comunidades humanas siempre se han empeñado en intensificar la potencia seductora de los individuos mediante artificios de la apariencia y prácticas mágicas.

Pero mientras que adornos, maquillajes y bailes tienen por cometido aumentar el encanto erótico de los seres, el orden tradicional se empeña en impedir que las atracciones recíprocas desempeñen el más mínimo papel en el ámbito de las uniones legítimas. Dirigida por las familias y la ley del grupo, la formación de parejas legítimas se lleva a cabo sin tener en cuenta las preferencias personales: excluye de su orden el principio y la fuerza de las atracciones interindividuales. En todas partes, las instituciones tradicionales han contenido, refrenado, acallado los efectos provocados por los encantos personales, aunque estas aumentaran la atracción erótica de los individuos desplegando una desbordante imaginación. Desde tiempos inmemoriales, las sociedades han sido máquinas amplificadoras del poder de atracción y, a la vez, de los sistemas contra el imperio de la seducción. Ninguna sociedad del pasado ha escapado a esta contradicción inicial entre el proceso de incremento de la fuerza de atracción de los seres y el proceso de exclusión social de la misma.

A lo largo de la historia, el orden tradicionalista y simbólico de la seducción, así como sus órdenes contradictorias, se han deshecho. Aunque esta deconstrucción no ha llegado a consolidarse plenamente hasta la edad moderna, el movimiento, sin embargo, viene de lejos. Se superó una primera etapa con el pensamiento crítico y filosófico de los maquillajes en la Grecia antigua. Una segunda etapa afecta al ámbito de las formas estéticas: se construye por medio del advenimiento de la moda a partir del final de la Edad Media, y luego desde la galantería hasta la época clásica. Finalmente, se impone una tercera etapa con la modernidad democrática e individualista,

15

al colocar la atracción amorosa como principio legítimo de las uniones matrimoniales. La coacción de la familia y de la sociedad es sustituida por el reconocimiento social de una esfera privada reglada por las preferencias individuales y las «atracciones personales». Hasta entonces, la seducción estaba bajo control: ahora puede ejercerse sin límite, a «plena capacidad», ya no hay instancia alguna exterior a los individuos con derecho a dirigir su vida íntima y a cortar el camino a la fuerza de las inclinaciones personales. Tras milenios de seducción controlada, la seducción es soberana. La hipermodernidad rubrica la salida del reino de la seducción obstaculizada, tutelada.

Los análisis que se ofrecen a continuación proponen una historia de la seducción considerada bajo el ángulo de la larguísima duración del recorrido humano. No se trata de una historia empírica, sino de una teoría general antropohistórica de los modos de gustar y, fundamentalmente, de las transformaciones estructurales de la inscripción de los mecanismos de seducción en el orden social a lo largo de los milenios de la aventura humana.

LA IRRESISTIBLE EXTENSIÓN DEL ÁMBITO
DE LA SEDUCCIÓN

En la época hipermoderna, la seducción va mucho más allá del campo de maniobras amorosas. Sin duda, en el pasado, desempeñó papeles que se desarrollaban en ámbitos distintos a los propios de las iniciativas amorosas, especialmente en el arte, la religión, la política y las experiencias carismáticas. Sin embargo, dichos fenómenos estaban circunscritos, eran transitorios, incapaces de remodelar el orden colectivo fundado estructuralmente en la tradición y la religión. Ya no es así en la época del capitalismo de consumo, del marketing político y

16

de la educación liberal. Con la segunda modernidad, las estrategias de seducción, en adelante omnipresentes, funcionan como lógicas estructuradoras de la sociedad económica y política, así como del orden educativo y mediático.

Ninguna esfera materializa con tanta pregnancia la supremacía de la ley del gustar y emocionar como la economía consumista. Nuestro día a día está sobresaturado de ofertas comerciales atractivas, anuncios tentadores, invitaciones apetecibles al consumo, a las actividades de ocio, a los viajes: por ello, el capitalismo consumista no es más que un capitalismo de seducción. En su frontispicio está inscrito en letras mayúsculas el nuevo mandamiento: déjese tentar, sucumba al encanto de los placeres y de las novedades. El sistema del hiperconsumo está dominado por el imperativo de captación de los deseos, la atención y los afectos. En todas partes, las lógicas de estímulo de los deseos, así como las lógicas emocionales, organizan el universo tecnomercantil: en la producción, la distribución, la comunicación, todo se presenta para atraer a los consumidores, para cortejarlos, divertirlos, hacerles soñar, conmover sus afectos. El capitalismo hechicero es también un capitalismo emocional.

la economía consumista

capitalismo hechicero

La expansión del principio de seducción se materializa mucho más allá del orden económico: se lee en la redefinición de las esferas de lo político y de lo educativo. En este ámbito, se impone un nuevo paradigma, que sustituye el autoritarismo a la antigua por un modelo basado en la comprensión, el placer y la receptividad relacional. La intención central ya no es disciplinar los comportamientos del niño, sino hacer realidad su desarrollo, su autonomía, su felicidad. La vida política también se ve reconfigurada por el *ethos* y los dispositivos de seducción. Marketing político, infoentretenimiento, mediatización de la vida privada, estrellato de los líderes: todas ellas son estrategias que se empeñan en captar la atención de los ciudadanos, en atraer la simpatía de una gran parte del cuerpo electoral. Ya no

ethos de la seducción

es el momento de la inculcación propagandística, sino de la seducción videopolítica que ultima la dinámica de secularización de la instancia del poder.

Esta remodelación completa del espacio colectivo nos ha hecho cambiar de mundo: se ha instaurado un nuevo modo de estructuración de la sociedad marcado por la supremacía de la economía de consumo y del individuo autocentrado. La seducción-mundo ha redibujado el rostro del capitalismo, arruinado las ideologías mesiánicas, desintegrado los marcos colectivos, disuelto la majestad de lo político, provocado la emergencia de una individualización hipertrófica de la relación con el mundo. Lejos de reducirse al reino de las apariencias, la lógica de la seducción se ha convertido en principio organizador de cualquier colectivo, en fuerza productora de un nuevo modo de estar juntos, en agente de una revolución permanente de los modos de consumir y comunicar, de pensar y existir en sociedad.

En un libro que publiqué a principios de los años ochenta, ya subrayé el papel de los mecanismos de seducción en el funcionamiento de la nueva fase de modernidad de las sociedades democráticas.[1] Desde entonces, esta dinámica no ha cesado de amplificarse, de planetarizarse, de ocupar nuevos dispositivos y ámbitos. La primera fase de expansión social de los mecanismos de seducción nació con la sociedad de consumo de masas a partir de 1945. La segunda coincide con el neoliberalismo, la mundialización y la revolución de las «nuevas tecnologías de la información y la comunicación». Los cambios que han tenido lugar en el universo mercantil y en el cibermundo, así como su impacto sobre los modos de vida, el entorno natural y la relación con la política, son tales que me han convencido

---

1. Gilles Lipovetsky, *L'Ère du vide*, Gallimard, París, 1983 (Folio essais n.º 121). (Versión española: *La era del vacío: ensayos sobre el individualismo contemporáneo*, Anagrama, Barcelona, 2014, trad. de Joan Vinyoli Sastre.)

18

de la necesidad de volver sobre la cuestión, cuya centralidad estructuradora es cada día más manifiesta.

Con la reviviscencia del liberalismo, un nuevo modelo de gobernanza de la economía y del conjunto social se ha impuesto y, desde finales de los setenta, se ha ido extendiendo por todo el planeta. Al destronar la ideología socialista, al descalificar la regulación keynesiana, al preconizar el libre juego del mercado y el retroceso del Estado, el neoliberalismo nos ha hecho cambiar de época. La privatización, la desreglamentación y la flexibilidad de las organizaciones se han convertido en el credo de las élites liberales. El polo de atracción ya no se halla del lado de las movilizaciones de clase, de las utopías políticas, de la acción estatal, sino del lado de las empresas innovadoras, de las *start-ups* reactivas y ágiles, que responden a las nuevas necesidades de los consumidores. Y mientras que el crédito concedido a los políticos no cesa de menguar, las opiniones otorgan una confianza amplia a los dirigentes de las pequeñas y medianas empresas, plebiscitan a los actores de la economía digital, albergan más esperanza para mejorar la vida en la empresa que en los responsables políticos. La fe en el voluntarismo público modernizador ha sido sustituida, para una parte de la población, por la seducción neoliberal.[1]

Al mismo tiempo, desde los años noventa, un conjunto de bienes y servicios ha invadido el mercado: microordenadores, conexión a internet, GPS, ordenadores portátiles, *smartphones*, tabletas táctiles. Todos ellos, bienes cuya fuerza de atracción reside en su capacidad de hacer posible la interactividad, la instantaneidad, la facilidad de las operaciones informacionales, la conexión permanente con los demás. También

---

1. Un poder de atracción que está lejos de ser unánime tal como demuestra de manera entusiasta el éxito de las corrientes populistas animadas precisamente por el miedo a los efectos de la globalización liberal.

19

el atractivo de las redes sociales digitales que permiten estar en contacto permanente con «amigos», pero también ponerse en escena, gustar, recibir gratificaciones simbólicas, emocionar a los otros, sentirse halagado por sus aprobaciones. Las comunidades virtuales de la red no han abolido en absoluto, sino todo lo contrario, la gran ley del «gustar y emocionar».

¿SOCIEDAD SEDUCTORA O UNIVERSO ANTISEDUCTOR?

¿Sociedad de seducción? Sin duda, esta propuesta suscitará objeciones. En efecto, con frecuencia se desarrolla la idea de que la economía de mercado, el hiperconsumo, los medios e incluso el arte fabrican un mundo sin alma, sin gracia ni poesía. Toda nuestra época estaría marcada por la regresión de parte de la cultura, del sueño y del embeleso: hemos creado un mundo material estandarizado, sin encanto, con un poder de atracción mínimo. En un mundo que rinde culto al mercado, al dinero, a la eficacia, ya solo conocemos la inmediatez del deseo, lo desechable, la precipitación en todo. Porno, imágenes violentas hiperbólicas, decibelios, rap, telebasura, *speed watching, grunge,* arte brutalista: el capitalismo ha hecho florecer una cultura «neobárbara» que nos arrastra por la pendiente de la pérdida de civilización, destruyendo la gracia de las formas bellas, el saber vivir y el saber contemplar con lentitud.

¿Qué queda del encanto de lo sugerido y del misterio en los tiempos del tuit, de las citas rápidas, de las páginas de encuentros, del reinado pornográfico de «mostrarlo todo»? ¿Qué significa cortejar en una época en la que los papeles sexuales se cuestionan y en la que los individuos ya no soportan la espera ni la frustración? Se acabaron los grandes mitos de la seducción: en lugar de *Don Giovanni,* tenemos el rap; *La vida sexual de Catherine M.* y *Las partículas elementales* han sucedido a *Don Juan* y a *Las relaciones peligrosas.* Al universo estético que crea formas delicadas y elegantes le siguen obras de arte que escenifican el aspecto abyecto o repugnante de las realidades. Las estructuras elementales de la seducción, la lentitud, la paciencia, la retórica bella, la ambigüedad han perdido su magia pasada. Toda esta época firma la sentencia de muerte de las delicias de la seducción.[1]

¿Y cómo no sentirse afligido por el espectáculo deprimente que ofrece nuestra época? Las desigualdades económicas extremas aumentan en todo el mundo; el desempleo masivo causa estragos; los atentados terroristas se multiplican en el corazón de nuestras ciudades; las catástrofes ecológicas se perfilan en el horizonte; los medios de vigilancia electrónica amenazan las libertades; los partidos populistas progresan en todas las democracias; las instituciones políticas inspiran una desconfianza generalizada; los flujos migratorios, impulsados por la desesperación, ponen a Europa en estado de choque. ¿Qué utopías sociales nos quedan? ¿Qué hay en este mundo que todavía pueda hacernos soñar y tener esperanza en un futuro mejor?

Todos estos hechos resultan poco sospechosos, pero no autorizan a defender la idea de una «antiseducción galopante» y «creciente».[2] Nunca en la historia, el imperativo de «gustar y emocionar» se había manifestado de manera tan sistemática en los ámbitos de la vida económica, política y cotidiana. Lejos de borrarse, el *ethos* seductor no cesa de ganar terreno, de adueñarse de las almas, de las prácticas individuales y organizativas. Operaciones de encanto que pueden, sin duda, dar lugar a experiencias débiles, pero también a un encantamiento mágico, a placeres reales, a veces intensos, de los cuales los conceptos de alienación y proletarización de los

---

1. Gisèle Harrus-Révidi, *Qu'est-ce que la séduction?*, Payot & Rivages, París, 2010.
2. Jean Baudrillard, «Les abîmes superficiels», en Maurice Olender y Jacques Sojcher (dirs.), *La Séduction*, Aubier, París, 1980, pág. 197.

modos de vida no pueden dar cuenta. Así, la modernidad radicalizada ve extenderse el imperio de la seducción, a pesar de propagarse un inmenso malestar y una inseguridad y ansiedad generalizadas.

CAMBIAR DE PARADIGMA

¿Qué juicio podemos emitir sobre este cosmos de seducción continuo? Según sus detractores, este se confunde con la universalización del reino del engaño, la manipulación y la mentira. Por eso, estas lecturas prolongan una larguísima tradición de pensamiento según la cual la seducción designa el mal, el disimulo, el engaño, la tergiversación. A contracorriente de esta tradición, me he empeñado en proponer un enfoque diferente del problema, tanto en el plano filosófico como en el plano social histórico.

Tradicionalmente, la seducción se plantea como un instrumento destinado a hacer caer en la trampa al otro, un instrumento al servicio de un deseo malvado de poder y conquista. Seducir es engañar. Sin embargo, cómo ignorar el hecho de que antes de ser una estratagema, una técnica de engaño, la seducción es un estado emocional, una experiencia originaria y universal que se confunde con la sensación de la atracción: ¿hay algo más inmediato, ya en el niño, que las sensaciones de atracción y repulsión? En el ser humano, de entrada, las vivencias se dividen entre las que atraen y las que repelen. Desde este punto de vista, ser seducido no es ser víctima de engaño, sino verse afectado agradablemente, sentirse atraído por algo o por alguien fuente de representación imaginaria y de placer, de manera que la seducción como experiencia interior es también anterior a la del placer o el dolor. La seducción es consustancial a lo vivo: antes de ser un artificio, un señuelo, una estrategia, es un dato inmediato de la experiencia sensitiva y afectiva.

22

Desde Platón, las acciones de seducción son sistemáticamente devaluadas, privadas de toda dignidad ontológica, ya que se colocan del lado de la apariencia, el señuelo y la falsedad. Si la seducción crea algo, solo son ilusiones, fingimientos, simulacros que intentan ser tomados por realidades. Y si es una actividad maléfica, es porque combina la adulación y las apariencias ilusorias. Esta interpretación, basada en una moral y una metafísica de la verdad, exige ser revisada. No es que sea inexacta, sino que, enfocada desde otro ángulo, la cuestión se muestra bajo una luz totalmente distinta.

Ya que si la seducción puede ser una empresa que esconde la verdad y la realidad, es también, y más fundamentalmente, lo que estimula y «fabrica» la realidad misma del deseo. Antes de ser una actividad productora de falsedad, la seducción es una emoción que está en el origen de deseos muy reales, es lo que hace eclosionar el deseo y lo que lo aviva. La hembra necesita ser seducida para aceptar al macho. La mujer quiere ser seducida para entregarse. Tanto entre los animales como entre los seres humanos, es necesaria la atracción, pero también unos preludios, unos avances, unos preámbulos verbales y gestuales que «preparan» la unión sexual. Más allá de la extrema diversidad de las técnicas de seducción observable en el mundo de los seres vivos, esta ley es constante y universal. En el orden del encuentro sexual, la seducción no atañe al reino de la apariencia y la tergiversación: hay que considerarla en primer lugar como una fuerza o un instrumento productor de deseabilidad.

En multitud de ámbitos, los deseos, los gustos, las pasiones y las acciones resultantes, provienen del embeleso sentido durante un encuentro cargado de intensidad y de imaginario.[1]

---

1. En el ámbito de la pintura: sobre este tema, Malraux señala justamente que «un pintor no es en primer lugar un hombre que ama las figuras y los paisajes, sino un hombre que ama los cuadros», en otras palabras,

Deseo asistir a determinado concierto de Händel, conseguir determinado disco de Stan Getz o de Ella Fitzgerald porque la música barroca o el jazz me emocionan. Al principio se halla la atracción emocional generadora de imaginarios, pero también de acciones e impulsos. Y todos los artificios, las artimañas rituales de la seducción son ante todo instrumentos para despertar y estimular el deseo del otro. Es un grave error reducir la seducción a una especie de estado hipnótico, de ensoñación, de deslumbramiento inmóvil o pasmado. Tanto en su polo «pasivo» (ser seducido) como en su polo «activo» (querer gustar), la seducción es ante todo una potencia productora de fuerzas deseantes e imaginarias, la causa de acciones reales en el mundo. Si es una emoción sentida, constituye sobre todo la fuerza impulsora del deseo y de la acción. No es tanto el reino de la apariencia y la ilusión como la infraestructura de la vida afectiva y el motor de la acción. Tenemos que entender la seducción como potencia motriz, una de las grandes fuentes de la energética necesaria para la actividad y la creatividad humanas.

Concebir la seducción requiere pasar del punto de vista moral al punto de vista energético-dinámico, empleando el lenguaje que utiliza Freud a propósito de la metapsicología. Inversión de perspectiva y cambio de paradigma que plantean la seducción no solo como una técnica al servicio del deseo, sino como un estado afectivo originario que produce deseo y fantasías. Ir más allá de la visión moral de la seducción es reconocer en ella una fuerza productora de deseos, pasiones e imaginarios. Ya no solo una actividad de desvío nefasto, sino una fuente positiva de vida, un multiplicador interminable de impulsos y apetitos: hay que concebir la seducción como un afecto fuente de deseos. Desde este punto de vista, lo que es

---

que es seducido por los cuadros. El deseo de pintar no se concibe sin la atracción que ejercen los cuadros.

24

asunción · teoría · conjetura

originario no es ni la carencia (Platón) ni el deseo mimético (René Girard), sino la atracción, la fuerza de atracción que ejerce algo o alguien sobre alguien. Hay que dejar de concebir sistemáticamente la seducción como una «adulación» y una técnica de ilusión. En el plano de la vida subjetiva, la seducción no es tanto un engaño como lo que produce deseo a cualquier edad[1] y en todos los ámbitos, sean sexuales o no sexuales: es más palanca y fabricación de deseo que creación de apariencia, es más fuerza de deseo que fuerza de manipulación. Productora de deseo, la seducción se halla también en la base de la constitución del sujeto y del cuerpo sexuado. Al niño pequeño lo seduce, lo fascina, la imagen de sí mismo que le devuelve el espejo y con la que se identificará. El «estadio del espejo» es ante todo una experiencia de seducción puesta de manifiesto por el júbilo del niño frente a su imagen especular. Esta seducción-«asunción jubilatoria»[2] es cualquier cosa salvo anecdótica: al dar al niño su unidad corporal, constituye un momento esencial en la construcción de sí mismo, en el paso de la indistinción infantil a la emergencia del sujeto. Experiencia originaria e insuperable, la seducción creada por el espejo es una «matriz simbólica» (Lacan) que marca la entrada al narcisismo primario, una estructura antropológica de primer orden, formadora de la identidad y la unidad de la persona.

¿Y qué sería del ser humano privado de lo que los psicoanalistas denominan la «seducción maternal precoz», en otras palabras, los cuidados corporales, caricias, palabras dulces, cosquillas, balanceos, prodigados casi siempre por la madre y

1. En este sentido, podemos decir que ser psicológicamente *viejo* es no ser ya capaz de ser seducido por nada.
2. Jacques Lacan, «Le stade du miroir comme formateur de la fonction du Je», en *Écrits*, Le Seuil, París, 1966, pág. 94. (Versión española: «El estadio del espejo como formador de la función del yo», en *Escritos 1*, Biblioteca Nueva, Madrid, 2013, trad. de Tomás Segovia y Armando Suárez.)

25

que excitan las zonas erógenas del niño? Las muestras de ternura de la madre provocan las primeras sensaciones de placer; la madre estimula y despierta «la pulsión sexual de su hijo y determina su intensidad futura».[1] Dicha «seducción maternal precoz» presenta un carácter universal e ineludible para «convertirse en un ser completo y sano, dotado de una sexualidad bien desarrollada».[2] «El niño tiene que haber sido, hasta cierto punto, seducido por la actividad libidinal de los padres para convertirse en un ser humano afectivamente normal. El niño tiene que haber sentido el calor del cuerpo materno, así como todas las seducciones inconscientes que una madre cariñosa le prodiga al cuidarlo», escribía Helene Deutsch.[3]

Lejos de constituir un acontecimiento aleatorio, la seducción es un fenómeno «originario» (Jean Laplanche), ineludible, estructural, del que ningún ser humano puede escapar, pues se sitúa en el principio del nacimiento de la sexualidad. Desde esta perspectiva, la «seducción originaria» reenvía a la asimetría de la «situación antropológica fundamental» que se caracteriza por el hecho de que un adulto dotado de inconsciente se encuentra ante un niño que todavía no posee uno y que tiene que «traducir» los mensajes «enigmáticos» que emanan de los padres durante sus cuidados corporales. Estos cuidados, que en la madre van acompañados de placer, goce, fantasías inconscientes, se rodean de opacidad para el niño y es precisamente esta dimensión de enigma la que funciona

1. Sigmund Freud, *Tres ensayos sobre teoría sexual y otros escritos,* Alianza, Madrid, 2012, trad. de Luis López Ballesteros y Ramón Rey Ardid. (Aquí citado a partir de la versión francesa: Gallimard, París, 1962, pág. 133.)

2. *Ibid.* pág. 134.

3. Citado por Claire Christien-Prouêt, «Retour sur la séduction, la sexualité infantile et la psychanalyse», *La lettre de l'enfance et de l'adolescence,* n.º 54, 2003.

como seducción o poder de atracción para el *infans*,[1] que intenta traducir dichas señales en función de sus experiencias y de su nivel de desarrollo psíquico. Es así como, ante las excitaciones erógenas recibidas de otros, se impone para el niño un trabajo de control y simbolización. Porque la seducción originaria no es sino «el problema del acceso del recién nacido al mundo adulto», debe ser concebida como proceso estructurador y generador del inconsciente, motor general del desarrollo de la vida psíquica, de la sexualidad infantil y del cuerpo erótico.

Todos estos aspectos invitan a abogar por una nueva lectura de la seducción. La época clásica ha realizado una primera forma de rehabilitación de esta a través de la galantería, considerada arte de vivir, cortesía y civilización de las costumbres, saber vivir, respeto y valoración de la mujer: ya que con «la atmósfera galante que gusta tanto» (Madeleine de Scudéry), se consolida una nueva relación entre los sexos en la que las mujeres son admiradas, respetadas y dejan de ser despreciadas.[2] Una segunda forma de puesta en valor de la seducción, de tipo estético, se puso en marcha con Baudelaire y el elogio moderno del maquillaje. Ahora es necesario avanzar un tercer tipo de revalorización, esta vez de naturaleza antropológica, que plantea la seducción como experiencia fundamental necesaria para la vida psíquica, deseosa y activa.

Esta perspectiva se inscribe en la prolongación del gran movimiento de rehabilitación moderna de la naturaleza humana y más particularmente de los deseos y las pasiones. A

---

1. «El enigma, ese cuya causa es inconsciente, es seducción por sí mismo», escribe Jean Laplanche, en *Nouveaux Fondements pour la psychanalyse. La Séduction originaire*, PUF, París, 1987, pág. 126.
2. Danielle Haase-Dubosc, «Des usages de la séduction selon Madeleine de Scudéry», en Cécile Dauphin y Arlette Farge (dirs.), *Séduction et sociétés*, Le Seuil, París, 2001, págs. 45-52.

partir de los siglos XVII y XVIII, los filósofos se han esforzado en dar el reconocimiento que merecen las pasiones humanas planteadas como fuerzas necesarias para el movimiento de la vida, el progreso de la economía y las artes, el funcionamiento de la historia, la felicidad pública y privada. Sin pasiones, «se acabó lo sublime, sea en las costumbres, sea en las obras; las bellas artes vuelven a su infancia y la virtud se torna minuciosa», escribe Diderot.[1] Y no existe perfeccionamiento de la razón sin la actividad de las pasiones, añade Rousseau en el *Discurso sobre el origen de la desigualdad*. Este proceso de dignificación de las pasiones debe aplicarse igualmente a la seducción.

¿Cómo imaginar todo un conjunto de pasiones sin un fenómeno de atracción, sin un objeto o un ser que guste y emocione con una fuerza particular al sujeto? En muchos casos, pasión y atracción no pueden separarse: hay que sentirse atraído por algo o por alguien para experimentar deseo y pasiones. La ley de atracción/repulsión es originaria, es constitutiva del mundo vivo, principio desde el que se generan las pasiones. Lo que hace de la seducción la base, la fuerza impulsora, la causa de la vida deseante, lo que nos arranca de la inercia y la insensibilidad. Si eliminamos los factores y sentimientos de atracción, solo queda del hombre una sombra sin vida, ni apetencia. Esta fuerza de atracción es necesaria para que nazca el amor, el deseo, las pasiones de hacer y pensar. Y las propias pasiones no son más que estados de seducción, modos de atracción particularmente intensos.

Todos estos aspectos nos conducen a reconsiderar el lugar que ocupa la seducción en la existencia humana. No se trata

1. Denis Diderot, *Pensées philosophiques* (1746), Apostilla a *Pensées philosophiques*; *Lettre sur les aveugles*, Apostillas a *Lettre sur les aveugles*; *Supplément au voyage de Bougainville*, Garnier/Flammarion, París, 1972, pág. 33. (Versión española: *Pensamientos filosóficos: el combate por la libertad*, Proteus, Barcelona, 2009, trad. de Judith Cobeña.)

de un juego, un adorno, un teatro de ilusión, sino de una experiencia central consustancial a la existencia, un motor, la fuerza vital primordial que nos empuja a actuar y a pensar, tanto en las esferas más pequeñas de la cotidianeidad como en los grandes ámbitos de la vida. Si Hegel veía en la pasión el elemento activo que ponía en marcha las acciones universales, la fuente de las grandezas humanas, hay que decir en lo sucesivo, jugando con la célebre fórmula del filósofo de la «astucia de la Razón»: nada grande se ha llevado a cabo en el mundo sin seducción.

LA SEDUCCIÓN CREADORA

La expansión social del principio de seducción no debe reducirse a una pura operación maquiavélica destinada a embaucar y manipular a los individuos. El reino del «gustar y emocionar» generalizado es lo que ha contribuido a construir una nueva arquitectura de la modernidad; ha conmocionado la condición femenina, ha redefinido de un extremo a otro la relación con uno mismo y con los otros, con el cuerpo y la cultura, con lo religioso y lo político. No se trata de un simple espectáculo de ilusión, ni de un instrumento de marketing, sino de un agente de transformación global que ha completado el proceso de individualización en marcha desde hace cinco siglos en Occidente.

El mundo en el que estamos sumidos no es solo fruto del neoliberalismo, de las nuevas tecnologías, de la globalización de la producción y de los intercambios: es inseparable del principio de seducción hiperactivo en los ámbitos económicos, políticos y educativos, con el resultado del advenimiento de un capitalismo estético o artístico, de un poder político liberado del aura de majestad y grandeza, de una ciudadanía flotante, de estilos de vida hiperindividualistas, de un modo

29

educativo abierto y *cool*. Paralelamente a la destrucción creadora, hay que hablar de una seducción creadora de un nuevo
mundo social.

Por un lado, la economía, la política y la educación remo-
deladas por la regla del gustar y emocionar han producido un
universo de autonomía humana rico de apertura e invención
de sí mismo. Por el otro, la seducción-mundo contribuye al
florecimiento de una economía productiva responsable de una
degradación de los ecosistemas y del calentamiento climático,
de una forma nueva de gobernanza cortoplacista, de una nueva economía psíquica portadora de crisis subjetiva, desconcierto y malestar. La seducción creadora es también una empresa
destructiva.

POR UNA SEDUCCIÓN AUMENTADA

Hay que repensar desde cero no solo las relaciones entre
la seducción y el deseo, sino también la sociedad del «gustar y
emocionar». Esta, mal que le pese a sus detractores, no es el
mal encarnado ni puede confundirse con una pura y simple
empresa de manipulación de masas. El imperio de la seducción
hipermoderna no se parece al infierno y sus beneficios tanto
privados como públicos son cualquier cosa menos secundarios.
No por ello deja de plantear problemas temibles tanto para el
porvenir planetario como para un ideal de vida bella y buena.
La sociedad de seducción, tal como funciona en la actualidad, no es un modelo sostenible ni un porvenir deseable: en
ningún caso puede representar lo mejor que podemos esperar
para el futuro. Son indispensables correcciones de mayor ca-
lado. La sociedad de seducción no debe ser objeto de una revolución extrema, sino que debe ser remediada, reorientada
desarrollando contrapesos ambiciosos capaces de ofrecer seducciones más ricas que las que nos gobiernan en el día a día.

30

No se trata de poner en la picota el principio del gustar y emocionar, sino de vencer las seducciones «pobres» mediante otras seducciones, más bellas, más ricas, menos estructuradas por la oferta mercantil.

Para afrontar el desafío del porvenir, los sistemas técnicos tendrán que emprender cada vez más el camino de un crecimiento más respetuoso con el medio ambiente. Sin embargo, por muy imperativo que sea, el desarrollo de modos de producción sostenibles a escala mundial no puede constituir una cultura capaz de hacer retroceder la fuerza de las tentaciones consumistas. A largo plazo, únicamente el saber y la cultura representan las fuerzas capaces de construir una sociedad más plena para los individuos. No es seguro que la diversión fútil sea la última palabra de la sociedad de seducción: ante la hipertrofia mercantil, no tenemos que promover un *ethos* ascético, sino hacer deseables actividades más «elevadas», más creativas. Si bien la seducción es el problema, también forma parte de la solución: el mundo venidero espera una nueva sociedad de seducción, no su desaparición absoluta. Una sociedad de seducción aumentada o enriquecida de un modo que, al dar el máximo de posibilidades a la cultura, al saber, a la creatividad, proponga a las generaciones futuras atractivos distintos de los del cosmos mercantil.

Primera parte
La seducción erótica

I. DE LA SEDUCCIÓN LIMITADA A LA SEDUCCIÓN SOBERANA

Sea cual sea el peso de sus raíces biológicas, el universo de la seducción humana es también un hecho de cultura que se manifiesta mediante ritos, artificios, normas que varían según las sociedades y las épocas. Desde los tiempos más remotos, las sociedades humanas disponen de códigos y rituales que estructuran las prácticas de seducción. En todas las épocas, las sociedades humanas han desplegado lo mejor de su imaginación para aumentar la atracción de hombres y mujeres, en todas partes se han dedicado a organizar y favorecer los encuentros amorosos. Desde el Paleolítico superior, una variedad increíble de atavíos, rituales, ornamentos, danzas, cantos, fiestas, uno de cuyos efectos buscados era captar la atención de la pareja deseada del otro sexo, intensificar la atracción entre los individuos de ambos géneros, ha visto la luz.

Lo extraordinario es que esta labor de mejora de los atractivos eróticos se ha cruzado estructuralmente con una dinámica diametralmente opuesta. Si bien las sociedades premodernas se empeñaron en encontrar innumerables vías capaces de reforzar el poder de atracción de los seres, al mismo tiempo trabajaron para disminuir, incluso anular, su fuerza. A lo largo de casi toda la historia de la humanidad, un juego de fuerzas adversas se apoderó de los fenómenos relativos a la seducción:

mientras que una de ellas empujaba a dar más fuerza de atracción a los cuerpos y los rostros, la otra le impedía ejecutarse «a pleno rendimiento» y dirigir las elecciones de vida de los individuos. Las sociedades humanas premodernas soplaron sobre las brasas e hicieron todo lo posible para controlar el fuego, se dedicaron a la vez a intensificar y a amordazar, multiplicar y reducir, aumentar y anular la fuerza del poder de atracción sexual. Este *double bind* constituye la estructura organizadora que ha dirigido la relación de las sociedades antiguas con la seducción erótica. Procedimiento doble que, durante decenas de milenios, construyó el reino de la seducción frenada o restringida.

Este modo antinómico de organización de la seducción ya no es el nuestro. La vida amorosa se ha liberado del marco tradicional de las conductas. Las maneras de ponerse en valor, de hacer la corte, de conocerse, de casarse, se han liberado del yugo de las tradiciones, de las familias y los grupos. La seducción interpersonal se ha liberado de la imposición de costumbres y tradiciones: si los seres se gustan, no hay nada que dificulte su voluntad de vivir como les plazca. La ruptura con los dispositivos del pasado es radical: nos hallamos en la era liberal de la desregulación y de la individualización de la seducción. Al no estar ya trabada por reglas colectivas, la atracción entre los seres puede funcionar, por vez primera, como una fuerza soberana.

Los mecanismos de control constituidos por las normas sociales tradicionales han perdido su antigua legitimidad: ya nada tiene derecho a obstaculizar las atracciones recíprocas. Mientras que en la vida privada amorosa triunfa la omnipotencia de las preferencias personales, los medios para gustar, para ponerse en valor se exaltan hasta el infinito. Se ha producido una revolución inmensa: coincide con el paso de la seducción dificultada, de naturaleza holística, a una seducción ilimitada de tipo individualista, liberal, sin freno ni barreras. Asistimos a la desaparición de las normas antagonistas que han regido el funcionamiento milenario de la seducción: la era de la hipermodernidad resulta inseparable del advenimiento de la seducción soberana.

AMPLIFICAR EL PODER DE SEDUCCIÓN

Las sociedades humanas siempre han dispuesto de multitud de medios destinados a avivar el deseo, realzar la atracción de los seres, favorecer los procedimientos y los encuentros eróticos. Lejos de dar protagonismo únicamente a los encantos naturales, las colectividades humanas han recurrido a una imaginación desenfrenada para elaborar artificios y técnicas corporales capaces de estimular el acercamiento sexual. Juegos, bailes, cantos, adornos, maquillaje, magia: todos ellos instrumentos cuyo objetivo, entre otros, es llamar la atención del otro sexo multiplicando los poderes de atracción. El fenómeno es universal: desde tiempos inmemoriales, las civilizaciones humanas se han dotado de instrumentos simbólicos y estéticos que funcionan como amplificadores del atractivo físico de las personas.

Fiestas, juegos y bailes

Desde la noche de los tiempos, los juegos de grupo, las fiestas tradicionales en las que se consumen alimentos en abundancia y se utilizan estimulantes son momentos privilegiados para animar las aventuras amorosas. Las visitas rituales de una comunidad a otra, las fiestas, los periodos de alegría y actividades sociales intensas, ofrecen oportunidades para conocer a otras personas, intentar maniobras de acercamiento, entablar idilios.

37

Durante las festividades, el baile hace posible las exhibiciones personales y favorece el acercamiento sexual. Permite, sobre todo a los más jóvenes, desplegar sus atractivos, pavonearse, suscitar el interés de parejas potenciales. Son rituales colectivos que, al animar la selección, la vanidad, las pasiones individuales, comportan incluso «riesgos de ruptura para la unidad y la armonía de la ceremonia».[1] Durante la ceremonia del Gerewol de los fulanis de Níger, los hombres participan, a lo largo de siete días, en competiciones de baile que funcionan como un verdadero concurso de belleza masculina. Maquillados y adornados con joyas, ponen en valor sus rasgos más atractivos, beben distintas pociones, que supuestamente «desvelan su belleza», y se enfrentan con encantamientos mágicos para disminuir la seducción de los otros bailarines.[2] Al final de esta fiesta anual, las jóvenes eligen a los hombres considerados más guapos para que sean sus amantes.

Las actividades de lucha y los torneos masculinos ofrecen ocasiones para hacerse valer: los massas del Chad y del norte de Camerún realizan competiciones de lucha para mostrar su fuerza y hacerse admirar, consiguiendo así grandes éxitos entre el género femenino. Sucede lo mismo durante los concursos de peinados y adornos hechos con conchas que organizan los trobriandeses del Pacífico. Al permitir pavonearse, ponerse en valor, estas instituciones funcionan como intensificadores de la atracción erótica. Así como las sociedades han establecido prohibiciones y exclusiones sexuales para sustituir el azar de la naturaleza por un orden social, también han instituido rituales destinados a amplificar los encantos individuales.

1. Edward Evans-Pritchard, *La mujer en las sociedades primitivas*, Península, Barcelona, 1984, trad. de Ángela Pérez. (Aquí citado a partir de la versión francesa: PUF, París, 1971, pág. 166.)
2. Marion Van Offelen, *Nomades du Niger*, con fotografías de Carol Beckwith, Chêne, París, 1983.

La voz hechicera

Para aumentar el encanto erótico y atraer el interés del otro sexo, las culturas humanas han puesto en acción la vista (adornos, bailes), el olfato (perfumes), pero también el sentido auditivo. En las más diversas sociedades, se atribuye a los cantos un poder de seducción. En las islas Trobriand, las jóvenes entonan ciertos cantos para indicar que están preparadas para recibir a los chicos.[1] Malinowski explica que el canto constituye, en esta región del mundo, un importante medio de seducción; el buen cantante alcanza de inmediato la misma reputación que el buen bailarín; una voz hermosa permite conseguir éxito entre el bello sexo.[2]

En la mitología griega, las sirenas hechizan a los navegantes con sus cantos melodiosos y el tono mágico de sus liras. Al igual que las sirenas, Calipso canta con su hermosa voz para encantar y hechizar a Ulises y conseguir que olvide Ítaca. El dios Pan toca la flauta. Las hetairas tienen que poseer talento musical: encantan a los hombres de la alta sociedad cantando y tocando el oboe durante los banquetes. En Japón, a partir de los siglos XI y XII, las cortesanas, que viven en grupo en barcas, atraen a los hombres con sus cantos y bailes.[3] Más tarde, las *geishas* se distinguen también por el dominio del canto y la música.

A menudo se ha subrayado el estrecho vínculo que une la música con la seducción. Para Rousseau, «el canto y el baile

1. Bronislaw Malinowski, *La vida sexual de los salvajes del nordeste de Melanesia*, Morata, Madrid, 1975, trad. de Ricardo Baeza. (Aquí citado a partir de la versión francesa: Payot, París, 1970, pág. 198.)
2. *Ibid.*, pág. 221.
3. Jacqueline Pigeot, *Femmes galantes, femmes artistes dans le Japon ancien (XI-XIII siècle),* Gallimard, París, 2003.

(son los) verdaderos hijos del amor y de la dicha».[1] Y Darwin consideraba la música una forma evolucionada de cortejo amoroso. Sin embargo, explicar el origen de la música a través de la selección sexual choca con el hecho de que, desde los albores de la humanidad, los cantos y las músicas se han asociado a numerosas esferas extraeróticas: actos religiosos, ceremonias mortuorias, preparativos de guerra y caza, ritos de pasaje e iniciación. Nada permite, por ello, afirmar que los cantos y los bailes hayan sido inventados con la única finalidad de atraer al otro sexo. El hecho es que en todas partes han funcionado como medios capaces de multiplicar los efectos seductores, cautivando los oídos y los ojos.

Cantos y bailes no son evidentemente lo propio del ser humano. En numerosísimas especies, los machos vocalizan, exhiben sus mejores atributos, ejecutan danzas para atraer a la hembra, y estas señales de cortejo son la condición previa necesaria para la formación de parejas. Ahí reside la diferencia con los seres humanos, para los cuales bailes y cantos solo desempeñan un papel contingente. Programado en el patrimonio genético de la especie, el cortejo nupcial animal constituye una condición necesaria para captar la atención de la pareja sexual, seducir y reproducirse: no es un simple suplemento estético o atractivo, sino un factor indispensable, cuya función es señalar la calidad biológica de las parejas. No hay nada parecido en los seres humanos para los cuales la seducción no llama «mecánicamente» a este tipo de rituales amorosos: su única finalidad es aumentar el poder de atracción, añadir seducción, acrecentar el atractivo y las posibilidades de éxito, sin constituir jamás las condiciones de posibilidad de la atracción entre los dos sexos.

1. Jean-Jacques Rousseau, *Discours sur l'origine et les fondements de l'inégalité parmi les hommes,* col. Idées, Gallimard, París, pág. 94 (Folio essais n.º 18). (Versión española: *Discurso sobre el origen de la desigualdad entre los hombres,* Tecnos, Madrid, 2020, trad. de Antonio Pintor-Ramos.)

Adornos y ornamentos

Las culturas humanas nunca se han conformado únicamente con los atractivos sexuales naturales. Han trabajado para
intensificar los estímulos visuales añadiendo belleza a la belleza, atractivos a los atractivos, seducción a la seducción, mediante artificios visuales. Tocados y peinados, joyas, adornos de
vestuario, tatuajes, pinturas corporales, maquillaje, atuendos
de moda: desde el Paleolítico superior, las sociedades humanas
han puesto todo su genio creativo al servicio de todos los recursos capaces de erotizar la apariencia de los seres, perfeccionar la
belleza física de las personas, acrecentar el interés sexual de los
individuos del otro género.

Tan atrás como nos remontemos en la historia, en todas
las sociedades se ha tratado de intensificar el atractivo sexual
mediante la modificación de la apariencia del cuerpo. Al esconder o al acentuar ciertas formas del cuerpo y decorarlo con
colores, adornos y ornamentos que captan el interés del otro
sexo, se erotiza la apariencia. En todas las sociedades en las que
se practica el tatuaje femenino, la finalidad de este es aumentar
el atractivo erótico del cuerpo, despertar los deseos y las fantasías masculinos: «el tatuaje hace bello antes de ser bello»,
acentúa la diferencia de sexos al poner en valor ciertas partes
del cuerpo y del rostro.[1] Los inuits adornan el rostro de las jóvenes con tatuajes para aumentar sus encantos;[2] los yanomamis
se pintan el cuerpo para embellecerse y acentuar su atractivo

1. Luc Renaut, «Le tatouage féminin dans les sociétés anciennes et
traditionnelles: beauté, sexualité et valeur sociale», 2008. Artículo on line:
https://hal.archives-ouvertes.fr/hal-00275248/document
2. Véronique Antomarchi, «Les tatouages inuit dans l'Arctique canadien», en Gilles Boëtsch, Dominique Chevé y Hélène Claudot-Hawad
(dirs.), *Décors des corps*, IREMAM, Aix-en-Provence; CNRS Éditons, París,
2010, pág. 370.

41

sexual.[1] Gracias al tatuaje, las mujeres abiponas de Paraguay se hacían, según sus propias palabras, *more beautiful than beauty itself*.[2] Lévi-Strauss señala que entre los caduveos las pinturas faciales y corporales «refuerzan» el atractivo erótico de las mujeres dándoles «algo deliciosamente provocador».[3] En relación con esto, cualquier sociedad humana puede ser considerada una máquina amplificadora de la atracción erótica de los seres.

Por eso, los adornos y ornamentos corporales no son solo un lenguaje social o un sistema de significación, sino intensificadores de la seducción entre sexos. Si bien el arte constituye una «toma de posesión de la naturaleza por parte de la cultura»,[4] dicha posesión no se expresa únicamente mediante la sustitución de rasgos naturales por signos culturales, sino también mediante una especie de «voluntad de poder» aplicada al ámbito del poder de atracción de la apariencia de hombres y mujeres.[5] Hay que entender los adornos humanos como una de las expresiones de la «voluntad de poder», como «esfuerzo para conseguir más poder», voluntad de «devenir *más intensamente*», «convertirse en amo, aumentar en cantidad, en fuerza».[6]

1. Catherine Alès, «Art corporel, savoir et engendrement chez les Yanomami», en *ibid.*, pág. 332.

2. Claude Lévi-Strauss, *Anthropologie structurale,* Plon, París, 1958, pág. 282. (Versión española: *Antropología estructural,* Paidós, Barcelona, 1995, trad. de Eliseo Verón.)

3. Claude Lévi-Strauss, *Tristes tropiques* (1955), col. 10/18, Plon, París, 1962, pág. 162. (Versión española: *Tristes trópicos,* Paidós, Barcelona, 2006, trad. de Noelia Bastard.)

4. Claude Lévi-Strauss, *Entretiens avec Georges Charbonnier,* Plon, París, 1961, pág. 162.

5. Hay que precisar que se trata de una voluntad de fuerza socialmente limitada, ya que las sociedades estructuradas por la tradición se empeñan en reconducir incansablemente los mismos modelos heredados del pasado sacro y ancestral.

6. Friedrich Nietzsche, citado por la versión francesa: *Œuvres philosophiques complètes,* t. XIV: *Fragments posthumes (début 1888-début janvier 1889),*

Detrás de las formas estético-simbólicas y del «horror a la naturaleza»,[1] se halla el rechazo humano a abandonarse a las fuerzas de la selección sexual natural, amplificando, mediante artificios humanos, los poderes de seducción erótica. Los adornos personales no han sido creados, como se dice a veces, para imitar las coloridas ornamentaciones que poseen determinadas especies animales y de las que carece el ser humano.[2] De hecho, en el *Sapiens* no faltan las señales visuales de seducción o las «ornamentaciones» sexuales físicas. Por el contrario, el dimorfismo entre el cuerpo del hombre y el de la mujer es más pronunciado que el que se puede observar entre los monos machos y hembras. Por parte masculina, los músculos marcados son señales atractivas. Y si bien la mujer no presenta ninguna señal externa de ovulación y periodo de fecundación, no carece de «ornamentos» sexuales (labios pintados, nalgas voluminosas, caderas redondeadas...) que la hacen atractiva de forma constante, desde la pubertad hasta la menopausia y más allá.

Por tanto, no se puede defender la tesis según la cual los adornos artificiales habrían sido inventados para llenar la «falta» de atractivos naturales presentes en numerosas especies animales (ornamentos llamativos, colores tornasolados, pelajes y plumajes exuberantes, cornamentas extravagantes, órganos hipertélicos). De hecho, las decoraciones corporales en los humanos no son sustitutas de nada, no remedian ninguna deficiencia, no se han impuesto como sustitutos de encantos supuestamente inexistentes. Como si se trataran de excedentes,

---

Gallimard, París, 1977, pág. 91 y *La volonté de puissance,* tomo I, col. Tel n.º 259, Gallimard, París, 1995, pág. 230. (Versión española: *La voluntad de poder,* EDAF, Madrid, 2000, trad. de Aníbal Froufe.)
    1. Claude Lévi-Strauss, *Tristes tropiques, op. cit.,* pág. 162.
    2. Claude Gudin, *Une histoire naturelle de la séduction,* col. Points-Science, Seuil, París, 2003, págs. 134-135.

se han añadido los mismos hasta alcanzar un lujo visual destinado a intensificar las señales sexuales y aumentar las posibilidades de acceso a las parejas del otro sexo. Hay que entender los adornos de la especie humana como un «plus» o un suplemento que enriquece una plenitud ya existente y que se suma a los encantos de la seducción natural.

Hasta finales del Paleolítico medio, la especie humana no tuvo ninguna necesidad de artificios, ya que las señales sexuales naturales bastaban para hacer atractivos a los miembros del sexo opuesto. Si, más tarde, los hombres crearon artificios no fue para suplir una carencia, ni para reducir los comportamientos agresivos masculinos mediante «desplazamientos de motivación»,[1] sino para expresar una identidad de grupo, diferenciarse, alcanzar un prestigio, pero también para embellecerse, para hacerse más atractivos que los demás.[2] Como forma para el *Sapiens* de señalar simbólicamente la pertenencia a un grupo, los adornos han sido simultáneamente instrumentos correctores de la selección natural y han estado destinados a producir deseo, aumentar el poder de atracción de los cuerpos y rostros, crear una ventaja selectiva en el juego de la competición sexual.

Por ello, resulta muy reductivo limitar la seducción al «vértigo de las apariencias», a un juego frívolo, superficial, dirigido por el «principio de incertidumbre», el secreto, lo enigmático y la indeterminación. Desde los albores de la humanidad, la seducción funciona como una marca social del cuerpo que, privado de toda ambigüedad, contribuye a construir la oposición distintiva de los géneros y produce, al mismo tiempo, un suplemento de atractivo erótico. Desde un punto de vista antropológico, se deja a un lado lo esencial cuando se

1. Esta teoría la desarrolló Desmond Morris, *El mono desnudo*, Debolsillo, Barcelona, 2000, trad. de J. Ferrer Aleu.
2. Marian Vanhaeren y Francesco d'Errico, «L'émergence du corps paré. Objets corporels paléolithiques», *Civilisations*, n.º 59, 2011.

44

interpreta la forma seductiva como un juego irónico que anula la forma productiva.[1] Lo cierto es que hay que concebir la seducción como un «sistema de producción», pues provoca deseo e intenta acrecentar la atracción erótica. Al producir atracción, interés por parte de las parejas y una preferencia sexual en la competición para el acceso a los individuos del otro sexo, lejos de ser un proceso «inmoral y superfluo», la seducción es una «maquinaria productiva» necesaria para la vida y para la economía del deseo.

Se plantea la siguiente cuestión: si la especie humana no está privada de atractivos sexuales, ¿qué la ha conducido a crear instrumentos que intensifican el poder de atracción sexual? ¿Por qué añadir ornamentos suplementarios? No se puede comprender este fenómeno sin tener en cuenta el hecho de que la seducción erótica se desarrolla en un marco competitivo en el que cada uno es rival de todos. Incluso si existen atractivos sexuales naturales, ciertos individuos son más atractivos que otros: la desigualdad seductiva es un fenómeno originario. Precisamente, los instrumentos culturales de la seducción permiten amplificar y diversificar las oportunidades de acceso a las parejas sexuales.

En el momento en que la evolución de la hominización creó competencias cognitivas superiores que permiten actividades simbólicas y, sobre todo, la complejísima capacidad de tener conciencia de uno mismo, la competencia entre individuos lleva a la intensificación de las armas para resultar más atrayentes y vencer a los demás en «la ley del combate» (Darwin) entre rivales. Con los bailes, los cantos, los adornos, el maquillaje, es posible destacar de otra forma, enmascarar sus «defectos» y obtener así una ventaja en la competición para el acceso

1. Sobre este enfoque, Jean Baudrillard, *De la séduction*, Galilée, París, 1979. (Versión española: *De la seducción*, Cátedra, Madrid, 1989, trad. de Elena Benarroch.)

a los individuos del otro sexo. En estas circunstancias, y con algo de magia adicional, incluso aquellos que no poseen encantos físicos pueden obtener éxitos amorosos.

Magias

A lo largo de la mayor parte de nuestra historia, la seducción no se ha considerado un fenómeno natural y espontáneo. El éxito en materia de conquista amorosa suele estar relacionado con una acción deliberada, con hechizos, objetos y técnicas capaces de actuar sobre los demás y sobre uno mismo. La belleza física, el atuendo, las joyas no son suficientes para atraer la admiración y el interés erótico del sexo opuesto: los éxitos y los fracasos se atribuyen a la acción de la magia. Gracias a ella, los hombres pueden conseguir gustar a las mujeres y estas hacerse irresistibles a los ojos de los hombres. Durante las fiestas y los bailes, las abluciones, las decoraciones corporales, las aplicaciones de cosméticos se acompañan con fórmulas mágicas rituales que enuncian el resultado deseado: ser bello, atractivo, deseado, vencer a los demás; se trata de la «magia de amor y belleza».[1] El hombre apuesto, el buen bailarín, el buen cantante se verá rechazado si la eficacia de la magia no le ayuda; recíprocamente, los más feos pueden tener éxito mediante los hechizos rituales adecuados. En todas partes, estos rituales mágicos tienen la finalidad de procurar un incremento de belleza, de habilidad, de reputación.

A las prácticas mágicas públicas relacionadas con los grandes acontecimientos ceremoniales se suman las acciones privadas procedentes de iniciativas individuales: se trata de las magias de amor. Cuando no existe reciprocidad, para atraer el

1. Bronislaw Malinowski, *La Vie sexuelle des sauvages du nord-ouest de la Mélanésie, op. cit.,* págs. 248-271.

amor o la atención del ser deseado, se supone que la magia es infalible para conseguir el fin perseguido. Hechizos, filtros de amor, alimentos o bebidas preparados, encantos, perfumes, amuletos, estatuillas, talismanes, todas las culturas tradicionales disponen de dichos recursos ritualizados destinados a conseguir el amor de alguien. En todas partes se encuentra firmemente arraigada la creencia de que esas técnicas, que hacen actuar a los espíritus y las fuerzas invisibles, permiten hacerse irresistible y aumentar su poder de seducción.

Los ornamentos corporales son bellos por sí mismos, pero, sobre todo, se les dota del poder mágico de aumentar el poder de atracción sexual: en las islas Fiyi, se supone que el tatuaje hace que las jóvenes se vuelvan irresistibles; en la comunidad inuit, el tatuaje está dotado del poder de reforzar la seducción de las hijas púberes. Entre los indios shuars, el color rojo aplicado sobre el rostro se considera un filtro de amor: se supone que las sustancias vegetales o animales incorporadas a las pinturas faciales masculinas despiertan el deseo de las mujeres.[1] En las sociedades salvajes y mucho tiempo después, el universo de los ornamentos está penetrado por creencias y ritos mágicos. El poder de seducción no se separa de las virtudes mágicas atribuidas a los ornamentos, a los colores, a los objetos corporales.

LA SEDUCCIÓN SUPERLATIVA: HETAIRAS, *GEISHAS,* ESTRELLAS

Todas las sociedades han desarrollado recursos que permiten aumentar el poder de atracción de los seres. Con la apari-

1. Anne-Christine Taylor, «Les masques de la mémoire. Essai sur la fonction des peintures corporelles jivaro», *L'Homme,* n.º 165, enero-marzo de 2003.

47

ción de las sociedades divididas en clases, este proceso se ha perfeccionado hasta tal punto que ha dado lugar a figuras que materializan una seducción en cierta forma hiperbólica. Nacieron las profesionales de la alta galantería que ejercían el arte de gustar dirigido a los hombres más ricos y eminentes. Esta forma de seducción ya no se basa en las normas comunes: se aparta de ellas y se convierte en la característica de una categoría específica de mujeres, un arte particular destinado a gustar a la élite social y que exige una larga formación, un aprendizaje específico. La seducción entró en la era del refinamiento elitista y de la estilización extrema.

Tres figuras de épocas y civilizaciones muy distintas, la hetaira, la *geisha* y la estrella, ejemplifican el extremo último de este proceso propiamente humano que consiste en perfeccionar, sublimar los encantos de la apariencia de los seres. A partir de un momento dado, las sociedades crearon diosas vivientes del amor y de la belleza que realizaban una seducción tal que consiguieron ejercer una especie de monarquía sobre los hombres.

Hetairas y cortesanas

En la Antigüedad grecorromana, dan testimonio de ello las hetairas, consideradas las más nobles cortesanas, expertas en el arte de gustar y dar placer. La belleza física constituye el arma indispensable de las cortesanas de la élite: en la comedia latina, la belleza de estas mujeres que hechizan a los hombres es objeto de apasionados elogios. La cortesana perfecta realza su belleza con el uso de maquillaje, cosméticos, perfumes de Arabia y otros artificios del acicalado: todos ellos elementos que las distinguen de las esposas legítimas. Con el rostro maquillado con blanco de cerusa y rojo de orcaneta, llevan collares, brazaletes y joyas de valor. Se tiñen el pelo de rubio, utilizan postizos, se hacen peinados complejos con bucles y rizados muy alejados de los moños severos de las matronas.[1] Sin embargo, el oficio galante exige más que la belleza y el lujo del cuidado corporal. Para tener éxito en el oficio, la coqueta de altos vuelos debe unir la vida de los sentidos con la del espíritu,[2] saber mantener una conversación ingeniosa, tocar la cítara o el oboe, «dar una serenata», tener talento como bailarina. La elegancia cortesana exige gracia, distinción, instrucción, modales refinados, practicar distintas artes. Con las sociedades divididas en clases, tanto en Atenas como en Roma, la imagen de la mujer se distingue entre la figura de la esposa, madre de los hijos legítimos, a la que se pide ser lo más ignorante posible, y la de la cortesana cultivada y refinada, que los hombres frecuentan por su elegancia y espíritu, su inteligencia, sus cualidades en materia de placeres del amor.

Por vez primera, la seducción femenina se conjuga con el ideal estético de la elocuencia, la poesía, la cultura. Una seducción refinada y distinguida que se dirige a la élite social rica. Al igual que la poesía desde Simónides de Ceos, la seducción femenina superior se ha convertido en un arte que se vende. Las hetairas son buscadas por los hombres más eminentes y eligen a sus amantes entre los hombres más ricos y poderosos que las mantienen, les ofrecen casa, joyas y sirvientes. Algunas son muy ricas, arruinan a los hombres y destacan tanto por sus gastos absurdos como por los banquetes que organizan en sus casas de altos vuelos.

Si bien es cierto que la seducción siempre ha sido una forma cultural, se convierte, con las sociedades divididas en clases, en un ornamento distintivo para la élite social, en una

1. Claudine Charbonnier, «La courtisane de Plaute à Ovide», *Bulletin de l'Association Guillaume Budé,* vol. 28, n.º 4, 1969, págs. 457-458.
2. Nicole Loraux, «Aspasie, l'étrangère, l'intellectuelle», *Clio. Femmes, Genre, Histoire,* n.º 13, 2001, págs. 17-42.

manifestación de supracultural estetizada que integra la retórica, la poesía, el buen gusto, la elocuencia, los modales elegantes. No existe la seducción aristocrática sin formas delicadas y refinadas, sin la conjugación de los placeres del intelecto con los de Eros. Para sobresalir en estos ámbitos, la joven hetaira recibe una formación especializada: se dice que Aspasia abrió una escuela en la que se enseñaba a las jóvenes técnicas eróticas, las artes de seducción, música, poesía, conversación y danza.

Gracias a su encanto, a sus modales exquisitos y a la posición social de sus amantes, algunas hetairas consiguieron una fama excepcional. Sus nombres aparecían en las comedias y se les dedicaron poemas. Mirrina es la amante de Hipérides, Aspasia la compañera de Pericles, Lays vivió con el filósofo Arístipo de Cirene, Teodota es modelo de pintores y Friné, la inspiradora de Praxíteles. Estamos en la época de la seducción superlativa que permite a las mujeres ser socialmente famosas y aduladas[1] e incluso convertirse en las musas de los hombres de Estado.

La geisha *como obra de arte vivo*

Otras culturas también crearon profesionales de la seducción, expertas en el arte de gustar a los hombres ricos: *kisaeng* de Corea, *xiaoshu* de la China imperial y, por supuesto, *geishas* japonesas cuya vocación es ofrecer sueños y relajación a los hombres adinerados, mediante el placer de la conversación, la música y la danza. El término *geisha* significa literalmente «persona del arte» y, en el Japón tradicional, está considerada una «flor de la civilización», una obra de arte vivo. La *geisha* encarna un ideal estético-cultural superior, una elegancia extremadamente codi-

1. Sobre Lays, Propercio escribe que «toda Grecia suspiraba ante su puerta», citado por Claudine Charbonnier, *art. cit.,* pág. 460.

50

insulso aburrido
envarado - inflexible

ficada y refinada, un encanto basado en la discreción y el comedimiento: «las geishas son consideradas seductoras, artistas y
espirituales, mientras que las esposas son consideradas insulsas,
caseras y envaradas».[1] A diferencia de la mujer casada, generalmente desprovista de sensualidad, la geisha posee algo que resulta erótico y puede ser objeto de deseo, aunque no tenga la
obligación de mantener relaciones sexuales con sus clientes.
    La apariencia distinguida e hiperestetizada es primordial.
Una base de maquillaje blanca cubre su rostro, la parte superior
del torso, la nuca y la parte superior de la espalda. El rostro
maquillado todo él de blanco, señal de belleza y distinción,
permite distinguir a las damas de alta alcurnia de las mujeres
del pueblo cuya piel está curtida por el sol. Únicamente un
lugar, situado en la nuca, junto a la raíz del pelo, se deja sin
maquillar para así dar un toque erótico a la apariencia. Con su
tez de alabastro, sus labios pintados de rojo, sus cejas redibujadas a lápiz, sus fastuosos kimonos, la geisha representa la figura más distinguida, más refinada, más ritualizada de la
seducción femenina en la cultura japonesa.
    Sin embargo, el arte de la seducción exige aún mucho más.
Las geishas deben mostrar un perfecto dominio de la danza, el
canto y la música, sobresalir en elocuencia, en el arte de las
flores y en el ritual del té. Las actitudes gestuales y verbales, la
discreción y los modales refinados son indisociables del encanto de la geisha, «mundo de la flor y del sauce». La adquisición
de dichas artes exige muchos años de formación, una disciplina rigurosa, una sumisión absoluta de la alumna al maestro.
Como el ideal es alcanzar la perfección artística absoluta, la
formación de la geisha precisa una vida entera de esfuerzo y
disciplina, cada gesto de la existencia –andar, sentarse, vestirse,

1. Liza C. Dalby, *Geisha*, Círculo de Lectores, Barcelona, 2001, trad.
de Elena Recasens (aquí citado por la versión francesa: Payot & Rivages,
París, 2003, pág. 10.)

hablar, sostener un abanico, servir el té– se convierte en una forma de arte. Hacer de su vida una obra de arte resume el objetivo supremo de la *geisha*.[1]

Las *geishas* han sido objeto de la adulación general y, a finales del siglo XIX, los adolescentes fantaseaban con el irresistible atractivo de estas criaturas. Una seducción portadora de un significado particular. La seducción de la *geisha* no emana de una belleza en carne y hueso, sino de una imagen idealizada, de una apariencia poetizada que dibuja una belleza más evocadora que revelada. Así es el *iki:* un estilo basado en una estética de la litote, una belleza hecha de refinamiento, sensualidad discreta, apenas sugerida, que se lee en los detalles sutiles de los gestos y la apariencia. La seducción superlativa de la *geisha* es incompatible con el espectáculo de la desnudez, señal de vulgaridad; exige esconder, sugerir, pudor, una sensualidad expresada en pequeños detalles, sobre todo una forma de llevar el kimono dejando entrever solo algunas partes desnudas del cuerpo: el pie, el tobillo, la muñeca. Y la nuca maquillada de blanco solo deja ver dos triángulos de piel natural. Con la *geisha* se consolida una especie de supraseducción elegante y superior llena de sensualidad contenida, matizada, sugestión y sutileza. Se basa en un ideal de perfección estética, elegancia y gracia distinguidas, ignoradas durante milenios por las sociedades anteriores a la aparición del Estado y las clases sociales.

La estrella y el glamour

Mientras que, en Oriente, la *geisha* es considerada la encarnación ejemplar de la seducción superlativa, en el Occidente moderno, la estrella es quien representa la imagen más deslumbrante, con más aura, más soñada. Desde la década de

1. *Ibid.*, págs. 273-274.

1910, el cine creó, mediante la estrella, el mayor arquetipo de la seducción moderna, una seducción hecha de una belleza «sobrenaturalizada» (Baudelaire), artificializada al extremo, fruto del trabajo de todo un conjunto de profesionales de la apariencia. Esteticistas, estilistas, encargados de vestuario, peluqueros, maquilladores, nutricionistas, fotógrafos, cirujanos plásticos, se recurrió a todos los técnicos del embellecimiento para construir una imagen dotada de un extraordinario poder de atracción sobre las masas. Maquillaje, porte, voz, atuendo, fotos, nada se deja al azar para crear la imagen cautivadora de la estrella y lograr la fascinación máxima del gran público. Este trabajo colectivo permite fabricar una imagen tan «perfecta» que podemos asimilarla a una auténtica obra de arte ya que es el resultado de un trabajo de estetización sin límite o de artealización total del ser humano. Aunque la estrella sea un «producto» de la industria cinematográfica y un «objeto de consumo», no por ello deja de ser una creación propiamente artística. La «fábrica de sueños» del siglo XX ha conseguido crear, por vez primera, obras de arte, mitad reales, mitad fetiches, aduladas por las masas. A pesar de sus diferencias, que son inmensas, la estrella y la *geisha* tienen en común el proponerse como obras de arte basadas en la estetización hiperbólica de la seducción humana.

A través de las estrellas se consolida con una fuerza excepcional la capacidad de las sociedades humanas, en este caso las sociedades modernas, para amplificar el poder de seducción. Ya no son pequeños grupos o personas quienes se quedan pasmados, sino cientos de millones de individuos que «sucumben» al embrujo de alguien y, más concretamente, de una «imagen-persona»,[1] ya que la gloria de la estrella es inseparable de

1. Thierry Lenain, «Les images-personnes et la religion de l'authenticité», en Ralph Dekoninck y Myriam Watthée-Delmotte (eds.), *L'Idole dans l'imaginaire occidental*, L'Harmattan, París, Budapest, Turín, 2005.

los instrumentos técnicos de reproducción y difusión a gran escala de las imágenes: no hay estrellas sin la revolución moderna de la reproductibilidad técnica de las imágenes, sin la distribución masiva de las mismas.[1] Son las imágenes las que crean el aura que rodea a la estrella y que permiten intensificar su poder de atracción, la fuerza de su apariencia: «La imagen en la pantalla nos ofrece, bajo una forma aumentada, a la persona física del actor como jamás la veríamos "en la realidad"».[2] La imagen reproducida y difundida a gran escala es la base de la fuerza de impacto de la estrella en el público. Con ella, la seducción ya no es el resultado de un encuentro físico entre dos personas, sino de una imagen *mass*mediatizada, trabajada, idealizada, sublimada. Mediante la fotografía y el cine, hemos pasado de la atracción interpersonal a la seducción mediática, cinegénica, cargada de una fuerza fulminante.

Teniendo en cuenta que sus admiradores no la conocen y jamás han coincidido con ella, el poder de atracción de la estrella resulta aún más extraordinario. Los fans quieren ver, acercarse, tocar a su ídolo. Coleccionan sus imágenes, buscan cuanta información personal puedan hallar sobre la estrella, se visten como ella, copian sus valores y su filosofía de vida. Admirada y adulada, la estrella provoca comportamientos histéricos, desencadena emociones amorosas, fantasías y deseos eróticos que son vividos con tanta o más intensidad que si la emoción se produjera frente a personas de carne y hueso. Todos ellos son aspectos que revelan, a través de las «imágenes-persona», el poder de aumentar el capital y la fuerza de seducción de estas.

Si la sensualidad de la *geisha* debe ser contenida, no ocurre lo mismo con la estrella, resplandeciente de *sex appeal* y glamour. Sin embargo, ni lo sexy ni la belleza ideal bastan para crear el

---

1. Nathalie Heinich, *De la visibilité. Excellence et singularité en régime médiatique*, Gallimard, París, 2012, págs. 16-22.
2. Thierry Lenain, *L'Idole dans l'imaginaire occidental, op. cit.*, pág. 320.

glamour, que conjuga *sex appeal* y personalidad «carismática» puestas en escena mediante todo un conjunto de artificios. Exhibiendo, como dice Sternberg, «una magia casi diabólica, blasfema»,[1] la estrella consigue hacer soñar tanto a mujeres como a hombres. El glamour femenino no se fabrica solo con el fin de fulminar de emoción al público masculino, sino también al público femenino.

La belleza física de la estrella es sin duda la causa principal de su incomparable poder de seducción. Sin embargo, la fama mediática que la caracteriza desempeña también un papel nada desdeñable. Nathalie Heinich habla con toda la razón de un «capital de visibilidad» que puede reportar intereses que no son solo simbólicos, sino también y principalmente económicos. A estos se suman sin duda las facilidades en materia de conquistas amorosas. El estatus de celebridad constituye en sí mismo un capital de seducción erótica: si la estrella seduce es también porque es conocida y reconocida por todos. Del mismo hecho de ser famosa arranca el excepcional poder de seducción erótica de las estrellas.[2]

Con las estrellas la seducción soberana alcanza cimas inigualables. Aduladas por todos, representan un ideal de vida sinónimo de éxito, belleza, placeres, aventuras, lujo, juventud, fiestas, libertades llevadas al extremo. Las estrellas, como si fueran diosas en la tierra, están inmersas en un clima de «superlatividad absoluta que se vuelve carismática gracias a la masa».[3] Se les perdonan todos sus caprichos, todas sus locuras

1. Frieda Graefe, «Marlene, Sternberg: glamour, beauté née de la caméra», en Gian Luca Farinelli y Jean-Loup Passek (dirs.), *Stars au féminin. Naissance, apogée et décadence du star system*, Centre Pompidou, París, pág. 127.

2. Nathalie Heinich, *De la visibilité. Excellence et singularité en régime médiatique, op. cit.*, págs. 369-373.

3. Violette Morin, «Les Olympiens», *Communication*, vol. 2, n.º 1, 1963.

de amor y dinero difundidas por los medios son aceptadas, juzgadas con indulgencia e incluso contribuyen a su notoriedad. Expurgado de toda imagen negativa, permitidos todos los excesos, el glamour de la estrella se muestra en una omnipotencia soberana. La era democrática y mediática ha permitido erigir la seducción en un instrumento sin precedente de éxito artístico y material, en vector de poder hiperbólico, imaginario y simbólico. Bajo el signo del glamour, nace una nueva fuerza soberana, capaz de propulsar a las estrellas de cine hasta el cosmos encantado de los «olímpicos» modernos.

LA SEDUCCIÓN CONTROLADA

Aun cuando las culturas humanas han mostrado una imaginación desbordante para aumentar el poder de atracción de los seres, lo llamativo es que, al mismo tiempo, han tomado un camino opuesto. Las prendas de vestir tienen distintas funciones, pero una de ellas es disminuir la señalización sexual. Incluso las sociedades que gozan de una gran libertad de costumbres esconden la zona genital de hombres y mujeres. Ya que el ser humano es un «mono desnudo» y se mantiene en posición vertical, la zona genital siempre es visible, está expuesta a la vista: para impedir o reducir esta sobreestimulación sexual, para poner freno a las «tentaciones» fuera del marco de la pareja, la especie humana inventó el taparrabo.[1]

Este proceso de «desexualización» es particularmente evidente en relación con las mujeres; muchas culturas se esfuerzan en disminuir y a veces ocultar drásticamente los encantos naturales de lo femenino. En determinadas tribus tradicionales, las mujeres que están de duelo, sometidas a los tabúes más estrictos, ya no deben perfumarse ni exhibir adornos, se afeitan

1. Desmond Morris, *Le singe nu, op. cit.*, págs. 90-91.

el pelo y se pintan el cuerpo de negro: tienen que afearse *en el duelo* para no atraer a los hombres. En el noroeste de Melanesia, se las encierra en un espacio cerrado y oscuro, solo pueden hablar susurrando y durante meses no pueden lavarse el cuerpo. En otras culturas, las mujeres casadas no pueden arreglarse como las jóvenes y tienen que renunciar a destacar. Las mujeres embarazadas deben esconder sus encantos y no pueden ejercer atracción alguna sobre los hombres.

En Occidente, durante la Edad Media, los predicadores se ensañaban contra el «libertinaje de los atuendos» y los «vanos ornamentos» del segundo sexo, contra las coquetas, el maquillaje y todos los artificios que pretendían retocar la obra perfecta de Dios: la mujer que se maquilla y se perfuma se tenía por una prostituta. En la tierra del islam, los encantos femeninos se consideran fuente de desorden que provoca los instintos concupiscentes y la decadencia de las costumbres: se trata de sustraer a la mirada del hombre los encantos de la mujer. A veces todo su cuerpo, excepto el rostro y las manos, tiene que estar cubierto; otras, se esconde el rostro y también el cuerpo y las manos (el nicab). La decencia exige hacer desaparecer los ornamentos excesivos de la mujer, que lleve ropa que no atraiga la mirada, que baje los ojos para no excitar los apetitos carnales. En la tradición judía, la mujer debe cubrirse la cabeza en público: el pelo, símbolo de erotismo, tiene que esconderse bajo un pañuelo.

El matrimonio tradicional o la antiseducción estructural

Sin embargo, el proceso social de antiseducción va mucho más allá del ámbito de la apariencia estética. En todas las culturas existen prohibiciones destinadas a refrenar los procesos amorosos, a hacer inaccesibles a ciertas mujeres para ciertos hombres y viceversa. Está en práctica universal la prohibición del incesto y la ley exogámica que prohíben los acercamientos sexuales entre individuos que pertenecen a una misma familia, a un mismo clan o subclan. Los individuos del sexo opuesto que forman parte de una misma familia o de un mismo clan no deben casarse ni tratar de gustarse ni tener ningún amorío entre ellos. Del mismo modo, la prohibición del adulterio tiene como objetivo impedir que los hombres y las mujeres den rienda suelta a sus impulsos, excluir ciertos idilios para proteger los matrimonios. El estado de promiscuidad sexual es un mito: en todas partes la tentación erótica se ha topado con prohibiciones y reglas colectivas que impiden a los hombres y a las mujeres ceder a sus deseos.

Aún más, hasta una época relativamente reciente, las sociedades han funcionado con reglas que impedían sistemáticamente que la seducción fuera la base de una de las grandes instituciones de la vida en sociedad, a saber, la unión matrimonial. Por un lado, recursos cuyo fin es aumentar la atracción erótica; por el otro, mecanismos sociales para que la seducción no pueda ejercer su pleno dominio, en particular con motivo de la formación de las parejas. Durante milenios, las sociedades humanas han funcionado combinando estas dos lógicas contrarias: intensificación de las armas de seducción, expulsión sistemática de la misma del sistema de matrimonios.

En las sociedades tradicionales, el matrimonio excluye el juego de las preferencias y las atracciones interindividuales: se apoya en consideraciones de orden material o estatutario. Las mujeres se casan en contra de su voluntad, no eligen libremente a su cónyuge, sino que sus padres o sus hermanos se lo proponen o se lo imponen. En ciertas culturas, el matrimonio de los futuros cónyuges se planea antes incluso de su nacimiento. En este marco, la seducción, amordazada institucionalmente, no puede desempeñar papel alguno en la formación de las parejas oficiales. Si bien el poder de seducción se consolida plenamente en la esfera de las relaciones sexuales prematrimo-

58

niales y de las relaciones amorosas ocasionales, se ve expulsado en cuanto está en juego la organización de los matrimonios. Durante la mayor parte de la historia humana, la fuerza de los encantos individuales se ha ejercido en el ámbito de las aventuras pre o extramatrimoniales y, por el contrario, ha sido proscrita de la esfera de las uniones matrimoniales.

Todos sabemos que este proceso de exclusión institucional de la seducción se ha impuesto mucho más allá del marco de las sociedades salvajes. Ha persistido en Occidente hasta el siglo XIX y a veces más adelante. Bajo el Antiguo Régimen, la mayoría piensa como Montaigne «que un buen matrimonio, si es que existe, rechaza la compañía y las condiciones del amor». En todos los ambientes, el matrimonio por conveniencia es la norma y se desarrolla casi siempre bajo la autoridad de los padres: el amor y el consentimiento de los jóvenes esposos no son la base de su unión. La atracción que sienten los futuros cónyuges no se considera ni buena ni necesaria. En el siglo XIX, en las familias burguesas, la gente se casa por razones de interés, no por amor: demasiado serio para depender de una elección personal, el matrimonio depende de la decisión de los padres. En los matrimonios del entorno rural, la atracción física y los gustos personales no suelen desempeñar un papel importante. La inclinación, la juventud, la belleza son consideradas cualidades no esenciales. Varios refranes así lo testimonian: «Ante belleza o dinero, elige siempre lo postrero»; «Matrimonios por amores causan muchos sinsabores». En secciones enteras de la sociedad, el cálculo y el interés económico se anteponían a los impulsos de la atracción y del corazón. Se trataba de conservar los bienes, defender el honor del linaje y preservar una posición, no de amarse y gustarse el uno al otro.

Semejante disociación entre la unión sexual y la fuerza de la atracción es más o menos excepcional en las especies sexuadas, especialmente entre los mamíferos y las aves, animales entre los cuales el acto reproductivo exige, para que se lleve a cabo, atractivos sexuales (colores, feromonas, ofrendas, cantos, danzas nupciales). Para que se dé el apareamiento, el macho debe hacerse ver, resultar atractivo para la hembra, que a su vez evalúa y selecciona a su pareja en función de la calidad de las señales visuales, vocales u olfativas que emite el macho. Nada parecido ocurre en las sociedades con un modelo holístico que, al no reconocer el valor de la autonomía individual, excluye radicalmente la elección individual y la atracción seductiva de la organización de los matrimonios. Ya que sexo y seducción están, en estos casos, sistemáticamente disociados, la reproducción del grupo y de los individuos deja depender de la atracción sexual.

La anulación de la seducción como principio organizador de la alianza matrimonial conlleva una reducción considerable del poder de los encantos femeninos. En el mundo animal, son las hembras las que eligen a su pareja, «deciden» su comportamiento sexual manifestando su disponibilidad y, a veces, negociando su atracción (sexualidad a cambio de alimento). Con el orden humano de la norma exogámica, esta autonomía desaparece en beneficio de la posesión de las mujeres por parte de los hombres, a quienes corresponde el poder de organizar las alianzas. Los «acuerdos» de cara a las uniones sexuales oficiales ya no están dirigidos por las mujeres, sino por sus padres, hermanos o tíos. El poder del atractivo femenino se deja de lado y se supedita a las decisiones matrimoniales tomadas por los hombres.

El hecho es que la intensificación de las señales artificiales de la seducción coincidió con el retroceso del primate de la selección sexual natural que implica, según Darwin, el ejercicio de la elección individual. En todas las sociedades premodernas se impone un orden colectivo que obstaculiza la fuerza de la seducción, impide que la elección personal sea el origen de las uniones matrimoniales, anula los efectos de la desigualdad en el poder de seducción entre los seres. La explosión creativa de artefactos ha ido a la par, por un lado, con la limitación social de las consecuencias del poder de atracción erótico y, por el otro, con la emancipación humana en relación con la selección natural. Cuanto más han ampliado los seres humanos su arsenal de seducción, menos ha dirigido dicho poder las uniones legítimas entre hombres y mujeres.

Del poder femenino a la soberanía masculina

Generalmente se considera la belleza un tema poco digno de interés por parte de la antropología fundamental. Afortunadamente, un libro reciente corrige esta lamentable tendencia. El mérito innovador del antropólogo Pierre-Joseph Laurent reside en haber conseguido dar toda su importancia a la cuestión de la belleza física, partiendo de la seducción, en el funcionamiento de las sociedades tradicionales.[1]

El punto de partida de su análisis es que determinadas personas suscitan más atracción que otras. Todas las sociedades han tenido que confrontarse a esta «desigualdad fundamental» que no es otra sino la distribución desigual de la belleza física entre los seres. Dicha situación crea inseguridad social y económica, amenaza la paz y el equilibrio de la vida social y esto porque una minoría de mujeres atractivas son capaces de acaparar a la mayoría de los hombres: unas gozan de todos sus favores, mientras que las otras están condenadas a la soledad. La regla de la alianza tradicional funciona precisamente como un dispositivo cuya finalidad es conjurar los efectos nefastos de la repartición desigual de la belleza y la seducción que esta produce.

1. Pierre-Joseph Laurent, *Beautés imaginaires. Anthropologie du corps et de la parenté*, Academia Bruylant, Lovaina, 2010.

61

Al estar las uniones matrimoniales ordenadas por los padres o los hermanos, impidiendo así el ejercicio de la elección de los cónyuges, esta institución consigue dicho objetivo. En consecuencia, el encanto personal no se tiene para nada en cuenta en las negociaciones de matrimonio llevadas a cabo por los padres. Al obligar a «tomar lo que te dan», la belleza se vuelve «inútil» y ya no puede haber personas dejadas de lado. Al eliminar la elección individual, este modo de organización permite, en las sociedades tradicionales, a las personas feas, viejas, débiles o poco agraciadas recibir a pesar de todo un esposo o una esposa. Al estar protegido ante la competencia de individuos más bellos en el acceso al otro sexo, todos y cada uno de los individuos alcanza un estatus aceptable y encuentra necesariamente un lugar en la vida colectiva.

Por eso, la regla de exogamia sería tanto obra de los dominantes como de los dominados y, en concreto, de las mujeres, ya que ambos grupos salen ganando en unas estructuras de alianza que aseguran a cada persona un lugar estable en la sociedad. La «regulación social de la belleza» o el dejar de lado la seducción física en el ámbito de las operaciones matrimoniales tradicionales, no sería el resultado únicamente de las manipulaciones masculinas, sino de la acción de los más débiles que hallan ventajas en la instauración de una regla que, al imponer que «tanto vale un hombre u otro y una mujer u otra», permite que todos obtengan un cónyuge, se beneficien de un apoyo material, estén socialmente integrados sin tener que afrontar la rivalidad y los celos de los demás.

No hay duda de que las sociedades que practican esa alianza han logrado limitar la importancia de la belleza física, ya que esta no interviene como valor en la organización de las uniones matrimoniales: «antes existía la belleza, pero carecía de importancia ya que los jóvenes no elegían», dice una joven mossi.[1] No existe obsesión alguna por la belleza, ni exigencia de atraer las miradas y gustar a cualquier precio cuando el matrimonio no está regido por el principio de la libre elección de los cónyuges.

Sin embargo, debemos resaltar que, a pesar de dicha «regulación social de la belleza», todas las culturas han elaborado dispositivos cuyo cometido es aumentar el impacto visual individual e intensificar la seducción erótica. Si bien las reglas del matrimonio, en las sociedades tradicionales, producen una equivalencia entre las mujeres e igualan a todos los hombres, no se puede ignorar el hecho de que estas mismas sociedades «trabajan» también en una dirección opuesta. Empezando por los rituales de belleza cuyo fin es hacerse valer, exhibir la belleza personal, superar a los demás en atractivo. Al adornarse, al cuidar su aspecto, al pintarse los labios, al depilarse, los jóvenes y las jóvenes intentan atraer la mirada, impresionar, hacerse desear, vencer a los demás. Existen muchas instituciones que exacerban la envidia, los celos, la rivalidad para acceder a la sexualidad de las jóvenes: concursos de belleza, de peinados, de adornos, de baile. Durante estos encuentros rituales, en los que los individuos hacen alarde de sus encantos, los hombres se pavonean y las mujeres juzgan la calidad de los participantes. Las sociedades tradicionales no se organizan por completo con el fin de eliminar los efectos de la belleza desigual: exacerban también las diferencias individuales mediante determinados dispositivos institucionalizados. Si por un lado, al imponer la no elección de la pareja sexual, el orden del matrimonio tradicional funciona como un agente que favorece «la posibilidad de sustitución entre personas de un mismo grupo»,[2] los juegos, los atavíos, los adornos, los cantos y los bailes funcionan, en cambio, como vectores de singularización y a la vez de refuer-

1. *Ibid.,* pág. 218.
2. *Ibid.,* pág. 403.

zo de la desigualdad seductiva. Con las reglas matrimoniales se produce igualdad o similitud entre las personas; en cambio, con otros dispositivos de tipo competitivo y estético, se acentúa la desigualdad entre los encantos individuales.

Si bien es cierto que la belleza no se toma en consideración en los tipos de matrimonio que excluyen la libre elección, hay que subrayar que estos no han impedido la valoración de la belleza, ni las prácticas de embellecimiento de uno mismo, ni los deseos de gustar. Sea cual sea la organización matrimonial, los adornos, los atavíos o las pinturas corporales han funcionado como medios para exhibirse, atraer la mirada, destacar. En Roma, los matrimonios concertados cohabitaron con exigentes rituales de belleza y, a partir del Renacimiento, con la teatralidad ostentosa de la moda. Ninguna institución matrimonial ha conseguido poner fin a las estrategias de seducción y son escasas las civilizaciones que no admiren la belleza, incluso las que la condenan.

Incluso en las sociedades en las que la belleza no interviene en la concertación de los matrimonios, las actividades de seducción estética siempre están presentes al menos en determinadas fases de la vida. Dicha universalidad se debe a una multitud de razones. Entre ellas, el placer narcisista de valorizarse y realzar la propia imagen física, pero, también, el deseo de las mujeres de ponerse guapas para gustar a su marido o su amante: en el gineceo, la mujer griega se maquilla, se perfuma, se adorna antes de hacerse desear, antes de conquistar a su marido recurriendo a los métodos utilizados por las cortesanas y otras rivales. Destaquemos también el fenómeno de las relaciones amorosas fuera del matrimonio (extramatrimoniales o prematrimoniales) en el que no participa la «belleza inútil»,[1] sino, por el contrario, la imperiosa exigencia de gustar.

1. *Ibid.*, págs. 216-222.

Pierre-Joseph Laurent desarrolla su argumentación a partir del caso de los naxis del Himalaya: en esa comunidad, ciertas mujeres no poseen ninguna pareja sexual, mientras que otras tienen numerosos amantes y, a veces, reciben visitas de todos los hombres del pueblo.[1] La domesticación de la belleza por medio de la alianza permitiría así a las menos agraciadas evitar vivir sin pareja sexual y ser rechazadas por los hombres. Sin embargo, hay que señalar que esta situación es más excepcional que general. Es cierto que en las sociedades tradicionales, se habla con tal horror de la fealdad que parece que esta haga imposible cualquier relación sexual. No obstante, la realidad es distinta: la repulsión que suscita la fealdad es sin duda intensa, pero no impide por ello las relaciones sexuales. Entre lo que dicen los individuos y lo que hacen, hay un gran abismo. Malinowski señala que, entre los melanesios, incluso las personas más feas tienen relaciones sexuales y, además, con regularidad: las mujeres «viejas, feas y decrépitas» encuentran fácilmente amantes jóvenes y atractivos.[2] Y «atraer a un marido y casarse con él es un objetivo que alcanzan todas las mujeres kung sin excepción».[3] Tal como es la humanidad, incluso los menos atractivos pueden encontrar pareja para aparearse. Apollinaire escribe en un contexto muy distinto: «Todas, incluso la más fea, han hecho sufrir a su amante» (Zone, *Alcools*, 1913). La idea de que la falta de belleza seductora imposibilite el acceso al otro sexo está lejos de ser confirmada por los hechos.

1. Hua Cai, *Une société sans père ni mari: les Na de Chine*, PUF, París, 1997, págs. 151-162.
2. Bronislaw Malinowski, *La Vie sexuelle des sauvages du nord-ouest de la Mélanésie, op. cit.*, págs. 213-214.
3. Esta observación de Marjorie Shostak es citada por Pierre-Joseph Laurent, *Beautés imaginaires. Anthropologie du corps et de la parenté, op. cit.*, pág. 11.

Especialmente porque en las sociedades tribales, la unión matrimonial es necesaria para asegurar la supervivencia alimentaria tanto de las mujeres como de los hombres. En estas comunidades, la división sexuada del trabajo impide que cada uno se baste a sí mismo en materia de subsistencia. Entre los esquimales yupiks, los hombres cazan y capturan focas, pero son las mujeres las que se ocupan de los preparativos, cortan la carne y la secan, transforman la grasa en aceite. Cada sexo depende del otro para asegurarse la supervivencia material. En la sociedad inuit, el trabajo de la esposa es necesario para el cazador por las prendas que le confecciona: un hombre tiene que casarse para ser un buen cazador.[1] En estas circunstancias, la valoración de la belleza femenina resulta secundaria comparada con la de la actividad de trabajo: el hombre no necesita una esposa atractiva, sino una mujer que prepare la comida y le ofrezca los recursos vitales necesarios para su subsistencia. Aunque sea cierto que algunas mujeres son claramente menos atractivas que otras, esto no impedía que se casaran. La división sexual de las actividades relacionadas con la subsistencia cotidiana permite a todas las mujeres, sea cual sea su belleza, encontrar un cónyuge. La ausencia de encanto en este ámbito no es excluyente, sí lo es la ineptitud para el trabajo. Hay motivos sobrados para pensar, por ello, que la repartición desigual de la belleza seductora no ha desempeñado el papel preponderante que le otorga Pierre-Josep Laurent en la organización del sistema matrimonial tradicional.

Asimismo, se plantea la cuestión de saber cómo el «proyecto» de domesticación de la belleza, impulsado según Pierre-Joseph Laurent por las mujeres, pudo ganarse el favor de todos y, especialmente, de las mujeres. Por supuesto que me-

1. Nelson Graburn y Pamela Stern, «Ce qui est bien est beau. Un regad sur la beauté chez les Inuit du Canada», *Terrain*, n.º 32, marzo de 1999; URL: http://terrain.revues.org/2728; DOI: 10.4000/terrain.2728

diante el matrimonio todo adulto recibe un esposo o esposa y, por tanto, consigue así protección e integración social. Sin embargo, esto es así en detrimento de las preferencias espontáneas y de las elecciones individuales. Salvo en el caso de las mujeres con un físico extremadamente poco agraciado, el beneficio no resulta para nada evidente. ¿Qué interés podían tener las otras mujeres, la mayoría –ni muy hermosas, ni muy feas–, para aceptar un «contrato social» cuyo objetivo era la «inutilidad» de la belleza? No está claro qué podría haber convencido a la mayoría para que se sometiera a una regla que obligaba a «tomar lo que te den», cuando cada uno desea y además tiene posibilidades para encontrar, a pesar de todo, «la horma de su zapato». Sobre todo porque los rituales de magia mantienen la creencia de que la seducción y la belleza pueden aumentarse y, por tanto, garantizar un final feliz.

En estas circunstancias, existen motivos para dudar del «papel activo»[1] que supuestamente habrían desempeñado las mujeres en la implantación de las reglas matrimoniales tradicionales. En realidad, es el «papel activo» de los hombres y no la capacidad de iniciativa de las mujeres lo que revelan estas instituciones a la luz del «hecho fundamental» de que «son los hombres los que intercambian mujeres y no al contrario».[2] Al eliminar la seducción natural de lo femenino del ámbito de la reproducción del grupo, los hombres han consolidado su dominación social. Mientras que las mujeres se ven desposeídas de su poder de elección, los hombres instauran su posición de dominio en tanto que agentes que inter-

1. Pierre-Joseph Laurent, *Beautés imaginaires. Anthropologie du corps et de la parenté, op. cit.,* pág. 26.
2. Claude Lévi-Strauss, *Les structures élémentaires de la parenté* (1949), Mouton, París, La Haya, 1967, pág. 134. (Versión española: *Las estructuras elementales del parentesco,* Paidós, Barcelona, 1998, trad. de Marie Thérèse Cevasco.)

cambian mujeres, bienes fundamentales y emblemas del estatus del hombre. El poder natural que poseía la hembra de elegir «libremente» a su pareja para la reproducción ha dejado paso a la obligación femenina de sumisión a las decisiones tomadas por los hombres. A pesar de que la regla de alianza tradicional aporta cierta seguridad social, es, ante todo, un sistema que confisca a las mujeres el poder de rechazar la relación sexual decidida por otros individuos ajenos a ellas mismas. Las diferencias naturales entre los sexos se han transformado en relaciones jerárquicas en las que el hombre ocupa la posición superior y la mujer la inferior. Esto demuestra para quién está hecha la regla de la alianza. Las estructuras elementales de parentesco que neutralizan el poder femenino de seducción son una de las piezas que consagra la jerarquización de los géneros, la supremacía masculina y la subordinación de lo femenino.

MATRIMONIO POR AMOR Y SEDUCCIÓN SOBERANA

Hay que esperar a la segunda mitad del siglo XVIII para que aparezcan, por vez primera, críticas al matrimonio tradicional basado en el rechazo de la libre elección de los cónyuges. Mientras se pone de manifiesto el interés y cierto entusiasmo por el amor conyugal, algunos autores elogian el matrimonio por amor siempre y cuando del mismo no resulte un mal casamiento. El proceso continuó en el siglo XIX: ante el matrimonio por «conveniencia» o «interés», el «matrimonio por inclinación» se convierte en un punto de referencia cuyos méritos elogian los ambientes burgueses.[1] Triunfa tanto tras la Gran Guerra que los matrimonios por conveniencia esconden su naturaleza,

---

1. Nacido en los ambientes de la élite social, sin embargo, el matrimonio por amor se extenderá más rápidamente entre las clases populares.

intentando parecer matrimonios por amor: se ha convertido en algo vergonzoso no ser capaz de encontrar por uno mismo a su cónyuge. El matrimonio por amor se impone poco a poco como una aspiración legítima, el gran ideal de la vida privada, la norma para todos. En este contexto históricamente nuevo, el matrimonio ideal es aquel en el que los futuros cónyuges se gustan, se atraen el uno al otro.

Nos gustamos, nos amamos, nos casamos

A partir de los años cincuenta, el único matrimonio legítimo es aquel basado en la libre elección, el amor, el consentimiento mutuo. Todas las antiguas barreras que impedían que la seducción dirigiera las uniones oficiales han saltado por los aires. Ya no hay ninguna regla colectiva que se erija contra los poderes de la atracción amorosa. A partir de entonces, el único principio de formación de las uniones es la atracción recíproca. Antes, la atracción era un fenómeno sin peso en las decisiones de matrimonio; ahora, está en el centro de la formación de las uniones legítimas.

El triunfo del matrimonio por amor implica, en efecto, un nuevo papel para la seducción. Ya que el matrimonio por amor no es más que un matrimonio por *inclinación,* supone que los cónyuges están «bajo el influjo del encanto» y se gustan físicamente. Con facilidad oponemos amor a seducción, como lo que distingue lo profundo y lo superficial, el sentimiento y la atracción, lo serio y lo lúdico. Sin embargo, ¿cómo podemos pensar la relación amorosa, al menos en sus momentos más intensos, sin el íntimo vínculo que la une al hecho de ser seducido por una persona? Si bien la seducción remite a procedimientos de conquista, también implica el estado emocional de una persona atraída por alguien. Amar es necesariamente ser seducido por ciertas cualidades del otro, que pueden ser físicas[1] o psicológicas, intelectuales o sexuales. En muchos aspectos, tiene fundamento ver en el amor una de las formas de atracción que lleva a los seres los unos hacia los otros. Se puede querer seducir sin amar, pero ¿cómo estar enamorado sin que el otro te seduzca de alguna manera?

Sin duda, el amor no se reduce a la seducción efímera. Y puede además disociarse del deseo o de la atracción física, como ocurre en las viejas parejas o en el amor que se siente por un hermano, una hermana o por los padres de uno. Sentirse atraído sexualmente y enamorarse de una persona son, se dice, dos cosas muy distintas. Sin embargo, la mayoría de las veces no es así, el sentimiento amoroso no se separa de la atracción física. Los enamorados se gustan, están «bajo el influjo del encanto», «se devoran con los ojos»: se atraen mutuamente y se desean. Cada uno intenta destacar, gustar al otro, emocionarlo, sea a través de las palabras, las atenciones o los gestos. Y a menudo la atracción física es el elemento detonante de la relación amorosa. Es difícil, a este respecto, no encontrar un componente de seducción en el estado amoroso. Con frecuencia, amar y sentirse seducido van unidos. Por este motivo, el amor naciente puede ser considerado una de las formas del estado de seducción o de atracción interpersonal: su forma sentimental.

El vínculo entre amor y seducción es tan estrecho que los psicoanalistas y terapeutas suelen sugerir en primer lugar la seducción entre los consejos que dan para salvar a las parejas preocupadas al ver declinar el sentimiento y el deseo. Son innumerables, en las revistas y en las webs, los artículos que ofrecen consejos de seducción para reavivar el fuego del amor

1. Por lo general, las parejas no reconocen el papel prominente que desempeña la atracción física en el sentimiento amoroso. Podemos pensar que, sin embargo, la atracción cuenta mucho más de lo que admiten los actores; véase Jean-François Amadieu, *Le poids des apparences. Beauté, amour et gloire,* Odile Jacob, París, 2002, págs. 83-90.

y la llama de los primeros momentos: la seducción o el camino ideal para que duren el amor y el deseo en la pareja.[1] Revolucionar la cotidianeidad, sorprender al otro, dedicarle tiempo, privilegiar el halago frente a la crítica, conservar el misterio, hacer regalos, prodigar atenciones, expresar su amor, hacerse desear, jugar la carta de los celos, cuidar la apariencia física: las «soluciones» propuestas para reconstruir la pareja que se adormece son diversas y relativamente «clásicas»: se reducen a operaciones de encanto, estrategias de seducción. La idea dominante es que el vínculo amoroso se apaga poco a poco si no se apoya en los resortes fundamentales de la seducción: para que dure, son necesarios esfuerzos permanentes de conquista y atención.[2] De ahí la idea expresada mil veces de que la seducción es una condición del amor duradero.

Matrimonio e imperativo de seducción

La importancia de la seducción en el matrimonio por amor se manifiesta de distintas maneras. En primer lugar, en la tendencia creciente a la igualdad de los cónyuges. En la Francia tradicional, una cuarta parte de los maridos se casaban con mujeres que tienen cinco o más años que ellos. Este porcenta-

---

1. Ya en el siglo XVII, mademoiselle de Scudéry consideraba que el matrimonio no podía escapar de la «esclavitud» si no era asociándolo de manera duradera con la seducción. De ahí, los consejos que ofrece y que encontramos con frecuencia en la prensa femenina actual: «La mujer tiene que ser la amante de su marido y nunca una amante debe ser la mujer de su marido. [...] En efecto, en ningún caso [...] la mujer debe cesar de ser galante para su marido una vez casada», citado por Danielle Haase-Dubosc, «Des usages de la séduction selon Madeleine de Scudéry», en *Séduction et société, op. cit.,* pág. 52.
2. La novela *Le Zèbre*, de Alexandre Jardin, se basa en el tema del amor que exige una seducción eternamente recomenzada.

je cayó a un 8 por ciento en el siglo XX.[1] Y actualmente cada vez es más difícil encontrar un hombre que se case con una mujer mayor que él. Shorter interpreta esta tendencia secular hacia la igualdad en la edad de los cónyuges como señal del progreso del matrimonio por amor. También podemos ver en ello la expresión del peso creciente de los atractivos físicos y de la atracción en la elección del cónyuge.

Otros fenómenos indican la importancia creciente de la seducción. A partir del siglo XIX, las jóvenes obreras analizan cada vez más con inquietud sus rasgos físicos y dedican más tiempo y dinero a vestirse y arreglarse. Y discuten entre ellas sobre los atractivos estéticos de sus pretendientes. Rechazan a los feos, los lisiados, los demasiado viejos, aunque sean ricos. Desean ser seducidas por un hombre joven y atractivo, un «chico guapo», elegante, bien vestido, que cuide su apariencia. La apariencia física del hombre se ha convertido en su primer criterio de selección.[2]

El sistema de referencia de la seducción ha ido ganando fuerza y legitimidad hasta convertirse en la regla general de las uniones. A partir de ahora, se espera del cónyuge cualidades que nos emocionen y nos gusten. Pueden variar dependiendo de las personas y el género, pero, en cualquier caso, queremos ser seducidos antes de comprometernos con el matrimonio. El fenómeno es ineludible: en cuanto el matrimonio por amor se consolida como norma general, el papel de la seducción se convierte en central, ya que los elegidos deben gustarse. Este nuevo lugar de la seducción es excepcional: durante milenios ha sido excluida de la formación de las parejas; ahora, se la considera la condición necesaria de una unión legítima.

1. Edward Shorter, *El nacimiento de la familia moderna*, Anesa, Buenos Aires, 1971, trad. de César Aira (aquí citado por la versión francesa: Le Seuil, París, 1977, págs. 192-193).

2. Anne-Marie Sohn, *Du premier baiser à l'alcôve. La sexualité des Français au quotidien,* 1850-1950, Aubier, París, 1996, págs. 178-181.

Por ello, nada es más falso que diagnosticar la desaparición de la seducción en nuestras sociedades. Si bien es cierto que los protocolos de la seducción clásica están en retroceso, nunca la obsesión por la valorización de la apariencia había movilizado a tantas personas, nunca el encanto personal había tenido tanta importancia en la formación de parejas, nunca la seducción había tenido tantas consecuencias personales para la mayoría de los individuos, ya que dirige las uniones y desuniones de las parejas. Con la consagración de la norma amorosa y la dinámica de individualización característica de nuestras sociedades, la seducción se ha vuelto soberana.

Entonces, se consolida un nuevo estatus de la seducción en relación con el orden colectivo. Por un lado, como el grupo ha dejado de prescribir normas imperativas, los caminos de la seducción entran en un proceso estructural de desinstitucionalización, de manera que ya no es más que un asunto privado. Por el otro, funciona como una nueva regla, ya que la atracción se consolida como un imperativo subjetivo para unirse. Cuanto más desinstitucionalizada, más importancia tiene en las uniones legítimas entre las personas. Debido a este doble movimiento, la seducción se ha vuelto, en sentido estricto, soberana: debe dirigir sin ser dirigida. Cuanto menos se prescriben las maneras de comportarse, más se impone «gustarse» como la condición de las uniones amorosas. Cuanto menos dicta el grupo su ley a la seducción, más se reconoce que esta debe ser la ley subjetiva e intersubjetiva que fundamenta, para dos seres, el hecho de vivir juntos. Cuanto menos se regula desde fuera, más dirige desde dentro las relaciones privadas.

La seducción soberana y sus enemigos

En relación con las uniones maritales, el principio de la seducción soberana goza de un reconocimiento social casi uná-

73

nime. De esto da testimonio la viva indignación que expresan nuestros contemporáneos frente a los matrimonios concertados o forzados que existen en el mundo y a veces en el seno de las sociedades liberales occidentales. El matrimonio forzado se ha convertido en sinónimo de barbarie de costumbres, incompatible con los ideales de la cultura individualista y humanista. ¿Conseguirán estos en el futuro acabar con los matrimonios forzados al hacer triunfar el *ethos* de la seducción soberana en todo el mundo? Pensándolo bien, este escenario parece el más probable, hasta tal punto el proceso de modernización de las sociedades mina la fuerza de las tradiciones ancestrales y el autoritarismo parental en beneficio de la supremacía de cada uno, del reconocimiento de los derechos individuales a la libertad y la igualdad. En este ámbito, la seducción soberana tiene ante sí el futuro.

¿Y en los demás ámbitos? Nadie ignora que ahora la seducción soberana casa mal con lo que concierne a la apariencia femenina, principalmente por medio de la cuestión del velo islámico y del burka. Incluso si la seducción soberana goza de una legitimidad de masas, no deja, en efecto, de suscitar críticas y rechazos por parte de ciertas categorías de la población que se oponen al derecho de las mujeres a mostrar su *sex appeal*, de valorizar su cuerpo y disponer libremente de su apariencia. Nada anuncia que estas reprobaciones cesarán en un futuro próximo, sobre todo porque ciertas mujeres, incluso cultas, eligen renunciar a los artificios de la seducción.[1] Sin duda, la mayoría aprueba la seducción soberana y, en este ámbito, los enemigos del liberalismo cultural son ahora minoritarios, pero no por ello han desaparecido de la escena de las democracias occidentales y estas sufren las consecuencias de la revitalización del fundamentalismo islámico.

---

1. Este tema se desarrolla en el capítulo V.

II. CORTEJAR, FLIRTEAR, LIGAR

Las comunidades humanas no solo se han esforzado en aumentar el poder atractivo de los seres mediante el juego de los artificios y las prácticas mágicas. También han codificado según reglas variables las maneras de conocerse, frecuentarse, entablar nuevos idilios. Hasta donde sabemos, las sociedades humanas nunca han permitido que la pura espontaneidad de los individuos actuara en materia de maniobras de acercamiento e invitaciones sexuales. En los encuentros amorosos y en las uniones matrimoniales, en todas las épocas, las sociedades han establecido rituales obligados, han sustituido el azar por reglas, han ejercido formas de control sobre los modos de iniciar una aventura amorosa.

A lo largo de la historia, rituales muy diversos han reglamentado las palabras, los gestos, la temporalidad del acercamiento amoroso. Esto no impide que se haya impuesto, de forma universal, una estricta división de los papeles entre los sexos. En todas partes y siempre, las maneras de comportarse en los asuntos amorosos se han dividido en función de la oposición masculino/femenino. Los códigos del acercamiento, sobre la forma de relacionarse, del cortejo, se separan por sexos. En este contexto, generalmente le toca al hombre dar el primer paso, aunque en determinadas circunstancias se acepta que las mujeres tomen la iniciativa.

A esto se añaden, en las sociedades con un poder centralizado, diferenciaciones relacionadas con los grupos y las clases sociales. Los señores y los villanos, los campesinos y las gentes de ciudad, los burgueses y los obreros no obedecen a los mismos códigos del acercamiento amoroso. En las élites sociales, a partir de la época clásica, aparecen formas modernas de la relación de cortejo fruto de costumbres seculares; sin embargo, en el mundo rural, las reglas tradicionales siempre han regido los procesos amorosos, a menudo hasta el siglo XIX.

Este punto es capital para nuestro propósito: siempre, cuando las comunidades han sido organizadas por el orden de la tradición, las colectividades han ejercido un control estrecho sobre la formación de las parejas. Los modos de conocerse, las maniobras de acercamiento, las relaciones entre jóvenes de los dos sexos son vigilados, supervisados por las familias y la colectividad en su conjunto. Los ceremoniales de seducción y las relaciones de cortejo no son un asunto privado: se desarrollan bajo la mirada de todos y se encajan en un molde que nadie puede elegir.

Desde hace un tiempo estamos en la situación opuesta de dicho modelo. Impulsadas por la doble revolución del individualismo contemporáneo y muy recientemente de las tecnologías digitales, las maneras de entablar una relación y de destacar han cambiado a una velocidad fulgurante. En el pasado, los encuentros eran raros, estaban vigilados, ritualizados al extremo. Ahora son libres, fáciles y se ofrecen casi hasta el infinito en la pantalla de internet. Liberados del marco de las tradiciones y las convenciones sociales, los métodos de acercamiento han entrado en la era de la desregulación y del individualismo extremo: todo está abierto, casi nada está prohibido, se puede dar rienda suelta a todas las audacias las veinticuatro horas del día en las redes de los supermercados del encuentro virtual. Cuando los modos de conocerse ya no obedecen a reglas imperativas y pueden desarrollarse sin límite espacio-temporal, se consolidan el reinado de la seducción soberana, la época hipermoderna del ligue generalizado y descontrolado, hipertrófico y banalizado.

El paisaje contemporáneo del encuentro amoroso presenta rasgos radicalmente nuevos. Pero, si bien constituye una innegable ruptura, no por ello su aparición ha dejado de ser «preparada» por los cambios provocados por la dinámica plurisecular de la modernidad individualista. Al hacer desaparecer todos los antiguos impedimentos, al desaparecer los rituales «clásicos» de relación, así como los distintos dispositivos de control colectivo, la nueva era de seducción ultima, mediante nuevos caminos, los procesos de destradicionalización de la relación social y de individualización de los comportamientos típicos de las sociedades modernas. El movimiento viene de lejos. Si adoptamos una perspectiva temporalmente amplia, se distinguen tres grandes fases que organizan la historia propiamente moderna de la aventura amorosa.

La primera empieza en la segunda mitad del siglo XVIII y se prolonga hasta mitad del siglo XX. Durante este largo periodo, aparecieron modelos nuevos de comportamiento que, basados en el amor romántico y el desarrollo de la persona, permitieron a las jóvenes parejas escapar de ciertos controles colectivos, dar prioridad a la libre elección y a la inclinación personal en lugar de la sumisión a las reglas comunitarias. También durante este ciclo secular, marcado por un «terremoto sentimental»,[1] nace el flirteo, figura nueva de la relación moderna entre los sexos. Dicho ciclo constituye el momento *sentimental* de la seducción moderna. La segunda fase se establece a partir de los años cincuenta y se desarrolla plenamente sobre la marcha del movimiento de emancipación de las costumbres posterior a 1968. Representa el momento *liberacionista* de la seducción. La terce-

1. Edward Shorter, *Naissance de la famille moderne, op. cit.,* pág. 315.

ra se consolida a principios del siglo XXI, impulsada por la revolución de las técnicas digitales y de las páginas de encuentros on line. Es la fase de la seducción *conectada.*

Tres etapas históricas que han supuesto, cada una a su nivel, un debilitamiento de las cortapisas colectivas, una individualización creciente de los modos de establecer contactos íntimos y de valorarse para gustar. Hemos alcanzado el extremo de esta lógica que ultima el sistema de la seducción soberana.

FLIRTEO Y RELACIONES MODERNAS

Hasta finales del siglo XIX y, a veces, más allá, en las sociedades rurales, las relaciones de cortejo así como los modos de entablar una relación obedecen a reglas tradicionales que varían según las costumbres locales. En las zonas rurales, chicos y chicas hallan ocasiones para conocerse durante romerías, ferias, fiestas locales religiosas, bailes, mercados, veladas de invierno. Otras veces, son los padres o algunos intermediarios los que permiten que los jóvenes se conozcan. En algunas regiones, los chicos, en grupos de cuatro o cinco, salen en «expedición» para ver a las chicas, que también se reúnen en pequeños grupos. Sea durante las veladas, los «cortejos nocturnos», los bailes o las fiestas parroquiales, las parejas pueden formarse sin la presencia de terceras personas. En algunas regiones, las chicas no pueden ir al baile sin su madre. En todas partes, las relaciones entre jóvenes se llevan a cabo bajo el control de la comunidad, son observadas, estrechamente vigiladas por los grupos de jóvenes, por la familia y todo el pueblo. El relacionarse con fin amoroso se hace a la vista de todos, revistiendo así un carácter claramente ritualizado y tradicional.[1]

En el universo burgués del siglo XIX, los encuentros entre

1. *Ibid.,* págs. 155-172.

78

jóvenes se realizan bajo la mirada de los padres durante la celebración de fiestas familiares, matrimonios, ventas de caridad, bailes y conciertos. También se llevan a cabo a través de «casamenteras» que conciertan entrevistas entre chicas y chicos pertenecientes al mismo ambiente y condición social. Cuando los jóvenes se enamoran, los padres se informan sobre esa persona, sobre sus ingresos y sus opiniones políticas, ya que los protagonistas de las alianzas no son tanto las personas como las familias. Para «hacer su cortejo» en vistas al matrimonio, el pretendiente debe ser aceptado por los padres de la joven. Los encuentros de los novios se desarrollan bajo la vigilancia de la madre o de otro familiar y excluyen cualquier indicio de intimidad; las convenciones están codificadas e, incluso, la correspondencia directa a menudo está prohibida. Una joven no debe escribir a su novio ni recibir cartas suyas sin pasar por su madre o su padre. Los rituales de seducción son muy discretos y no tienen legitimidad si no es dentro del estricto marco prematrimonial.

La moderna libertad de relacionarse

Un primer movimiento de relajación de los impedimentos colectivos tuvo lugar a partir del siglo XVIII. Los demógrafos han podido establecer que entre 1750 y 1850, los embarazos prematrimoniales y los nacimientos ilegítimos se multiplicaron tanto en el campo como en las ciudades. Según Lawrence Stone, en Inglaterra, durante la segunda mitad del siglo, en determinadas regiones, más del 40 % de los bebés eran concebidos antes de la ceremonia del matrimonio: «casi todas las novias que no pertenecían a la élite social habían tenido relaciones sexuales con su futuro esposo antes del matrimonio».[1]

1. Citado por Françoise Barret-Ducrocq, *L'amour sous Victoria. Sexualité et classes populaires à Londres au XIXᵉ siècle*, Plon, París, 1989, pág. 130.

Para dar cuenta del aumento de estas concepciones prenupciales, Jean-Louis Flandrin ha señalado varios fenómenos: los cambios jurídicos, el cierre de los burdeles municipales, la supresión de las antiguas libertades de relacionarse, la desaparición de la vigilancia tradicional de los jóvenes en los pueblos, pero también el desarraigo de las jóvenes campesinas que, para encontrar trabajo, tuvieron que abandonar su pueblo e ir a la ciudad.[1] En las zonas rurales y, sobre todo, en las ciudades, los modos tradicionales de relacionarse empezaron a desmoronarse. El capitalismo, el asalariado, el espacio de la ciudad favorecieron los contactos entre ambos sexos, facilitaron las relaciones galantes, ampliaron el ámbito de los encuentros amorosos; supusieron el declive de la vigilancia del vecindario y de los padres.

En el siglo XIX, las ciudades en expansión ofrecen numerosas tentaciones y las ocasiones de encuentro son múltiples. Los encuentros se producen en los lugares de trabajo, pero también en los parques, los palcos de *music-hall*, los bares, los jardines públicos, los bailes populares, en las calles repletas de gente en las que no es extraño que los hombres aborden a las mujeres, intenten seducirlas con halagos, palabrería y bromas. Liberadas del peso de la comunidad, a veces animadas por el deseo de escapar a su condición, un mayor número de mujeres jóvenes concede sus favores para romper su soledad, escapar a la monotonía de su vida, gozar de algunas gratificaciones. Ceden más fácilmente a los avances sexuales y más cuando con frecuencia los mismos van acompañados de promesas de matrimonio.

Desde finales del siglo XIX en París, así como en las regio-

---

1. Jean-Louis Flandrin, *Le sexe et l'Occident. Évolution des attitudes et des comportements,* Le Seuil, París, 1981, págs. 95 y 293-295. (Versión española: *Moral sexual en Occidente,* Ediciones Granica, Barcelona, 1984, trad. de Irene Agoff.)

nes mineras del norte, obreros y artesanos consideran que, con dieciocho años, una joven que se gana su salario tiene derecho a «divertirse» y puede ir sola al baile. Esta relajación de la vigilancia familiar se generaliza en los años treinta: en todos los ambientes sociales, en vísperas de la Segunda Guerra Mundial, las chicas tiene derecho a salir sin carabina.[1] La mayoría de las familias tolera que sus hijas vayan solas al baile, un lugar donde las obreras y las sirvientas suelen conocer a sus futuros maridos. En esa época se multiplican los bailes y más tarde los *dancings*, donde se baila con desconocidos, se diversifican los encuentros y se prueba suerte de cara a aventuras más o menos furtivas. Progresivamente, los comportamientos se liberan de tabúes religiosos. El retroceso de la autoridad eclesiástica, el gusto creciente por los festejos y la libertad permitieron que los procesos amorosos se liberaran de los antiguos sistemas de vigilancia.[2] El repliegue de la segregación sexual, la suavización de las costumbres familiares, la valoración de la felicidad de los niños, la legitimidad del matrimonio por amor hicieron caer en desuso las antiguas formas de control sobre los jóvenes. A partir de ese momento, eran libres de salir con las personas de su elección, relacionarse y flirtear antes de casarse. La época es testigo de una primera oleada de liberalización de las costumbres,[3] de privatización de la relación de cortejo.

1. Anne-Marie Sohn, «Les "relations filles-garçons": du chaperonnage à la mixité (1870-1970)», *Travail, genre et sociétés,* n.º 9, 2003.
2. Sobre estos aspectos, Anne-Marie Sohn, *Du premier baiser à l'alcôve, op. cit.,* págs. 163-178.
3. El desarrollo de las relaciones prenupciales, bajo la III República, ilustra también una dinámica de emancipación de los cuerpos y espíritus, una tolerancia mayor hacia las «desviaciones sexuales», a pesar de que las clases superiores siguen muy ligadas al ideal de virginidad femenina antes del matrimonio; véase Anne-Marie Sohn, *Du premier baiser à l'alcôve, op. cit.,* págs. 224-238.

La invención del flirteo {cortejo ligero y sin consecuencias — algo fugaz}

En este contexto, marcado por el retroceso de los impedimentos colectivos tradicionales, nace el flirteo moderno. El término aparece hacia mediados del siglo XIX en los ambientes acomodados de la burguesía y la aristocracia: designa un «cortejo ligero y sin consecuencias» (Paul Bourget), una relación amorosa fugaz con una pareja distinta al futuro cónyuge, una aventura que no daña la virtud femenina.

El flirteo se consolida como una relación amorosa en la cual los jóvenes de ambos sexos se ven con total libertad sin la vigilancia de los padres ni de la colectividad. En este modelo que nace en los países anglosajones, las chicas pueden salir solas y ser besadas y acariciadas por los chicos de su elección. Liberado de la vigilancia de la carabina o de la madre, el flirteo va acompañado de libertades nuevas, de actitudes y conversaciones reservadas antaño a los hombres. Sin duda, las normas de seducción relacionadas con los hombres y las mujeres siguen siendo profundamente asimétricas: en particular, al chico le corresponde tomar la iniciativa, nunca es a la inversa. Sin embargo, la joven que flirtea puede permitirse hacer ciertas insinuaciones y tomarse ciertas confianzas, se burla de sus pretendientes, los provoca al tiempo que se zafa de inmediato. Bromea, se ríe, ya no baja la mirada, habla con dobles sentidos: ya no se amolda al modelo de la joven ingenua y discreta. Como nuevo juego amoroso, el flirteo expresa la legitimidad de las aventuras sin futuro, el placer fugitivo de gustar sin compromiso ni implicación sentimental.[1] Revela, paralelamente al auge de las relaciones prenupciales, un movimiento de emancipación moderna de los cuerpos y los espíritus frente a los valores tradicionales y los antiguos sistemas de vigilancia.

1. Fabienne Casta-Rosaz, *Histoire du flirt. Les jeux de l'innocence et de la perversité, 1870-1968,* Grasset, París, 2000.

A pesar de que el flirteo apareciera en las capas superiores de la sociedad, debe concebirse no tanto como un hecho de clase, sino como un fenómeno de esencia moderna democrática y esto es así porque implica el reconocimiento de cierto derecho a la libertad individual a expensas de los marcos colectivos. No tiene nada que ver con la sujeción a la tradición y a las reglas comunitarias: la época del flirteo es inseparable de la libertad de palabra, de la libertad de apariencia y movimiento, de gesto y relación. El flirteo no es el resultado mecánico de nuevas circunstancias materiales y sociales: la ciudad, los trasatlánticos, las playas, los casinos, los balnearios, los hoteles «elegantes», la multiplicación de los bailes contribuyeron, sin duda, a esquivar la vigilancia de los padres, a permitir ciertas audacias, encuentros y relaciones pasajeras, pero no pueden explicar por sí solos el nuevo código de conducta amorosa, que solo pudo imponerse gracias al debilitamiento del poder de la Iglesia sobre las mentalidades y a una moral sexual progresivamente más indulgente. Desde este punto de vista, el flirteo es un fenómeno que forma parte de un conjunto más amplio en el que figuran, entre otros, el auge de las relaciones prenupciales y de los matrimonios por amor, una mayor tolerancia hacia las «faltas» femeninas, modas más provocativas (vestido corto, maquillaje llamativo...), bailes más sensuales (tango): todos ellos fenómenos que ilustran la progresión de una moral menos austera, así como el desmoronamiento del sistema de valores tradicionales y de las normas religiosas.

Sin duda, esta dinámica de liberación está lejos de ser total, el flirteo de esta época excluía la libertad sexual de las mujeres. Mientras domina la desigualdad de la doble moral, las mujeres no pueden expresar libremente su deseo. Aun así, sí se vive cierta dinámica de liberación frente a las normas tradicionales y puritanas. Por ello, podemos hablar, en relación con el flirteo, de una primera etapa de emancipación de los jóvenes y las mujeres de las coerciones familiares y de la moral religiosa, de una individualización limitada del juego de la seducción y de la relación con el otro sexo. Es una de las expresiones de la primera revolución individualista democrática.

Juego del deseo sin un mañana, por el único placer de gustar, el flirteo excluye la relación sexual, pues la misma sigue siendo tabú antes del matrimonio, pero ello no supone que no se pueda disfrutar del sexo entregándose a los besos, las caricias, los tocamientos. Tanto es así que los moralistas de la Belle Époque acusan a la joven que flirtea de no ser pura, de no ser más que una «medio virgen» (Marcel Prévost). Por ello, el flirteo aparece como un dispositivo de transición a medio camino del ideal de la blanca paloma y del modelo de la mujer emancipada, un eslabón intermedio entre el moralismo de las costumbres y el liberalismo sexual, una formación de compromiso que combina castidad y sensualidad, audacia y mantenimiento de las prohibiciones, distancia y acercamiento, pudor y expresión del deseo.

Surgido en las últimas décadas del siglo XIX, el flirteo se generaliza en los años treinta: el beso en la boca, antaño reservado a las élites sociales, se populariza, la mitad de las generaciones nacidas después de la Gran Guerra lo practica.[1] Las críticas que le dirigían los moralistas de la Belle Époque pierden su impacto: liberado de las imágenes de perversidad y peligro, el flirteo se convierte en un juego amoroso dotado de legitimidad multitudinaria, ampliamente tolerado por los padres siempre y cuando los besos y las caricias sean castos. Si las personas se gustan, ya nada prohíbe saborear los placeres del flirteo. Al ser un comportamiento libremente elegido por los que participan en él, el flirteo aparece como el resultado feliz de la seducción recíproca. Los ideales democráticos de libertad individual, el debilitamiento de la moral religiosa así como las

1. Hugues Lagrange, *Les adolescents, le sexe, l'amour. Itinéraires contrastés*, Syros, París, 1999, pág. 17.

imágenes del cine han hecho posible la desdramatización de este juego moderno de la seducción amorosa.

Al banalizarse, el código del flirteo, inicialmente burgués, se difunde en todos los ambientes sociales, borrando la gran diversidad que reinaba antaño en los modelos de seducción. En lugar de las prácticas fuertemente diferenciadas en función de las regiones y las clases sociales, se desarrolla un código unificado de relación moderna. Si el flirteo es un fenómeno moderno, lo es porque combina libertad de los actores, descalificación de la diversidad folclórica, práctica homogénea y universal del juego amoroso.

En el mundo rural, los rituales algo toscos del encuentro amoroso tradicional[1] son rechazados por la exigencia femenina de modales más refinados, de atenciones, de delicadeza, de romance, de palabras dulces. Las jóvenes de pueblo quieren, como las de ciudad, ser seducidas, «acariciadas y no zarandeadas».[2] Ser seducidas y al mismo tiempo seducir, cuidando de su persona, otorgando más atención a la apariencia, empeñándose en ser hermosas y elegantes. En el campo, se abandonan los trajes folclóricos y se adoptan modelos urbanos; las mujeres casadas se visten como las solteras. Después de la Gran Guerra, la moda se carga de connotación emancipadora (faldas cortas, escotes, pelo corto, esbeltez). Las visitas a la peluquería se extienden tanto como el maquillaje llamativo y los tintes para el pelo. Con la difusión social del flirteo y de las nuevas libertades, la seducción adquiere una importancia mayor en las expectativas y en los comportamientos de todos los ambientes sociales.

La ruptura con la tradición del control de los mayores se manifiesta también, en Estados Unidos, en la década de 1920, a través del *dating system* que consiste para los jóvenes de ambos sexos en citarse, sin carabina, en determinados espacios

1. Véase el capítulo III.
2. Anne-Marie Sohn, *Du premier baiser à l'alcôve, op. cit.*, pág. 210.

85

públicos. Esta nueva forma de contacto entre los sexos no es una señal de compromiso y su fin no es entablar una relación estable ni una unión marital. Se trata únicamente de distraerse sin más formalidades y sin ningún objetivo a largo plazo, vivir relaciones amorosas de manera frívola, nada serias, dar satisfacción al deseo de gustar. En este sistema, las chicas que tienen muchas citas se vuelven populares porque tienen éxito con los chicos. Chicas y chicos se valoran por el número de parejas conquistadas. La lógica de seducción se conjuga con la cantidad y con una lógica de consumo aplicada a las parejas. El *dating* va acompañado de flirteos, de «magreo» libremente consentido por las chicas: ilustra el nuevo reconocimiento del que goza la seducción sin compromiso, el debilitamiento de los impedimentos tradicionales que se ejercían sobre las chicas, la nueva libertad de los jóvenes en materia de relaciones chicas/chicos.[1]

LA SEDUCCIÓN ANTICONVENCIONAL

La primera fase de la seducción moderna finaliza con la Segunda Guerra Mundial. A partir de los años cincuenta, empieza la segunda etapa de la aventura amorosa moderna: además, es la época en la que, en Francia, hace su aparición el «ligue» que sustituye, cada vez más, al «flirteo» y a la «seducción». Ligar, se sabe, es «captar», abordar a mujeres desconocidas en la calle o en la playa, «camelar» con vistas a aventuras sin porvenir. Por este motivo, esta práctica es reivindicada por

---

1. Sobre este tema, John Modell, *Into One's Own. From Youth to Adulthood in the United States, 1920-1975,* University of California Press, Berkeley, 1989. (Versión española: *De la juventud a la edad adulta en Estados Unidos, 1920-1975,* Ministerio de Empleo y Seguridad Social, Madrid, 1991.)

los hombres, muy raramente por las mujeres: únicamente los hombres «ligan» de manera propiamente dicha. Pero si el ligue es un término que se relaciona con lo masculino, implica, sin embargo, actitudes nuevas, códigos nuevos, valores nuevos que afectan tanto a los hombres como a las mujeres.

Ligar

La nueva época asiste a la aparición o a la multiplicación de lugares nuevos –guateques, salas de fiesta, Club Méditerranée– que ofrecen la posibilidad de liberarse de las antiguas convenciones, entablar relaciones más directas de las que permitían los bailes burgueses o populares.

En el guateque, nacido en el periodo de entreguerras y que se difundió ampliamente en los años cincuenta y sesenta, todo está hecho para facilitar un flirteo al abrigo de la mirada de la sociedad y de los adultos, pero también libre de rituales no espontáneos. Ahora son los propios jóvenes los que organizan su fiesta, invitan a sus amigos, eligen la música. No hay necesidad alguna de haber sido «presentado» ni de mostrarse buen conversador, ni de respetar los convencionalismos: apenas si se intercambian algunas palabras, se baila *cheek to cheek* al son de canciones melancólicas, la gente se besa en la boca a media luz: el tiempo que dura un lento basta para empezar un flirteo. Surge un universo nuevo de seducción que, de manera desacomplejada e informal, sigue un tempo rápido. En los guateques, las parejas del flirteo a veces se multiplican a lo largo de una misma velada. Ya no son solo los chicos los que alardean de sus aventuras, sino que también algunas chicas contabilizan sus flirteos y explican sus éxitos a sus amigas. Las chicas coleccionan sus trofeos y los chicos ligan sin discursos románticos. La seducción, emancipada de la cultura romántica, es aquí visual, inmediata y está liberada del arte de la conversación.

Al abolir durante las vacaciones las barreras del dinero, de las clases sociales y de las convenciones «burguesas», las aldeas del Club Méditerranée que nacen en los años cincuenta también facilitan los encuentros. Todos con atuendo playero, todos se tutean, todos comparten mesa y veladas como camaradas, el Club Med instaura el reinado de la convivencia, del estilo relajado y «enrollado» en las relaciones interindividuales, incluidas las relaciones hombres/mujeres. Con su imagen de libertad individual, el Club se presenta como una utopía hecha realidad, el lugar ideal no solo para hacer deporte y relajarse, sino también, liberados de la cortapisa de la convenciones y de las ceremonias mundanas, para ligar y cosechar conquistas. Los pesados rituales del cortejo se excluyen a favor de los contactos «simples» y *fun*. Decid adiós al traje del domingo, a los códigos de la elegancia, a las promesas y a las declaraciones de amor: haced sitio al reinado democrático de la seducción inmediata, del ligue espontáneo y relajado. Un poco más tarde, la película *Los bronceados* (1978) popularizó esta reputación del Club como un lugar lleno de ligones *cool,* más o menos suertudos.

El retroceso del cortejo clásico y de los papeles que el mismo prescribe se acentuó a raíz de la contracultura de los años sesenta. En las discotecas, los hombres ya no invitan a las chicas a bailar: estas ya no tienen que «esperar sentadas» la invitación masculina, todo el mundo puede hacer lo que le plazca, ser autónomo. Los pechos desnudos se exhiben en las playas como señal de libertad femenina y de consagración hedónica. En un clima liberacionista dominado por el rechazo al conformismo burgués, los protocolos clásicos de la seducción son invalidados y pierden su poder rector: los ramos de flores del pretendiente, el traje de los domingos, el ritmo lento y progresivo del cortejo, todos estos rituales caen en desuso y se consideran algo ridículos. Incluso los tradicionales cumplidos se tachan de anticuados y entre las mujeres provocan más carcajadas que satisfacción narcisista.

De ahora en adelante, no hay nada peor que los modales convenidos y necesarios, las reglas que despersonalizan injurian la individualidad singular: la seducción «a la moda» excluye lo convencional, lo ceremonioso y lo envarado. La época asiste a la consolidación de un ligue posconvencional que se corresponde con el desarrollo de las reivindicaciones de independencia de los actores, así como con el culto a la espontaneidad del deseo y de la autenticidad subjetiva. El ligue, figura de la seducción soberana, es una de las expresiones del fuerte desarrollo de individualización de las aspiraciones, la vida privada y las costumbres.

Aunque, durante la primera modernidad, el control del colectivo sobre los comportamientos individuales retrocede, la moral prescribe a las mujeres resistir a las insinuaciones que les hacen y no lanzarse al cuello de los hombres que les gustan simplemente porque les gustan. Como mucho, la ausencia de resistencia femenina goza de cierta tolerancia cuando la mujer se entrega en nombre del amor. Sin embargo, conceder sus favores sin amor, solo por deseo, sigue estando condenado en los años cincuenta. Precisamente, las sociedades liberales contemporáneas se han emancipado tanto de este moralismo como del propio marco referencial amoroso. A partir de ahora, ya nada prohíbe a la mujer ceder al hombre que le gusta en el momento que ella decida: el sentimiento amoroso ya no es necesario para «excusar» el acto carnal. Todo el mundo puede hacer lo que le plazca en función del poder de atracción. Ya no hay ningún principio moral o religioso que pueda obstaculizar el poder de atracción que empuja a los individuos los unos hacia los otros: la seducción tiene la supremacía absoluta. Liberada de la sujeción a los principios morales, se impone como experiencia soberana, con derecho a ejercer plenos poderes sobre las conductas individuales. Sin obligación, ni sanción moral, el poder de atracción reina en majestad.

La relación con las minorías sexuales ilustra también el

advenimiento de la seducción soberana. Hasta los años sesenta, únicamente se podía hablar de relaciones de seducción entre hombres y mujeres. Esa época ya es cosa del pasado: estamos en el momento en que se consolida el derecho a seducir a quien se quiera, con la única excepción de los menores y los alumnos. Las minorías sexuales ya no sufren ostracismo y se muestran abiertamente en las grandes ciudades occidentales. Se multiplican los bares, las calles, las salas de fiesta, donde los gais y lesbianas se encuentran en busca de relaciones amorosas. Son innumerables las páginas de encuentros para gais y lesbianas: ya existen casi tantas páginas para homosexuales como para heterosexuales. La seducción entre personas del mismo sexo ha dejado de ser reprobada. Ligar con uno u otro sexo, intentar gustar casi a cualquier edad: ¿hay algo más normal en la actualidad? La época de la seducción soberana es aquella en la que el ligue es libre de ejercerse casi sin límites, tanto de edad como de identidad sexual.

Todas ellas son transformaciones que ejemplifican la desinstitucionalización, la desregulación y la hiperindividualización del ámbito de la seducción. Un proceso que, por lo demás, es parecido al que actúa en otras esferas como la religión, la familia o la alimentación. Con el desarrollo de los valores individualistas y hedonistas, la seducción se ha liberado de reglas formalistas y órdenes morales, pues ya no existe ninguna norma que fije imperativamente los modos de actuar y aparecer, de decir y reaccionar: es cometido de los individuos elegir las reglas que quieren seguir y pueden comportarse como desean. Debido al agotamiento del control de las normas colectivas sobre los comportamientos privados, los efectos de la atracción erótica pueden llegar hasta sus últimas consecuencias sin provocar reprobación ni culpabilidad: nos hemos ganado el derecho a sucumbir a la tentación. La seducción ya no está tutelada, su reinado es absoluto.

Con la descalificación de los rituales convencionales y de

los modelos estándares prerreglados, surge un nuevo imaginario de seducción basado en la valoración de la singularidad de los sujetos. Cuando se desprecian los rituales impersonales del cortejo, se consolida la valoración de la identidad singular de las personas, la individualidad pura, como principal baza de seducción. Las maniobras ampulosas, así como las puestas en escena ostentosas de sí mismo deben ser repudiadas: para gustar, aseguran los «expertos», hay que «ser uno mismo», no «excederse», ser natural, expresar tu verdadera personalidad. Ya no se trata de sobresalir en el desempeño de juegos de papeles complejos, anónimos y mistificadores: ahora basta con ser uno mismo en su verdad subjetiva particular. El encanto de la singularidad individual es la mejor arma de seducción, no las estratagemas para destacar artificialmente y que crean una falsa imagen de uno mismo. Para mayor gloria de la individualidad singular y «verdadera», la época de la seducción soberana desea ser hipersubjetiva.

Lo irónico es que esta regla de mínimos de la seducción va acompañada de un diluvio de ofertas cosméticas, pero también de consejos y técnicas para que los intentos alcancen el éxito. Los artículos de prensa lo repiten machaconamente: ser uno mismo es conquistar «la valentía de ser uno mismo», adquirir la confianza en la propia capacidad de seducir. En resumen, ser uno mismo es convertirse en uno mismo. Así, nuestra época es testigo de una avalancha de guías, manuales, consejos técnicos de seducción y, ahora, de *coaches* para «convertirse en uno mismo». Si bien desde Ovidio este género tiene una larga historia, ahora se desarrolla de manera pletórica: a las pocas ediciones de manuales que se dirigían antaño a la élite social, les siguen ahora avalanchas de consejos cosméticos y estéticos, pequeñas técnicas prácticas leídas por millones de internautas. Cuando las reglas convencionales caducan, una profusión infinita de técnicas psicológicas y estéticas surge para responder a las inquietudes crecientes relativas a uno mismo y a las exi-

91

gencias de buenos rendimientos personales. Cuanto más se impone la regla «natural» de ser uno mismo, más se multiplican los profesionales y los consejos para conseguir serlo.

EL HIPERMERCADO DE LA SEDUCCIÓN

Con el cambio de milenio, se inicia claramente un tercer momento de la historia de la seducción moderna, fruto esta vez no de una dinámica cultural, sino de la combinación de una tecnología, la tecnología digital, y del mercado que multiplica las páginas de encuentros en internet. Este nuevo ciclo no constituye, sin embargo, una ruptura con la etapa precedente, ya que la lógica *cool* del ligue solo se ha exacerbado al disponer de dispositivos que ofrecen una mayor facilidad para los contactos y una mayor velocidad en las interacciones. Reformateado por el reinado de la liberalización extrema, de la desregulación digital y consumista, el encuentro amoroso ha entrado en la era de lo híper. Este momento representa la postrera etapa del proceso de individualización de la seducción.

El boom de las páginas de encuentros

Hasta hace poco, recurrir a las agencias o a las páginas especializadas para tener una cita amorosa revestía un carácter vagamente vergonzoso. Se asociaba este modo de actuar con los perdedores incapaces de encontrar una pareja en el mundo real. Esta época ya es pasado: la navegación por la red ha entrado a formar parte de nuestras costumbres. La mayoría acepta la idea de tener encuentros sirviéndose de internet, aunque no sueñe con encontrar allí un gran amor. Las antiguas reticencias han desaparecido, los amigos se recomiendan su uso, se habla sin incomodidad de las ventajas e inconvenientes de

92

tal o cual aplicación dedicada al ligue. Según un estudio realizado por el Instituto Francés de la Opinión Pública (Ifop), en 2012, el 40 % de las personas encuestadas declaraban estar dispuestas a utilizar una página de este tipo en caso de soltería. A partir de ahora, a los espacios clásicos del encuentro amoroso (lugar de trabajo y de estudios, círculo de amigos) se suman las páginas de encuentros on line que frecuentan cada vez más nuestros contemporáneos, de cualquier edad y condición social. Ahora, uno de cada tres solteros está inscrito o ha sido inscrito en una de estas páginas; una de cada tres historias amorosas empezaría en internet y uno de cada dos franceses inscritos on line habría conseguido entablar una relación a través de la web. Según una encuesta realizada por el Ifop en 2012, el 25 % de los internautas franceses declaran haber estado o estar inscritos en una página de encuentros on line. En Estados Unidos, un estudio muestra que aproximadamente un 35 % de parejas casadas entre 2005 y 2012 se conocieron a través de internet. Algunos estudios estiman que aproximadamente el 70 % de los jóvenes de entre dieciocho y treinta años han tenido o tienen un perfil en al menos una página de encuentros.

El hecho está ahí: cada vez más se intenta conocer a alguien a través de la pantalla. Hoy por hoy los adolescentes, las personas de la tercera edad, las personas casadas, los gais, las lesbianas, se conectan a estas páginas a veces durante unos minutos, otras durante horas. Potencialmente, el ligue concierne a todo el mundo, todos pueden ligar y ser ligados. El flirteo virtual se ha convertido en una práctica banal que responde a las motivaciones más variadas; algunos van en busca de un «plan sexual», de una aventura de una noche; otros esperan una relación sentimental, seria y estable; otros también se inscriben sin una meta precisa, para distraerse, matar el tiempo, sentirse seguros de su poder de seducción.

Al mismo tiempo asistimos a una expansión extraordinaria de este mercado. Hasta ahora, la importancia comercial de esta esfera era muy limitada. Ya no es así. Con una cifra de negocio en 2012 de 16,1 millones de euros, AdopteUnMec ha conseguido un crecimiento del 237 % entre 2007 y 2013. Durante una campaña de comunicación lanzada en 2015, el «supermercado de los encuentros» pudo hacer gala de diez millones de franceses inscritos en su página. En 2014, Francia contaba con más de dos mil quinientas páginas de encuentros, que generaban doscientos millones de euros de cifra de negocio. Nuestra época es testigo de la expansión del ámbito mercantil del ligue. Hemos entrado en la época hipermoderna de la industria de la seducción.

Ligue máximo, ritual mínimo

Con el universo de la red y de las aplicaciones móviles, han surgido, a la vez, un instrumento nuevo, una manera nueva de conocerse y modos nuevos de ligar.

Con la tecnología digital, se difunde un modo de encuentro radicalmente inédito, ya que el contacto se establece con desconocidos. La empresa de seducción ya no empieza con ocasión de una interacción física, sino durante un intercambio virtual con personas desconocidas: la relación virtual precede al encuentro cara a cara. Por vez primera, las operaciones de encanto (llamar la atención a través de un perfil digital optimizado, elegir una buena foto, presentarse con humor y originalidad) se llevan a cabo antes incluso de que los individuos se conozcan y se encuentren «de verdad».

Así, el internauta puede actuar con más audacia que en la «vida real». Es el momento del teleligue para todos, abierto a los tímidos, a los orgullosos, a todos aquellos que, temerosos de ser desairados y vejados, no se atrevían a emprender operaciones de acercamiento. El éxito de masas de la seducción on line es inseparable del confort psicológico que dan el uso de

94

un seudónimo, el anonimato y la ausencia del cara a cara corporal, todo ello posible en internet.

En el pasado, los encuentros eran relativamente escasos, difíciles, lentos en su realización: gracias al instrumento digital se vuelven fáciles, rápidos y su oferta es grande. Al funcionar las veinticuatro horas del día, las páginas web permiten ligar de forma continuada, en cualquier momento y en cualquier lugar, iniciar relaciones, ponerse en contacto de inmediato con multitud de hombres y mujeres y estar conectado simultáneamente a varias personas, acelerando así las oportunidades de encuentro. Después de la época del ligue de calle y de sus operaciones de abordaje, a veces «arriesgado», ha llegado el momento del ligue virtual, «confortable», altamente eficaz para conseguir citas en cadena. Ligar sin desplazarse, a través de la pantalla, obtener el máximo posible de contactos, de *matchs* y de encuentros, dar con el máximo posible de miembros próximos a nuestra posición geográfica, rentabilizar al máximo el tiempo: esta es la época del ligue máximo acorde con el culto a la eficacia técnica, la velocidad, la inmediatez. Ligue máximo, ritual mínimo.

Las páginas hacen soñar y al mismo tiempo abren la posibilidad de acelerar las oportunidades de conocer a alguien. Ahora, esperar pasivamente la posibilidad de un encuentro «al doblar una esquina», dejar que actúe el azar, casa cada vez menos con la cultura individualista de la hiperelección y del placer inmediato. Para el individuo contemporáneo, la vida es demasiado corta como para dejarla solo en manos del azar de los acontecimientos. Al multiplicar «la programación de azares» (Catherine Lejealle), las páginas de encuentros dan respuesta a la exigencia hipermoderna de satisfacción inmediata, a nuestro rechazo a la resignación ante el «destino». Todos ellos son fenómenos que explican el entusiasmo por los medios on line.

El éxito de las páginas de encuentros se debe también al hecho de que han conseguido transformar la seducción en una actividad de tipo consumista en la que todos, hombres y mujeres, eluden la pesadez de los rituales convencionales. La página AdopteUnMec.com ha roto los códigos tradicionales de la seducción al permitir a las mujeres elegir pareja, en lugar de esperar a ser ellas las elegidas. Los hombres solo pueden dirigirse a aquellas que ya los hayan «señalado» y colocado en su carrito de la compra virtual. Al definirse como el «supermercado de los encuentros donde las mujeres consiguen buenas gangas», la página se dirige a las mujeres en calidad de «clientas» liberadas de todo sentimiento de culpabilidad que, al hacer sus «compras», pueden encontrar verdaderas gangas entre los «productos de la región», «grandes ofertas», «liquidación de *stock*», «ofertas del día».

Navegando sobre la ola consumista del encuentro, las nuevas aplicaciones como Happn o Tinder, Grindr o Blendr explotan la geolocalización de los internautas, lo que les permite poner en contacto a personas que se encuentran cerca. Gracias al encuentro geolocalizado en el *smartphone,* se señala una «ganga» del mismo modo que se señala un buen restaurante o una tienda a la vuelta de la esquina. Se pretende así reducir el tiempo que se pasa ante la pantalla y favorecer los encuentros rápidos, pues los individuos se hallan en ese momento geográficamente próximos. Unos mensajes y el encuentro tiene lugar enseguida gracias a la proximidad física. El ligón hipermoderno ya no es el hombre que sabe tener paciencia, sino que se parece al consumidor-rey que compra donde y cuando quiere, al hiperconsumidor impaciente que, al no soportar ya los tiempos de espera, desea entregas exprés y comprar con un clic. Incluso el universo de la seducción, antaño asociado íntimamente con el arte de la lentitud, está ahora remodelado por la lógica de la urgencia consumista, las tecnologías de la aceleración del mundo, de la vida y del tiempo.

Las nuevas aplicaciones para *smartphone* han introducido en el universo de la seducción la dimensión lúdica, rápida y «fácil» consustancial a la cultura consumista. Se acabaron tanto el cortejo sofisticado como las fichas de datos de las antiguas páginas de encuentros: se decide exclusivamente a partir de las fotos que desfilan por la pantalla. Se abre paso al papel preeminente de la apariencia física, a la sencillez de los *like,* a la *fun* de la elección con un simple toque con el dedo (Tinder). Aquí la seducción se libera del peso de su seriedad de antaño: solo queda una actividad lúdica puesta en marcha, a veces, no con el fin de lograr encuentros reales, sino solo para distraerse, comprobar el poder de seducción de uno, tranquilizarse narcisísticamente, «inflar» el ego. Incluso en el espacio del encuentro amoroso, don Juan es destronado por Narciso, él también hiperconsumidor.

Se trata también de una práctica hiperconsumista porque en la red se generalizan las prácticas de *zapping* relacional, el ligue-*surfing.* Protegido por la pantalla y el anonimato del seudónimo, nada resulta más fácil que interrumpir un contacto sin dar justificación alguna, pasar a otra persona en cuanto te apetece o por creer que habrá algo mejor con otro simple clic. Todos tienden a pensar que el próximo perfil será más satisfactorio, que pueden estar dejando de lado una aventura aún más emocionante. Si bien el arte de gustar clásico se confundía con la gracia de los modales y del lenguaje, el galanteo digital va acompañado de la descortesía de las desconexiones brutales y las prácticas de lo «desechable» favorecidas por el gran número de oportunidades ofrecidas y el sentimiento de impunidad que da el seudónimo. Tras el *zapping* televisivo, conocemos ahora el ligue-*zapping,* figura del *ethos* consumista aplicado al universo del encuentro. En la era de las redes, la seducción ha

97

dado un vuelco a la era de la instantaneidad, de la hipermovilidad de masas.

Ocurre lo mismo con el sexo, se suele decir hoy en día. En efecto, muchas jóvenes multiplican los amantes de paso y los «planes de una noche». En AdopteUnMec.com, los hombres se presentan como productos de consumo y los «clientes» detallan en su perfil sus deseos de un contrato indefinido, de un contrato temporal o de una suplencia, según una lógica de consumo a la carta. Sin embargo, la idea de similitud entre vida sexual y consumismo topa pronto con sus limitaciones. Y esto es así porque los hombres y las mujeres con frecuencia se comprometen emocionalmente y de manera intensa en sus relaciones erótico-amorosas, tal como testimonian las decepciones, las heridas, las depresiones y la sensación de vacío que acompañan las separaciones de pareja. De hecho, las relaciones sexuales solo se parecen de forma episódica al *zapping* del consumidor nómada: no es tanto el universo del sexo el que se ha alineado con la cultura consumista, sino el universo del ligue virtual.

De ahí que el cibermundo contribuya innegablemente a difundir una forma de donjuanismo. Por ser un libertino aristócrata y transgresor, don Juan ya era una especie de hiperconsumidor obsesionado por la posesión efímera e inconstante de nuevos «objetos». Don Juan o la primera figura, antes de tiempo, del hiperconsumidor compulsivo, sin límite ni barreras, especie de adicto a la «marca mujer», incapaz de no encadenar una conquista tras otra. Muchos ligones tienen ahora la posibilidad en la web de parecerse tanto a don Juan como al neoconsumidor volátil que corre sin cesar de una tentación a otra.

Pero aquí termina la analogía, pues don Juan es un seductor que ama la dificultad de la caza, que goza del placer «de ver, día a día, los pequeños progresos que se logran [...], de forzar paso a paso todas las pequeñas resistencias que ella [la joven] nos opone [...] y conducirla suavemente allá donde queremos llevarla» *(Don Juan,* acto I, escena 2). Don Juan es un esteta de

98

la conquista amorosa. No es así para el ligón virtual que desea conseguir la victoria sin elegancia, sin esfuerzo, lo más rápidamente posible. A diferencia de don Juan, el ligón 2.0 es un hiperconsumidor sin estilo e impaciente que prueba con otra si la cosa no funciona enseguida. ¿Para qué perder el tiempo? Es necesario que el encanto actúe tan rápidamente como cuando compramos un producto con un simple clic on line. Como los neoconsumidores optimizadores, los donjuanes hipermodernos son adeptos al ligue eficaz, racionalizado y eficiente. Economía de tiempo y esfuerzo, hiperelección, *zapping, shopping* comparativo: el ligue on line no es más que el comportamiento hiperconsumista transferido al ámbito del *dating*.

Bajo la revolución de las redes, la continuidad

No hay ningún misterio en el extraordinario éxito del que gozan las nuevas páginas de encuentros. Si hacen furor es porque se presentan como un espacio encantado en el que las posibilidades de encuentros son casi ilimitadas, rápidas y fáciles. En este harén virtual, todo se ofrece con abundancia: promesas de goce inmediato, perfiles disponibles, sonrisas hechiceras, bellezas seductoras, *flashes* varias veces al día. Es posible encontrar el alma gemela o la pareja de una noche. La página de encuentros es el paraíso de la exuberancia de lo posible y de la aventura infinita.

Un universo «maravilloso» que, al mismo tiempo, puede ser una máquina productora de dependencia. Algunos ya no pueden desengancharse de la pantalla, pasan noche y día «chateando», consultan permanentemente su buzón de correo electrónico al acecho de nuevos contactos, crean varias cuentas en páginas distintas. ¿Por qué limitarse a una sola página cuando en la red hay permanentemente multitud de otras parejas aún más atrayentes, todavía «mejores»? Todos estos contactos, todos

99

estos perfiles crean adictos, del mismo modo que el jugador que juega una y otra vez a la espera del número vencedor y del premio gordo. Una adicción creada por la multiplicación por diez del campo de lo posible, mediante una vertiginosa oferta de tentaciones.

Si bien es cierto que la seducción en la web crea adicción, también lo es que crea aún más decepción. Según Eva Illouz, la decepción es el problema principal mencionado por los visitantes de las páginas.[1] La red no solo favorece la banalización del encuentro amoroso, sino que además es un amplificador emocional fruto de una comunicación basada exclusivamente en la palabra y la imaginación. Por los mails y a los chats, los intercambios se cargan de intensidad erótica, de fantasías, proyecciones e idealizaciones más o menos románticas. Una «cristalización» que se estropea en el momento en que se produce el encuentro en carne y hueso. Al aumentar la distancia entre las expectativas y la experiencia real, el reinado de la seducción soberana con los colores de internet funciona como un instrumento de insatisfacción, desilusión y decepción repetidas.

Además, el instrumento digital no ha conseguido en absoluto abolir las viejas «leyes» de la seducción según las cuales algunos gustan más que otros. La desigualdad seductiva entre los seres es todo menos caduca. Tal como escribe Michel Houellebecq: «En el sistema sexual absolutamente liberal, algunos tienen una vida erótica variada y excitante; otros se ven reducidos a la masturbación y a la soledad...».[2] A pesar de toda su magia, internet no ha borrado las desventajas de la vejez, la

1. Eva Illouz, *Les Sentiments du capitalisme*, Le Seuil, París, 2006, pág. 171. (Versión española: *Intimidades congeladas: las emociones en el capitalismo*, Katz Editores, Madrid, 2007, trad. de Joaquín Ibarburu.)

2. Michel Houellebecq, *Extension du domaine de la lutte*, J'ai lu, París, 1998, pág. 100. (Versión española: *Ampliación del campo de batalla*, Anagrama, Barcelona, 2001, trad. de Encarna Castejón.)

fealdad o la pobreza. Las más guapas tienen más éxito que las demás; los hombres ricos o famosos también. Por más que delante de la pantalla todo es posible, la realidad es más cruel y ve multiplicarse los rechazos, las soledades, la sensación de lo difícil que es ser seducido o seducir.

El hecho es que la seducción sigue actuando principalmente «entre iguales», la gente se casa siempre con miembros de su misma categoría social. En la red, vemos multiplicarse las páginas religiosas de encuentros comunitarios que permiten a personas de una misma confesión conocerse y casarse. Hoy como ayer, «los que se parecen se juntan», la elección del cónyuge sigue estando relacionada con la posición social, las parejas pertenecen al mismo entorno, las personas se casan con sus semejantes: la apertura del campo de lo posible solo ha reducido ligeramente la tendencia de fondo a la homogamia. Bajo la revolución de las redes, «el viejo mundo todavía no ha dicho su última palabra».[1]

Las nuevas páginas de encuentros han revolucionado el ámbito de la seducción hasta el punto, dicen algunos, de ser capaces de imponer la igualdad de sexos en materia de ligue. En la red florecen nuevas amazonas que toman la iniciativa del encuentro, se muestran atrevidas, audaces, tan activas como los hombres. Aunque esto sea innegable, está lejos de imponerse como ley general. En las redes, no es raro ver a las chicas «liberadas» tratadas de «ninfómanas» y «guarras».[2] Aquello que se valora en el hombre sigue siendo juzgado a veces con seve-

1. Pascal Bruckner, *Le Paradoxe amoureux,* Librairie générale française, Le Libre de Poche n.º 32065, París, 2009, pág. 38. (Versión española: *La paradoja del amor,* Tusquets, Barcelona, 2011, trad. de Núria Viver.)

2. Jean-Claude Kaufmann, *Sex@mour,* Librairie générale française, col. Le Livre de Poche, n.º 32289, París, págs. 123 y 184. (Versión española: *Sex@mor: las nuevas claves de los encuentros amorosos,* Pasos Perdidos, Madrid, 2013, trad. de Mercedes Noriega Bosch.)

ridad en el caso de la mujer. Casi siempre, las mujeres esperan que sea el hombre quien envíe el primer mensaje. En las páginas, los hombres que «buscan» son más numerosos que las mujeres: esto es tan cierto que la inscripción de las mujeres en las páginas a menudo es gratuita, contrariamente a la de los hombres. En una situación real, en el bar, en el restaurante, en el hotel, hay muchos ritos disimétricos relacionados con el género que dirigen siempre el universo del ligue. En cuanto a las expectativas, la asimetría entre géneros es también muy marcada. En las páginas, como en la vida «real», es mayor el número de mujeres que buscan un encuentro «serio», una relación amorosa, sincera y romántica. Los hombres, más que las mujeres, disocian sexo y sentimiento, expresan el deseo de tener «planes de sexo casual», aventuras rápidas, encuentros sin porvenir buscando solo un momento de placer.[1] La hipermodernidad digital no ha hecho *tabula rasa* del pasado milenario de la disyunción de las normas y los papeles sexuados: los códigos desigualitarios de la seducción resisten victoriosamente ante los progresos igualitarios de la revolución de internet.

1. Gilles Lipovetsky, *La Troisième Femme,* Gallimard, París, 1997, págs. 30-40 y 62-67 (Folio essais n.º 472). (Versión española: *La tercera mujer: permanencia y revolución de lo femenino,* Anagrama, Barcelona, 2013, trad. de Rosa Alapont Calderaro.)

III. DEL GESTO A LA PALABRA

Como forma específica de comunicación interpersonal, el acto de seducción se basa en normas sociales que permiten que las distintas señales emitidas sean leídas y descifradas. Los rituales de seducción pueden ser verbales o no verbales (miradas, regalos, bailes, maquillaje, adornos...) y a menudo combinan ambos registros de comunicación. Sin embargo, a lo largo de la historia, las culturas no han favorecido del mismo modo los actos de palabra y las actitudes gestuales: si bien estas modalidades están presentes universalmente, su importancia y su «peso» respectivos no son similares en todas las épocas ni en todas las civilizaciones.

Esta cuestión es capital: permite comprender lo que ha cambiado radicalmente a lo largo de la historia milenaria de la seducción y, más concretamente, lo que nos separa de los tiempos premodernos del cortejo amoroso. Lo que caracteriza, en efecto, en el muy largo plazo, la historia de la seducción no es otra cosa que el pasaje del predominio del gesto al del discurso y, más específicamente, del discurso sentimental. Esta inversión de primacía en el modo de estructuración simbólica de la seducción resume la línea central de transformación de su historia milenaria.

Es en el siglo XVII con la aparición de la cultura galante

cuando se produce este gran cambio. A partir de la época clásica, conversar con ingenio y vivacidad, saber hablar de amor, utilizar las palabras que emocionan se convierte en sinónimo del arte de gustar, de la «bella galantería». Seducir exige palabras tiernas y dulces, conversaciones íntimas, halagos galantes, una retórica epistolar refinada. En adelante, la ventaja pertenece al «donjuán» que sabe cortejar. Una estética del discurso que, al exigir delicadeza y refinamiento del sentimiento, excluye la prisa y la precipitación: se trata de conseguir que la resistencia femenina flaquee, vencerla demostrando persuasión y paciencia. La seducción de los Modernos sigue una coreografía marcada por un ritmo lento. Los hombres declaran su pasión, las mujeres se resisten: la seducción de la época clásica se construye en torno al binomio galantería/coquetería.

De ahí las preguntas que plantea nuestra época dominada por la hiperaceleración de los contactos y de los procesos amorosos. ¿Qué sucede con los valores galantes en la época democrática de la mensajería instantánea, del *speed dating*, del porno, del rap y de la sexualidad libre? ¿Qué queda de los protocolos clásicos de la seducción en una sociedad que comprime el tiempo en todos los ámbitos, que privilegia la inmediatez, la satisfacción sin demora ni límite?

AL PRINCIPIO FUE EL GESTO

Durante milenios, en el ámbito del cortejo amoroso, los discursos sentimentales eran raros y las fórmulas utilizadas eran rituales y estereotipadas. Los pasos iniciales se realizaban, principalmente, a través del lenguaje corporal y de una gestualidad convencional. Las formas originarias de la seducción coincidieron en todas partes en la preponderancia de la comunicación gestual sobre el intercambio verbal y la retórica sentimental.

104

El cortejo silencioso

La primacía de la cultura gestual se manifiesta, en las sociedades denominadas salvajes, a través de juegos corporales que ofrecen la posibilidad a chicos y chicas de «flirtear» para luego organizar citas galantes. Entre los achés, el juego de las cosquillas permite que hombres y mujeres encuentren una pareja sin intercambiar palabras: «El *tô kybairu* es el festival del cuerpo».[1] En las islas Trobriand, muchos juegos que conllevan el contacto físico y, a veces, la brutalidad permiten a ambos sexos acercarse, darse la mano, tocarse: comportamientos que exigen una estrecha proximidad física que ofrecen pretextos para bromas y constituyen los preliminares de las relaciones amorosas. Los juegos y las bromas se prolongan a veces con prácticas claramente más agresivas. Así, el *kimali,* forma de acercamiento femenino, consistía en golpear al muchacho deseado, herirlo, arañarlo hasta hacerlo sangrar, cubrirlo con cortes a veces profundos hechos con un instrumento afilado. Estas heridas eran aceptadas por los chicos que se mostraban orgullosos por ser pruebas de sus éxitos con las mujeres.[2]

La danza constituye otro medio para favorecer el inicio de una relación. Mientras bailan, los hombres Na rascan la palma de la mano de la mujer que desean: si esta no aparta la mano, significa que consiente en entablar un idilio. En las culturas tribales, los bailes presentan raramente un carácter abiertamente sexual, pero permiten pavonearse, destacar, «flirtear» de ma-

---

1. Pierre Clastres, *Chronique des Indiens Guayaki. Ce que savent les Aché, chasseurs nómades du Paraguay,* Plon, París, 1972, pág. 172. (Versión española: *Crónica de los indios guayaquís: lo que saben los achés, cazadores nómadas de Paraguay,* Alta Fulla, Barcelona, 2001, trad. de A. C. Ibáñez.)

2. Bronislaw Malinowski, *La Vie sexuelle des sauvages du nord-ouest de la Mélanésie, op. cit.,* págs. 180-183 y en lo referente a los cortes eróticos, págs. 188-189.

105

nera discreta, pero eficaz. Cuando se consigue la atención deseada, bastan un pequeño gesto y dos palabras, «¡Ven, bonita!», para que empiece la aventura.[1]

En las sociedades tradicionales, las tácticas de acercamiento y las maneras de hacer la corte apenas se sirven del lenguaje. Las observaciones etnográficas nos dicen que los acercamientos sexuales no se andan con rodeos: una palabra, un sencillo gesto de invitación y se cierra el trato. Las intrigas amorosas se forjan sin romance, sin expresión sentimental, sin discurso idealizado. Durante el *karibom* melanesio, el acercamiento erótico es directo y corporal: el chico que camina detrás de la mujer deseada puede abrazar sus pechos, colocar bajo su nariz hierbas aromáticas a las que se les atribuye un poderoso efecto erótico y «levantar el fleco de su falda e introducir un dedo en la vulva».[2] Lo que caracteriza las formas originarias del acercamiento amoroso es la reducida importancia de las palabras y la primacía de la comunicación no verbal.

Así lo atestigua también el prestigio que rodea las proezas y otras hazañas de los hombres. Durante los periodos de fiesta, los juegos, los concursos y las justas permiten a los jóvenes, que compiten en fuerza y habilidad, destacar y ganar los favores de las mujeres. Entre los tupís-guaranís, las mujeres buscan a los grandes guerreros, que gozan tanto de mucho prestigio como del derecho a tener varias esposas: la captura y la ejecución de un enemigo constituyen una condición para acceder al matrimonio. Ningún hombre naga tenía la esperanza de casarse sin antes exhibir trofeos guerreros. Tanto el gran guerrero como el buen cazador es valorado, admirado y deseado: entre los grupos cashinahuas del Alto Amazonas peruano, los cazadores

1. Edward Evans-Pritchard, *La Femme dans les sociétés primitives, op. cit.*, págs. 164-165.
2. Bronislaw Malinowski, *La Vie sexuelle des sauvages du nord-ouest de la Mélanésie, op. cit.*, pág. 185.

más talentosos son los que pueden tener más parejas sexuales.[1] Durante decenas de milenios, la valentía, la fuerza y la habilidad han sido los grandes vectores del éxito masculino con las mujeres.

La cultura del gesto se ha extendido mucho más allá de las sociedades tribales. En la Edad Media, los caballeros miden su valentía en los torneos para gustar a la dama. Combatir valientemente es la prueba de que se ama y la valentía es una condición esencial para conseguir los favores de la amiga. A finales del siglo XII, André Le Chapelain expresa el estrecho vínculo que existe entre proeza caballeresca y amor cortés: «Sobre todo es el valor masculino lo que suele despertar el amor de las mujeres y mantiene la voluntad de amar». Las mismas palabras las encontramos cuatro siglos después en Brantôme: las mujeres «aman siempre más a los hombres de guerra que a los demás, y su violencia aviva su apetito».[2]

La longevidad histórica del acercamiento gestual es impresionante, sus manifestaciones siguen vivas en las culturas campesinas de los siglos XVIII y XIX. Aunque hay razones para creer que conocían y experimentaban el sentimiento amoroso, las campesinas y los campesinos cortejaban en silencio. Los cuerpos se tocan sin hablarse: se estrujan los dedos, se retuercen las muñecas, se dan fuertes palmadas en el hombro. En Gascuña, se corteja dándose empujones y con simulacros de lucha. El joven labrador tira piedrecitas a la joven, la pellizca y así está todo dicho. Las maneras de expresar sus intenciones consisten principalmente en un lenguaje simbólico corporal.[3]

1. Véase Pierre-Joseph Laurent, *Beautés imaginaires. Anthropologie du corps et de la parenté, op. cit.,* pág. 181.

2. Citado por Jean Claude Bologne, *Historie de la conquête amoureuse. De l'Antiquité à nos jours,* Le Seuil, París, pág. 131.

3. Jean-Louis Flandrin, *Les amours paysannes (XVIᵉ-XIXᵉ siècle),* Gallimard, col. Folio histoire n.º 53, París, 1993, págs. 243-246; Martine Se-

Los folcloristas han señalado hasta qué punto, en las sociedades aldeanas, el cortejo se basa en rituales en los que la expresión verbal del sentimiento es muy limitada. Los discursos amorosos son raros, se corteja sin abrir la boca o haciendo uso de fórmulas breves y convencionales. La espontaneidad individual y la exteriorización de la sensibilidad afectiva tienen poco espacio, ninguna retórica sentimental o novelesca acompaña al encuentro amoroso aldeano. Los deseos, las intenciones, la atracción entre dos personas se expresan a través de un lenguaje gestual sencillo y rápido.[1]

El hecho de que la prevalencia del gesto haya tenido continuidad en las grandes civilizaciones históricas indica que se trata de una «opción» cultural o simbólica y no del fruto de una humanidad «retrasada» empujada por el instinto. En realidad, la cultura de la gestualidad está en correlación con la institución holista de las sociedades que, marcadas por el predominio de lo colectivo sobre lo individual, solo reconocen un limitado margen de iniciativa a los individuos en sus interacciones. Cuando el reinado de la tradición pierda su control organizador, los discursos que expresan el yo personal y emocional podrán prevalecer sobre el acercamiento gestual tradicional.

El regalo amoroso

El regalo amoroso, práctica universal, es una constante en los rituales de seducción. En las sociedades campesinas tradicionales, la empresa de seducción no incluye la declaración de amor, pero sí el obsequio mudo de pequeños regalos: siempre

galen, *Mari et femme dans la société paysanne*, Flammarion, col. Champs, París, 1984, pág. 22.

1. Edward Shorter, *Naissance de la famille moderne, op. cit.*, págs. 175-178.

se prefiere el gesto a la palabra.[1] El regalo de alimentos es uno de los comportamientos más antiguos y utilizados para obtener los favores de la mujer deseada: el cazador cashinahua toma la iniciativa de abordar a una mujer con vistas a una aventura sexual ofreciéndole una presa. Un joven inuit expresa su interés por una mujer ofreciendo la presa que ha cazado a su familia y ayudando a su futuro suegro a reparar un kayak o construir un iglú. Nada de efusiones ni de declaraciones idealizadas ni poéticas: el regalo expresa mejor que las palabras lo que se desea decir, halaga la vanidad de la joven y muestra sin ambigüedad el deseo del pretendiente. La relación de cortejo se lleva a cabo en el silencio de las palabras.

Sabemos que ofrecer pequeños regalos para obtener favores sexuales no es exclusivo del género humano, pues muchas especies animales tienen comportamientos de ofrenda de alimentos por parte del macho a la hembra durante el ritual de cortejo, en el momento del apareamiento o durante la puesta y la incubación. Al igual que en el universo animal, entre los seres humanos, esta práctica es mucho más masculina que femenina. El hombre es quien toma la iniciativa de los regalos amorosos:[2] el hombre que no ofrece regalos a su amada pasa por avaro y esta reputación le cierra la posibilidad de nuevas conquistas.

El principio dominante es este: en el universo de la seducción, los hombres son quienes hacen regalos, más que al contrario. Y esta lógica está vigente incluso en las sociedades en

1. Martine Segalen, *Mari et femme dans la société paysanne, op cit.*, págs. 23-25.
2. Existen excepciones: en el valle del Níger, cuando una joven se interesa por un chico, le hace llegar un plato de mijo a través de una intermediaria. Si el chico desea entablar un idilio amoroso, acepta este regalo y debe ofrecer a su prometida, a partir de entonces, con más o menos regularidad, una serie de regalos.

109

las que las mujeres gozan de gran libertad sexual. Si el obsequio amoroso obedece a esta regla es porque funciona, según Lévi-Strauss, como la «contrapartida de un hecho universal: el vínculo de reciprocidad que funda el matrimonio no se establece entre unos hombres y unas mujeres, sino entre unos hombres valiéndose de mujeres que únicamente son el principal pretexto para ello».[1] Un grupo de hombres recibe de otros hombres una mujer, pero ella no recibe nada ya que constituye el objeto mismo del intercambio. Aquí, la regla de la reciprocidad que rige muy profundamente el ciclo de las prestaciones excluye, por tanto, al elemento femenino. Para compensar este hecho, la relación sexual se concibe como una prestación que la mujer ofrece al hombre y, por ello, debe recibir regalos de él.[2]

En las comunidades tradicionales, el regalo no es una elección, sino una obligación social que obedece a reglas colectivas. Y es necesario añadir que incluso en las sociedades modernas, dominadas por la cultura individualista, el intercambio de regalos sigue dependiendo en gran medida de normas convencionales. Se siguen ofreciendo regalos con motivo de fiestas fijadas por el calendario: el Año Nuevo, el cumpleaños, San Valentín. Dependen también de códigos relacionados con la división social de los sexos: el hombre regala flores o una sortija a la mujer: lo contrario es mucho más raro. Las invitaciones a comer o cenar a un restaurante casi siempre parten de los hombres y no de las mujeres. Obviamente, en el seno de las sociedades individualistas, se perpetúa la ritualidad inmemorial del regalo amoroso conforme a normas colectivas.

Una continuidad transhistórica que no debe ocultar la ruptura provocada por la cultura democrática de los individuos. En efecto, nos encontramos en el momento en el que el rega-

---

1. Claude Lévi-Strauss, *Les structures élémentaires de la parenté, op. cit.,* pág. 135. (Versión española: *Las estructuras elementales del parentesco, op. cit.*)
2. *Ibid.,* págs. 134-135.

lo de seducción tiende a liberarse de las normas tradicionales en beneficio de un modelo marcado con el sello de la individualidad. Ofrecemos regalos en determinados momentos personalizados: la fecha de nacimiento o la del inicio del idilio. A los regalos de cumpleaños y de aniversario se suma el regalo de recuerdo, pero también el regalo impulsivo hecho sin una razón concreta, de forma puramente circunstancial. Aunque los códigos sociales y económicos (el precio mercantil) están lejos de ser obsoletos, se valora cada vez más la elección individual, la originalidad, la singularidad del regalo, reflejo de la personalidad del donante o de la del sujeto que recibe el regalo. En este contexto, el regalo depende menos de una imposición social que de una elección personal dirigida por las lógicas del placer y el sentimentalismo. Por ello, hoy por hoy, el regalo de seducción combina continuidad y discontinuidad histórica, orden ritual y orden individualista.

EL MODELO GALANTE

A lo largo de la historia, el modo de seducción que se basaba en el predominio de la comunicación corporal se ha deshecho. Se ha producido una revolución de las formas de cortejar que ha instituido la primacía de la palabra y la expresión amorosa. En el siglo XVII, el cambio ya se ha consumado, al menos en el mundo aristocrático.[1] Este giro en el sistema de las lógicas simbólicas marca el inicio de la cultura moderna de la seducción. Esta no se ha llevado a cabo brutalmente. Ha

1. En 1647, Jean Chapelain define la galantería como el arte de gustar y «de aproximarse mucho a (sus) amantes mediante palabras estudiadas»: el discurso constituye la seducción del hombre galante, véase Marine Roussillon, «Amour chevaleresque, amour galant et discours politiques de l'amour dans *Les Plaisirs de l'île enchantée* (1664)», *Littératures classiques* n.º 69, Université de Paris III-Sorbonne Nouvelle, 2009.

estado precedida de momentos que han preparado la soberanía del arte de hablar de amor. La Antigüedad griega y luego la romana constituyen los primeros eslabones.

Palabras que acarician

Los griegos no ignoraban el poder de atracción de la palabra. En el panteón griego, Peito posee el poder de seducir dando a las palabras una dulzura cautivadora. Peito, que dispone de «sortilegios con palabras melosas», es la figura mítica que ilustra el hechizo de la voz, la magia de las palabras acariciadoras y suaves, la seducción de la palabra. Cuando Hera quiere provocar en Zeus el deseo amoroso, no cuenta únicamente con el resplandor de su belleza, de las joyas y otros adornos, sino que suplica a Afrodita que le conceda el poder todopoderoso de «halagar con palabras». En el «ceñidor bordado» de Afrodita donde residen todos los hechizos, se encuentra, junto a la ternura y el deseo, la «conversación amorosa con un lenguaje seductor que hace perder el juicio a los más prudentes».[1]

Desde el siglo VI antes de nuestra era, la poesía elegíaca se asocia a la evocación de la pasión amorosa. Tanto en la época arcaica como en la helenística, los poemas homosexuales vibran con declaraciones de amor. Safo dirige sus poemas de amor cargados de pasión sensual a las muchachas jóvenes. Los poemas de Ibico y Anacreonte cantan al amor de los jóvenes. Filenis (siglo IV antes de Cristo) podría ser la autora de una obra que describía las técnicas de seducción, que explicaba sobre todo cómo hacer insinuaciones y seducir mediante halagos: sin duda Ovidio se inspiró en esa obra para su *Ars Amatoria*.

1. Marcel Detienne, *Les Maîtres de vérité dans la Grèce archaïque,* Maspero, París, págs. 62-67. (Versión española: *Los maestros de verdad en la Grecia arcaica,* Taurus, Barcelona, 1986.)

En la Roma de Augusto, Ovidio escribe *Arte de amar*, recopilación didáctica cuyo propósito es ofrecer a los lectores la destreza necesaria para amar y hacerse amar, conquistar al ser amado y conseguir que se encariñe con uno. La obra se presenta como una iniciación en el arte de la seducción y ofrece a hombres y mujeres las armas indispensables para triunfar en la empresa amorosa.

Entre estos recursos figura el arte de utilizar las palabras. El hombre, incluso privado de belleza física, puede gustar si sabe mostrarse seductor hablando y actuando en la comedia del amor. «Antes de nada, penetre en tu mente la confianza de que a todas se las puede conquistar: las conquistarás; tú solo tienes que tender las redes. [...] la pasión de las mujeres es más violenta que la nuestra y tiene más de locura. Así que, ea, no dudes en tener esperanzas [...]: apenas habrá una, entre las muchas que hay, que te dé una negativa.[...]»[1] Para conquistar a una mujer, conviene, sobre todo, saber embaucar, echar alguna lágrima, prometer, simular sinceridad, acompañar los gestos con «dulces palabras». De ahí, la necesidad de estudiar las artes liberales, saber hablar correctamente griego y latín, lo que permite componer versos y ofrecerlos como obsequio amoroso, pronunciar las palabras que emocionan, las palabras hermosas que halagan el oído. El corazón de las mujeres se gana con «palabras acariciantes», con halagos a la amada, siempre y cuando sean prodigados con un estilo sencillo y tierno, sin excesos, sin expresiones pedantes. Para obtener los primeros favores o conservar el amor, los cumplidos que halagan el orgullo, el disfrazar los defectos de la persona amada, pero también las súplicas y las promesas tienen una importancia capital. Si se quiere gustar, hay que saber hablar cariñosamente, enga-

---

1. Ovidio, *Arte de amar,* I, 270, 343, en *Amores. Arte de amar. Sobre la cosmética del rostro femenino. Remedios contra el amor,* Gredos, Madrid, 1989, trad. de Vicente Cristóbal López.

113

tusar, escribir cartas de amor llenas de cumplidos, de súplicas y juramentos. La seducción silenciosa primitiva deja lugar a la retórica del elogio, al encanto de la elocuencia, a la poesía de las palabras amorosas.[1]

En relación con las formas originarias de la seducción tradicional, el *Arte de amar* marca una ruptura, ya que la obra no se refiere a las reglas consagradas por el orden tradicional anónimo ni a ningún tipo de relación con las divinidades. El valor de los principios de seducción que se destacan es fruto únicamente de la experiencia amorosa personal del autor o de la experiencia más libresca relacionada con los textos poéticos y los manuales técnicos: «es mi propia experiencia la que me inspira esta obra; haced caso, pues, a un poeta experto», escribe Ovidio,[2] reivindicando así su condición de *praeceptor amoris* cuya experiencia personal del amor permite aconsejar sobre qué puede seducir a las mujeres. Ninguna inspiración divina: únicamente la experiencia vivida por el poeta, transformada en preceptos de seducción con valor universal. Tampoco constituye una relación con lo sagrado, la magia o las tradiciones ancestrales, sino consejos prácticos emancipados de los orígenes y adecuados para la Roma de Augusto, rica y hermosa, en las antípodas de los tiempos arcaicos, toscos e incultos, dominados por la brutalidad y el rapto de las mujeres. Lo que proclama Ovidio es una conquista amorosa distinguida, basada en la cultura y la elocuencia, signos de una época refinada y deslumbrante.[3]

1. La importancia concedida a las palabras cariñosas no excluye, en algunos casos, el recurso mucho más «tradicional» de la «fuerza», ya que «a las mujeres les gusta esa clase de violencia; lo que les produce placer, desean darlo muchas veces obligadas por la fuerza. Todas se alegran de haber sido forzadas en un arrebato imprevisto de pasión y consideran como un regalo esa desvergüenza», *Arte de amar,* I, 673-675, trad. cit.

2. *Ibid.,* I, 29.

3. *Ibid.,* III, 113: «Antes imperaba una rústica sencillez, ahora Roma es de oro y tiene en su poder las grandes riquezas del mundo que ha conquistado.»

El espíritu cortés

La Edad Media, a partir del siglo XII, constituye el segundo gran momento que llevó a la despedida de la seducción originaria tradicional. A través del amor cortés, simbiosis de *ethos* caballeresco y poesía provenzal, se produce el cambio. En los círculos aristocráticos, se consolidan la exaltación de la dama soberana y el culto a la pasión pura y absoluta fuera del matrimonio, que hace que triunfe una cultura erótica refinada, contraria a las costumbres brutales de ciertos señores y a una sexualidad cuyo único objetivo es la satisfacción del cuerpo. En una cultura prendada de la idealización y del lirismo, el amor cortés se define, según fórmula de André Le Chapelain, como «un embellecimiento del deseo erótico». De ahí un código amoroso que, hecho de sutilezas, reglas de delicadeza y poesías cantadas, proclama la fidelidad y el respeto de la mujer.

En las cortes, los poetas medievales, trovadores y troveros, componen versos para la señora del castillo e inventan un nuevo arte de vivir y amar. La época asiste al nacimiento de las célebres *clases de amor* en las que las damas nobles se superan con juegos de ingenio y análisis amorosos refinados. Con el *fin'amor,* el joven caballero tiene la obligación de respetar la voluntad de la dama amada, ganar su corazón demostrando un amor impregnado de moderación, paciencia y delicadeza. El universo cortés se construyó mediante códigos destinados a idealizar los deseos, exaltar los méritos de la dama, marcar una distancia radical con los villanos, confinados en el reino de la brutalidad y la incultura, de la animalidad y la grosería.

Esta labor de sobreestilización halla una expresión nueva en el Renacimiento, a través del ideal del perfecto cortesano cuyo retrato es esbozado por Castiglione. En su libro *El cortesano* (1528), la seducción deja de ser una actividad propia de la aventura amorosa: se plantea como una forma de ser que tiene que impregnar todos los comportamientos del cortejo. Para gustar,

[nota manuscrita al margen: huir del artificio]

conviene no seguir reglas estrictas, sino acompañar todos los comportamientos con gracia, naturalidad y alegre desenvoltura. La condición de toda seducción es huir del artificio y de los excesos de celo, en otras palabras, mostrar *sprezzatura*. Dicha cualidad debe marcar todas las actividades: las formas de andar, de vestirse, de interpretar la música, de pintar, de bromear, de reír, pero también de hablar a las damas y cortejarlas. Las mujeres deben tener «gestos sencillos y naturales, sin mostrar afectación ni esmerarse por parecer hermosa». El hombre de corte ideal debe hablar sin ostentación, sin hacer gala de erudición, sin mostrar vanidad ni una puerilidad boba. Al rendir homenaje a la retórica de la gracia, estética en las antípodas de la «grosería» popular, Castiglione es el primero en hacer del *bel parlare* la condición necesaria del trato galante.[1]

El estilo galante *[nota manuscrita: forma refinada (ethos)]*

Desde Italia, el ideal de seducción elegante y refinada se extendió por toda Europa. Al difundirse de la corte a la ciudad, de la aristocracia a la burguesía de provincias, el modelo resplandece en el seno de la época clásica. Con el auge de la sociedad de la corte y de los salones se desarrolló, en el mundo de las letras así como en la práctica del trato amoroso, lo que en el siglo XVII se denominó la galantería. Aunque la galantería designa la forma refinada y mundana de escribir poesías, novelas y obras de teatro, no se reduce a una escuela literaria, sino que hace referencia a un *ethos* infiltrado en las mentalidades, en

---

1. Verena von der Heyden-Rynsch, *La passion de séduire. Une historie de la galanterie en Europe,* Gallimard, París, 2005, pág. 59. El sustantivo «galantería» data del siglo XVI, pero el adjetivo «galante» aparece dos siglos antes, véase Noémi Hepp, «La galanterie», en *Les Lieux de mémoire,* tomo III, Gallimard, col. Quarto, París, 1997, pág. 3705, nota 23.

todos los ámbitos de la vida privada, los códigos de la buena educación, la vestimenta, la sociabilidad, las conversaciones y las relaciones amorosas. Esta revolución estética, iniciada a principios del siglo XVII, que triunfa en el salón de la marquesa de Rambouillet, donde se practica el arte delicado de la conversación y donde ejerce, verdadero maestro de juegos y palabras, «alma del círculo», Vincent Voiture, conoce su apogeo hacia la mitad del siglo y se extiende por toda la vida mundana, tanto en la ciudad como en la corte, durante la segunda mitad del siglo.

Al expresar la nueva influencia de las mujeres en la formación del gusto y en la configuración de las conductas, se pudieron unificar las costumbres de la corte[1] y crear, por vez primera, una verdadera sociedad de seducción, dirigida a las élites mundanas. Aunque, en el mundo rural, la cultura del gesto no haya sido eliminada en modo alguno, se respetan los valores culturales y las actitudes que constituyen un universo mundano estetizado inédito. Las maneras de gustar no se distinguen solo en función de la oposición masculino/femenino, sino en función de normas de clase que implican los juegos del lenguaje, el arte de escribir (la carta de amor) y conversar con gracia y distinción. He aquí el universo social de la seducción sistemáticamente dividido y jerarquizado: a una seducción vulgar y populachera se opone a partir de ahora una seducción noble, educada, cultivada.

Paralelamente a esta división de las normas, se da un sentido radicalmente nuevo al fenómeno de la seducción. La época clásica de la galantería marca, a este respecto, una ruptura, un momento crucial en la historia cultural moderna de la seducción. Sin duda, esta sigue siempre íntimamente asociada con el mal, el vicio, la desviación del buen camino, pero, al

---

1. Alain Viala, *La France galante. Essai historique sur une catégorie culturelle, de ses origines jusqu'à la Révolution*, PUF, París, 2008.

mismo tiempo, como elemento portador de civilización que se asimila a la buena educación, la delicadeza, la dulzura, el arte de vivir y amar, asume un nuevo significado social. La seducción era sinónimo de fuerza maléfica, aparece también ahora como aquello que pule y suaviza las costumbres. En el *Parallèle des Anciens et des Modernes*, Charles Perrault define la galantería como «lo que distingue particularmente a la buena sociedad y a las personas honestas del pueblo llano; a lo que dieron inicio la Elegancia griega y la Urbanidad romana y que la educación de los últimos tiempos ha llevado a su más alto grado de perfección».[1] Como la galantería es inseparable de la idea de progreso de la civilización, la seducción deja de ser portadora de un valor exclusivamente negativo. A partir de entonces se reconoce, paralelamente a la seducción «mala», una seducción «buena» que, honesta, hermosa y feliz, se muestra civilizadora de la relación entre los sexos.[2]

Si bien la escritura galante cultiva la delicadeza, el refinamiento del estilo y la elegancia mundana, está también dominada por el espíritu del juego, el reírse de uno mismo, la ironía, «el espíritu de alegría»: a partir de 1650, «todas las personas del mundo descubren tener una repentina vocación para la alegría».[3] Al permitir distanciarse de las cosas serias, el estilo galante está animado por un espíritu lúdico y mesurado, por la búsqueda de la diversión y la voluntad de gustar, no haciendo reír sino haciendo sonreír a través de un estilo agradable y alegre. Según mademoiselle de Scudéry, «no existe atractivo mayor en el espíritu que este giro galante y natural, que sabe

1. Citado por Jean-Michel Pelous, *Amour précieux, amour galant (1654-1675). Essai sur la représentation de l'amour dans la littérature et la société mondaines,* Klincksieck, París, 1980, pág. 475.
2. Danielle Haase-Dubosc, «Des usages de la séduction selon Madeleine de Scudéry» en *Séduction et société, op. cit.,* págs. 45-49.
3. Jean-Michel Pelous, *Amour précieux, amour galant, op. cit.,* pág. 205.

poner ese algo que gusta en las cosas con menos capacidad de gustar y que mezcla en las conversaciones más comunes un encanto que satisface y divierte». Al situarse bajo el signo de la ligereza y la variedad, del juego y el atractivo, la escritura galante se basa en una estética de la sorpresa y la renovación. Espíritu de alegría[1] que constituye uno de los principales rasgos de la galantería, como arte y preocupación por gustar.

La galantería, forma de creación artística, es también arte del comportamiento y de los buenos modales, arte de gustar a las damas con ingenio y finura. En el universo galante cualquier forma de intimidación y violencia hacia las damas está proscrita. Conviene conquistarlas sin presionarlas, sin forzarlas, simplemente colándose lentamente en su corazón. De ahí la necesidad de conocer todos sus matices y recovecos: la novela galante dibuja el famoso mapa del Royaume de Tendre, Reino de Ternura, que Madeleine de Scudéry incluye en su obra *Clélie,* a la vez una cartografía simbólica de la búsqueda amorosa y un verdadero análisis psicológico que penetra y detalla las zonas más secretas del corazón. La finura del conocimiento del sentimiento es garante de la sutileza de la expresión que lo traducirá.

La ley absoluta del trato galante es tomar únicamente aquello que la mujer concede voluntariamente. El hombre galante debe someterse al deseo de la mujer, no faltarle al respeto de ningún modo, hacer prueba de paciencia, ganarse su corazón, obtener sus favores con modales amables y delicados, nunca mencionar sus éxitos amorosos. También compete al amante «practicar tres virtudes difíciles y austeras: la constancia, la discreción y la sumisión».[2] Por ello, la seducción

1. «No llamo alegría a lo que excita la risa, sino a cierto encanto, un tono agradable que se puede dar a todo tipo de temas, incluso a los más serios», La Fontaine, Prefacio de las *Fables,* 1666.
2. Jean-Michel Pelous, *Amour precieux, amour galant, op. cit.,* pág. 46.

galante forma parte de la amplia corriente de autoimposiciones, lo que Norbert Elias denominaba «la civilización de las costumbres».

La actitud galante no solo prohíbe la violencia física, sino también la violencia verbal, las palabras y los modales groseros, las bromas obscenas y otras vulgaridades que puedan avergonzar, molestar o humillar a las mujeres. Al prohibir cualquier grosería, el estilo galante «desbrutaliza» a los hombres (Mme de Rambouillet), obligados a depurar su lenguaje, suavizarlo al dirigirse a las mujeres con delicadeza y tacto. Esto no excluye los halagos cargados de insinuaciones, una erotización del discurso, la sexualización del intercambio verbal bajo una forma sublimada o indirecta.[1] Con el modelo galante se consolida la primacía de la seducción del verbo, el lenguaje seductor como instrumento principal del cortejo amoroso. La seducción ya no se separa del arte de hablar con elegancia e ingenio a las mujeres: se ha convertido en el arte de saber decir, de saber hablar con delicadeza y ligereza. A partir de entonces, el juego de la seducción se basa en la primacía del espíritu, del virtuosismo verbal, de las sutilezas de la conversación sobre todo amorosa.

En el ámbito del cortejo amoroso, la cultura tradicional del gesto, pobre en palabras, es destronada por una cultura del lenguaje amable, de la broma ingeniosa que utiliza perífrasis y metáforas, toda una retórica de la alusión, de la litote, del eufemismo agradable. Se trata de seducir demostrando ingenio, conversando de manera alegre, sonriente y amable. Así es la broma galante cuyo espíritu lúdico da a la conversación un toque encantador y divertido. En los ambientes mundanos, se

---

1. Delphine Denis, «Conversation et enjouement au XVIIe siècle: l'exemple de Madeleine de Scudéry», en Alain Montandon (dir.), *Du goût, de la conversation et des femmes*, Association des publications de la Faculté des lettres et sciences humaines, Clermont-Ferrand, 1994, pág. 119.

120

consolida un modelo nuevo de seducción que sustituye el manierismo petrarquista, el estilo quejumbroso y grave, por un cortejo marcado por la ironía, el humor, la ligereza de las bromas ingeniosas y encantadoras. La broma alegre, el espíritu lúdico y la aptitud para hacer broma de todo se han convertido en las nuevas vías del arte de gustar moderno. Madeleine de Scudéry ve en ellas la forma más delicada de la galantería: «Quiero [...] que se conozca tan bien el arte de darle la vuelta a las cosas, que se pueda decir una galantería a la mujer más severa del mundo; que se pueda contar de forma agradable una tontería a personas solemnes y serias».[1]

Con la estética galante, la figura del enamorado transido y lastimero a los pies de la amada es suplantada por la del hombre ingenioso, capaz de imaginar un dicho ocurrente con un tono bromista y de hablar con amables sobrentendidos. «Para gustar a las mujeres es necesario un cierto talento distinto al que les suele gustar aún más: consiste en una especie de broma con el espíritu que las divierte porque parece prometerles a cada instante aquello que solo se puede mantener a largo plazo», escribe Montesquieu en las *Lettres persanes* [*Cartas persas*].[2] Con la broma, se introduce en la seducción la ligereza frívola y divertida, liberándola de los códigos serios y convencionales de antaño.

La conversación desenfadada, el culto al lenguaje elegante y alusivo que sugiere erotismo y deseo, seguirá vigente después de la época clásica e implicará determinadas transformaciones del sistema cultural. En el siglo de Luis XIV, el virtuosismo galante funciona como un signo de distinción aristocrática; constituye una de las maneras que permiten ser reconocido como una persona de confianza, integrada en los círculos

1. Madeleine de Scudéry, *Conversation sur divers sujets,* Claude Barbin, París, 1680, t. 1, pág. 42.
2. Carta LXIII.

mundanos de la élite social.[1] «Ese no sé qué galante que se extiende en toda la persona que lo posee, en su ingenio, sus palabras, sus acciones, es lo que perfecciona a las personas honestas, lo que las hace amables y lo que las hace amar», escribe Madeleine de Scudéry.[2] En el siglo siguiente, Montesquieu analiza el ambiente galante a partir de una teoría de los placeres indisociables de la búsqueda de la felicidad. Ya no se trata de aparentar y gustar para alcanzar la distinción social, sino para escapar del aburrimiento y hacer renacer continuamente los impulsos del deseo. La seducción galante, al colocarse bajo el signo de la variedad y de las sugestiones delicadas, de lo imprevisible y de la sutileza seductora, es fuente de infinidad de placeres, de multiplicación de sensaciones, de goces siempre nuevos.

Sustentado por este subjetivismo hedonista, el Siglo de las Luces llevó el código de la galantería a su punto extremo al unir el deseo de gustar con los excesos estéticos refinados y con un sensualismo exuberante: don Juan, el hombre que ante todo ama seducir, deja su puesto a Casanova, más preocupado por la presa que por la caza. Según Paradis de Moncrif, la galantería se caracteriza entonces por «esa manía de querer gustar a cualquier precio, ese gusto por la seducción que se hace despreciando todas las reglas de la amistad o de la estima de uno mismo».[3] La moda, pero también los cuadros de Watteau, Boucher y Fragonard ilustran este triunfo de la ligereza galante que aporta picante y gracia a los más mínimos detalles de la vida mundana. El siglo que erige el deseo de placer como prio-

1. Alain Viala, «L'Éloquence galante, une problématique», en Ruth Amossy (dir.), *Images de soi dans le discours. La construction de l'ethos*, Delachaux et Niestlé, Lausana, 1999, págs. 179-195.
2. Delphine Denis (ed.), *De l'air galant et autres conversations. Pour une étude de l'archive galante*, Honoré Champion, París, pág. 53.
3. Citado por Verena von der Heyden-Rynsch, *La passion de séduire. Une histoire de la galanterie en Europe, op. cit.*, pág. 136.

ridad absoluta se caracteriza por «el arte de adornar lo frívolo y embellecer las naderías» (cardenal de Bernis).

De este modo, se impuso en Europa una forma ejemplar de la seducción moderna. En las antípodas de la seducción originaria dominada por la gestualidad corporal, el espíritu galante celebra la variedad y la mezcla, las tonterías ingeniosas, una falta de respeto hacia las reglas tradicionales. Basado en la libertad inventiva y en los placeres de la renovación, la búsqueda de lo picante y de la espontaneidad, ilustra el proceso moderno de individualización al remodelar el arte de gustar. No se trata ya de la obediencia fiel a las reglas tradicionales, sino de la libertad de espíritu y de la habilidad de darle la vuelta a las cosas, de cierta desenvoltura en relación con los códigos establecidos, un mínimo respeto hacia las convenciones. Más allá de los excesos que a veces supone una práctica sistemática de esta galantería reducida a nuevas convenciones galantes y a una moda que hay que seguir a toda costa –Molière no tuvo reparos en reírse de ella–, parece evidente que nace un modelo moderno de seducción de tipo distanciado, no convencional y no serio: resulta obligado destacar que sigue siendo el nuestro.

DEL CORTEJO SENTIMENTAL A LA SEDUCCIÓN *COOL*

Desde la época clásica, el modelo galante ha sido siempre objeto de críticas, considerado un juego fútil, de falsos cumplidos, arte de gustar basado en la simulación, la hipocresía y la mentira. Pero estas denuncias de tipo moral se quedaron en el ámbito teórico, no cambiaron en absoluto la estructura de la relación de cortejo basada en las atenciones galantes y la expresión del sentimiento amoroso.

Hay que esperar a la segunda mitad del siglo XX para que se produzca una ruptura importante. A partir de los años se-

123

senta y setenta, el nuevo estado de las costumbres, dominado por valores hedonistas e individualistas, llevó a un cuestionamiento de los principios clave del arte de gustar «clásico»: la sentimentalidad, el halago, la paciencia, la prudencia femenina. Poniendo por las nubes los valores liberacionistas, la época asiste a la eclosión de un modo de seducción de un tipo inédito: desformalizado y desentimentalizado.

La seducción posromántica

Con el paso de la cultura del gesto a la cultura del verbo, la retórica sentimental ocupó un lugar central en el universo de la seducción. Cortejar significa decir su amor, expresar su pasión, persuadir a la amada de la sinceridad de sus sentimientos. Así lo atestigua el éxito de la carta de amor, cuya importancia es cada vez mayor entre el Renacimiento y el Siglo de las Luces: «A partir del segundo tercio del siglo XVII, la carta de amor se convierte en el paradigma del gesto amoroso».[1] Cada vez más, en la relación amorosa, se escriben mensajes tiernos inspirándose en los modelos epistolares que ofrecen las *Secrétaires* y las recopilaciones de cartas de grandes autores. El lenguaje afectivo, los reproches, las promesas de felicidad, las emociones personales invaden la correspondencia amorosa amoldándose a los modelos encontrados en los *manuales* epistolares. Tras los rituales gestuales, llegan el lenguaje del sentimiento y de las emociones, la efusión afectiva, las declaraciones convencionales de amor eterno. Con la época moderna se construye el «juego de la seducción tierna»,[2] que combina lirismo romántico y convenciones vigentes, palabras afectivas

---

1. Maurice Daumas, *La tendresse amoureuse, XVIe-XVIIIe siècles,* Perrin, París, 1996, pág. 47.
2. *Ibid.,* pág. 63.

singulares y respeto de códigos estrictos, expresión individual de los sentimientos y estereotipo de las fórmulas amorosas. Tal como escribe Boris Vian, «Antaño para cortejar / se hablaba de amor. / Para demostrar claramente el ardor: se ofrecía el corazón» (*Complaintes du progrès*, 1955). La explosión de la expresión de las emociones que impulsó el Romanticismo hizo de la efusión sentimental uno de los instrumentos principales de la seducción. Las cartas se abren a las efusiones del corazón, a las palabras tiernas, a las declaraciones de amor «hasta la muerte»; hacen soñar, avivan el deseo y pueden convertirse en una especie de fetiche en cuyo perfume uno se puede recrear. Las «adorables líneas» son como caricias del cuerpo, pero, tal como señala Cécile Dauphin, el encanto de la «carta-caricia» reside en que acaricia el corazón más que el cuerpo.[1] En este contexto, para muchas mujeres, la pureza de los sentimientos masculinos resulta esencial en la relación de seducción. Lo que supuestamente seduce a la mujer no son los cumplidos galantes, ni las cualidades físicas del hombre, sino sus sentimientos honestos y delicados hacia ella.

Esta valoración del corazón sufrió un ataque frontal tras la corriente de liberación de las costumbres. En 1977, Barthes subraya que «lo que ahora resulta indecente ya no es lo sexual, sino lo sentimental»; he aquí el sentimiento amoroso convertido en algo «anticuado», «obsceno», incluso más obsceno que Sade.[2] En este contexto, resulta inútil e incluso contraproducente decir «te quiero» para vencer la resistencia de las mujeres: la conquista amorosa se ha liberado de la declaración

1. Cécile Dauphin, Pierrette Lebrun-Pézerat et Danièle Poublan (dirs.), *Ces bonnes lettres. Une correspondance familiale aux XIXᵉsiècle*, Albin Michel, París, 1995, pág. 142.
2. Roland Barthes, *Fragments d'un discours amoureux,* Le Seuil, París, 1977, págs. 207-211. (Versión española: *Fragmentos de un discurso amoroso*, Siglo XXI, Madrid, 2007, trad. de Eduardo Molina.)

de amor y de sus lugares comunes. Los alardes poéticos, como medio de seducción, resultan obsoletos. La época se ha vuelto alérgica al cortejo poético, a sus frases tiernas, pero previsibles y convencionales. El amor solo se expresa con palabras superados los primeros momentos tras el encuentro, cuando ya existe la pareja. Lo que podemos denominar la edad *cool* de la modernidad coincide con la disyunción entre las maniobras de seducción y el código amoroso. Hemos entrado en la época de la seducción desublimada, despoetizada, posromántica, que expresa la nueva cultura individualista centrada en el hedonismo, la inmediatez, la autonomía de los actores.

El eclipse de la retórica amorosa no viene acompañado tanto por un retroceso de la cultura del verbo como por la valoración de nuevos tipos de discurso que ponen en valor la originalidad y la diferencia subjetiva.[1] A partir de 1975, los anuncios de la sección «Chéri je t'aime» del periódico *Libération* ofrecen una ilustración chocante de esta espiral consistente en la ostentación de la singularidad. Las frases inspiradas por el corazón ya no constituyen la palabra seductiva, sino aquellas nacidas de la personalidad individual, capaces de crear sorpresa e interés. En una cultura hiperindividualista, las formas convencionales, estereotipadas y ritualizadas se consideran «vulgares», lo que se valora ya no es el respeto de las reglas comunes, sino el estilo personal, original, del acercamiento. Las formas de entablar una relación, de conversar, deben eliminar las palabras preestablecidas que ofenden la individualidad de cada uno: lo ideal en las sociedades hipermodernas es una seducción no ritual, no formal, personalizada.

1. Pascal Bruckner y Alain Finkielkraut, *Le nouveau désordre amoureux,* Le Seuil, París, 1977, págs. 288-289. (Versión española: *El nuevo desorden amoroso,* Anagrama, Barcelona, 2001, trad. de Joaquín Jordá.)

En este contexto de desentimentalización de los inicios, el humor ha adquirido una importancia muy particular. Ya a partir de los años sesenta, las encuestas indican que «el sentido del humor» forma parte de las cualidades que las mujeres valoran en el hombre. Actualmente, muchas mujeres declaran que aprecian más el humor de su compañero que su físico. La seriedad novelesca del cortejo burgués ha sido sustituida por la fantasía, la seriedad de los protocolos por el placer distendido de la risa, del ingenio, de la ironía. Hacer reír, ser divertido e ingenioso: la cultura hedonista del consumo ha contribuido a la obsolescencia del aspecto afectado del cortejo sentimental a favor de un ligue recreativo, lúdico, *fun*.

El declive del cortejo sentimentalista no significa el eclipse del papel de la palabra. Con el auge de las páginas de encuentros, de los foros de discusión, del correo electrónico, el intercambio verbal desempeña de nuevo un papel esencial, hasta el punto de que ahora se habla del retorno de los «encantos de las máscaras y del galanteo».[1] En las páginas de encuentros, la gente se escribe antes de verse físicamente: de ahí la preponderancia de las palabras, de una correspondencia amorosa que a veces puede ocupar muchas horas del día y de la noche, extenderse durante periodos bastante largos e, incluso, crear una especie de adicción al intercambio virtual. El e-cortejo y todas las fantasías que el mismo permite ha restituido, dicen, la centralidad a los juegos del amor y del lenguaje.

Una golondrina no hace primavera. Me cuesta un poco creer que estamos asistiendo a una nueva «embriaguez literaria», cuando, al mismo tiempo, son muchas las mujeres que se quejan de la pobreza de los intercambios, de la banalidad de los discursos de los ciberpretendientes, de su zafiedad, de los copia y pega, de los mensajes sexuales directos. ¿Redescubrimiento de las delicias del galanteo entre los adolescentes? Lejos de las

1. Serge Tisseron, «Une nouvelle culture», *Constructif*, n.º 12, 2005.

sutilezas del lenguaje refinado, de la galantería delicada y preciosista, lo que domina la e-comunicación son sobre todo las abreviaciones, los acrónimos, las interjecciones, los *smileys/emoticonos*, una puntuación relajada, una gramática deficiente. Es cierto que en un mundo on line y móvil, la escritura es omnipresente, los jóvenes y los no tan jóvenes escriben cada vez más. Pero también cada vez más rápido. Lo que se consolida no es tanto el placer del galanteo, el cuidado y la elegancia de la expresión de los sentimientos, como el gusto por estar conectado permanentemente, la seducción de la gracia y la instantaneidad de los intercambios.

El después de la coquetería femenina

El modelo de la seducción galante se basaba en principios estructuralmente divididos según el sexo. A los hombres les tocaba tomar la iniciativa, pero también mostrarse pacientes, saber esperar, no quemar las etapas que había que pasar siguiendo un orden y una temporalidad reglados. Las mujeres debían mostrarse virtuosas resistiéndose siempre o el máximo de tiempo posible a las insinuaciones masculinas. Sin embargo, en las relaciones de seducción, se impuso durante mucho tiempo otra actitud femenina, muy distinta: hablamos de la coquetería femenina. La coquetería femenina consiste en excitar el deseo del macho manteniéndolo a distancia, «en oponer alternativamente una aceptación alusiva a un rechazo alusivo, en atraer al hombre sin dejar que las cosas lleguen al acto decisivo y en rechazarlo sin robarle toda esperanza».[1] Al conjugar aceptación y rechazo, proximidad y distancia, la coquetería es «un juego inestable entre el sí y el no», «una misteriosa imbricación de sí

1. Georg Simmel, «La sociabilité», en *Sociologie et épistémologie*, PUF, París, 1981, pág. 130.

128

y no»,[1] un arte propiamente femenino que «aumenta al extremo la atracción de poseerla anticipando la amenaza de la no posesión».[2]

En nombre de la autenticidad del deseo, del derecho al placer, de la libertad individual, la coquetería ha dejado de ser un comportamiento generalizado. Ahora, las mujeres ya no sienten la necesidad de mostrarse coquetas dando un paso adelante y otro atrás. El ideal del placer inmediato ha acabado con este código que durante tanto tiempo se asoció al eterno femenino. Ya no resulta indigno para una mujer «ceder» sin antes haber hecho esperar al pretendiente. En estas circunstancias, el intervalo de tiempo existente entre las primeras actuaciones y el «paso al acto» se ha reducido considerablemente: la seducción ya no es antinómica con la velocidad de satisfacción del deseo.

En este nuevo contexto, la única cuestión que se plantea es la siguiente: ¿hay que acostarse la primera noche? Una pregunta cuya respuesta ya no depende de una norma colectiva, sino de una decisión personal. Esperar un poco o nada se ha convertido en un asunto privado que solo atañe a uno mismo. La regla de espera dictada por la moral social ha sido sustituida por el *feeling*, las emociones íntimas, las variables ganas individuales.[3] Hoy por hoy, le toca a cada mujer determinar el momento oportuno, darse su regla de conducta sin marco colectivo de ningún tipo. De todos modos, ya no se trata, en general, de hacer esperar meses interminables. Bajo el peso de la cultura hedonista e individualista, el arte de la coquetería ha dejado de ser uno de los grandes medios con los que contaba la mujer para atizar el deseo masculino.

1. Georg Simmel, «Psychologie de la coquetterie» (1909), en *Philosophie de l'amour*, Rivages, París, págs. 122 y 134.
2. *Ibid.*, pág. 136.
3. Jean-Claude Kaufmann, *Sex@mour, op. cit.*, págs. 111-118.

apisonadora — steam roller
aplanadora

¿TIENE FUTURO LA GALANTERÍA?

Ligue on line, *speed dating,* derecho de la mujer a tomar la iniciativa, desaparición del tiempo lento del cortejo, eclipse de la retórica sentimentalista: muchas son las señales que apuntan a una mutación del paisaje de la seducción. Sin duda, se extiende una nueva coreografía del trato galante en las sociedades de la hipermodernidad. Sin embargo, se plantea la cuestión de saber cuál es la profundidad de este cambio. En el universo de las reglas galantes, ¿ha sido todo barrido por la apisonadora de internet y de la cultura democrática individualista?

Perpetuación de la desigualdad seductiva

El juego galante se basaba en el reparto reglado de las actitudes de uno y otro sexo: el hombre toma la iniciativa, la mujer resiste y, luego, quizá, cede, pasado un tiempo. Hemos visto que este modelo milenario ya no se da por descontado. Ahora, las mujeres ya no tienen por qué quedarse «pasivas» y esperar la proposición masculina. En las páginas de internet, hay mujeres jóvenes que declaran que prefieren elegir a ser elegidas, dar el primer paso, proponer una cita cuando tienen ganas de dar continuidad a un primer encuentro con un hombre. En la página AdopteUnMec.com, son las mujeres las que primero «hacen su compra» al colocar a los hombres que les gustan en su carrito. Existen incluso *love coachs,* una de cuyas tareas es desarrollar las iniciativas femeninas en materia de encuentros amorosos. En paralelo, la evolución de los jóvenes en este tema es notable al decir que las mujeres tienen razón de «tirarse a la piscina», que no hay nada chocante en que una chica le tire los tejos al hombre que le gusta. Ya no es ilegítimo que una mujer haga proposiciones a un hombre.

130

Hay que reconocer, sin embargo, que no son muchas las mujeres que toman la iniciativa, son más minoritarias que mayoritarias. A pesar de la legitimidad de la que goza el fenómeno y aunque esté creciendo, sigue siendo raro. Según un sondeo reciente realizado por la página de encuentros eDarling, las mujeres desean que los hombres perpetúen la tradición y sigan cortejándolas: el 73 % de las mujeres encuestadas prefiere que el hombre dé el primer paso; únicamente el 14 % da el paso y se atreve a ligar abiertamente con el hombre elegido. El hecho está ahí: las mujeres siguen prefiriendo que la iniciativa surja de los hombres, dando así la razón a Ovidio que escribía: «Demasiada confianza tiene en su propia belleza el hombre, quienquiera que sea, si aguarda a que ella lo solicite en primer lugar. Sea el hombre el primero en acercarse, diga él las palabras suplicantes, que ella escuche afablemente las súplicas cariñosas.»[1]

¿Se trata de un arcaísmo en vías de desaparición? Nadie ignora que si las mujeres están poco dispuestas a abordar a los hombres y «atacar» es debido al miedo a ser mal interpretadas y ser consideradas mujeres fáciles. Sin embargo, hay también razones más positivas: resulta agradable y gratificante que te tiren los tejos. También es cómodo, pues no hay riesgo de rechazo humillante. Finalmente, incluso si en este caso la mujer desempeña un papel pasivo, el mismo no destruye en modo alguno su total libertad de elección. Por esta razón, lejos de funcionar como un simple legado arcaico, la tradición asimétrica de la propuesta sexual se prolonga como código compatible con las exigencias individualistas contemporáneas: autonomía individual, valoración de sí misma, placer narcisista. Como ofrece gratificaciones al yo femenino sin sufrir pérdida alguna de soberanía individual, la lógica desigualitaria de los primeros pasos y de la propuesta sexual está lejos de fracasar.

---

1. *Arte de amar*, I, 705, trad. cit.

A pesar de los cambios tecnológicos y culturales que marcan la seducción *cool*, todo nos indica que el futuro no se desarrollará bajo el signo de la igualdad seductiva.[1] Hay que señalar que las maniobras de acercamiento están lejos de ser la única manifestación de la reconducción de la disyunción sexual de los papeles seductivos De hecho, todo el universo de la seducción sigue estando dividido según el sexo. En este ámbito, la disimilitud de los papeles de uno y otro sexo se expresa en todas partes: en el lenguaje, en las actitudes, en las formas de vestirse, de «embellecerse» y de ponerse en valor. Casi nada es parecido. A pesar de los valores igualitarios de nuestras sociedades democráticas, la diferencia seductiva es tan estructural como omnipresente: resulta obvio que la división sexual de los papeles seductivos sigue vigente.

¿De qué depende esta permanencia? Aquello que hace fracasar la igualdad seductiva entre los géneros tiene, sin duda, su origen en una imposición universal, de tipo antropológico: no se conoce ninguna sociedad en la que los códigos de seducción no estén marcados con el sello de la división sexual. Desde la noche de los tiempos –y también en el mundo animal–, la seducción se apoya en mecanismos diferenciados según el sexo. En todas partes y siempre, los códigos de la seducción masculina y de la seducción femenina son sistemáticamente asimétricos. A mi entender, este funcionamiento universal solo puede explicarse por la exigencia de encontrar el camino que permite a los fenómenos de atracción entre sexos llevarse a cabo con la máxima «eficacia». Los hombres y las mujeres obedecen a códigos distintos porque dichos códigos producen los efectos más eficaces en materia de acentuación del deseo del otro sexo. Lo que atrae el deseo es la diferencia, no la semejanza: de ahí la universalidad de la de-

1. Sobre este aspecto, véase mi libro, *La Troisième Femme, op. cit.*

132

sigualdad sexual de los códigos seductivos. Al igual que otras culturas, las sociedades hipermodernas no pueden eludir esta ley transhistórica de la seducción.

No cometamos el error de analizar la reconducción de las reglas desigualitarias entre los sexos como si se tratara de un simple revestimiento del poder masculino, un instrumento al servicio de la dominación masculina. A veces esta se presenta como el alfa y el omega, la razón última de las formas culturales de la seducción. Esta interpretación no me convence. Antropológicamente, no hay ninguna base para considerar las lógicas de seducción como simples auxiliares de la dominación social masculina. Por más que se trate de una realidad universal,[1] los códigos de seducción también lo son. Las relaciones de seducción no se deducen de otra lógica social: son una realidad antropológica originaria, irreductible. A escala de la aventura humana, las estrategias de seducción son tan originarias como las estrategias de poder y las lógicas de dominación de lo masculino sobre lo femenino. La diferencia seductiva siempre activa en nuestras sociedades traduce la autonomía transhistórica de las lógicas de seducción que responden al imperativo de marcar la diferencia masculino/femenino y de aumentar el interés sexual por parte de los individuos del otro género. La división sexual de los códigos seductivos no está tanto al servicio de la dominación de un sexo sobre el otro como de la propia seducción, ya que permite intensificar el poder de atracción de los individuos del otro sexo.

1. Françoise Héritier subraya, sobre este tema, la universalidad de la «valencia diferencial de los sexos», *Masculin/féminin*, Odile Jacob, París, 1996. (Versión española: *Masculino/femenino: el pensamiento de la diferencia*, Editorial Ariel, Barcelona, 2002, trad. de Vicente Villacampa.)

La perpetuación de la desigualdad sexual de los papeles seductivos no impide, obviamente, la transformación de las reglas que rigen las maneras de gustar de uno y otro sexo. Ya lo hemos visto: la coquetería femenina ya no funciona como una fórmula incuestionable. ¿Sucede lo mismo con la galantería masculina? Actualmente se suele decir que se están perdiendo la galantería, los buenos modales, la delicadeza y la cortesía: ¿qué puede quedar de todo ello en una sociedad basada en la igualdad entre los sexos?

El orden galante prescribía respetar a las mujeres, no humillarlas jamás, rodearlas de atenciones y gestos solícitos. Ahora bien, ¿qué vemos? Numerosas encuestas indican la degradación de la condición de las jóvenes en los barrios difíciles presa del repliegue comunitario. En estos, los chicos expresan posiciones machistas respecto a la forma de vestir de las chicas, la forma de maquillarse o las personas que frecuentan. En un espacio público, de nuevo en manos de los hombres, las jóvenes que no llevan velo corren el riesgo de ser insultadas, de sufrir agresiones verbales e incluso físicas. En lugar del trato galante, aumentan las relaciones agresivas, las relaciones sexuales forzadas, las prohibiciones para salir y quedar con chicos, el imperativo de la virginidad hasta el matrimonio, a veces los matrimonios forzados. La tradición de ternura y el carácter mixto de la galantería se rompen a favor del rechazo de lo mixto, del encierro de las jóvenes, de un control social ejercido por los hombres sobre las mujeres, de comportamientos machistas cargados de violencia.

La galantería no solo se ve amenazada por jóvenes nacidos en familias de inmigrantes. También «desde el interior», en concreto, entre las corrientes feministas radicales, se incrimina la norma galante. Al transmitir los estereotipos de sexo, al consolidar las desigualdades de género, la galantería es una trampa puesta por los hombres para sojuzgar mejor a las mujeres. Instrumento de la dominación masculina, la galantería se estigmatiza como una forma de sexismo paternalista que ofende los ideales de la democracia igualitaria moderna.[1]

¿El abismo que nos separa de la cultura galante se ha vuelto infranqueable? La realidad es mucho más dispar. Según distintas encuestas *(L'Internaute Magazine)*, las mujeres siguen apreciando mayoritariamente la galantería: en 2007, solo el 4 % consideraba que esta era un arcaísmo y, en 2011, el 71 % veía en ella una «señal de respeto» hacia las mujeres. Maupassant definía la galantería como el arte de amar a las mujeres «con ligereza, gracia, ingenio, ternura y respeto». ¿Qué mujer actualmente no espera una actitud semejante por parte del hombre que alberga alguna expectativa hacia ella? A pesar de todas las cosas que han cambiado, la compostura masculina, la discreción, el humor, las atenciones, la delicadeza en los modales y las palabras, siguen estando siempre en el centro del arte de gustar. La galantería se ha construido contra las costumbres de los groseros y de la brutalidad masculina: ¿qué tiene de obsoleto? En 2015, el 75 % de las francesas declaraba que la atención y la amabilidad eran los dos criterios que suscitan más deseo.

De qué se quejan con más frecuencia las mujeres si no es de tener que aguantar la insistencia de los ligones «pesados»: esto nos indica que el ideal de elegancia y ligereza consustancial a la cultura galante no está enterrado. Ayer como hoy, el proceso seductivo proscribe la vulgaridad, las manifestaciones indecorosas, las alusiones marcadamente sexuales, la propues-

1. Contrariamente a esta lectura, Claude Habib analiza la galantería francesa como una «forma afortunada de la relación entre sexos» cuyos efectos han sido positivos para las mujeres en materia de libertades individuales, de igualdad, diversidad, atención y delicadeza hacia ellas, *Galanterie française,* Gallimard, París, 2006.

135

ta sexual directa. Todo esto es percibido por las mujeres como falta de respeto, como una forma de violencia hacia ellas. Bajo formas menos ostensibles, menos desigualitarias, menos rituales, sigue subsistiendo algo de la norma galante en las formas de gustar hipermodernas.

Resulta significativo que, a pesar del liberalismo sexual triunfante, el discurso de seducción sigue excluyendo la proposición sexual. El sexo ya no es tabú, pero no se habla de sexo al inicio de una relación: la mención de la libido sigue siendo inadecuada, «prohibida». Para entablar una relación se puede hablar de todo, salvo de «esto». Pocas cosas han cambiado: para tener alguna posibilidad de gustar siempre es necesario eludir el discurso marcadamente libidinoso. En este aspecto, la continuidad con el pasado supera la discontinuidad.

Los espíritus afligidos y nostálgicos de un pasado mítico deploran la brutalidad de nuestra época, su obscenidad pornográfica, su falta de delicadeza, el hablar mal, el eclipse de la cultura sentimental. A pesar de que no se pueda negar la existencia de todo ello, no pueden sostener la hipótesis de la desentimentalización creciente de las costumbres. ¿Dónde se aprecia el eclipse de la cultura del corazón? Las mujeres siguen soñando con el príncipe azul. Las canciones, las películas, las series de televisión, las novelas, las encuestas, los artículos de revistas así lo demuestran en abundancia: el amor es hoy más que nunca una expectativa de las parejas contemporáneas, casadas o no, heterosexuales u homosexuales; se ha convertido en el único fundamento legítimo de la pareja.

La desentimentalización del mundo hipermoderno es un mito. Las parejas enamoradas se hacen regalos para celebrar el aniversario de su encuentro. Casi la mitad de los franceses de dieciocho años y más declaran celebrar San Valentín y tener la intención de ofrecer un regalo a su pareja. En este caso, son más los hombres que las mujeres los que declaran querer ofrecer un regalo a su pareja ese día. Y las mujeres esperan más que los hombres un gesto por parte de su pareja, dando así continuidad a la cultura galante.

Indiscutiblemente, el modo de encuentro en las páginas web es nuevo, pero siguiendo la tradición moderna de la primacía del lenguaje, la conversación sigue siendo central. No hay, como tanto se repite, un proceso de desimbolización de las maniobras de seducción. El hecho es que nunca tal cantidad de gente ha pasado tanto tiempo intercambiando palabras (teléfono, sms, correo, diálogo on line...). Si bien el juego galante, sus circunvoluciones de lenguaje y sus manifestaciones más mundanas emanan desuso, no ocurre lo mismo con el principio de fondo que lo anima: gustar a través de las palabras y las atenciones para con el otro. Seguimos siendo sus herederos directos.

La cultura galante se construyó celebrando la entente entre los sexos, los buenos modales, la dulzura y esa fina delicadeza que, se decía, solo se adquiere con el trato con las damas. En esta línea, la galantería estaba unida a la idea de un progreso de la civilización. Actualmente, por el contrario, se refuerza la sensación de que asistimos a una dinámica de «descivilización», de «embrutecimiento» de las costumbres tal como lo atestiguan los comportamientos machistas agresivos, el acoso sexual, la violencia contra las mujeres, la regresión de carácter viril en los «barrios». La tradición galante se desmorona bajo los golpes de la violencia sexista y del destierro de la coexistencia amable y risueña de los sexos.

Nadie discute la realidad de estos hechos. Sin embargo, estos hechos indican un fenómeno que está lejos de ser global, que atañe a barrios relativamente bien delimitados, a ambientes sociales desfavorecidos, a jóvenes «excluidos». No hay nada que permita afirmar que estamos asistiendo a un mar de fondo que puede hacer fracasar el dominio del proceso de civilización de las costumbres analizado por Elias, así como los códigos de la delicadeza, del tacto y el comedimiento.

137

Se constata que, mientras que la violencia cometida con las mujeres y los ataques contra la diversidad suscitan una indignación inmensa, la educación y los buenos modales gozan de la adhesión de la mayoría. La pornografía y la cultura de la espontaneidad desformalizada no han supuesto la descalificación de las palabras amorosas. Si bien es innegable que existen minorías machistas agresivas, no perdamos de vista que, en todas partes, hay una mayoría de la población convencida de la igualdad de géneros que respeta la autonomía femenina y rechaza cualquier forma de exclusión de las mujeres. Ahora liberada de sus formas más codificadas, una parte importante de la cultura galante sigue alimentándonos. A pesar de la ruptura impulsada por el orden hiperindividualista, la primacía de la palabra, así como el ideal de las atenciones para con la mujer, siguen vigentes irremediablemente.

138

IV. EL ADORNO O LA ARTEALIZACIÓN DEL CUERPO

Una larga tradición moral, filosófica y religiosa ve en la seducción una maniobra culpable que, mediante distintas trampas, empuja a los seres a salirse del buen camino. *Seducción* viene del latín *seducere* que significa llevar aparte, atraer, desviar del recto camino. En la Edad Media, la seducción se consideraba obra del diablo, un vicio basado en la vanidad de las mujeres y en su deseo de gustar. Todavía en la época clásica, la seducción se asocia con el engaño, la inmoralidad de las mujeres y de los hombres que abusan de alguien. Desde Eva hasta las imágenes de la mujer fatal, de don Juan a Valmont, la seducción está cargada en la cultura occidental de una connotación peyorativa que arrastra olor a azufre.

Pero si adoptamos un enfoque antropológico social, la cuestión se presenta bajo otra luz. Desde los albores de la humanidad, los recursos de la seducción se consolidan principalmente a través de distintos artificios destinados a destacar la apariencia de los seres. Antes de colocarse del lado de la estratagema maléfica, la seducción está relacionada con las decoraciones corporales o artefactuales cuyo objetivo es aumentar el impacto visual y el atractivo de hombres y mujeres. Desde este punto de vista, la seducción no está del lado de la indignidad moral, sino de las actividades «artísticas» que intervienen en el cuerpo para realizar su encanto erótico.

Así se presenta la seducción a escala temporal de la inmensa duración de la aventura humana: no como una perversidad individual, sino como acciones de puesta en escena del cuerpo codificado según normas y rituales sociales;[1] no como comportamientos reprobables, sino como prácticas legítimas de ornamentación corporal que favorecen la preferencia erótica e intensifican la competición sexual. Antes de ser un don personal más o menos misterioso (el atractivo indecible de un «no sé qué»), la seducción se consolida a través de actividades artefactuales, de objetos de adorno, de ornamentaciones corporales que desempeñan un papel de exhibición y atractivo sexual.

Durante las decenas de milenios de la historia de *Homo sapiens,* ha habido una increíble variedad de adornos, ostentaciones y atavíos. Esta amplia diversidad de formas no ha impedido, sin embargo, que haya prevalecido un sistema de actitudes y actividades simbólicas en todas las latitudes entre los pueblos anteriores a la escritura y al Estado. Desde los cazadores-recolectores del Paleolítico superior hasta las tribus del Neolítico, se escribió un capítulo de la historia de la seducción humana de una duración excepcional, el más extenso que jamás haya existido. Sea cual sea la creatividad demostrada por las culturas humanas tradicionales desde hace más de treinta mil años, su modo de organización de la seducción siempre ha obedecido a una lógica de conjunto extraordinariamente similar y estable.

Simplificando muchísimo, este periodo milenario de las apariencias se basa en cuatro lógicas estructurales. En primer lugar, los modos de adornar el cuerpo se sustraen a las transformaciones deliberadas de los hombres: recibidas de los an-

1. Gilles Boëtsch y Dorothée Guilhem, «Rituels de séduction», *Hermès, La Revue,* n.º 43, 2005, págs. 179-188.

cestros o de los dioses, se desarrollan bajo la ley hegemónica del pasado y se reconducen sin grandes cambios durante inmensos periodos de tiempo según el espíritu de la tradición. Sin duda pueden surgir cambios, pero todo el instrumental cultural está ahí para conjurarlos, de tal forma que los ritmos de cambio solo pueden ser extremadamente lentos y raros. Este dispositivo de estructura construyó primero las culturas del Paleolítico superior, después las sociedades neolíticas y, más tarde, en todas las culturas tradicionales, lo que se puede denominar la edad de la seducción originaria.[1]

En segundo lugar, la costumbre y las convenciones tribales dictan a los hombres y a las mujeres, de manera precisa y a veces hasta los más mínimos detalles, los caminos que hay que seguir para ataviarse y sobresalir. Sin duda existe una parte individual, pero su importancia es débil si la comparamos con lo que permiten las sociedades modernas.

3 · En tercer lugar, durante esos largos milenios, los artificios de la seducción eluden toda forma de censura y reprobación social. Al gozar de pleno reconocimiento social, en ningún lugar son objeto de burla, no sufren ninguna crítica, ningún rechazo moral ni estético. La admiración es la regla: en cada tribu, los atavíos y los adornos corporales vigentes se consideran los más bellos. Las formas de la seducción originaria son consensuales, legítimas de cabo a rabo. Las únicas críticas o burlas que existen y que además son numerosas van dirigidas al atavío de los vecinos, de las otras etnias: la seducción originaria es etnocéntrica.

Finalmente, las prácticas de seducción se desarrollan según rituales codificados portadores de un sentido colectivo y de

1. Este modelo ha encontrado su expresión más «pura» en las formaciones sociales salvajes, pero muchos de sus rasgos han sobrevivido –al menos en determinados ámbitos sociales– en las «grandes civilizaciones» hasta una fecha tardía.

valores simbólicos: son obra de un «pensamiento salvaje» que se empeña en todas partes en expresar el orden cósmico y social. La seducción originaria es indisolublemente simbólica y estética, social y ritual, mágica y terapéutica. A lo largo de toda la historia, el orden de la seducción originaria se ha deshecho. Si adoptamos el punto de vista de la gran duración, los principios estructuradores de este modelo se tambalearon en dos momentos clave que cambiaron el universo tradicional de la seducción. El primero sucedió en Grecia con la reprobación moral del maquillaje: esta ruptura se analiza en el capítulo V. El segundo se dio al final de la Edad Media por el advenimiento de la moda (capítulo VI). Con la llegada del capitalismo de seducción y la espiral de la individualización, se atraviesa una nueva fase que supone el desmoronamiento global del orden de la seducción originaria: todo el orden de las apariencias entra el ámbito de la seducción soberana.

LA ARTEALIZACIÓN DEL CUERPO

Si bien en la actualidad se admite que la seducción es un fenómeno transhistórico observable en todas las sociedades, no siempre ha sido así. En el siglo XIX, autores como McLennan o Spencer plantearon la hipótesis de que el rapto y la guerra constituían los principales medios con los que los hombres de la Edad de Piedra obtenían mujeres. Dada su escasez, el matrimonio a través del rapto y la captura de prisioneras era la manera más extendida para sellar una unión. Como prueba, los antropólogos evolucionistas planteaban la práctica, muy generalizada, de simulación de un combate al inicio de la ceremonia del matrimonio, combate interpretado como legado del matrimonio por rapto o captura. Todavía a principios del siglo XX, el autor de un manual de seducción escribe que «en

ideas equivocadas

épocas prehistóricas, el hombre, como un animal en celo, se apropiaba por la fuerza de una o varias mujeres, cuando sentía la necesidad natural de satisfacer sus instintos de macho [...]. Los hombres más fuertes salían a cazar [...] mujeres».[1] Desde esta perspectiva evolucionista, el principio de la aventura humana coincide con un estado de violencia que desdeña el arte de la seducción.

Esta tesis ya no cuenta con el favor de los especialistas en la prehistoria que subrayan que los emplazamientos arqueológicos anteriores a la revolución neolítica ofrecen pocas huellas de violencia guerrera.[2] Sin duda, hay que ser cauto y evitar esbozar un cuadro idílico de un estado originario desprovisto de violencia y relaciones de fuerza: la violación existe probablemente desde el origen de la humanidad y la captura de mujeres es un motivo frecuente de guerra entre los pueblos cazadores-recolectores y, más, en las sociedades salvajes.[3] No por ello deja de haber motivos para pensar que el rapto no era el medio principal para obtener mujeres. A falta de pruebas materiales, nunca sabremos con certeza qué formas de organización matrimonial prevalecían en las primeras sociedades del Paleolítico superior. En cambio, la etnología nos ofrece datos de gran valor sobre los modos de matrimonio vigentes entre los pueblos sin escritura, incluidos los cazadores-recolectores nómadas que viven en condiciones parecidas a las del inicio del Paleolítico superior. En todas estas sociedades, para casarse, el futuro yerno tiene que ofrecer bienes o servicios al padre

1. Victor Leca, *L'art de plaire, d'aimer et de se faire aimer* (1929), citado por Jean Claude Bologne, *Histoire de la conquête amoureuse, op. cit.*, pág. 17.
2. Marylène Patou-Mathis, *Préhistoire de la violence et de la guerre*, Odile Jacob, París, 2013.
3. Pierre Clastres, «Ethnologie des Indiens Guayaki. La vie sociale de la tribu», *L'Homme*, vol. 7, n.º 4, 1967, pág. 17.

143

de la futura esposa. En antropología social, este sistema se denomina «el precio de la novia». Incluso en las tribus de cazadores-recolectores nómadas, en las que los bienes materiales duraderos no desempeñan ningún papel, el futuro esposo tiene que prestar algunos servicios al suegro durante un tiempo determinado: entregarle presas de caza, recogerle leña y otros trabajos. Entre los pigmeos, los miembros de la etnia san, los habitantes de la Tierra del Fuego, los negritos de Malasia y muchos otros, ese es el único modo de prestación matrimonial normal y regular.[1] Para obtener una esposa, el yerno tiene que ponerse al servicio del futuro suegro como si fuera un sirviente durante meses y a veces años.

Por tanto, podemos plantear la hipótesis, muy probable, de que el hecho más general haya sido el intercambio reglado de mujeres. Nietzsche estaba en lo cierto: porque «el hombre es el animal tasador», el ser que «valora y mide [...]: aquí se podría sospechar que estuvo el germen primero del [...] sentimiento de preeminencia respecto a otros animales»,[2] es probable que desde principios del Paleolítico superior, los matrimonios hayan sido organizados según una lógica de intercambios y leyes de alianza que instituían la apropiación pacífica de las mujeres por los hombres. No se trata de relaciones de fuerza, sino de procesos de medida de valor y modos de equivalencia, prestaciones matrimoniales, formas de «pago» prescritas por el orden tradicional.

De hecho, la guerra o el rapto de mujeres perpetrado en

---

1. Alain Testart, *Avant l'histoire. L'évolution des sociétés de Lascaux à Carnac*, Gallimard, París, 2012, págs. 216-218.
2. Friedrich Nietzsche, *La genealogía de la moral*, Alianza, Madrid, 1996, trad. de Andrés Sánchez Pascual. El filósofo de la voluntad de fuerza añade que «no se ha encontrado ningún grado de civilización tan bajo que no sea posible observar ya en él algo de esta relación» (es decir, de las relaciones entre acreedor y deudor), *ibid.*, Tratado Primero, Dis. 8.

las tribus enemigas no ha sido presumiblemente una práctica habitual ni el medio más corriente para conseguir esposas. Veamos un solo ejemplo, los yanomamis no hacían la guerra para capturar mujeres: el rapto de estas no era el objetivo de las incursiones guerreras. Cuando iban de expedición, era raro que se preocuparan por las mujeres. Entre estos cazadores-recolectores, los jóvenes tienen que conquistar a la esposa concedida por los padres no por la fuerza, sino con la seducción.[1]

Además, los bailes, los cantos, los instrumentos de música, pero también los atavíos, los adornos, las pinturas corporales, algunas de las cuales existen desde el Paleolítico medio, contradicen la idea de una primera humanidad hecha de brutos groseros, de seres bestiales que ignoraban cualquier gusto estético y cualquier relación de seducción. Lejos de los clichés trillados de una Edad de Piedra dominada por la violencia permanente, la prehistoria fue testigo de una revolución cosmética[2] y, en general, de una revolución artística que se manifestaba a través de los atuendos, los objetos de adorno, los tatuajes, los tocados y los peinados relacionados de una forma u otra con los rituales de la seducción erótica. Las joyas, las primeras perlas del Paleolítico revelan «una competencia intensa entre o dentro de las sociedades humanas, competencia que tenía lugar en el plano sociosimbólico más que en el de la violencia física».[3] En este sentido, la seducción no es una actividad tardía aparecida después de la captura violenta de las mujeres. La verdad es que los raptos, las violaciones, los secues-

---

1. Jacques Lizot, «À propos de la guerre. [Une réponse à N. A. Chagnon]», *Journal de la société des américanistes,* n.º 75, 1989, pág. 105.

2. También revolución musical con la aparición de los primeros instrumentos de música en el Paleolítico superior, aproximadamente 35.000 años atrás.

3. Steven L. Kuhn y Mary C. Stiner, «Les parures au paléolithique. Enjeux cognitifs, démographiques et identitaires», *Diogène,* n.º 214, 2006.

tros siempre han cohabitado con prácticas rituales de seducción. Del mismo modo que la alianza es una estructura elemental del parentesco, la seducción es una estructura elemental y originaria de la relación erótica con el otro sexo.

La seducción como ornaméntica

Desde las épocas más lejanas, la seducción se distingue mediante artificios y distintas «técnicas del cuerpo» (Mauss) como los andares, la mirada, el baile o el canto. En todas las sociedades, la gestualidad femenina y masculina, las formas de moverse, el ritmo del andar, el movimiento de determinadas partes del cuerpo y las formas de mirar permiten crear efectos de seducción según reglas locales socialmente codificadas.[1] Seducir consiste en hacerse valer, atraer la mirada, estimular el interés erótico del otro sexo: esto pasa por una gestualidad codificada, por miradas y por andares cadenciosos.

Si bien el hombre que seduce por el baile, la música y el canto es un «animal con ritmo»,[2] también es un animal adornado. El cuerpo de seducción es un cuerpo vestido, ataviado, decorado, coloreado, modificado mediante intervenciones «artísticas», aunque no las realicen artistas profesionales. Con el *Homo sapiens,* la seducción se caracteriza por poner en juego continuamente las artes del cuerpo: implica lo que Mauss denomina una «ornaméntica» que funciona como una tecnología de encanto del cuerpo y del rostro.

1. Sobre los vínculos de la seducción con la forma de andar y la mirada, Dorothée Guilhem, «Incorporation de l'identite de genre chez les Peuls Djeneri du Mali», *Journal des anthropologues,* n.º 112-113, 2008.
2. Marcel Mauss, *Manuel d'ethnographie,* Payot, París, 1967, pág. 109. (Versión española: *Introducción a la etnografía,* Istmo, Madrid, 1974, trad. de Fermín del Pino.)

Mauss distingue la «ornaméntica directa» o «cosmética», que engloba prácticas de «belleza sobreañadida al cuerpo» (deformaciones, escarificaciones, peinados, tatuajes, maquillajes, pintura aplicada al cuerpo) de la «ornaméntica indirecta», que incluye adornos, vestidos y joyas.[1] La primera tiene que ver con la decoración directa del cuerpo, la segunda con «el añadido de ornamentos al cuerpo».[2] La ornamentación puede ser duradera e indestructible (escarificaciones, tatuajes, deformaciones...) o temporal (hojas, plumas, pintura), pero siempre aparece como una operación estética o como una forma de arte asociada a la belleza y al juego, al lujo y a la «alegría sensual». De este modo, para él, el atavío es una forma de embellecimiento: «el vestido es ante todo un atavío más que una protección».[3] Igualmente, Lévi-Strauss habla al referirse al tatuaje caduveo de una «cirugía pictórica (que) realiza una especie de injerto del arte sobre el cuerpo humano».[4] Como «el hombre siempre ha intentado sobreañadirse algo bello en sociedad, incorporándoselo»,[5] la ornaméntica no es sino una artealización[6] del cuerpo. Una ⟵

1. *Ibid.*, págs. 96-100.

2. *Ibid.*, pág. 99. Desde una perspectiva similar, John Carl Flügel distingue el «adorno corporal», que modela o manipula el propio cuerpo, del «adorno externo», que añade al cuerpo vestidos u objetos ornamentales, *Le rêveur nu. De la parure vestimentaire*, Aubier, París, 1982, pág. 35. Una tipología más reciente la ofrece Francesco Remotti, «Interventions esthétiques sur le corps», en Francis Affergan, Silvana Borutti, Claude Calame y Ugo Fabietti (dirs.), *Figures de l'humain, Les représentations de l'anthropologie,* Éd. de l' EHESS, París, 2003, págs. 279-306.

3. Marcel Mauss, *Manuel d'ethnographie, op. cit.,* pág. 100.

4. Claude Lévi-Strauss, *Tristes tropiques, op. cit.,* pág. 162.

5. Marcel Mauss, *Manuel d'ethnographie, op. cit.,* pág. 96.

6. Sobre este concepto véase Alain Roger, *Court traité du paysage,* Gallimard, París, 1997, págs. 16-20 (Folios essais n.º 625). (Versión española: *Breve tratado del paisaje,* Biblioteca Nueva, Madrid, 2007, trad. de María Luis Vetheuy.) También, del mismo autor, *Nus et paysages. Essai sur la fonction de l'art,* Aubier, París, 1978.

artealización que, durante decenas de milenios, ha funcionado sin sujeto creador, sin innovación voluntaria, sin búsqueda de originalidad, sin ruptura con las formas heredadas del pasado. La ornaméntica desempeña funciones mágicas, religiosas, pero también estéticas y eróticas. Entre los inuits, una mujer sin tatuaje es objeto de burla.[1] En las islas Marquesas, un cuerpo no tatuado es toda una vergüenza. En muchas etnias, lo natural resulta chocante e inadmisible, la desnudez sin intervención etnocultural inspira horror. La apariencia anatómica es insuficiente para suscitar atracción: solo con la decoración corporal, la persona recibe su dignidad humano-social, aparece como un ser «civilizado» capaz de atraer el deseo. Únicamente si está cubierto de signos simbólicos, el cuerpo es capaz de seducir: entre los samburus de Kenia, se consideran bellas y deseables a aquellas mujeres cuyo cuello está totalmente cubierto por collares de perlas. Incluso si los artificios no están destinados exclusivamente a aumentar el atractivo personal, los mismos constituyen una condición necesaria de la seducción: no son suficientes, sino indispensables. Por ello, en algunas tribus africanas, para atraer a las jóvenes, los hombres solteros dedican mucho tiempo para confeccionar sus atavíos.[2]

La división sexual de las apariencias

Al mismo tiempo, la ornaméntica es inseparable del principio inmemorial y universal de la diferenciación sexual. Las pinturas faciales, los tatuajes, los peinados, los adornos y las

1. Véronique Antomarchi, «Les tatouages inuit dans l'Arctique canadien», en Gilles Boëtsch, Dominique Chevé, Hélène Claudot-Hawad (dirs.), *Décors des corps,* IREMAM, Aix-en-Provence; CNRS Éditions, París, 2010, pág. 370.
2. Angela Fisher, *Africa Adorned,* Harry N. Abrams, Nueva York, 1984.

técnicas del cuerpo están marcadas con el sello de la diferencia sexual. Siempre y en todas partes, las maneras para lograr gustar y los modos de decorar los cuerpos toman formas diferentes en hombres y mujeres. Ocurre lo mismo con las prácticas seductivas y las demás actividades sociales: todas ellas están divididas en función del sexo.

De hecho, durante la prehistoria y la historia, ha sido el hombre más que la mujer quien ha encarnado con más brillo las estrategias y la teatralización de las apariencias: «El primer objeto decorado es el cuerpo humano y, más concretamente, el cuerpo masculino».[1] señalaba ya Mauss. Entre los baruyas, los hombres son el bello sexo, indica Maurice Godelier: lucen plumas llenas de colorido, mientras que las mujeres solo tienen derecho a adornos apagados. Entre los massas y los moussayes de África, «el hombre es el punto de mira de la estética corporal», el género que centra todas las atenciones relacionadas con la estética corporal.[2] En las tribus shuars, los tatuajes más elaborados suelen lucirlos los hombres.[3] En todas estas comunidades, los instrumentos de seducción más espectaculares (bailes, maquillajes, vestidos, joyas) son masculinos.

Por este motivo resulta como mínimo sorprendente leer, escrito por Jean Baudrillard, que la seducción es un fenómeno de esencia femenina: «seducción y feminidad se confunden, siempre se han confundido».[4] En realidad, son innumerables los datos etnográficos e históricos que desmienten estrepitosamente dicha afirmación. Contonearse, pavonearse, intentar

1. Marcel Mauss, *Manuel d'etnographie, op. cit.*, pág. 96.
2. Igor de Garine, «Massa et Moussey: la question de l'embonpoint», *Autrement*, n.º 91, junio de 1987.
3. Anne-Christine Taylor, «Les masques de la mémoire», *L'Homme*, n.º 165, 2003.
4. Jean Baudrillard, *De la séduction*, Galilée, París, 1979, pág. 10. (Versión española: *De la seducción*, Cátedra, Madrid, 1989, trad. de Elena Benarroch.)

mostrar el aspecto más favorecedor y atraer la mirada del otro no es en absoluto algo específicamente femenino: son actividades que atañen a ambos géneros. La seducción a través de los artificios corporales no es una actividad de esencia femenina, es un fenómeno sistemáticamente dividido según el género. Para resaltar su encanto, los hombres y las mujeres no utilizan los mismos signos codificados: ahí está el fenómeno originario y universal. Las decoraciones corporales y artefactuales, así como las técnicas del cuerpo, son asimétricas, los bailes, los andares,[1] no son parecidos. Los universos de la seducción masculina y de la seducción femenina no toman los mismos caminos: se diferencian sistemáticamente no solo como instrumentos de identificación social, sino también como modos de provocar el deseo del otro sexo.

Atavíos y agencialidad

Las decoraciones corporales o artefactuales no tienen como único objetivo la belleza y la seducción. En las culturas tradicionales, los atavíos del cuerpo expresan el rango social, la edad, la situación marital, la edad núbil, la pertenencia al clan, a la tribu, al género masculino o femenino. Pueden hacer que los guerreros sean invencibles, proteger contra el mal de ojo, favorecer la fecundidad, asegurar los vínculos con lo sagrado y se ejecutan con finalidades preventivas, terapéuticas o mágicas. Los atavíos y las ornamentaciones del cuerpo no constituyen una esfera estética autónoma: encastrados en el todo colectivo, engarzados en sistemas de sentido que estructuran el mundo, empleados con fines diversos, sirven para expresar el orden cósmico y social.

1. Dorothée Guilhem, «Le charme féminin chez les Peuls Djeneri du Mali: un "objet" de la nature ou de la culture?», *Antrhopologie et Sociétés*, vol. 32, 2008, págs. 11-17.

150

Pero si bien los atavíos corporales son expresiones simbólicas que participan en la ordenación del mundo y estructuran las relaciones del hombre con el cosmos, no se confunden con sistemas semióticos puros que significan identidades, edades, acontecimientos relacionados con los ancestros de los tiempos míticos: están destinados a tener una acción o una «agencialidad»,[1] en otras palabras, a ser activos. Y, sobre todo, a embellecer la apariencia corporal, atraer la atención del sexo opuesto, crear una belleza erotizada, reforzar el atractivo del cuerpo. A través del cuerpo adornado se busca hacerse valer: seducir es pavonearse, exhibir colores, ornamentos llenos de color que funcionan como estímulos sensoriales atractivos, pero también como símbolos de prestigio y riqueza capaces de atizar el deseo del otro sexo. Es lo que llevó a Flügel a plantear la seducción sexual como la función principal del atavío.[2]

Entre los tuaregs, colorear de azul la piel, los labios y la vestimenta es una forma de civilizar a los seres, pero también de embellecerlos, de destacar unas partes del cuerpo, de dar elegancia a la apariencia.[3] Para los maisins de Papúa Nueva Guinea, el tatuaje núbil se exige para participar en los primeros encuentros amorosos, bailar con los jóvenes, hacer libremente el amor. Lévi-Strauss señalaba que con las pinturas faciales y corporales de las mujeres caduveas, «nunca, sin duda, el efecto erótico del maquillaje ha sido explotado de forma tan sistemática y consciente».[4] Durante la fiesta de la miel, los hombres de las tribus guayakis se depilan las cejas,

1. Sobre la noción de agencialidad, véase Alfred Gell, *L'art et ses agents. Une théorie anthropologique*, Les presses du réel, Dijon, 2009.
2. John Carl Flügel, *Le rêveur nu. De la parure vestimentaire*, op. cit., págs. 15 y 20.
3. Hélène Claudot-Hawad, «Soigner, embellir, humaniser. Le bleuissement de la peau chez les Touaregs», en *Décors des corps*, op. cit., págs. 321-329.
4. Claude Lévi-Strauss, *Tristes tropiques*, op. cit., pág. 162.

151

se afeitan el pelo de la parte superior del cráneo, se adornan con tocados de piel de jaguar para estar guapos y cortejar a las jóvenes.[1] Hombres y mujeres intentan poner en valor su apariencia física, no dentro de una perspectiva semiótica pura, sino para estimular el deseo del otro sexo, erotizar su apariencia, entablar intrigas amorosas.

Al realzar la belleza de los cuerpos y subrayar las diferencias de género, los atavíos desempeñan un papel de atractores sexuales y no solo mediante la intensificación «directa» del impacto visual, sino también por su valor simbólico en tanto que signos de riqueza, de poder, de estatus social. Con el *Homo sapiens*, los caminos de la seducción no toman necesariamente la vía de los efectos visuales o de los estímulos sensoriales, sino la vía más abstracta de los signos prestigiosos y del registro sociosimbólico.[2] Lo que seduce son los símbolos, no solo las cualidades estéticas de los atavíos.

Cien mil años de seducción

Hay pruebas de la existencia de los artificios destinados a poner en valor la apariencia externa del cuerpo en el universo humano desde los tiempos más lejanos. Las huellas arqueológicas más antiguas de uso de pigmentos rojos como producto cosmético se remotan a -300.000 años en África: se trata de las primeras pinturas corporales. Los neandertales utilizaron el ocre y otros pigmentos minerales, hace 250.000 años en África y después en Eurasia. Estos trazos de pintura son objeto de debate científico, pero podemos pensar que sirvieron para aumentar el efecto visual de la persona, él o

1. Pierre Clastres, *Chronique des Indiens Guayaki. Ce que savent les Aché, chasseurs nomades du Paraguay,* Plon, París, 1972, págs. 165-166.
2. Steven L. Kuhn y Mary C. Stiner, art. cit.

152

ella, que lucía estos signos.[1] Modificar la apariencia del cuerpo para hacerlo más impresionante o intimidante para los enemigos, pero también más atractivo con el fin de aumentar las posibilidades de acceso al otro sexo: tenemos motivos para pensar que dichos procedimientos ya funcionaban en las interacciones sociales de nuestros lejanos ancestros del Paleolítico medio.

Los elementos más antiguos de adorno permanente conocidos actualmente (perlas o conchas perforadas y llevadas como collares) datan de -82.000 (gruta de las Palomas en Marruecos) y -75.000 años (cueva de Blombos en Sudáfrica). Sin embargo, fue poco antes de la aparición del hombre de cromañón cuando aparecen en gran número los artificios variados y complejos de la seducción (atuendo adornado, peinado, escarificación, tatuaje). Así lo testimonian las estatuillas del Paleolítico superior. La Venus de Hohle Fels, con 35.000 años, presenta escarificaciones o tatuajes en los brazos y el cuerpo.[2] La Dama de Brassempouy (-23.000 años) luce en el rostro estrías o escarificaciones que evocan tatuajes o un maquillaje; la cuadrícula de incisiones perpendiculares que adorna su cabeza hace pensar en un peinado trenzado. La Venus de Lespugue de -22.000 años presenta una cabellera bien peinada, representada por estrías paralelas; sus muslos están cubiertos por una especie de paño triangular que prueba una técnica de tejido. Tatuajes, escarificaciones, pinturas corporales, peinados y vestidos elaborados, objetos de adorno personal, todos ellos cumplían muchas funciones,[3] entre otras, el pavoneo, la puesta en valor

1. *Ibid.*
2. Nicholas J. Conard, «A female figurine from the basal Aurignacian of Hohle Fels Cave in southwestern Germany», *Nature*, n.º 459, 2009, págs. 248-252.
3. Marian Vanhaeren y Francesco d'Errico, «L'émergence du corps paré. Objets corporels paléolithiques», *Civilisations*, n.º 59, 2011.

de la apariencia individual para suscitar el deseo entre las potenciales parejas del sexo opuesto.

Atavíos que cambian en el espacio y en el tiempo y que ya no dependen de modificaciones genéticas o de nuevas causalidades ecológicas. Mientras que la cultura de los neandertales permaneció inalterada y homogénea durante decenas de miles de años —sus instrumentos son prácticamente los mismos en regiones del mundo muy distantes entre sí—, el universo que comienza con los cromañones se caracteriza por una fuerte diferenciación cultural. Las formas de suscitar el interés sexual del otro no se adecuan ya a un estilo universal, ya no son comportamientos invariables y compartidos en todos los lugares, ya no son el producto automático de determinismos biológicos. A partir de los cromañones, las prácticas seductoras se desarrollan según tradiciones locales, códigos culturales diversos, estilos particulares dependientes de tradiciones locales. La seducción entra en su edad moderna, en otras palabras, cultural, marcada por una enorme variabilidad intraespecífica cuyos rasgos se transmiten de generación en generación por vía genética. La especie *Homo sapiens sapiens* ha permanecido igual, pero no ha dejado de inventar atavíos y artificios singulares, rituales de cortejo, criterios de belleza extremadamente variables. La excepcionalidad de la seducción humana a través de artificios es inseparable de su diversidad cultural.

Las intervenciones en la apariencia física no aparecieron en todos los lugares en la misma época prehistórica, pero ningún continente, ninguna etnia las ignoraron. Desde hace unos cuarenta mil años, modificar la apariencia del cuerpo, adornarlo, colorearlo, aumentar el atractivo sexual mediante artificios estéticos es una constante antropológica, una disposición invariante consustancial a la especie humana. No existe humanidad sin cuerpo adornado, sin artefactos diversos que permiten hacerse ver, ponerse en valor, suscitar un interés intensificado por parte del sexo opuesto. Si bien hay pueblos

154

desnudos, ninguno ignora la ornaméntica que puede considerarse algo propio del ser humano y la más importante de las maneras de la seducción entre sexos.

EL ATAVÍO Y LA EXCEPCIÓN HUMANA

¿Cómo debemos considerar esta profusión de atavíos, artificios y ornamentos destinados a seducir? ¿Se trata de un fenómeno que presenta una continuidad o una discontinuidad con lo que observamos en el mundo animal? ¿Hay que ver en ello un hecho de cultura propio de la humanidad o un hecho biológico que se enraíza en nuestro origen animal? La cuestión puede parecer ingenua y superflua, por el gran consenso que existe en torno a la idea según la cual solo el hombre se fabrica vestidos, se adorna o modifica artificialmente su apariencia corporal. De la Biblia al pensamiento grecorromano y hasta las ciencias humanas, el acuerdo sobre este tema es profundo: el atavío se considera una marca distintiva del ser humano que lo aleja de su pertenencia al mundo animal.[1]

Sin embargo, nos encontramos en un momento en el que los investigadores (biólogos, etólogos y filósofos) rebaten la idea de que el vestido y los ornamentos corporales sean un signo distintivo del género humano. Superando la oposición naturaleza/cultura, animalidad/humanidad, se construye un nuevo paradigma que consolida el hecho de un atavío propiamente animal, así como la naturaleza biológica de la seducción

1. Gil Bartholeyns, «L'homme au risque du vêtement. Un indice d'humanité dans la culture occidentale», en Gil Bartholeyns, Pierre-Olivier Dittmar, Thomas Golsenne, Misgav Har-Peled y Vincent Jolivet (dirs.), *Adam et l'astragale. Essais d'anthropologie et d'historie sur les limites de l'humain*, Éditions de la Maison des Sciences de l'Homme, París, 2009, págs. 99-136.

humana. Desde esta perspectiva, los signos humanos de seducción estarían en profunda continuidad con los de los animales. Si el hombre se adorna no es porque se separe de la animalidad, sino porque es un «animal humano»:[1] «Si buscamos una discontinuidad, solo la encontramos en la posibilidad humana de acumular símbolos de espanto o de seducción, de aportar al arte de matar o al de amar... un refinamiento intelectual propio de nuestra especie».[2] Así, habría llegado la hora de «desantropologizar el atavío»,[3] de deconstruir el antropocentrismo que rige nuestra lectura de la ornaméntica.

La cuestión se plantea desde Darwin, quien destaca la gran importancia, en el juego de la competición sexual, de los «ornamentos» bellos y ricos que poseen los machos, de sus atractivos destinados a atraer a las hembras. Los machos ofrecen el espectáculo de un extraordinario despliegue de ornamentos, de un desenfreno de colores brillantes, de atavíos exuberantes, de órganos hipertélicos cuyas raíces se hunden en los mecanismos de la «selección sexual» y que permiten a los individuos provistos de los adornos más esplendorosos gozar de una ventaja decisiva para el acceso a las hembras. Desde esta perspectiva, el mundo del ornamento no empieza con el hombre,

1. La expresión aparece en el subtítulo del libro de Jared Diamond, *Le troisième chimpanzé. Essai sur l'évolution et l'avenir de l'animal humain,* Gallimard, París 2000. (Versión española: *El tercer chimpancé: origen y futuro del animal humano,* Debate, Barcelona, 2007, trad. de María Corniero.)

2. André Leroi-Gourhan, *Le geste et la parole,* tomo II: *La mémoire et les rythmes,* Albin Michel, París, 1965, pág. 189.

3. Gil Bartholeyns, «Faire de l'anthropologie esthétique», *Civilisations,* vol. 59, n.º 2, 2011. En el mismo volumen, Thomas Golsenne, «Généalogie de la parure Du blason comme modèle sémiotique au tissu comme modèle organique». Bertrand Prévost habla de una «cosmética animal», en «Cosmique cosmétique. Pour une cosmologie de la parure», *Images Re-vues,* n.º 10, 2012; URL: http://imagesrevues.revues.org/2181

sino con el animal decorado de atavíos resplandecientes, y la cultura, en esto, solo copia o prolonga lo que la naturaleza ha producido a lo largo de la evolución.

Por tanto, cuando el hombre se pone en valor e intenta seducir a la mujer mediante distintos pavoneos, este comportamiento no tiene nada específicamente humano ya que las raíces del mismo están en nuestro origen animal. Desde este punto de vista, las decoraciones corporales o artefactuales que existen en las sociedades humanas no constituyen una excepción: fruto de nuestra base genética, ilustran la animalidad del hombre, la continuidad entre lo humano y lo no humano. Así, los atavíos, al estar destinados a intensificar la seducción entre sexos, contribuyen a la supervivencia y a la reproducción de la especie humana. Por eso, «la estética de la vestimenta y del adorno, a pesar de su carácter totalmente artificial, es uno de los rasgos biológicos de la especie humana más profundamente relacionado con el mundo zoológico...»,[1] escribe Leroi-Gourhan, precisando además «que ninguna diferencia fundamental separa la cresta y el penacho de plumas, el espolón y el sable, el canto del ruiseñor o las reverencias de la paloma y el baile campestre».[2]

En esta misma línea, el zoólogo Claude Gudin escribe: «Cuando seducimos, ¿cómo podemos distinguir nuestra animalidad de nuestra cultura...? Después de todo, ¿por qué oponerlas entre sí...? ¿Qué diferencia hay entre un flamenco que declara su pasión a la hembra mediante el color rosa y el hombre transido de amor que ofrece un ramo de flores a la dama que desea? ¿Qué diferencia hay entre el bolso de cocodrilo que se regala y la mosca envuelta en seda ofrecida a la araña por el Señor?».[3] En resumen, no encontramos nada en la seducción

---

1. André Leroi-Gourhan, *Le geste et la parole, op. cit.*, pág. 189.
2. *Ibid.*, pág. 198.
3. Claude Gudin, *Une histoire naturelle de la séduction, op. cit.*, pág. 111.

humana que no exista ya en el mundo zoológico: pavonearse, cantar, bailar, ofrecer regalos, todos ellos son comportamientos comunes tanto para los hombres como para los animales. Los hombres no hacen despliegue de su teatro de seducción por ser humanos, sino por ser también animales.

Además, los animales, los machos en particular, no solo lucen ornamentos naturales exuberantes: algunos confeccionan artefactos destinados a seducir a las hembras. Entre las aves de emparrado de Nueva Guinea y Australia, los machos construyen estructuras decoradas con ramitas de arbustos, flores, plumas, cintas y tapones de botella para cortejar así a la hembra: esta se instala en esta especie de «sala de espectáculo» y observa al macho ejecutar su parada nupcial. Estas ejecuciones podrían ser el signo de una sensibilidad estética en los animales.[1] Constituyen la prueba, para algunos biólogos y filósofos, de que los artificios estéticos utilizados en los comportamientos de cortejo no son propios del género humano: los no humanos son capaces de «producción estética», sobre todo con el fin de atraer a la hembra y lograr alguna ventaja en la competición sexual. Comportamiento estético que no se manifiesta únicamente en los machos: «la atención despragmatizada» que demuestran las hembras de las aves de emparrado cuando observan la parada nupcial del macho revela un comportamiento estético emparentado con el de los humanos.[2]

Es innegable que los estudios de los zoólogos nos enseñan mucho sobre lo que les debemos a nuestros orígenes animales.[3]

1. Dominique Lestel, *Les origines animales de la culture,* Flammarion, París, 2001.
2. Jean-Marie Schaeffer, *L'expérience esthétique,* Gallimard, París, 2015, págs. 251-275.
3. Lévi-Strauss señalaba a partir de 1966: «La frontera se está desdibujando [...]. Pero si se desdibuja es porque hay mucha más cultura en la naturaleza de la que se creía, no al contrario». Entrevista, *Cahiers de philosophie,* 1, *Anthropologie,* enero de 1966.

158

De acuerdo, pero ¿esto basta para llenar la brecha que existe entre el hombre y el animal no humano? Subrayemos el hecho esencial de que no encontramos en el mundo animal decoraciones que se sobreañaden al organismo corporal. Ningún animal transforma su apariencia mediante objetos o signos, ninguno se adorna, se maquilla intentando ser «otro» y evaluando el efecto que produce en los demás. Los chimpancés son capaces de confeccionar, con trozos de corteza, una especie de chancla para trepar a árboles con espinas, pero se trata de un medio de protección para los pies, no de un atavío decorativo o simbólico. Cuando el cangrejo decorador se cubre de organismos marinos variados, lo hace únicamente para camuflarse. Cuando algunos grandes simios, durante las lluvias copiosas, se cubren la cabeza con hojas de platanero, dicha conducta no está relacionada con la búsqueda de pareja: la podemos asimilar a la confección de un cobijo, de una especie de «paraguas», no a un comportamiento de seducción.[1] Frans de Waal señala que «los orangutanes se ponen vegetales en la cabeza para observar el efecto producido» y algunas hembras de chimpancé «llevan el refinamiento al extremo de colgarse del cuello plantas trepadoras para embellecerse».[2] Sin embargo, tal como escribe Joëlle Proust, no hay nada que pruebe que tengan la intención de producir un efecto visual de ese tipo. Quizá solo se trate de un juego o de un placer individual cuyo objetivo no es la seducción.[3]

Podemos admitir la idea de «atavíos» animales, aunque los mismos tienen muy poco que ver con lo que los seres humanos

1. Jean-Marie Vidal, «L'en-deçà du "stade du miroir": nature et culture de la pudeur et de la parure», *Communications,* vol. 46, n.º 1, 1987, pág. 11.
2. Frans de Waal, *Le bon singe. Les bases naturelles de la morale,* Bayard, París, 1997, pág. 91.
3. Joëlle Proust, «L'animal intentionnel», *Terrain,* n.º 34, marzo de 2000.

confeccionan: el concepto de atavío no es el mismo. No hay nada que desmienta lo que escribió Gottfried Semper en 1869: el hecho de adornar «pertenece propiamente al hombre y es quizá la cosa más antigua que haya utilizado. Ningún animal se adorna. La corneja que presume con las plumas de otros pájaros es, como sabemos, una quimera. El ornamento constituye el primer paso significativo hacia el arte».[1]

Es innegable que los animales despliegan una multitud de ornamentos destinados a seducir a su pareja sexual. La mayoría de los pájaros machos cortejan a las hembras mediante paradas nupciales, mostrando colores resplandecientes. Y las aves de emparrado edifican «casas de recreo» (Remy de Gourmont) ricamente decoradas para seducir a la hembra. Pero ¿cómo establecer continuidad entre las decoraciones corporales humanas y esas señales de animales que están muy lejos de nuestro linaje evolutivo? No podemos, en relación con esto, considerar el rico plumaje del pavo real o del ave del paraíso como indicios de los atavíos humanos.

Atavíos y amor propio

Además, decorarse el cuerpo no tiene el mismo significado que decorar un lugar exterior que debe servir para la transmisión de genes. Según la teoría de la evolución, los ornamentos animales están al servicio del proceso de reproducción: su función consiste en indicar la calidad de los genes de la pareja, favorecer la maximización del éxito reproductor y transmitir sus genes a la mayor descendencia posible para asegurar la supervivencia de la especie. No funciona así entre los seres humanos, donde las ornamentaciones no sirven para detectar

1. Gottfried Semper, *Du style et de l'architecture. Écrits, 1834-1869*, Prenthèses, Marsella, 2007, págs. 345-346.

a los mejores reproductores, sino para expresar identidades sociales y para halagar el narcisismo de los individuos. El hecho de ataviarse tiene que ver con motivaciones «egoístas», decía Simmel, ya que los ornamentos personales hacen «sobresalir a quien los lleva», aumentan su amor propio: «El atavío acrecienta o amplía el efecto de la personalidad, en la medida en que actúa, por así decirlo, como una radiación de esta [...] Podemos hablar de una radiactividad del ser humano [...]. Las radiaciones del atavío, la atención sensual que suscita, confieren a la personalidad una extensión tan grande, incluso un aumento de su esfera, que es más, podríamos decir, cuando está ataviada».[1] Si bien las decoraciones animales son auxiliares de la reproducción anónima de la especie, las de los humanos se relacionan con la búsqueda de gratificaciones individuales, con una voluntad de ganar un poder sobre el otro: al crear una especie de suplemento de ser, funcionan como medios para hacer al individuo más «sensible y fuertemente presente».[2]

Por este motivo, debemos relacionar la invención de los atavíos en la prehistoria con las capacidades cognitivas del hombre anatómicamente moderno y con su alto nivel de complejidad que permite la conciencia reforzada de sí mismo, la capacidad del «yo autobiográfico»,[3] la facultad de decir «yo», de atribuir estados mentales a las demás personas, de reconocerse como un individuo singular, parecido, más allá de los cambios de sensaciones y de los distintos momentos de la vida. Ya que, en cuanto hay conciencia de uno mismo, se consolida el deseo de ponerse en valor, de mostrarse, de ganarse la estima

1. Georg Simmel, «Psychologie de la parure», en *La parure et autres essais* (1908), Éditions de la Maison des Sciences de l'Homme, París, 1998, págs. 80-81.
2. *Ibid.*, pág. 81.
3. Antonio Damasio, *Sentir lo que sucede: cuerpo y emoción en la fábrica de la consciencia*, Andrés Bello, Barcelona, 1999.

de los otros: «Cada uno empezó a mirar a los demás y a querer ser mirado, y la estima pública tuvo su precio. El que cantaba o bailaba mejor; el más guapo, el más fuerte, el más hábil o el más elocuente se convirtió en el mejor considerado, y este fue el primer paso hacia la desigualdad».[1]

Con la aptitud de tener conciencia de uno mismo y pensamiento simbólico, aparecen la comparación con los otros, la preocupación de diferenciarse de esos otros y de parecer mejor que ellos. Estas nuevas competencias cognitivas no permanecieron «abstractas», arrastraron afectos, pasiones, en concreto el «furor de distinguirse» (Rousseau), de mostrar su valor, sobre todo a través de signos de la apariencia. Los atavíos personales no fueron creados, como a veces se dice, para imitar los ornamentos llenos de colorido que encontramos en determinadas especies animales, sino como una manera de aumentar los poderes de seducción, pero también de aumentar el sentimiento de uno mismo, fortalecer el amor propio. El atavío corporal no puede reducirse a una expresión simbólica del orden colectivo y a las necesidades de la identificación comunitaria. En el origen del atavío también se encuentra la búsqueda de la valorización individual, de una especie de ampliación del poder de uno mismo que excede la inscripción puramente colectiva.

Con el atavío corporal, la seducción ya no está simplemente dirigida hacia potenciales parejas sexuales, sino que de entrada es también autoseducción narcisista, un modo de «engrandecerse», de gustarse a través de la imagen aumentada de uno mismo. Ataviarse da un placer en sí mismo, al igual que lo hace bailar, escribía Mauss: «La que baila se ve bailar y

1. Jean-Jacques Rousseau, *Discours sur l'origine et les fondements de l'inégalité parmi les hommes*, en *Œuvres complètes*, tomo III, Bibliothèque de la Pléiade, Gallimard, París, 1964, segunda parte, pág. 169. (Versión española: *Discurso sobre el origen y los fundamentos de la desigualdad entre los hombres*, Tecnos, Madrid, 2020, trad. de Antonio Pintor-Ramos.)

siente alegría por ello».[1] Las ornamentaciones personales han sido alimentadas por las pasiones narcisistas que los progresos cognitivos y el desarrollo de una representación de sí mismo individualizada, que no se encuentran en el mundo animal, han hecho posibles.

Nuestros primos los simios

¿Será más probable descubrir una continuidad entre las prácticas seductoras de los humanos y las de los no humanos si consideramos a los primates superiores (simios y grandes simios), con cuyo grupo tenemos una relación de parentesco en el plano de la evolución? Nadie cuestiona los puntos comunes entre el hombre y el chimpancé pigmeo. Se trata de una especie cuya sexualidad ya no está relacionada directamente con el proceso de reproducción, pues sirve sobre todo para bajar los niveles de agresividad y apaciguar las tensiones sociales. La copulación se suele hacer cara a cara. Las hembras están en época de celo casi todo el año y pueden aparearse incluso cuando no están receptivas: la mayoría de los actos sexuales no tienen una finalidad reproductiva, pero, al mismo tiempo, las estrategias de seducción son someras, están desprovistas de ornamentos y rituales de apareamiento, los chimpancés pigmeos inician rápidamente y sin «modales» las relaciones sexuales. Los juegos de la seducción son poco sutiles y se reducen al mínimo estrictamente necesario, los chimpancés pigmeos, así como los chimpancés, no confeccionan, en concreto, artefactos ornamentales.

Los babuinos y los chimpancés hembras muestran de manera llamativa, es cierto, lo que a veces se denomina «ornamentos sexuales» (hinchazones llamativas y colores de los

1. Marcel Mauss, *Manuel d'ethnographie, op. cit.*, pág. 109.

163

órganos genitales), pero se trata de manifestaciones estrictamente fisiológicas, programadas en los genes, cuya única finalidad es señalar la receptividad sexual de la hembra. Solo aparecen en los periodos de celo, a diferencia de la ornaméntica de las «hembras humanas», independiente de los ciclos de ovulación y de cualquier transmisión genética. En este plano, en relación con los chimpancés, nos encontramos, en cierta forma, en una situación inversa: disimulq de la ovulación, pero receptividad sexual más o menos constante de la mujer y «ornamentos» sexuales múltiples y llamativos.

Los rituales de apareamiento de los simios son rápidos y muy someros: empiezan con inspecciones mutuas, investigaciones olfativas de los machos, manipulaciones de las partes genitales. Cuando se trata de una hembra en periodo de celo, estas actividades duran menos de un minuto. Cuando está preparada para aparearse, la hembra así lo señala por la hinchazón y el color de sus órganos genitales que funcionan como una llamada para los machos que se acercan y la cubren inmediatamente. En la mayoría de los otros simios, la ovulación se esconde, pero los comportamientos de cortejo también se desarrollan sin artefactos. En materia de seducción hay más discontinuidad que continuidad con el mundo animal, incluso entre las especies con las que estamos genéticamente próximos. Aunque entre las especies animales más evolucionadas, la seducción y el acto sexual deben mucho al aprendizaje, a los juegos, a la imitación de los adultos e incluso si compartimos un 98 % del patrimonio genético de los grandes simios, solo la especie humana ha inventado los artificios de la apariencia como instrumentos de seducción, característicos entre otros de la unicidad humana. Todos estos aspectos fundamentan la idea de excepcionalidad del atavío humano.

Seducción y fuerza humana de negación

Por mucho que las aves de emparrado decoren sus lugares nupciales, no adornan su propio organismo. Algunas especies de pájaros, como el quebrantahuesos, colorean de forma deliberada su plumaje al bañarse con regularidad en aguas o fangos ferruginosos, pero esta coloración es una señal de territorialidad que permite también la protección contra los parásitos y el desgaste del plumaje. No se trata de seducción. Únicamente el ser humano modifica su apariencia corporal, solo él intenta embellecerse para conquistar una pareja: si es un «mono desnudo», también es el único mono vestido, decorado, «metamorfoseado». Si bien es cierto que los grandes simios antropomorfos son capaces de *self recognition* ante la imagen del espejo, ninguno de ellos intenta mejorar su apariencia tal como lo hacen los humanos peinándose, cortándose el pelo, afeitándose, maquillándose, tatuándose. Las prácticas de seducción animales no van acompañadas de ninguna acción transformadora intencionada del rostro y del cuerpo. Además, no requieren el concurso de otros individuos. Únicamente el ser humano recurre a sus congéneres para perfeccionar su imagen, realzar su belleza mediante decoraciones, tatuajes, pinturas y otras incisiones.

Si bien el hombre recibe su cuerpo de la naturaleza, continuamente modifica algunos de sus aspectos, lo remodela, lo artealiza. Cambio del cuerpo que ilustra esta dimensión propia del hombre: el poder de transformarse él mismo, de actuar sobre sí mismo, hasta el punto de contrariar, de negar el desarrollo natural del cuerpo, tal como demuestran la reducción del pie de las chinas, el alargamiento del cuello de las mujeres jirafa birmanas, los platos labiales de los mursis, las deformaciones del cráneo de los nobles kwakiutls, de los magbetus, de los olmecas y de los chinooks. A este respecto, la ornaméntica, al igual que la moral, debe pensarse como un fenómeno *antinatural* que, al oponerse al curso del desa-

165

rrollo biológico, crea un efecto de ruptura.[1] Eso es lo que Patrick Tort denomina «el efecto reversible de la evolución»: los comportamientos seleccionados por la evolución se vuelven en contra de la selección natural.[2] Los instrumentos de la seducción no prolongan los mecanismos biológicos de la seducción natural: inventan otro cuerpo, un cuerpo culturalizado que resulta de la capacidad humana de negación y autonegación de lo natural heredado.[3]

Desde esta perspectiva, la ornaméntica no se diferencia de la actividad artística que, realizándose siempre «a expensas del mundo natural exterior»,[4] Baudelaire define como «sobrenaturalismo», «intento permanente y sucesivo de reforma de la naturaleza». El arte no es imitación de la naturaleza, sino deformación, ennoblecimiento, transfiguración de la misma: por tanto, su esencia es intrínsecamente antinaturalista. Ocurre igual con los artificios del atavío. A través de las pinturas del cuerpo, de los vestidos, de las mutilaciones, de los tatuajes, la ornaméntica no es más que una de las formas de la negatividad artística propiamente humana que, aplicada al cuerpo, toma posesión de la naturaleza mediante los signos de la cultura. En

1. Añadamos que únicamente la especie humana ha creado atavíos cuya finalidad es esconder íntegramente los encantos atractivos del cuerpo natural (por ejemplo, el burka).
2. Patrick Tort, *Darwin et le darwinisme,* col. Que sais-je? n º 3738, PUF, París, 2014, págs. 55-57.
3. Sobe el alcance filosófico de estos conceptos, Alexandre Kojève, *Introduction à la lectura de Hegel. Leçons sur la* Phénoménologie de l'esprit *professées de 1933 à 1939 à l'École des hautes études,* Gallimard, París, 1947, págs. 502-505. (Versión española: *Introducción a la lectura de Hegel,* Trotta, Madrid, 2013, trad. de Andrés Alonso Martos.)
4. Georg Wilhelm Friedrich Hegel, *Ästhetik,* citado a partir de la versión francesa: *Esthétique,* vol. I, col. Champs, Flammarion, París, pág. 220. (Versión española: *Estética,* Alta Fulla, Barcelona, 1988, trad. de Hermenegildo Giner de los Ríos.)

las islas Marquesas, todo el cuerpo del hombre, incluso los párpados, la boca, la lengua y las encías, se cubría con dibujos verdes y azul índigo, y también se debe recordar el asco que sienten los caduveos hacia «el individuo biológico estúpido».[1] Forma «de arrancar la naturaleza de su naturaleza»,[2] de sustituir rasgos naturales por rasgos culturales, de ocultar las huellas de la naturalidad física, la artealización del cuerpo es una desnaturalización de las formas humanas. Al «travestir»[3] el cuerpo natural y al remodelarlo, la ornaméntica marca una discontinuidad radical con las formas naturales de la seducción animal.

Las tesis contemporáneas que se empeñan en «desantropologizar» el atavío no resultan convincentes. Nadie discrepará de que el teatro de la seducción humana tiene relación con lo que podemos observar en el universo animal. Tanto en la naturaleza como en la cultura, se trata de llamar la atención, exhibirse, pavonearse para obtener una ventaja en la competición por el acceso a las parejas del otro sexo. Pero si existe continuidad con la condición animal, también hay discontinuidad, pues los dispositivos de seducción en el hombre constituyen fenómenos que presentan características cualitativamente diferentes de las que actúan en todas las demás especies. Que exista continuidad no basta para sostener la tesis del final de «la excepción humana».[4]

En muchos aspectos, el atavío ilustra más la discontinuidad naturaleza/cultura que los instrumentos, la exogamia y la prohibición del incesto. Los chimpancés, en efecto, fabrican y utilizan instrumentos. Y algunas «prohibiciones» sexuales o, mejor dicho, aquello que sí puede tener lugar está en cierto

1. Claude Lévi-Strauss, *Anthropologie structurale, op. cit.*, pág. 285.
2. Alain Roger, *Nus et paysages, op. cit.*, pág. 42.
3. *Ibid.*, pág. 65.
4. Jean-Marie Schaeffer, *La fin de l'exception humaine*, Gallimard, París, 2007. (Versión española: *El fin de la excepción humana*, Marbot Ediciones, Barcelona, 2009, trad. de Elisenda Julibert.)

modo ya presente en los primates más cercanos al hombre. De este modo, entre los chimpancés comunes y los chimpancés pigmeos, las hembras al llegar a la pubertad abandonan su grupo natal; otros mecanismos biológicos o sociosexuales permiten igualmente «evitar el incesto» entre los primates. Tanto es así que la prohibición del incesto podría constituir no un *big bang*, una ruptura absoluta con la naturaleza, sino una transformación de mecanismos ya presentes en determinadas especies de primates. En estas circunstancias, la prohibición del incesto sería una regla que ilustraría «una transformación a la vez continua y discontinua entre la animalidad y la humanidad».[1]

Sin embargo, en lo relativo a la ornaméntica humana no encontramos un «arraigo» natural parecido, al menos entre los primates más cercanos al hombre. Al transmitirse de forma no hereditaria, al no tener una función utilitaria en el proceso de transmisión de genes y al volverse en contra del propio orden natural, las modificaciones artificiales y estéticas del cuerpo, al igual que las pinturas rupestres, representan una discontinuidad mayor con el orden de la naturaleza, una figura ejemplar de la excepcionalidad humana que obedece a otros mecanismos distintos a los de la evolución natural.

Se trata todas ellas de actividades negadoras que, de naturaleza consciente e intencionada, suponen el lenguaje articulado y la capacidad de pensar simbólicamente. La actividad seductora de los animales se desarrolla bajo el control de los mecanismos biológicos de la reproducción: «más bien parece que en lugar de exhibirse, adornarse o esconderse, los animales sean exhibidos, adornados o escondidos por sus comportamientos seleccionados a lo largo de la evolución».[2] Nada parecido ocurre con el hombre, para quien la seducción se apoya

1. Maurice Godelier, *Métamorphoses de la parenté*, Flammarion, 2010, pág. 593.
2. Jean-Marie Vidal, art. cit., pág. 13.

168

en el pensamiento simbólico, descansa en creencias, representaciones, estrategias conscientes e intencionadas. Querer seducir es pensar que los artificios utilizados tienen el poder de embellecernos y de aumentar nuestras posibilidades de gustar al otro. Al mismo tiempo, las señales emitidas, para existir como tales, tienen que ser entendidas y apreciadas por el destinatario del mensaje. Así, la relación de seducción requiere cognición, conciencia, disposición intencionada y adquisición de un código de signos y valores convencionales. La seducción es un modo de comunicación que pone en juego procesos cognitivos relacionados con la propia estructura del cerebro y cuya intención es modificar el comportamiento o el estado de espíritu del otro: los factores genéticos son sistemáticamente mediatizados por lo simbólico, lo cultural y lo psicológico. Como existe algo animal o algo perteneciente al no-hombre en la seducción humana, Boris Cyrulnik tiene derecho a afirmar: «Cuanto más descubro los mundos animales, más comprendo la condición humana».[1] Aunque, sin duda, todavía es más justo decir: cuanto mejor se conoce a los animales, más vemos lo que tienen de único los rituales amorosos humanos.

SEÑALES HONESTAS Y SEDUCCIÓN ENGAÑOSA

Si existe una diferencia irreductible entre la seducción humana y la de los animales no humanos, también se debe al fenómeno de la señalización costosa u «honesta» típica de los rituales de la seducción animal tal como las analizan los zoólogos y etólogos contemporáneos. En el mundo animal, los comportamientos de cortejo ponen en marcha actividades de comunicación o de construcción que implican una inversión

1. Prefacio para Patrick Lemoine, *Séduire. Comment l'amour vient aux humains*, Laffont, París, 2004, pág. 9.

considerable en tiempo y gasto energético (bailes, danzas nupciales, vocalizaciones, arquitecturas decorativas). Sin embargo estas señales resultan un obstáculo para la supervivencia del portador: la cola larga y extravagante del pavo real le impide escapar cuando surge un depredador. Si aun así, para atraer a las hembras, la evolución ha seleccionado comportamientos tan poco económicos, es porque revelan el valor biológico efectivo *(fitness)* del macho, la cualidad extraordinaria de sus genes.[1] Estas estructuras fisiológicas son tan costosas que, para investigadores como Amotz Zahavi, son necesariamente pruebas de calidad biológica, porque solo un animal fuerte y «superior» genéticamente puede permitirse semejante inversión. Si el pavo real es capaz de exhibir una cola tan incapacitante, es porque realmente posee las cualidades que esta indica. Por tanto, las danzas nupciales y las ornamentaciones sexuales no engañan: son tan costosas que son intrínsecamente fiables y «honestas».

Es obvio que no funciona así en las maniobras humanas de seducción. En primer lugar, cuando se basan en el lenguaje oral, señal no costosa, resulta extremadamente fácil decir lo que no es. Para aumentar sus posibilidades de éxito, el seductor no duda en mentir, halagar, fingir sus sentimientos y disimular intenciones reales. En segundo lugar, los atavíos y el maquillaje permiten corregir las imperfecciones, embellecerse artificialmente, engañar a la pareja. Incluso es esta dimensión de «engaño» la que, para Platón, caracteriza la actividad cosmética: las señales de seducción están del lado de la mentira y la ilusión. Incluso si los humanos, a semejanza de los animales, invierten mucho tiempo y energía para atraer la mirada del otro, se alejan de ellos debido a su capacidad para emitir y

1. Lo que constituye el poder de atracción de estas señales sexuales ostentosas no es, como pensaba Darwin, su «belleza», su aspecto «agradable», sino esa dimensión incapacitante suya que indica la excelencia de los genes del portador.

170

producir señales engañosas que esconden o falsifican la realidad. Mediante esta fuerza de negación-falsificación-desnaturalización, la seducción humana desarrolla su irreductible diferencia con la de los animales.

Sin embargo, es cierto que las señales denominadas «engañosas» también existen en el mundo de la comunicación animal, ya que tienen la capacidad para inducir a error tanto a congéneres como a depredadores. Pero ¿se trata del mismo engaño que el que se ejerce entre los seres humanos? Lacan subrayaba que el «engaño de la palabra» se distingue de la «simulación» y de los señuelos que utilizan los animales: «un animal no simula que está simulando».[1] Para profundizar en este tema, me limitaré al análisis de dos aspectos.

En primer lugar, si las señales engañosas (camuflaje, fantasmada, simulación, imitación de una especie no consumible) son numerosas en las relaciones presas/depredadores, son más raras en lo relativo a la seducción, ya que las presiones de la selección sexual conducen a consolidar el predominio de la señalización honesta. Nadie ignora que este no es el caso entre los humanos, donde los discursos galantes van acompañados de abundantes mentiras, exageraciones, estrategias, halagos y fanfarronadas. Mientras que en muchas especies animales, el engaño seductor es relativamente excepcional, el de los humanos es frecuente, a veces sistemático y esto es así porque se apoya en los recursos del lenguaje.

En segundo lugar, muchos de los engaños animales son señales estereotipadas, idénticas en todos los representantes de la misma especie: determinadas biológicamente, son innatas y no son modificadas por ninguna forma de aprendizaje. Cuando el nido está amenazado por un depredador, el chorlitejo grande simula tener un ala rota para apartarlo del nido: la simulación es real, pero se realiza, a diferencia de lo que ocurre con los hu-

1. Jacques Lacan, *Écrits, op. cit.*, pág. 807.

manos, sin intención consciente, solo como un comportamiento automático elaborado a lo largo de la evolución de la especie. No es el caso para otras especies animales, como, por ejemplo, los primates no humanos que parecen capaces de manipulaciones o engaños que requieren capacidades cognitivas. Entre los babuinos hamadryas, una hembra puede alejarse del macho dominante y esconderse detrás de una roca para aparearse con otro macho, como si supiera que no debe dejarse ver por el macho alfa. Sin embargo, un comportamiento de estas características no implica necesariamente un engaño intencionado basado en la capacidad de imaginarse los estados mentales de los otros ni en la voluntad de modificarlos.[1] En realidad, los grandes simios no intentan afectar el pensamiento del otro, sino únicamente prevenir determinadas acciones, en este caso las represalias del macho dominante. Esto lleva a varios investigadores a dar cuenta de estos comportamientos animales no como actividad engañosa, sino como asociaciones puramente motrices, comportamientos adquiridos a través del aprendizaje.

Otras diferencias de fondo existen con lo que se produce en las interacciones humanas en las que se plantea sin cesar la cuestión de la credibilidad y la veracidad del discurso. Para el receptor humano del mensaje, los signos seductores son una cosa y su «autenticidad» es otra. Ante los discursos hechiceros del seductor, la mujer se pregunta y, a veces o a menudo, se muestra perpleja. Todas esas hermosas promesas, todos esos halagos, ¿son realmente «ciertos»? La hembra del ave de emparrado aprecia o no aprecia la arquitectura decorada que el macho ha confeccionado, así como la parada nupcial que este realiza. Es atraída o no,

1. La cuestión de la existencia de una «teoría del espíritu» entre los primates no humanos, desarrollada hace más de treinta años, sigue debatiéndose, ya que todo un conjunto de investigadores rechazan reconocer la capacidad de los animales de atribuir a los que los rodean estados mentales (intención, creencia...).

172

nada más interviene en su elección y en su consentimiento para aparearse. La mujer, por su parte, puede apreciar las palabras de halago que se le dirigen, pero eso no suele bastar:[1] tiene que creer en su veracidad. Los animales pueden engañar, pero los humanos detentan además una capacidad representacional, la de formar metarrepresentaciones que les permiten plantearse la cuestión muy pensada: este que se dirige a mí, ¿piensa realmente lo que dice o se trata de una estratagema, una parada galante engañosa?

Subyugada por los halagos superlativos de don Juan, Carlota, sin embargo, expresa sus dudas: «Señor, le gusta decir esto y no sé si es para burlarse de mí» *(Don Juan,* acto II, escena 2). El engaño de la palabra aduladora consigue escapar raramente a la reflexión, al planteamiento interpretativo de la destinataria. Tanto es así que el lenguaje de la seducción no «funciona» si no se consigue convencer al otro de la sinceridad de su propósito. Una adhesión íntima, subjetiva, que solo puede proceder de una atracción «mecánica». El resultado está tan poco asegurado que el seductor, para llegar a sus fines, vuelve a la carga, busca nuevas palabras, insiste en reclamar la sinceridad de su pasión. Nos encontramos en las antípodas de las señales engañosas animales, por ejemplo, del falso regalo nupcial del macho de araña pisaura. No basta con utilizar los códigos adecuados: hay que conseguir persuadir unas conciencias capaces de reflexionar. La simulación humana, inseparable de la interpretación subjetiva de los signos y de una actividad reflexiva, marca una discontinuidad en relación con la simulación animal.

Es innegable que los primates son capaces de actos de engaño. Estudios recientes revelan que el 17 % de los nacimientos entre los monos geladas son fruto de machos no alfa. Para no sufrir la violencia de los machos dominantes, las parejas engañan, utilizan el «engaño táctico», sobre todo al abs-

---

1. Sin embargo, se puede sentir cierto placer al recibir halagos incluso ante la duda o siendo consciente de su carácter «exagerado».

tenerse de emitir los gritos característicos del apareamiento. Sin embargo, en estos casos, no es la actividad seductora la que se rodea de simulación, sino el hecho del apareamiento para escapar a los «castigos» físicos del macho alfa. Por su parte, los humanos desarrollan formas de engaño dirigidas a la pareja para suscitar su deseo y vencer su resistencia. Los animales esconden su acción a un tercero, los seductores humanos sobresalen, camelan, «cuentan historias» a la persona objeto de su deseo.

Por lo demás, los humanos no se conforman con intentar gustar: hablan de sus éxitos y fracasos, los comentan, presumen de ellos o los esconden. Los hombres tienen tendencia a aumentar su historial de caza declarando más parejas de las que han tenido; las mujeres, por el contrario, declaran menos parejas de las reales. Hombres y mujeres esconden la verdad no solo para provocar un comportamiento físico deseado por parte del otro, sino también a fin de imponer la imagen positiva de sí mismos que desean. Los primates disimulan sus acciones para evitar un «castigo» físico; los humanos intentan, en algunos casos, manipular el saber del otro sin, por ello, esperar beneficios físicos inmediatos, sin conseguir más ventaja que la psicológica y simbólica.

Los animales saben engañar, simular, para provocar comportamientos de los que sacan partido. Ocurre lo mismo con los humanos, pero estos pueden también mantener una relación más compleja con la oposición verdadero/falso. La mujer maquillada muestra una tez falsa, un color falso, pero al mismo tiempo el artificio se muestra como tal. Nadie se engaña: la finalidad no es engañar, sino gustar, a veces únicamente por el placer de gustar. Podríamos hablar, en relación con esto, de verdadero-falso engaño, ya que el medio destinado a modificar el estado de ánimo del otro se percibe fácilmente: lejos de esconderse, lo falso se exhibe y a menudo se valora. Un trabajo de disimulación sin disimulación que resulta difícil transferir al mundo animal.

174

V. LA BELLEZA TENTADORA

El hecho goza de gran aceptación: el rasgo de un ser humano que seduce de manera más inmediata es su belleza física. Desde la Antigüedad, se acepta que el deseo, la atracción y el amor nacen de la mirada dirigida a la belleza. Para Platón: «Predomina, además, entre muchos de los que aman, un deseo hacia el cuerpo, antes de conocer el carácter del amado, y de estar familiarizados con todas las otras cosas que le atañen.»[1] Así mismo, los proverbios medievales ponen el acento en el papel de la visión: «Allí donde está el amor, también está el ojo» (siglo XIII). Posteriormente, en el siglo XV, Thomas de Kempis escribe: «Mirar la belleza es una tentación» y Marsilio Ficino: «El amor es un deseo de gozar de la belleza». Sea la del cuerpo o la del rostro, la belleza es el factor primero que desencadena el «flechazo» y, en general, el interés que hombres y mujeres se profesan mutuamente.

Esta observación se puede comprobar en cualquier sitio y momento. Al ser la belleza deseable y hacerse amar de inmediato, la apariencia física constituye un poder de atracción de primer orden. El papel central de la apariencia favorecedora

---

1. Platón, *Fedro*, 235a, en *Diálogos*, vol. 3: *Fedón, Banquete, Fedro*, Gredos, Barcelona, 1988, trad. de C. García Gual.

en el éxito de los asuntos amorosos está reconocido desde los tiempos más remotos. En las más diversas culturas, la fealdad se suele asociar con la maldad, la estupidez, lo monstruoso: al provocar repulsión y vejación, inspira la risa, alimenta las burlas, con frecuencia feroces. En el lado opuesto, la belleza se asimila a la bondad y la riqueza, la salud y la juventud: fascinante, suscita admiración y deseo erótico. En muchas sociedades tribales, la belleza corporal, así como sus promesas de recoger los favores del otro sexo, recibe elogios vibrantes, da lugar a canciones, se habla de ella con un vocabulario rico y variado, alimenta los relatos de los mitos, las leyendas y los cuentos.

Sin embargo, en muchas comunidades, la belleza física, en particular la de las mujeres, se considera engañosa y peligrosa. La mujer agradable de contemplar esconde la pereza, la avaricia, un mal carácter. Desde la Antigüedad, se sospecha de la belleza femenina, se la tacha de trampa, emboscada, señuelo engañoso. Para los Padres de la Iglesia, el cuerpo atrayente y sensual de la mujer es una mentira que aleja de Dios, esconde la ignominia del pecado y la naturaleza pérfida de las hijas de Eva: «La belleza de una mujer es la mayor trampa», declara Crisóstomo. Además, se condenan enérgicamente el maquillaje, los artificios, «los vanos ornamentos» que utilizan las mujeres para embellecerse y cautivar a los hombres. Hasta principios del siglo XX, en el mundo rural, existen muchos proverbios que advierten de los peligros y las tentaciones de los encantos femeninos. Como la belleza femenina hechiza a los hombres, es conveniente destacar sus efectos devastadores y limitar los recursos que la realzan. Durante más de dos mil años, en Occidente, se ha perpetuado la tradición misógina de hostilidad y sospecha hacia los encantos femeninos y hacia las técnicas cosméticas.

En relación con todo ello, nuestra época supone una clara y profunda ruptura. Por un lado, es cierto que nuestra cultura prolonga la tendencia secular que, desde el Renacimiento, celebra a través de las artes y las letras la supremacía estética de lo femenino, pero, por el otro, la cultura del individualismo contemporáneo constituye una ruptura importante en cuanto a la otra cara de la relación tradicional con el «bello sexo»: la de su «diabolización». Incluso si algunos principios culturales hostiles a la puesta en valor de los encantos femeninos siempre están presentes en determinadas fracciones de la sociedad, no son más estructurantes de la relación simbólica e imaginaria con el cuerpo femenino contemporáneo. Las amenazas de la «belleza peligrosa» han sido sustituidas por la glorificación por todos los medios de la belleza seductora: ahora, en una carrera perpetua para conseguir la estetización de sí mismo, el cuerpo femenino requiere una continua mejora. Mientras que el imaginario de la belleza, sus representaciones ideales y sus iconos reinan en majestad, la industria de la belleza vive un desarrollo formidable en todos los lugares del mundo. Mediante la cuestión de la belleza femenina, triunfa otro aspecto de la seducción soberana, una seducción que funciona con la exaltación infinita de los encantos físicos y con la proliferación sin freno de las prácticas estéticas hacia uno mismo.

LA BELLEZA SIN LÍMITES

Un cosmos inédito de seducción caracteriza las sociedades consumistas contemporáneas. Se definen estas por una oferta *en abyme* de medios capaces de embellecer a los seres, así como por la descalificación de las barreras simbólicas, sociales y religiosas empeñadas en reducir el poder de los encantos de lo femenino. Al precipitar la ruina del cosmos que desacreditaba y frenaba el florecimiento de la belleza (imaginario de la belleza diabólica, escasez de productos cosméticos, condena del

177

maquillaje y de los atuendos provocadores), nuestras sociedades han abierto un nuevo capítulo de la historia de la seducción. La etapa de la seducción soberana corresponde con el momento en el que el imaginario del bello sexo se emancipa de su dimensión satánica, cuando nada se opone a la optimización de la belleza, cuando la oferta estética constituye un mercado con un desarrollo vertiginoso.

De la belleza ambivalente a la belleza positivizada

Incluso si, a lo largo de los milenios pasados, la belleza femenina era admirada, también era objeto de recelo y miedo. Tras la apariencia encantadora de Pandora, se esconde la trampa puesta por Zeus a los mortales: su hermoso cuerpo de virgen cobija el engaño y la astucia. Portadora de maldición, la belleza femenina es peligrosa, hunde a la humanidad en la desgracia. Helena es una belleza fatal suscitada por Zeus para que los hombres se maten entre sí. Todavía en el siglo XVII, la feminidad es indisociable de representaciones antinómicas, su fachada angélica esconde un «monstruo horrible», una «mala» fuente de pecados.

Esta imagen de la belleza pecadora se prolonga en las culturas campesinas, a veces hasta el siglo XX. Innumerables proverbios asocian la belleza física a aspectos negativos y nefastos: «Mujer hermosa y arma de fuego, para mí no la quiero»; «Si por fuera hermosa, por dentro será otra cosa». A finales del siglo XIX y principios del XX, se multiplican, en la literatura y las artes plásticas, las figuras de la mujer fatal, hermosa e «inhumana», criaturas sin alma cuyo encanto irresistible provoca sufrimiento, drama y muerte. A través de la vamp, el cine siguió alimentando la imagen de la «belleza cruel y malvada», de una seducción femenina inseparable del vicio y la perdición del hombre.

178

Ese ya no es nuestro universo simbólico de la belleza. El cambio en la esfera de lo imaginario y lo simbólico es considerable. Con la espiral de la cultura democrática-individualista-consumista, el miedo y la desconfianza que inspiraban la belleza ya solo atañen a algunos grupos ultrarreligiosos de la sociedad: las advertencias tradicionales ante los encantos femeninos han dejado una herencia vacante, las representaciones ambivalentes del bello sexo han sido destronadas por las de una belleza plenamente positivizada. Los antiguos proverbios que asimilaban la belleza femenina a una fuente de desgracias nos chocan por su violencia misógina. ¿Quién, a excepción de ciertos fundamentalistas religiosos, otorga crédito a la idea de que la belleza femenina es una «calamidad deseable» y representa un peligro perpetuo para los hombres? En lugar de las representaciones de mujeres impregnadas de malignidad, tenemos las imágenes radiantes de las *top models,* el glamour de las estrellas, las *misses* aplaudidas en los concursos de belleza nacionales e internacionales. Se enaltece la belleza seductora, ya no se la considera una fuerza sospechosa ni agente del diablo. Estamos en una cultura en la que los encantos físicos de lo femenino aparecen como una cualidad sin sombra ni perversidad, un «capital» de seducción libre de cualquier vínculo con el vicio, la picardía, la muerte. En el cosmos individualista-consumista, la belleza femenina ya no se considera ontológicamente peligrosa, se ha deshecho de su dimensión negativa, de la ambivalencia milenaria que le era propia cuando era a la vez objeto de alabanzas y sospechas.

Si existe un aspecto negativo de la belleza, es aquel que está relacionado con el drama de su marchitez: la belleza se marchita con el tiempo y no se debe a sus efectos nocivos sobre los hombres. En las culturas democráticas, la mujer ya no está considerada «una miserable maldita» y su belleza solo tiene algún aspecto negativo para la propia mujer (la «tiranía de la belleza» y sus efectos psicológicos nefastos). La cultura hiperindividualista consagra el reinado de la mujer de después de la mujer fatal, el de una seducción femenina libre de su simbología maléfica y devastadora.[1]

La consagración del derecho a gustar

Al mismo tiempo, el deseo de gustar, las técnicas para embellecerse, las bellezas tentadoras han dejado de ser objeto de juicios reprobadores. Actualmente, los cuerpos de ensueño, lo sexy, los rostros cautivadores, se muestran a mares en la calle, en el cine, en la prensa femenina: vivimos el tiempo de la sobreexposición mediática de las imágenes glamourosas que alimentan los sueños de todos nosotros. Lo que se desarrolla, en lugar de críticas moralistas, son avalanchas de consejos y técnicas estéticas, incitaciones perpetuas para perfeccionar la belleza, las megasuperficies de cosméticos, esos nuevos templos dedicados a la belleza y la seducción. La belleza se compra en todas partes y a cualquier hora, en el metro, los aeropuertos, en las páginas de internet; por todas partes proliferan los productos de belleza, los perfumes, los cuidados para el rostro y el cuerpo incansablemente aplaudidos y puestos en escena. En el momento del capitalismo consumista, la seducción soberana funciona en modo híper: hiperselección, hiperconsumo, hipersolicitación, hiperpersonalización, hipermediatización, hipervelocidad (autoservicio, compra on line). Hemos entrado en la era hiperbólica de la belleza seductora.

Los medios estéticos utilizados para gustar son exaltados profusamente y se encuentran a la libre disposición de todos. Liberadas del marco moral, justificadas en nombre del placer y del bienestar subjetivo, las prácticas de embellecimiento de uno

1. Sobre este punto, véase mi obra, *La Troisième Femme, op. cit.,* págs. 170-187.

mismo gozan de una legitimidad de masas: los cuerpos desnudos y los rostros maquillados solo escandalizan a las minorías ultra-religiosas. La seducción soberana es aquella en la que el derecho a seducir no encuentra ya obstáculos culturales y se desarrolla en todas direcciones y a través de medios cada vez más diversificados. Las estigmatizaciones y las limitaciones del deseo de gustar han sido sustituidas por las críticas a las normas que obstaculizan el derecho de las mujeres a resaltar su belleza (velo islámico, burkini). Desear gustar ya no se considera una maniobra culpable. La época de la seducción soberana se confunde con el derecho absoluto a embellecerse, subrayar los encantos de uno, cambiar de apariencia sin límite ni obstáculo.

El derecho a ponerse en valor ha adquirido una legitimidad tal que se ha extendido a los hombres. Se terminó la época en la que los cosméticos estaban reservados exclusivamente a las mujeres. Actualmente, los hombres se ponen a régimen y hacen ejercicio para perder peso, compran cremas hidratantes y productos antiarrugas, se tiñen el pelo, se hacen implantes capilares, utilizan principios activos autobronceadores, disfrutan «poniéndose guapos», cuidando su apariencia.[1] Incluso si la imagen de la virilidad sigue excluyendo el maquillaje, gustarse e intentar gustar mediante los artificios de la apariencia se ha vuelto legítimo para los hombres, aunque sea en un sistema que reconduce la desigualdad sexual de los papeles estéticos. El principio de seducción sigue deshaciendo los obstáculos que se oponían a ella; ha conseguido vencer la «gran renuncia» masculina a la seducción de las apariencias. En la época de la seducción soberana, perfeccionar nuestra apariencia ha dejado de ser un tabú masculino.

---

1. Mientras la gama de productos masculinos crece y se diversifica sin cesar, el 70 % de los hombres utiliza una loción para después del afeitado, el 38 % se aplica diariamente una crema en la cara y casi el 20 % se depila. Y el 25 % de la clientela de la cirugía estética es masculina.

En el siglo XIX, las actividades cosméticas estaban lejos de ser practicadas por el conjunto de las mujeres. Hubo que esperar a la industrialización en masa de los productos de belleza, en el siglo XX, para que se generalizaran las prácticas de embellecimiento de uno mismo. Cada día se multiplican las prácticas de belleza relativas al cuerpo y la cara. El uso de productos cosméticos ha dejado de ser un privilegio de clase: se han convertido en artículos de consumo de masas relacionados con una oferta mercantil pletórica, renovada sin cesar. Ahora, el 95 % de las francesas compra productos de belleza; aproximadamente, un cuarto de las europeas utiliza al menos dos productos de maquillaje al día; el 90 % de las jóvenes utiliza todos los días un producto limpiador para la piel; el 90 % de las mujeres se perfuma cotidianamente. Cremas depilatorias, productos contra la caída del pelo, blanqueadores para los dientes, antiarrugas, productos hidratantes y fondos de maquillaje son artículos de consumo corriente, también lo son los productos destinados a cuidarse la piel.

Al mismo tiempo, la cirugía estética se democratiza, el tatuaje se banaliza y los ejercicios físicos, los regímenes dietéticos, la alimentación ligera y el culto a la delgadez-juventud se extienden por todas las capas sociales. Nunca tantas mujeres habían mostrado tanto interés por embellecer su apariencia, cuidar su piel, su rostro, su cuerpo. Los rituales estéticos de la seducción femenina han entrado de lleno en la era democrática del hiperconsumo mercantil.

El mismo fenómeno se manifiesta con una particularidad evidente en el ámbito de la cirugía estética. Desde hace algunas décadas, esta ha dejado de ser una práctica marginal y tiende a banalizarse. Un número creciente de mujeres y hombres recurren a ella para mejorar su apariencia física, corregir los efectos del envejecimiento o eliminar algún complejo estético. En nuestras sociedades, las inhibiciones y culpabilidades de antaño relativas a las intervenciones estéticas se han debilitado tanto que un número creciente de hombres y mujeres reconocen sin avergonzarse haber recurrido a la cirugía plástica. Al haberse vuelto algo corriente, aparece como un derecho fundamental: el derecho de disponer libremente del propio cuerpo. Por supuesto, todos los actos de cirugía estética no responden a la búsqueda de una belleza ideal, pero en todas partes se multiplican las demandas de corrección física por motivos puramente estéticos de seducción o, como mínimo, de autoseducción.

En el momento de la seducción soberana, cada uno se siente propietario y responsable de su cuerpo. El cuerpo ya no es algo dado que hay que sufrir y aceptar, sino algo que se puede corregir, modificar, mejorar a voluntad. Esta transformación cultural de la relación con el cuerpo ha conllevado un aumento de la preocupación estética de uno mismo, una exigencia creciente de seducción y autoseducción a cualquier edad. Ahora hay que eliminar todas las imperfecciones, ser guapos, jóvenes, delgados, atractivos, ya que cada uno es juzgado cada vez más por su cuerpo y no por su ropa. Con la dinámica de individualización extrema, propia de la hipermodernidad, las actitudes de sumisión a la naturaleza y las morales de aceptación han caducado: ya no aguantamos nuestras imperfecciones porque queremos gustar a los demás, pero también sentirnos bien «en nuestro cuerpo y nuestra cabeza». Cuando el cuerpo se convierte en una «cosa» que nos pertenece, todo tiene que poder hacerse para que nos devuelva una imagen que nos guste y que guste a los demás.

La seducción a cualquier edad

La legitimación del deseo de gustar se expresa también en el reconocimiento social de las prácticas de estetización de uno mismo en todas las franjas de edad. Ahora, las europeas de más de sesenta años representan el 34 % del mercado de los cuidados de la cara. Compran de media dos veces más productos cosméticos que las mujeres menores de veinticinco años. Así, el mercado de los cosméticos dirigido a las «pieles maduras» vive un gran crecimiento: según un estudio realizado por Bayard Publicité en 2011, las mujeres mayores de cincuenta años compran uno de cada dos productos cosméticos vendidos.

Desde la Antigüedad grecorromana, las obras satíricas se burlaban de la anciana maquillada que se esfuerza por disimular las señales del tiempo. En el Renacimiento, en el Barroco y hasta el siglo XIX (Goya), se multiplicaron los retratos crueles de la vieja, fea y maquillada. Sin duda existió una tradición machista de burlas feroces dirigidas contra la «vieja maquillada». Luchar por todos los medios contra las arrugas y otras marchiteces de la edad ya no resulta en absoluto ridículo en una época que pone de relieve el principio de «la seducción no tiene edad». Nos hallamos en una época de órdenes mercantiles a la seducción que no cesa de prodigar consejos estéticos y sanitarios, de lanzar productos nuevos dirigidos a mujeres menopáusicas.

Las prácticas de seducción ya no deben conocer límites relacionados con la edad: incluso los mayores tienen que cuidar su apariencia, mantener su capital de belleza y juventud e intentar parecer «más jóvenes que su edad». La gran mayoría de las mujeres de entre cincuenta y sesenta años o más siente la necesidad creciente de mantener su capital de belleza y juventud. El deseo de gustar o, al menos, de no disgustar ya no deber ser interrumpido por el avance de la vida en el tiempo. En la cultura de la seducción soberana, el «derecho a envejecer» tiende poco a poco a erosionarse: todo el mundo tiene que envejecer joven, activo, «agradable a la vista».

En el otro extremo, los productos cosméticos se utilizan cada vez más pronto. Hasta los años setenta, los padres de todos los medios sociales se preocupaban escrupulosamente

184

de que sus hijas no parecieran «botes de pintura». Este rigorismo moral se ha desvanecido, muchas adolescentes empiezan a maquillarse a los doce años. Una encuesta británica de 2000 recoge que el 90 % de las adolescentes de catorce años se maquilla regularmente; el 63,5 % de las niñas entre siete y diez años usan pintalabios y el 44,5 % lápiz de ojos.[1] En Francia, el 50 % de las jóvenes entre dieciocho y veinticinco años ha empezado a maquillarse antes de los dieciséis (sondeo *Madame Figaro*-CSA 2014). Surgen cursos de maquillaje para adolescentes. En la red proliferan los vídeos que muestran cómo pueden maquillarse las adolescentes para ir al instituto. Algunos comerciales sueñan con poder instalar distribuidores de cosméticos en las escuelas. En Estados Unidos y en Francia ha nacido el concepto de Mini Kid Spa, un verdadero instituto de belleza que ofrece prestaciones (masaje, manicura, depilación, consejos de belleza) para menores de quince años.

La dinámica de seducción tiende incluso a conquistar el mundo de la infancia. La marca americana Walmart ha lanzado una línea de cosméticos, Geo-Girl, dirigida a las niñas de entre ocho y doce años. Desde los años noventa, se celebran concursos de belleza destinados a niñas pequeñas y los mismos cautivan a un público amplio: cada año, unas doscientas cincuenta mil niñas estadounidenses participan en unas cinco mil celebraciones de este tipo. La mayoría de las niñas tiene entre cinco y once años, pero algunas son aún más jóvenes. En las pasarelas desfilan lolitas sobre tacones altos, con atuendos sexis o vestidos de noche, maquilladas como adultas con pintalabios, brillo, pestañas falsas, uñas falsas, autobronceadores, postizos. Seducir embelleciéndose es un deseo inmemorial entre los adultos, pero con las «semillas de *miss*», ha aparecido algo inédito, ya que son las propias niñas las que, bajo la

---

1. Citado por Zygmunt Bauman, *Vida líquida,* Paidós, Barcelona, 2006, trad. de Albino Santos, pág. 149.

influencia de los padres obsesionados por el ideal de seducción, se encuentran compitiendo para ser elegidas reinas de belleza. Seducir a cualquier edad ya no es un eslogan publicitario: empieza ya en los primeros años de la vida. El culto a la seducción ha ganado la esfera de la infancia. Con la hipermodernidad hemos entrado en la era de la seducción infinita.

Es cierto, sin embargo, que llegados a este punto, vuelven a aparecer las denuncias a la cultura seductiva. Son numerosas las voces que expresan su indignación ante el espectáculo de la hipersexualización de las niñas arregladas, peinadas, maquilladas como barbies en miniatura; en varios países, los concursos de *mini-miss* provocan el escándalo. Y, desde 2013, la justicia francesa prohíbe los concursos de belleza para niños de menos de dieciséis años. Entonces, ¿hay que hablar de un renacimiento de principios y valores antinómicos con el orden de la seducción soberana? Ni mucho menos, pues esta descansa sobre el derecho de cada uno a embellecerse y ponerse en valor como le parezca. Pero aquí, precisamente, no es este derecho el que actúa, sino la «locura» de los padres que imponen al niño que se adecue a su propia obsesión de notoriedad. No se vilipendia ni se cuestiona el derecho a seducir lo que sí se vilipendia y se cuestiona es una deriva parental que, al obligar a los niños a desempeñar un papel erótico-estético propio de los adultos, puede amenazar su equilibrio, su identidad y su salud mental.

EL TRIUNFO DEMOCRÁTICO DEL MAQUILLAJE

Entre los artificios que permiten perfeccionar la belleza femenina, el maquillaje ocupa un lugar privilegiado. El uso de cosméticos está documentado desde la prehistoria y hay prueba de ello en las civilizaciones mesopotámicas y egipcias. En el Egipto de los faraones, el maquillaje es inseparable de una

186

teogonía: mujeres y hombres utilizan polvos, aceites perfumados, ungüentos por motivos medicinales, religiosos y mágicos, pero también estéticos. Esta práctica no es objeto de ninguna condena moral, de ningún juicio despectivo, ni en las sociedades tribales durante milenios ni en las zonas culturales más diversas en las que los rituales de seducción nunca han estado asociados a comportamientos reprensibles e inmorales.

Las condenas del maquillaje

Esta relación consensual con los artificios de la seducción cambia con la Antigüedad grecorromana. Este momento histórico marca una ruptura importante en relación con épocas en las que embellecerse no se separa de los ritos religiosos, mágicos y cosmológicos.

En Grecia, únicamente se maquillan las mujeres y, sobre todo, las cortesanas, pues pintarse la cara no es digno de un hombre. En Roma, el hombre que se maquilla es considerado un ser afeminado: ridiculizado, es objeto de reprobaciones y burlas. El único fin del arte de maquillarse es poner remedio a los defectos físicos, gustar y embellecerse. Aunque el valor mágico atribuido a los colores y a su aplicación en la cara sí se mantiene, el uso de cosméticos se convierte, por ver primera, en una práctica ilegítima, fuera del orden de la ciudad y del cosmos. El maquillaje es vituperado por letrados, médicos y filósofos: la legitimidad de los productos de belleza deja de ser algo obvio, se convierte en objeto de mofa, reprobación y críticas filosóficas. Con el mundo grecorromano, la seducción entra por ver primera en un ciclo de reflexión racional.

Los médicos griegos hacen una distinción estricta entre el arte del cuidado corporal y el arte del maquillaje. El cuidado corporal, cuyo objetivo es la higiene, se considera parte de la medicina. En esta categoría se incluyen no solo los baños, sino

187

también las cremas, las pomadas, las aguas de colonia y los ungüentos que se utilizan para proteger la piel, conservar su brillo natural el mayor tiempo posible. Si bien no hay nada condenable en el uso de dichos productos, no ocurre lo mismo con el arte de maquillarse, cuya finalidad es el placer de gustar. Los cuidados y productos de belleza se consideran nocivos, porque, lejos de mantener la calidad de la piel, la ponen en riesgo, la estropean a causa de los productos tóxicos que entran en su composición. Los cuidados cosméticos se han convertido en prácticas nocivas que deben ser prohibidas.

Considerados técnicas asociadas a la coquetería femenina, los productos cosméticos son vituperados por ser instrumentos que engañan la mirada de los hombres, esconden defectos físicos, disimulan el verdadero rostro. Platón relaciona dichos medios con la técnica de la «adulación» que incluye la retórica, el maquillaje, la sofística y la cocina.[1] Adulación porque «por medio de lo más agradable en cada ocasión produce engaño, hasta el punto de parecer digna de gran valor.»[2] El maquillaje es «perjudicial, falso, innoble, servil, engaña con apariencias, colores, pulimentos...».[3] Movida únicamente por la atracción del placer, la seducción que lleva a cabo la mujer maquillada le da la espalda a la exigencia de verdad: es estratagema, falsificación, disimulo, es decir, una técnica de engaño e ilusión que nos hace tomar por verdadero lo falso.

El maquillaje es un simulacro que subvierte el orden de la ciudad y es nefasto para la armonía del hogar: Juvenal escribe que una «mujer compra perfumes y lociones con el adulterio en mente». Son nocivos y culpables porque su único objetivo es el placer en sí mismo. Arte de la ilusión asociado a las cor-

1. Platón, *Gorgias,* en *Diálogos,* vol. II: *Gorgias. Menéxeno. Eutidemo. Menón, Crátilo,* Gredos, Barcelona, 1992, trad. de J. Calonge Ruiz.
2. *Ibid.,* 464 d.
3. *Ibid.,* 465 b.

tesanas y mujeres «poco virtuosas», el maquillaje se basa en placeres insensatos, hunde sus raíces en la pasión excesiva de la apariencia y en el deseo insaciable de gustar.[1] El maquillaje se juzga negativamente porque va acompañado de excesos. Excesos estéticos de tonos llamativos y contrastes violentos de colores contrarios a la naturaleza; exceso o desmesura del gusto de gustar: ser la más guapa, parecer más joven, más hermosa de lo que se es de forma natural. Los productos de belleza (maquillajes y perfumes) son del ámbito del *pharmakon,* que no significa solo «remedio», sino también un color, un tinte artificial, un veneno, una droga, en pocas palabras, cualquier cosa que, procedente del exterior, engaña, altera la naturaleza de un cuerpo, induce a error. Al designar el color y el perfume, el *pharmakon* hechiza y transforma «el orden en atavío, el cosmos en cosmética».[2]

La era cristiana intensificó aún más la denigración de los cuidados de belleza. Las gentes de Iglesia rechazan perfumes, cremas, máscaras, maquillajes porque constituyen una ofensa al orden divino: al falsificar la obra de Dios, lanzan un desafío a la perfección de la creación. Manifestación de la vanidad femenina, el uso de maquillaje se vuelve pecado, tentación diabólica que incita a la lujuria, medio utilizado por Satán para pervertir a las mujeres honestas. Moralistas y predicadores se desatan y atacan el gusto sin moderación por el atavío y el maquillaje, presentado como algo inherente a la condición

1. En el concierto de reprobaciones de los cosméticos, la voz de Ovidio es una excepción. A pesar de ser el maquillaje un artificio engañoso, para el poeta romano es también una práctica positiva ya que permite a las mujeres que no son hermosas embellecerse y a aquellas cuyos rasgos son bellos conservarlos. El maquillaje no tiene nada despreciable: es el signo de una sociedad refinada, rica y bella.

2. Jacques Derrida, *La dissémination,* Le Seuil, París, 1972, pág. 163. (Versión española: *La diseminación,* Ed. Fundamentos, Barcelona, 1975, trad. de José Martín.)

femenina. Para Tertuliano, los atavíos, ornamentos y cosméticos son solo «falsa seducción», crímenes contra la ley divina: «Lo artificial es obra del diablo. Añadir a la obra divina las invenciones de Satán, ¡qué crimen!».[1] Los Padres de la Iglesia reconocen la necesidad que tienen las mujeres de cuidados particulares para el cuerpo y la cara, pero el maquillaje es una coquetería superflua, un lujo condenable y ridículo: «La mujer que es hermosa de forma natural no necesita métodos artificiales, y para la fea el uso del maquillaje es nefasto, ya que, aunque recurra a mil artificios para darse belleza, no lo conseguirá».[2]

Es cierto que las condenas religiosas y morales de los productos cosméticos no impidieron, a partir de finales de la Edad Media, su desarrollo en las capas ricas de la sociedad. En el ámbito de la apariencia, la cultura aristocrática venció manifiestamente a los valores religiosos. Los moralistas nunca consiguieron limitar el maquillaje al mundo de la prostitución. A partir del siglo XVII, más tarde en el París de las Luces, el consumo de productos de maquillaje invade las esferas burguesas que compran perfumes, maquillaje, polvos para el pelo, en las numerosas tiendas de guanteros perfumistas. La vida de la corte y las lógicas de competición de clase conllevaron un principio de democratización de los productos cosméticos que tendieron a ser considerados tanto productos de necesidad como artículos de lujo.

1. Tertuliano, *De cultu feminarum: El adorno de las mujeres,* Universidad de Málaga, 2001, trad. de Virginia Alfaro y Victoria E. Rodríguez, aquí citado por la versión francesa: *La toilette des femmes,* introd. texto crítico, trad. y comentario de Marie Turcan, Le Cerf, París, 1971, pág. 113.

2. Juan Crisóstomo (siglo IV) citado por Bernard Grillet, *Les femmes et les fards dans l'Antiquité grecque,* CNRS, París, 1975, pág. 148.

Siendo así, no cesaron las condenas higiénicas y morales del maquillaje. En concreto, a partir de la segunda mitad del siglo XVIII, se multiplican las críticas que denuncian el carácter nocivo del maquillaje, así como su dimensión de falsedad. «Las mujeres que se sienten acabadas antes de tiempo debido a la pérdida de sus encantos, quisieran retroceder hacia la juventud, y, claro está, ¡cómo no van a intentar engañar a los demás! [...] me atrevo a asegurar, por el contrario, que [los productos de maquillaje] estropean la piel, la arrugan, alteran y arruinan el color natural del rostro: añado que existen pocos polvos del tipo del blanco, que no sean peligrosos.»[1] La crítica burguesa estigmatiza el uso reiterado del maquillaje, equiparado a un engaño elegante, hecho de fingimientos y artificios falsos.

Una nueva estética, que rechaza los excesos cromáticos, los rostros pintarrajeados, el uso de pintalabios, se consolida; los ojos y los labios solo pueden pintarse muy ligeramente. Los libros de belleza condenan el uso exagerado de los productos de maquillaje tanto por motivos higiénicos —estropean la piel— como morales. Mientras se alaban «las preparaciones blancas, neutras, transparentes», el maquillaje pronunciado se asocia con las mujeres de «mala vida». La cosmética burguesa valora la discreción, tiene que ser casi imperceptible. Cuando las burguesas se aplican polvos de arroz es para obtener una tez que parezca pura y casta. Para conservar una piel bonita, se recomiendan moderación, ejercicio y limpieza. Para ser «como es debido», es recomendable rechazar la desmesura, la exageración, la violencia de los contrastes de color: la moda está en la simulación de lo natural. La moda de lo «natural», de lo ligero, de la simplicidad, su-

1. Denis Diderot y Jean Le Rond d'Alembert, *Encyclopédie (1750-1765)*, artículo «Fard».

191

cede al maquillaje exagerado o pesado. La ostentación cosmética se ha convertido en signo de vulgaridad.

El maquillaje como arte

La cultura burguesa de la discreción cosmética resalta, en cambio, la originalidad del elogio del maquillaje que hace Baudelaire por aquel entonces. Aunque literaria, la interpretación baudelairiana constituye un giro en la historia de la seducción, al ser el primer gesto simbólico del proceso moderno de legitimación de las cosméticas. Tras siglos de devaluación, el maquillaje se dignifica como arte, del cual es uno de los componentes: «¿quién no ve que el uso de polvo de arroz, que los cándidos filósofos anatematizan tan neciamente, [...] acerca al ser humano a la estatua, es decir, a un ser divino y superior?».[1] Lejos de ser algo vano y superfluo, el maquillaje es «síntoma de gusto por lo ideal», «esfuerzo hacia lo bello»: de esencia artística, es «uno de los signos de la nobleza primitiva del alma humana». Hay que ver en el maquillaje una práctica cuyo objetivo es transformar a la mujer en obra de arte viva.

Según Baudelaire, se trata de resarcir el arte del cuidado corporal de «las calumnias ineptas que le lanzan algunos dudosísimos amantes de la naturaleza». En esta, todo es horroroso: «todo lo bello y noble proviene de la razón y del cálculo», del artificio y del arte. De ahí el rechazo del culto moderno a la simplicidad y a lo natural. Si el maquillaje «no debe emplearse con la intención vulgar, inconfesable, de imitar a la bella naturaleza», es porque por esencia el mismo es lo que permite a la mujer ir más allá de la naturaleza, al aña-

1. Charles Baudelaire, *Elogio del maquillaje,* en *El pintor de la vida moderna,* Taurus, Madrid, 2019, trad. de Martín Schifino.

192

dir «a un bello rostro femenino, la pasión misteriosa de la sacerdotisa». Qué importan la astucia y la mentira si están al servicio de la belleza, si permiten a la mujer hechizar, «subyugar aún más los corazones», «parecer mágica y sobrenatural». Debido a este antinaturalismo y esta artificiosidad estética, «el maquillaje no tiene que ocultarse, que disimularse; al contrario, se puede aplicar, si no con afectación, al menos con una especie de candor».

Al ser ídolo, «la mujer debe cubrirse de oro para ser adorada». Así, tiene todo «el derecho, e incluso cumple una especie de deber, al esforzarse por parecer mágica y sobrenatural», al tomar prestados «de todas las artes los medios para elevarse por encima de la naturaleza» para gustar e impresionar a los espíritus. Lo que hace la seducción no reside en el cuerpo natural o en los rasgos del rostro, sino en los artificios que los corrigen, los transfiguran, los vuelven «mágicos». No hay seducción sin «deformación sublime de la naturaleza», sin «intento permanente y sucesivo de reformar la naturaleza», sin «la majestuosidad superlativa de las formas artificiales». Hablando como Bataille, lo que niega la animalidad es lo que aumenta los atractivos, seduce y despierta el deseo: «cuanto más irreales son la formas, menos claramente se encuentran sometidas a la verdad animal [...] y responden mejor a la imagen bastante extendida de la mujer deseable».[1] Únicamente el artificio antinaturalista o «supranaturalista» es sensual, bello y erótico: la seducción actúa a través de la artealización del cuerpo y del rostro, mediante la desnaturalización y el exceso, la intensificación y la exageración.

---

1. Georges Bataille, *L'Érotisme*, (1957), col. Le Monde en 10 /18, Union Générale d'Éditions, París, 1964, pág. 158. (Trducción española: *El erotismo*, Tusquets, Barcelona, 2007, trad. de Antoni Vicens y Marie-Paule Sarazin.)

El maquillaje desculpabilizado

La consagración moderna del maquillaje no permaneció circunscrita al círculo de textos estéticos y filosóficos. Durante los años veinte, mientras se consolida la moda de la *garçonne*, el maquillaje se vuelve vistoso y cargado. Las cejas se depilan y se redibujan con lápiz negro finas y altas; las pestañas se espesan aplicando rímel; los ojos se adornan con khol; se perfila el contorno de los labios y estos se colorean de rojo oscuro. El maquillaje intenso llegó para equilibrar la falta de sofisticación de la ropa y de la nueva silueta femenina «andrógina»: su función fue la de recomponer una imagen de feminidad ostentosa que tendía a esconderse en el atuendo y el corte de pelo moderno.

El maquillaje intenso alcanzó los años cincuenta, con pintalabios de colores brillantes, miradas oscurecidas, «ojos de gacela» dibujados con *eye-liner* negro, pestañas postizas, boquitas de color coral. La feminidad ya no está obligada a seguir los caminos de la apariencia virginal: puede mostrarse seductora y provocadora. La era moderna ha satisfecho los deseos de Baudelaire: el maquillaje puede exhibirse sin vergüenza como artificio puro, adorno glamouroso, espectáculo estético antinaturalista.

¿Y en la actualidad? Por un lado, abundan los artículos en las revistas femeninas que aconsejan evitar la multiplicación de colores, el abuso de fondos de maquillaje y de colorete, el maquillaje demasiado «pesado», signo de «falta de gusto»: el *make-up* «exitoso» rima con discreción, sutileza y delicadeza. Por el otro, sin embargo, el maquillaje que atrae la mirada y resplandece durante las fiestas o las veladas no es en absoluto indigno. Tanto es así que todos los estilos de maquillaje, aunque opuestos entre sí, están autorizados: el maquillaje sobrio, natural, *nude* para el día; un maquillaje más intenso para la noche, las fiestas o las «grandes» ocasiones. Los *beauty looks* más diversos

194

son legítimos: el *nude* y el radiante, el sencillo y el sofisticado, el discreto y el resplandeciente, el sobrio y el *flashy*. Es posible acentuar una zona del rostro y otra no: para algunas mujeres, los ojos, para otras los labios o la tez. Cada mujer puede elegir los colores que la embellecen mejor y la ponen en valor. En la época de la seducción soberana, el maquillaje se ha convertido en un asunto de *look* personalizado, una elección individual relacionada con la personalidad, el momento, las ganas, la ropa que se lleva.

A pesar de ello, el maquillaje exagerado sigue siendo objeto de críticas. El maquillaje vistoso ya no es objeto de anatema, pero la idea de un «mal» maquillaje asociado al exceso y a la desmesura sigue vigente. ¿Es la señal de la persistencia de una cultura moralizadora de lo femenino y de la inmutabilidad artística de la valoración de la noción de naturaleza? Según Bruno Remaury, el maquillaje siempre está al final del lado de lo natural: «sean cuales sean los medios de los que se dote, la vocación esencial del maquillaje es expresar lo natural... sea cual sea, por otra parte, la definición que la época dé de natural».[1] De ahí, el rechazo universal del maquillaje excesivo.

Este enfoque resulta poco convincente. En primer lugar, son varias las épocas y las civilizaciones en las que la pintura del rostro se realiza, al contrario, para negar el aspecto natural de la mujer, para intentar alcanzar una belleza artificial radical. El rostro de la *geisha* recubierto con un fondo blanco que elimina las imperfecciones naturales de la piel, quiere parecerse al de una muñeca de porcelana. Tez de alabastro, cejas afeitadas y redibujadas en la parte superior de la frente, este tipo de maquillaje no se realiza para «la expresión del sentimiento» y de lo natural, sino por el contrario para ocultar los sentimien-

---

1. Bruno Remaury, *Le beau sexe faible. Les images du corps féminin entre cosmétique et santé,* Grasset, París, 2000, pág. 102.

tos personales y representar a «la mujer perfecta» según los ideales de la cultura japonesa.

Por otra parte, actualmente, el maquillaje pronunciado no se critica por su artificialidad o su distanciamiento de lo natural: la purpurina, el dorado, los colores llamativos, el *fun* no tienen nada de ilegítimo. Si se rechaza el exceso, no es porque «la belleza, siempre, es natural»,[1] sino porque a partir de un determinado momento, el «exceso» de colores transforma a la mujer en una caricatura de sí misma: con el maquillaje excesivo, la mujer parece llevar una máscara en la cara que la hace parecer grotesca y ridícula. Apreciamos todas las formas de maquillaje siempre y cuando permitan a la mujer «ser ella misma», poner en valor los rasgos de la personales de cada mujer. El buen uso del *make-up* personaliza a la mujer, el mal uso la despersonaliza. La crítica de los excesos de maquillaje no depende de un principio moralista, ni del culto a lo natural, sino de una lógica individualista-estética que, sin ser la *sprezzatura,* sigue valorando la elegancia, el control de las apariencias, para ser «más» ella misma. No se trata ya de una falta cargada de sentido moral, sino pura y simplemente una «falta de gusto» que crea una apariencia patética de lo femenino privado de personalidad y gracia estética.

Rostro, publicidad y cine

El proceso moderno de legitimación del maquillaje se generalizó a lo largo del siglo XX, sustentado por la industrialización de los productos cosméticos, la publicidad, las revistas de moda, el cine, el auge de los valores individualistas: todos ellos factores que permitieron construir una nueva relación con

1. *Ibid.,* pág. 103.

los productos de belleza y la seducción, moldear una cultura cosmética liberada de sus antiguos valores negativos.

A partir de los años veinte, en Estados Unidos, surgen nuevas formas de anuncios que, con el objetivo de desculpabilizar el uso de los cosméticos, animan a las mujeres a embellecerse, maquillarse, parecer jóvenes. Más que un derecho, la acción cosmética se presenta como una obligación para las mujeres que desean mantener la unión de la pareja: para gustar a su marido, las mujeres tienen que cuidar su apariencia; la solidez del matrimonio se presenta como «la recompensa de la belleza» asegurada, por ejemplo, por el uso de la crema de noche Pompeya. «La primera obligación de una mujer es ser atractiva»: las descalificaciones al maquillaje han dejado paso a las órdenes publicitarias para ataviarse, realzar la belleza del rostro y del cuerpo: «Como 999 mujeres entre mil, tiene usted que empolvarse y pintarse los labios».[1] Porque en la corrección de una larga tradición cultural, la mujer se entiende como el ser cuya naturaleza es gustar y seducir, tiene la obligación de perfeccionar su belleza mediante el uso de cosméticos. En el siglo XX, el orden mercantil apoyado por la publicidad y las revistas femeninas fue el gran procurador de la dignificación social del uso de los cosméticos.

La nueva consideración social del maquillaje debe mucho también al cine. A partir de las décadas de 1910 y 1920, la deslumbrante belleza de las estrellas hace soñar al público de las salas oscuras. Esta epifanía cinematográfica de la belleza deslumbrante no puede desligarse de los artificios del maquillaje. En la pantalla, los rostros inmensamente ampliados presentan ojos y labios pintados. En Estados Unidos, Max Factor se impone como el «mago de Hollywood», el artista maquilla-

---

1. Sobre estos aspectos, Stuart Ewen, *Captains of Consciousness,* aquí citado por la versión francesa: *Consciences sous influence. Publicité et genèse de la société de consommation,* Aubier-Montaigne, París, 1983, pág. 56.

dor de las estrellas de rostros transformados por las pestañas postizas, el brillo de labios, el corrector de ojeras, la sombra de ojos, las bases de maquillaje. El séptimo arte fabrica una belleza artificiosa, «maxfactorizada»: la eleva «al rango de una belleza superior, radiante, inalterable».[1] Al contribuir a crear diosas laicas, criaturas de ensueño, el maquillaje ha cambiado de sentido y, ahora, aparece no como una práctica vulgar y venenosa, propia de las mujeres poco virtuosas, sino como un instrumento de sublimación de la piel, el rostro, la belleza.

En la pantalla, el maquillaje «vistoso» ya no tiene que ver con el exceso, sino con la perfección sublime. Tanto si pone en valor una belleza angélica (Mary Pickford), «fatal» (Marlene Dietrich) o una *pin-up* (Marilyn Monroe), el maquillaje pierde toda connotación vulgar: hace del rostro una obra de arte, una iluminación, una arquitectura surrealista, creadora de sueños, de admiración y afectos. Artealiza el rostro.

Al hablar del rostro en el cine, de una «imagen-afecto» que relaciona con el primer plano, Deleuze dice lo siguiente: «La imagen-afecto es el primer plano, y el primer plano es el rostro».[2] Existen una gran variedad de primeros planos, pero siempre «el primer plano conserva el mismo poder de arrancar la imagen de las coordenadas espacio-temporales para hacer surgir el afecto puro como expresión».[3] Pero en el cine, el clima emocional no es solo el resultado de los rasgos expresivos de las actrices, depende también de la belleza del rostro, vector de hechizo. La belleza de la estrella de cine contribuye a crear un

1. Edgar Morin, *Les stars,* col. Points Civilisation, Le Seuil, París, 1972, pág. 43. (Versión española: *Las stars,* Dopesa, Barcelona, 1972, trad. de Ricardo Mazo.)
2. Gilles Deleuze, *L'image-mouvement* en *Cinéma I,* Éditions de Minuit, París, 1983, pág. 125. (Versión española: *La imagen-movimiento,* Paidós, Barcelona, 2003, trad. de Irene Agoff.)
3. *Ibid.,* pág. 137.

198

vínculo afectivo con la película. No solo es el primer plano el que permite una lectura afectiva de las películas, sino también el encanto hechicero de las estrellas, fruto en parte de la magia del maquillaje.

Más allá de lo verdadero y lo falso, el maquillaje en el cine es lo que idealiza y transfigura el rostro, lo que constituye el aura estético y magnético de la estrella. Al hacer pasar la belleza a «la belleza extrema»,[1] el maquillaje es uno de los elementos visuales que ha permitido elevar a la estrella de cine al rango de imagen ideal, ídolo mediático, mito moderno «detonante de emociones», fervor y adoración. Si el cine ha contribuido a cambiar la percepción social del maquillaje es porque este ha sido una de las piezas que ha conseguido moldear una imagen afectiva de las estrellas de cine, una belleza que conlleva «un universo de sentimientos tan fuertes que a veces resultan insoportables».[2] Así es como el irresistible glamour de las estrellas de cine y el amor del que son objeto han desempeñado un papel que no debemos subestimar en el proceso moderno de valoración del maquillaje.

Sentirse más uno mismo

Desde hace milenios, la utilización de productos cosméticos se basa en el deseo de gustar y en la creencia según la cual el maquillaje aumenta el atractivo físico de la mujer. Esta intuición femenina está confirmada por varios estudios de

1. Roland Barthes, «Le visage de Garbo», en *Mythologies*, Le Seuil, París, 1957, pág. 77. (Versión española: *Mitologías*, Biblioteca Nueva, Madrid, 2012, trad. de Héctor Schmucler.)
2. Dominique Pasquier, *La Culture des sentiments. L'expérience télévisuelle des adolescents*, Édition de la Maison des Sciences de l'Homme, París, 1999, pág. 143.

psicosociología. En efecto, los hombres encuentran a las mujeres más atractivas cuando van maquilladas. Y así como las mujeres piensan que resultan más atractivas si van maquilladas, subestiman su poder de seducción cuando no van maquilladas.[1]

Aunque estas creencias se perpetúan, la relación con los productos de belleza se nutre, desde el tercer tercio el siglo XX, con nuevas motivaciones más autocentradas, hedonistas y sensualistas. Un número creciente de mujeres declaran que les gusta más maquillarse para sí mismas que para seducir. En un sondeo realizado en 2014 el 50 % de las mujeres afirman que se maquillan para darse confianza en sí mismas y solo el 16 % para gustar y seducir. El deseo de seducción está en competencia con la preocupación por uno mismo, la búsqueda de confianza en sí mismo, el placer de cuidar la propia apariencia. Muchas mujeres dicen que «se ponen guapas» menos por obligación social que por placer y voluntad de restablecer una armonía. No «hay que sufrir para estar guapa», sino sentirse mejor, quererse a una misma, complacerse eligiendo la apariencia que mejor corresponde a la personalidad de cada una, cambiando de *look* según el estado de ánimo y el momento. Las prácticas de la apariencia ya no tienen como objetivo únicamente mejorar la imagen que intentamos dar de nosotros mismos a los demás, sino también sentirnos en armonía con uno mismo. La industria moderna de los productos de belleza y la ola de individualización de nuestras sociedades han conducido una cultura subjetivizada de las prácticas cosméticas.

1. Thomas F. Cash, Kathryn Dawson, Pamela Davis, Maria Bowen y Chris Galumbeck, «Effects of cosmetics use on the physical attractiveness and boy image of American college women», *The Journal of Social Psychology*, vol. 129, n.º 3, 1989. También, Jean Ann Graham y A. J. Jouhar, «The Effects of cosmetics on person perception», *International Journal of Cosmetic Science*, 3, 1981, págs. 199-210.

En el momento de la seducción soberana, las mujeres intentan embellecerse no solo para gustar al otro, sino también a sí mismas: la seducción de la relación con una misma ha hecho retroceder la supremacía anterior de la relación con el otro. El hecho de maquillarse da a las mujeres la satisfacción de ocuparse de sí mismas, ser activas, tener cierto poder sobre su apariencia, corregir sus «insuficiencias». A partir de ahora, el principio de seducción se mezcla con el principio de autoseducción y expresa el empuje hipermoderno de la individualización de los seres y de la relación con el cuerpo.

Por lo demás, la evolución de la relación con el perfume obedece a la misma tendencia de fondo. El perfume-seducción dirigido al otro se ha visto destronado por el perfume-placer centrado en la relación con una misma. El uso de perfume ya no tiene que ver con una lógica distintiva de clase —estar de acuerdo con las normas del buen gusto, de la elegancia y de las convenciones—, sino con una búsqueda por sentirse mejor, una búsqueda de sensaciones íntimas, de voluptuosidad para una misma. Este cambio es una de las manifestaciones de una nueva cultura de tipo sensitivo y estético. Después del perfume entendido como instrumento de purificación, protección, urbanidad, ha llegado el momento del perfume como hecho íntimo, dirigido hacia el bienestar subjetivo. A través del perfume, se expresa la aspiración de un estilo de vida más sensible y estético. Cuanto más inmaterial se hace nuestro mundo, más se vive el auge de una cultura hiperindividualista que valora el sentirse mejor subjetivo y la calidad de las sensaciones estéticas. Los nuevos usos del perfume son una de las señales de la estetización contemporánea de la existencia. Hasta hace poco, el perfume se percibía como un instrumento que permitía conservar la pasión del amado, fascinar o cautivar al otro; ahora, el perfume es el que debe gustar a las mujeres.

201

Desde hace muchos siglos, la atracción erótica está unida a la belleza física definida por normas colectivas reconocidas. Este enfoque está todavía presente en el Renacimiento, donde las listas de cánones estéticos definen con detalle qué es la «mujer hermosa». Para gustar es necesario poseer dichas cualidades «externas». Se dice de una persona que es seductora cuando goza de un físico que responde a los cánones «oficiales» de la belleza corporal.

Esta cultura «objetivista» de la seducción se impuso durante milenios en las culturas más diversas. Hay que esperar al Renacimiento y, sobre todo, al siglo XVII para que surjan un enfoque y una sensibilidad nuevos. Con la época clásica, los criterios de la belleza física se mantienen, pero al mismo tiempo se consolida un nuevo imaginario de seducción en el cual esta deja de referirse a rasgos claros y perceptibles de la apariencia externa. Para el padre jesuita Bouhours, teórico del «no sé qué», el encanto es algo más que la belleza, ya que «por bien que estemos hechos y seamos ingeniosos, alegres y todo lo que os parezca, si falta ese no sé qué, todas estas cualidades están como muertas». Lo que seduce es un brillo misterioso, indefinible, inexplicable. Así es ese famoso «no sé qué», inefable e inasible, que define el encanto, esa gracia «más hermosa aún que la belleza» (La Fontaine) reacia a cualquier definición.[1]

El «no sé qué» es lo que distingue un cuerpo perfectamente hermoso, pero muerto, de la belleza hechicera, magnética,

1. Un siglo después, en su *Essai sur le goût,* Montesquieu hace el elogio del «no sé qué», asimilado al encanto de la gracia: «En las personas y en las cosas hay a veces un encanto invisible, una gracia natural que no se puede definir, y que uno se ve obligado a llamar el "no sé qué".» (*Ensayo sobre el gusto,* Casimiro, Madrid, 2014, trad. de Manuel Granell.)

animada por la gracia de la vida y del espíritu. En sus *Entretiens d'Ariste et Eugène* (1671), el padre Bouhours ve en el encanto una «luz» que embellece y transforma a los seres, «algo tan delicado e imperceptible que escapa a la inteligencia más penetrante y sutil».[1]

Lo que, por supuesto, no impide en absoluto que todo un conjunto de condiciones estéticas normativas se planteen para que actúe el encanto. Sin embargo, la belleza «objetiva» basada únicamente en los atributos externos es también un modelo de belleza perturbadora o emocional que seduce porque en ella se expresa la interioridad del alma. Lo que seduce es el acuerdo entre el interior y el exterior, la «belleza expresiva», aquella que, animada por el espíritu, evoca sentimientos, emociones, vida interior. Se consolida la idea de que es posible seducir incluso sin poseer una gran belleza física. Las personas seducen gracias al atractivo de su espíritu: «estoy convencido de que no es imposible sentirse muy enamorado de una mujer que no lo es [hermosa], siempre y cuando no sea horrible».[2] En el *Essai sur le goût*, Montesquieu expresa la misma idea, sosteniendo que una mujer sin atractivo físico puede gustar más que una belleza que no sorprende. Es posible borrar la fealdad física mediante el brillo de una mirada llena de ingenio, mediante la singularidad, el encanto y la delicadeza de la expresión personal.[3]

Con los modernos, la relación con la seducción se hace más compleja, entra en juego el afecto y se personaliza al poner

1. Citado por Pierre-Henri Simon, «La raison classique devant le "je ne sais quoi"», *Cahiers de l'Association internationale des études françaises*, vol. 11, n.º 1, 1959, pág. 112.
2. Citado por Danielle Haase-Dubosc, «Des usages de la séduction selon Madeleine de Scudéry» en *Séduction et société, op. cit.*, pág. 57.
3. Georges Vigarello, *Histoire de la beauté. Le corps et l'art d'embellir de la Renaissance à nos jours*, Le Seuil, París, 2004, págs. 67-73.

el acento en la interioridad de los sujetos, la delicadeza, lo inesperado, el «pequeño misterio» (Bouhours). Una estética de la gracia irregular, del «encanto secreto» e invisible sustituye el elogio de la regularidad, la codificación, el enfoque objetivista de la belleza. Lo que atrae y da placer es aquello que sorprende, la gracia irregular, las bellezas «picantes», «interesantes», «singulares», «conmovedoras», «atractivas». El reinado moderno de la seducción personalizada empezó su aventura y constituye una de las piezas de la revolución del individuo. El pensamiento de la seducción entró en la cultura moderna y plural celebrando la singularidad personal, los encantos de la gracia irregular, los placeres de la variedad y lo inesperado.

Somos herederos de la estética del «no sé qué». Mientras que cada vez más a menudo se denuncian los estándares de belleza artificiales impuestos por los medios y la publicidad, la mayoría considera que la belleza femenina no se reduce únicamente a los criterios de la seducción física. El verdadero encanto de una persona se desarrolla más allá de los dictados de los modelos dominantes. Gustamos por lo que somos, por nuestra «densidad de ser», no por lo que parecemos. El encanto de lo atípico y de la personalidad es la causa de la seducción, no la imagen de un cuerpo y un rostro perfectos.[1] Seducir no es tanto adecuarse a los cánones de la apariencia externa como ser singular, ser uno mismo. Ahora, se elige la idea de la diversidad de la belleza femenina, en un momento en el que las antiguas «imperfecciones» del rostro ya no se esconden sino que se presentan como bazas de seducción. Seducción que se muestra en plural: no se concibe como de conformidad con un ideal estético, sino como el efecto de la personalidad singular. La cultura de la seducción registra frontalmente el empuje de nuestra relación subjetiva con el mundo, de la era del yo, del individualismo personalizado hipermoderno.

1. Pierre Sansot, *La beauté m'insupporte*, Payot & Rivages, París, 2006.

Resulta paradójico que, a la vez, se difunda por todo el planeta una norma única de belleza física que aplaude el cuerpo delgado, firme y esbelto. A la pluralidad de los ideales estéticos del rostro se contrapone un modelo hegemónico de belleza corporal. Nuestra época asiste al triunfo del cuerpo sexy y delgado que exige un régimen dietético y ejercicio físico. Pese a los himnos a la diferencia subjetiva y cultural, se extiende por todo el planeta un modelo de seducción cosmopolita, estandarizada, a base de esbeltez, juventud y *sex appeal*. Cuanto más aplaudimos el atractivo de las bellezas singulares, más se consolida un modelo estereotipado de belleza corporal.

Es cierto que ahora vemos anuncios que presentan mujeres más maduras. Y algunas revistas han decidido renunciar a las modelos profesionales filiformes para frenar la dictadura de la delgadez. Sin embargo, hay que reconocer que estas experiencias son limitadas y duran poco. De manera irresistible, se refuerza el modelo de la delgadez y así lo testifican el aumento de los regímenes, el éxito de los gimnasios, el auge de la liposucción, las nuevas «mamirexias». Aunque se afirme que la belleza es algo singular, dominan los esfuerzos acometidos para adecuarse al modelo único de la «línea». Cabe dudar de que las luchas actuales en nombre del reconocimiento de la diversidad y la singularidad puedan conseguir que desaparezca la estética de la delgadez, que traduce, en la relación con el cuerpo, el empuje de la cultura moderna del individuo, la eficacia, el rechazo de la fatalidad natural, la plena posesión de uno mismo.[1] En estas circunstancias, aunque afirmemos que no influye en el atractivo de la belleza viva, todo nos hace pensar que la seducción seguirá basándose durante mucho tiempo en un modelo físico uniforme.

1. Gilles Lipovetsky, *La Troisième Femme, op. cit.*, págs. 136-144.

LA SEDUCCIÓN PROHIBIDA — *sociedades islámicas*

Si bien el espíritu liberal con respecto a la seducción femenina se ha vuelto dominante, al menos en nuestra sociedad, está lejos de ser compartido unánimemente por el conjunto de los países del globo. En las sociedades islámicas basadas en una interpretación ultrarrigorista y moralista del Corán, las corrientes fundamentalistas afirman que cualquier manifestación de seducción, de coquetería, debe ser estrictamente prohibida a las mujeres. Para ser «digna y modesta», la mujer tiene que esconder su cuerpo, taparse el pelo, llevar el hiyab (velo islámico) y, para las corrientes más radicales, cubrirse íntegramente el rostro y el cuerpo (el nicab), borrar cualquier expresión de feminidad, permanecer invisible en el espacio público para no despertar la concupiscencia de los hombres. Como el hombre es débil, incapaz de controlar sus pulsiones, y como la belleza de la mujer es una tentación, es imperativo que ella esconda sus encantos, se abstenga de embellecerse y se preocupe por zafarse de la mirada, ese «correo de la lujuria».

En la interpretación literal del Corán, la atracción femenina es considerada un peligro, una fuente de problemas que genera el desorden de las costumbres. De ahí, el miedo a la *fitna* (la «mujer hermosa»), la prohibición de atuendos «indecentes», la obligación de esconder la belleza devastadora de lo femenino. Fuerza destructora del orden social, la seducción de lo femenino es una fuerza maléfica que se debe atajar. De acuerdo con una tradición milenaria y en contra de la modernidad liberal-democrática, se trata de conjurar el poder de seducción de la belleza femenina mediante la desexualización de la apariencia.

Ahora esta actitud ha conquistado ciertas fracciones de las poblaciones de las naciones occidentales. Un sondeo realizado por el Ifop por encargo del Institut Montaigne revela que en Francia, un 65 % de los musulmanes se declaran a favor del

206

hiyab y un 24 % del nicab, una aprobación que no lleva necesariamente a una práctica conforme con esta posición de principio: dos musulmanas de cada tres, de hecho, no llevan velo. No obstante, el 35 % de las mujeres musulmanas lleva pañuelo siempre (23 %), fuera del trabajo o del lugar de estudio (7 %) o raramente (5 %). Según esta encuesta, únicamente el 6 % de las mujeres que lleva velo declaran hacerlo por obligación o por imitación de las demás, cifra que probablemente es inferior a la realidad si tenemos en cuenta lo que dicen las mujeres musulmanas que no llevan velo: un 27 % considera que llevar velo se hace por mimetismo y un 24 % cree que es por obligación. Sea como sea, contrariamente a la opinión dominante según la cual los hombres imponen su visión conservadora y rigorista a las mujeres, son más los hombres musulmanes que rechazan el velo (26 %) que las mujeres (18 %). También los hombres son más proclives que las mujeres a afirmar que «cada persona hace lo que quiere». Todos estos datos indican que la coacción masculina está lejos de poder explicar por sí sola una práctica que se basa en la adhesión ideológica de una gran parte de la población femenina, que se declara incluso más partidaria del velo integral (28 %) que los hombres (20 %).[1]

Una proporción sin duda importante de mujeres están obligadas a llevar el velo ante las presiones que ejercen la familia, el marido o el ambiente de su comunidad. Pero también existe un hiyab que se lleva no por sumisión o conformismo, sino por convicción, adhesión religiosa o reivindicación identitaria. Vector de pertenencia comunitaria y religiosa, el pañuelo, en este caso, es una autoafirmación de islamismo, una manera de mostrar su identidad y el orgullo de ser musulmana. Por tanto, no expresa tanto una sumisión de tipo arcaico, sino una forma contemporánea de afirmación de sí misma, de im-

---

1. Informe del Institut Montaigne, *Un islam français est possible*, 2016.

plicación subjetiva, que pasa por la reivindicación personal de códigos colectivos heredados del pasado. De modo que bajo los rasgos del orden tradicionalista, en realidad, se consolida una forma de «hipermodernidad musulmana»,[1] pues la apariencia de la mujer no depende de la prórroga pasiva de las formas del pasado, sino de una reapropiación personal, voluntaria, de una herencia milenaria.

Sea por imposición masculina o por voluntad propia, el atuendo islámico prorroga el universo tradicional de la alteridad radical de los géneros, de la diferencia de naturaleza entre el hombre y la mujer que implica derechos y obligaciones diferentes para cada uno. Como lo femenino es una tentación peligrosa para el hombre, hay que impedir la visibilidad de los atractivos de la feminidad, imponer a las mujeres el pudor en el vestir, prohibir todo aquello que pueda provocar el deseo. En el corazón de la hipermodernidad liberal se encuentra reafirmada la lógica desigualitaria, premoderna de la diferencia radical de los sexos que va acompañada de la imagen misógina de la mujer impura y maléfica. Ante la cultura liberal de la seducción soberana, se alzan ahora grupos y mujeres que rechazan la cultura moderna de la igualdad entre el hombre y la mujer o que esgrimen el principio de libertad para reivindicar y reapropiarse de los códigos tradicionales que ordenan el pudor femenino, que neutralizan el cuerpo para no despertar los deseos masculinos.

Sustentado por la visión tradicional de la mujer fatal, el atuendo islámico fundamentalista es también la expresión de una concepción puritana de las relaciones hombres/mujeres. Al obligar a las mujeres a taparse íntegramente el cuerpo y el pelo, el islam rigorista priva a las mujeres del placer de poder

---

1. La expresión es de Raphaël Liogier que la utiliza al hablar del uso del velo integral, *Le mythe de l'islamisation. Essai sur une obsession collective*, col. Points, Le Seuil, París, 2004, págs. 177-184.

individualizar su apariencia y captar la mirada de los hombres. Esconder el cuerpo y el pelo, prohibir las ropas sugerentes, significa impedir a las mujeres lucir sus atractivos, impedirles amplificar la atracción que ejercen sobre los hombres: se trata de reducir todo lo posible el poder de seducción de las mujeres. La seducción prohibida o la manera salafista del conjuro del poder femenino de seducción. Una máquina puritana que también tiene el efecto de privar a las mujeres del placer de «ponerse guapas», de transformarse, de exhibir sus encantos, de intentar gustar. Si el objetivo de la ablación del clítoris es anular el placer sexual femenino, el atuendo islámico estricto bloquea los placeres femeninos de la coquetería y la seducción.

Por más que el objetivo de negar la seducción femenina se representa en vestimentas particularmente severas, se consolidan otras tendencias que intentan conciliar islamismo, coquetería y moda contemporánea. Actualmente se habla de «moda islámica», de hijabistas (combinación de hiyab y «fashionistas»), con mujeres que combinan la práctica religiosa y el interés por la moda, velo y tendencia, atuendo musulmán y maquillaje. En la red, blogueras musulmanas rechazan la idea de que para una mujer llevar el velo significa renunciar a mostrarse hermosa y seductora: se empeñan en reinventar el velo vistiendo también con pantalones vaqueros y tacones, maquillaje y joyas. La islamización de la vestimenta no es necesariamente antinómica con la moda, la seducción, el maquillaje, la individualización de las apariencias.[1] En el momento de la hipermodernidad individualista, el principio liberal de seducción no puede darse por vencido: en Occidente, pero también en varios países musulmanes, consigue inmiscuirse incluso en los

1. Olivier Roy, *L'Islam mondialisé*, Le Seuil, París, 2004, págs. 136-137. (Versión española: *El islam mundializado*, Bellaterra, Barcelona, 2003, trad. de José Ramón Monreal.)

209

signos más tradicionalmente hostiles a la apariencia tentadora de lo femenino.

¿TIRANÍA DE LA SEDUCCIÓN?

Si bien en las naciones occidentales, los recursos que permiten el embellecimiento de las mujeres están aceptados, muchas mujeres los estigmatizan con firmeza, en concreto, las corrientes feministas. Son innumerables las críticas dirigidas a los dictados de la belleza; los libros y los artículos feministas que fustigan la alienación femenina impuesta por la seducción, la persistencia de los estereotipos de género, la asignación del papel estético a las mujeres. Para las feministas, la seducción ya no es una emboscada en la que caen los hombres, sino una trampa tendida para que las mujeres caigan en las tentaciones del mundo mercantil. Bajo el signo de la mujer liberada, en realidad, triunfa la soberanía del mercado, que engendra la dictadura del *look,* la opresión de las mujeres, su reclusión en el papel tradicional de objetos decorativos.

Las críticas políticas de la belleza han destronado las críticas morales tradicionales: se denuncian las presiones que sufren las mujeres por parte del mercado, así como las normas que rompen su equilibrio y la estima de sí mismas. Se critican las injerencias publicitarias, los ideales inalcanzables, los estereotipos de género, la celebración a diestro y siniestro de la belleza-delgadez-juventud que reduce a las mujeres a su apariencia y crea una gran devaluación de sí mismas. Desde esta perspectiva, la era de la seducción soberana se confunde con la tiranía hipermoderna de la belleza.

Es innegable que la crítica feminista tiene razón al denunciar un sistema cuyas infinitas exigencias de belleza alimentan la autodevaluación de las mujeres. Cuantas más imágenes, cuantas más posibilidades de elección, cuantas más promesas estéticas, más aumenta la exigencia de adecuación al modelo del cuerpo joven, esbelto y deportivo. La consecuencia de todo ello es la obsesión por la «línea», la mirada crítica sobre una misma, la práctica de regímenes de adelgazamiento que casi siempre van acompañados de «recaídas» y «depresiones». Supuestamente al servicio de las mujeres, el triunfo de la belleza y de sus artificios se paga con creces.

A pesar de señalar realidades innegables, el análisis de la seducción soberana en términos de despotismo de la belleza es una lectura reductora y unilateral. Existen otros aspectos del fenómeno cuya importancia no deben ser subestimados. En primer lugar, el culto contemporáneo a la belleza no significa el confinamiento de la mujer en la esfera doméstica. Actualmente, la búsqueda de la belleza física se plantea como algo compatible con los estudios superiores y el acceso de las mujeres a los puestos de responsabilidad en la empresa y la esfera política. Las mujeres invierten tiempo y dinero en su apariencia, pero, al mismo tiempo, ya no hay ninguna actividad, antaño destinada a los hombres, que les sea vetada institucionalmente. La seducción soberana ha roto los vínculos con la cultura del «sé guapa y cállate». No es cierto que el control de las normas de la belleza condene a las mujeres a existir solo por y para la seducción. A la división tradicional entre belleza femenina y compromiso profesional o político sucede la convergencia de dichos órdenes. Con respecto a esto, lo que caracteriza la época de la seducción soberana no es el empuje de la tiranía de la belleza, sino su retroceso.

En segundo lugar, las críticas radicales de la seducción soberana ocultan de forma demasiado sistemática la dimensión de placer que acompaña las distintas prácticas de estetización de sí misma. No todo se reduce a procesos de alienación, no todo se reduce a un conformismo inquieto y a órdenes opresivas: también está el placer de atraer la mirada, de mostrarse de manera ventajosa para una misma, de gustar y también

211

de gustarse. Incluso si la seducción soberana prorroga una lógica desigualitaria entre los papeles estéticos de ambos géneros, esto no hace desaparecer el beneficio subjetivo que representan las puestas en escena de una misma.

 No perdamos de vista que el deseo de gustar y de ponerse en valor es consustancial a los seres humanos desde el principio de los tiempos. El orden mediático-mercantil no lo impone «desde fuera» a las mujeres víctimas del mismo: solo lo consigue en un contexto de exigencia antropológica sin duda insuperable, fuente de placeres narcisistas. A este nivel, hay que ver en las estrategias de seducción algo más que una tiranía de la imagen o de la apariencia física que impone una feminidad estereotipada. Bajo el «bombardeo» de normas estéticas actúan no solo la disimilitud inmemorial de los papeles de sexo, sino también el placer y el derecho a «ponerse guapa» tanto para los demás como para una misma, altamente reforzados, eso es cierto, por la cultura hiperindividualista y mercantil contemporánea.

212

VI. EL HECHIZO DE LA MODA

La actividad de seducción se asemeja a un juego teatralizado cuyos actores intentan aparecer favorecidos para atraer el interés y el deseo del otro. En este dispositivo, la puesta en escena del cuerpo mediante el espectáculo de los artificios desempeña un papel de primer orden. Desde tiempos remotos, los tatuajes, las pinturas corporales, las joyas, los ornamentos, los ricos materiales y los colores resplandecientes han sido los elementos clave del espectáculo de la seducción entre hombres y mujeres. No existe teatro de seducción sin cuerpo modificado por artificios, sin cuerpo ataviado, adornado, coloreado, de acuerdo con las normas de la tradición.

Pero en el Renacimiento, apareció una nueva coreografía de la seducción, traída por ese sistema de las apariencias que denominamos moda. Por supuesto, esta sirve siempre, entre otras cosas, para captar la mirada, pero lo consigue por caminos tan inéditos que constituye una verdadera revolución en la historia milenaria de los dispositivos sociales de la seducción. Tras la ruptura del momento griego, la de la moda funciona como el segundo gran momento de deconstrucción del sistema inmemorial de la «seducción originaria», dicho de otro modo, tradicional. La escenografía de la seducción se ha vuelto estructuralmente moderna.

213

Si bien es cierto que desde el Paleolítico superior, los atavíos corporales forman parte de la aventura humana, no ocurre lo mismo con la moda, cuya aparición histórica es relativamente reciente, ya que vio la luz a finales de la Edad Media. No se sabe exactamente cuándo aparecieron los primeros atuendos, pero sí se conoce el momento histórico en el que las «locuras» de la moda empezaron a crear un régimen de las apariencias sin precedente en la historia,[1] un régimen en el que la parte reservada a la seducción erótica aumentó con fuerza.

Con la moda, se impuso una lógica inédita de las apariencias, marcando una discontinuidad con la organización inmemorial del vestir basada en la fiel repetición de los modelos tradicionales. Durante milenios, el orden del vestir funcionó ignorando la temporalidad acelerada característica de la moda: los cambios son excepcionales y, cuando se producen, se transforman enseguida en una estructura estable y permanente. Por el contrario, en el orden de la moda, el cambio es la regla, y la invariabilidad, la excepción. Los tocados, las prendas de vestir, los colores, los adornos, todo se modifica y se reinventa sin cesar y todo es objeto de entusiasmos pasajeros. Basada en la renovación perpetua de los modelos y, por tanto, en la negación del orden de la tradición, la moda es un sistema de esencia moderna.

Mientras que el atavío tradicional se desarrolla bajo el signo de la continuidad de la costumbre y de la fidelidad estricta a los modelos heredados del pasado, la moda vive del

1. Sobre el nacimiento de la moda en Occidente hacia final de la Edad Media, véase Gilles Lipovetsky, *L'Empire de l'éphémère,* (capítulo I), Folio essais n.º 170, Gallimard, París, 1987. (Versión española: *El imperio de lo efímero: la moda y su destino en las sociedades modernas,* Anagrama, Barcelona, 2004, trad. de Felipe Hernández y Carmen López.)

rechazo de la herencia y solo conoce la ley imperiosa de la temporalidad del presente: un presente triunfante, infiel y enfático. La moda ha sido analizada mil veces como un sistema dirigido por las estrategias de distinción social. Esto es así, pero ahí no se agota la cuestión, pues si la moda es innegablemente un sistema de signos que implica rivalidad social y gastos que demuestren pertenencia, también es un sistema de «destrucción creadora», de innovación perpetua que rompe la hegemonía de la herencia ancestral intangible. En ello reside precisamente uno de los encantos de la moda.

La moda es esa organización de la apariencia que hechiza por sus cambios y giros, por su variabilidad perpetua, y que, para ser impuesta desde fuera, detenta el encanto intrínseco de la novedad y lo imprevisible. El advenimiento histórico de la moda coincide con la invención de la seducción-movimiento. La moda es el sistema que funciona a base de cambios de aires, del poder de atracción del cambio y de la novedad. Ese es el motivo por el cual la moda ha podido ser interpretada a la vez como una imposición tiránica y como una magia de las apariencias. Por un lado, sus cambios bruscos se imponen de manera más o menos obligatoria: esta es la parte «despótica» de la moda. Por el otro, resulta atractiva precisamente por la novedad perpetua, la inconstancia y la infidelidad al pasado que la caracterizan.

Bajo el reinado de la moda, se difunde, tal como ha señalado Tarde, un nuevo régimen de imitación social, el atractivo de los modelos extranjeros que sustituye la fidelidad a los modelos autóctonos. En el orden tradicional, aquello que no es nuestro se considera feo, «bárbaro», ridículo. Por el contrario, desde finales del siglo XV, en Florencia y Venecia, reina el entusiasmo por todo lo que viene de Francia.[1] En el Renacimien-

---

1. Jacob Burckhardt, *La cultura del Renacimiento en Italia,* Akal, Madrid, 2004, trad. de Fernando Bouza, Juan Barja y Teresa Blanco.

to, Beatriz de Este se hace con los dibujos de los atuendos de la reina de Francia para introducir su estilo de peinado en Lombardía. ¿Las mujeres elegantes envían emisarios al extranjero para conseguir las telas y los modelos necesarios para la creación de modas nuevas?[1] Según Fitelieu, el cuerpo a la moda «está compuesto de varios pueblos para hacer un monstruo: es español hasta la cintura; de la cintura hacia abajo es italiano y, para saber si es francés, solo hay que fijarse en su abigarramiento».[2] Cada vez más a lo largo del siglo XVII, los y las galantes de toda Europa se visten «a la francesa». Mientras se aceleran las influencias internacionales, la moda seduce por su cosmopolitismo en la vestimenta.

La relación de la moda con el cambio no atañe solamente al ámbito del estilo en la vestimenta, sino también a la relación con uno mismo, ya que la moda permite cambiar frecuentemente de apariencia, jugar con un placer cada vez renovado. Ahí reside uno de los grandes motivos de la atracción que ejerce, en particular en las mujeres. «La experiencia cotidiana nos muestra [...] que la mitad de la humanidad puede clasificarse entre los fetichistas de la indumentaria. Con esto quiero decir que todas las mujeres son fetichistas de la indumentaria», escribía Freud a Abraham.[3] Pero hay que decir que el fundamento de la pasión de las mujeres por la moda no se encuentra en ninguna naturaleza femenina, en la ausencia fálica y la cas-

1. Diane Owen Hughes, «Las Modas», en Christiane Klapisch-Zuber, Georges Duby y Michelle Perrot (dirs.), *Historia de las mujeres. 2. La Edad Media,* Taurus, Madrid, 1992.

2. M. de Fitelieu, *La Contre-Mode* (1642), citado por Louise Godard de Donville, *Signification de la mode sous Louis XIII,* Édisud, Aix-en-Provence, 1978, pág. 152.

3. Sigmund Freud y Karl Abraham, citado a partir de la versión francesa: *Correspondance (1907-1925),* Gallimard, París, 2009, págs. 78-79. (Versión española: *Correspondencia Freud-Abraham,* Gedisa, Barcelona, 1979, trad. de Ramón Alcalde.)

tración simbólica, tal como invita a pensar el psicoanálisis ortodoxo. Se basa en el hecho de que la moda posibilita la modificación de la apariencia de sí misma y esto proporciona el placer de una «aventura sin riesgo».[1] Forzadas las mujeres a desempeñar los papeles propios de la vida doméstica, los horizontes abiertos de la existencia se les han negado a través de normas, valores e instituciones androcéntricos del orden social. La moda ha funcionado como uno de los escasos medios a su disposición para gozar de una «aventura confortable»,[2] del placer del cambio rápido de sí misma a través del juego con la apariencia personal.

El artificio, lo frívolo y el fasto

Aquello que gusta en la moda no son únicamente los modelos extranjeros, sino también el trabajo sobre las apariencias que diseña un cuerpo de ficción, irreal, un «cuerpo vestido elocuente».[3] El nacimiento de la moda no coincide, como se ha dicho, con una visión anatómica del cuerpo humano, sino, por el contrario, con su remodelación hipertrófica. Es inseparable de un vestir marcado por la artificialización extrema, por todo un conjunto de excrecencias, exageraciones, protuberancias, reducciones, estrechamientos, que, durante el siglo XVII, llevaron a ver en ella «una especie de locura» (Fitelieu), un fenómeno hecho de incoherencias y extravagancias, de excesos

1. Jean Stoetzel, *La psychologie sociale*, Flammarion, París, 1963, pág. 247. (Versión española: *Psicología social*, Editorial Marfil, Alcoy, 1982, trad. de Juan Díaz Terol.)
2. Edward Sapir, «La mode», en *Anthropologie*, vol. 1, Minuit, París, 1967, pág. 165.
3. Isabelle Paresys, «Corps, apparences vestimentaires et identités en France à la Renaissance», *Apparence(s)*, 4, 2012; http://apparences.revues.org/1229

217

y disfraces, en las antípodas de la razón y la verdad natural del ser. Mientras que en el orden tradicional, los atavíos y ornamentos «se dan por descontado» y parecen, del mismo modo que el lenguaje, no arbitrarios, «naturales» (Benveniste), los signos de moda se perciben de entrada como fantasías decorativas desprovistas de toda necesidad, un teatro artificial sin motivo, más o menos gratuito, sin duda admirado, pero también estigmatizado como afectación y mentira, disfraces grotescos, formas lascivas, impúdicas, ridículas, negación de la naturaleza. Precisamente, esta artificialidad extrema, esta comedia de las apariencias es el fundamento del encanto de la moda.

Lejos de ser fiel a las líneas naturales del cuerpo, la moda se esfuerza en remodelarlo al magnificarlo mediante un trabajo de reducción o amplificación de las siluetas. El cuerpo de moda se muestra como una especie de ficción: su seducción se basa en la magia de lo irreal que desprende su espectáculo. A diferencia del vestir tradicional, el de la moda despoja de realidad la apariencia de los seres y dicha apariencia se convierte en un teatro mágico hecho de formas exuberantes y profusiones decorativas.

Tal es la magia de la moda que, llevada por su dimensión de juego e inutilidad, hace que el orden del sentido se evapore. A diferencia de los ornamentos rituales, el vestir de moda es arbitrario, surge bruscamente, sin una razón verdadera, como un capricho, un juego estético puro, una «locura» contingente. Podemos aplicar a la moda lo que Baudelaire dijo de la vida: «La vida solo tiene un encanto verdadero, el encanto del juego» (*Journaux intimes, Fusées*) [«Diarios íntimos. Cohetes»]. Aligerada de todo anclaje tradicional, de toda necesidad simbólica o utilitaria, la moda es magia de las apariencias, lujo lúdico, ostentoso espectáculo de la inutilidad. Su atractivo deriva de ahí, de su perfume de superficialidad atractiva, de abolición del sentido que se materializa en un exceso de gratuidad esté-

218

tráfago (hustle + bustle) tejemaneje

tica. La moda no da significado a la insignificancia de la apariencia, la estetiza con un espectáculo enfático, una especie de fiesta de signos fútiles que deja atrás todo lo que connota negatividad, tráfago y sufrimiento. El encanto de la moda es indisociable de su esteticismo, de su exuberancia decorativa, de esa dimensión de juego suya que proporciona el placer de «deshacernos del peso de nuestra propia responsabilidad».[1]

Hechizo del juego estético o decorativo que durante seis siglos solo se ejerció a través de la suntuosidad de los ornamentos, la policromía indumentaria, la riqueza de sedas, bordados y joyas. El atractivo de la moda no se separa del espectáculo del indumento fastuoso, que puede hacer olvidar la fealdad del rostro y excitar el ardor amoroso. El esplendor de la moda permite trascender las imperfecciones del cuerpo natural e incluso rivalizar con éxito con la belleza corporal. Cuando se exhiben paños dorados, telas plateadas, tejidos de seda adornados con perlas y pedrería, escribe Brantôme, «el ardor, la satisfacción crecen aún más, y sin duda más que en una pastora u otra mujer de clase parecida, por muy bella que sea».[2] En los siglos que nos han precedido, no se concibe la belleza y el encanto femeninos sin los artificios de la moda, que poseen más poder de atracción que la del cuerpo carnal.

LA INDIVIDUALIZACIÓN DE LA APARIENCIA

La organización tradicionalista del vestir es aquella en la que la regla colectiva se impone con tal fuerza que las elecciones personales resultan extremadamente débiles y solo permiten diferencias minúsculas. Estas no son fruto de iniciativas

1. Eugen Fink, *Spiel als Weltsymbol,* citado por la versión francesa: *Le jeu comme symbole du monde,* Minuit, París, 1966, pág. 229.
2. Citado por Isabelle Paresys, art. cit., § 14.

creativas[1] y solo son legítimas en la medida en que los actores seleccionan elementos que forman parte de un repertorio cultural cerrado, determinado y conocido. En estas circunstancias, en ningún aspecto la apariencia individual puede destacar ostensiblemente de la de los demás. Del mismo modo que el sistema tradicional está «contra el Estado» (Pierre Clastres), también está contra la singularidad de las apariencias. En relación con este sistema, la moda constituye una ruptura radical. Lo que estaba estructuralmente excluido, a saber, la singularización de la apariencia, se reconoce en los círculos superiores de la sociedad. Ya no está «prohibido» diferenciarse, destacar orgullosamente entre los demás atrayendo la mirada gracias al esplendor y la originalidad de los signos del vestir. A partir del Renacimiento, afirma Burckhardt, «nadie teme llamar la atención, ser y parecer distinto del común de los mortales».[2] Aquello que seduce en la moda es que ofrece el placer de presentar ostensiblemente el espectáculo del *uomo unico*.

Por lo demás, la personalización de la apariencia se manifiesta de manera extremadamente variable. Unas veces, una individualización tenue y sutil, limitada a los pequeños detalles del atavío. Otras, la excentricidad, el exceso, la extravagancia del vestir de los pequeños marqueses, *muguets* [jóvenes galantes], *muscadins* [petimetres], *merveilleuses* [jóvenes elegantes y excéntricas] y otros dandis en busca de una visibilidad ostentosa de sí mismos: en la moda, el *uomo singolare* se consolida con

---

1. Las diferencias que existen son de infinitas variaciones a partir de un mismo motivo y en el seno de una misma tradición.
2. Jacob Burckhardt, *op. cit.*, pág. 103. También Françoise Piponnier, *Costume et vie sociale, la cour d'Anjou, XIVe-XVe siècle*, Mouton & Co., París-La Haya, 1970, así como la tesis de Sophie Jolivet, «Pour soi vêtir honnêtement à la cour de monseigneur le duc de Bourgogne. Costume et dispositif vestimentaire à la cour de Philippe le Bon de 1430 à 1455», tesis de doctorado de la Université de Bourgogne, bajo la dirección de Vincent Tabbagh, noviembre de 2003.

cierto exhibicionismo. El universo de la moda hizo nacer la cultura de la originalidad y la singularidad individual, una cultura en la que se intenta gustar a través de la diferenciación personal, lo nuevo y lo original, la puesta en escena enfática de uno mismo. Al implicar el derecho a buscar y exhibir una diferencia personal, la moda hizo posible una seducción de tipo individualista.

El reinado del look

Desde finales de la Edad Media, el sistema de la moda combina una lógica de individualización de la apariencia y una lógica de demostración de clase. A través de la vestimenta, los individuos intentan gustar, pero también distinguirse socialmente, hacer gala de un rango, una posición social o un nivel de riqueza. Durante siglos, la moda ha funcionado como un sistema simbólico de clasificación que permite visibilizar la jerarquía de las clases sociales. Ese modelo de funcionamiento ya no es el nuestro. La finalidad principal ya no es expresar la pertenencia a una élite social, sino afirmar una identidad individual, una imagen personal. Las mujeres ya no visten a la última moda para reflejar su nivel de riqueza o el rango que ocupan en la pirámide social, sino para ponerse en valor individualmente, «parecer joven» o expresar un gusto, una sensibilidad estética. Hemos pasado de la cultura de la elegancia distintiva a la cultura del *look* personalizado: una transformación que traduce el avance de individualización de la relación con la moda y la seducción. Se ha dejado de comprar el último grito «porque esté de moda», sino porque nos gusta y «nos queda bien». Hoy por hoy no es tanto la moda en sí la que nos seduce, sino aquello que se ajusta a nuestros gustos y pone en valor nuestra individualidad. Ahora lo que prevalece ya no es la moda como instrumento de distinción

221

social, sino la moda como vector de seducción, manera de gustar pero también de gustarse a sí mismo. Tal como señalaba Yves Saint-Laurent: «La gente ya no desea ser elegante, quiere seducir.»[1] La función originaria de la moda era marcar diferencias, expresar una superioridad de clase, crear barreras, clasificar socialmente a los individuos en el orden social. Ya no es así: ahora, la seducción y la autoseducción gobiernan la relación con la moda.

El objetivo de seducción en la moda se ha liberado del yugo del «como es debido», de la «clase», de las normas homogéneas y consensuales de la elegancia elitista. Desde los años sesenta y setenta, la moda ha dejado de ser un universo piramidal basado en normas unánimes impuestas por un centro organizativo (la alta costura) y una élite social. Ya no hay una única moda, sino una multiplicidad de tendencias, todas legítimas, basadas en criterios estéticos a veces radicalmente diferentes. Debido a esta eclosión y proliferación de referencias, cada uno es libre de componer su apariencia, de cambiarla a voluntad, de ponerse en valor en función de sus gustos, de sus deseos, de sus estados de ánimo. Tras épocas de la moda «despótica» que dictaba la forma ideal de vestirse, se han ido sucediendo modas marcadas por un sistema de las apariencias disperso, que permite *looks* extremadamente variados: sexy, elegante y modoso, deportivo, casual, adolescente, cuero, étnico, *vintage*. Para ponerse en valor y atraer la mirada del otro, los individuos tienen ahora a su disposición un amplio abanico de estilos y *looks*. En el pasado, los individuos no podían elegir más que los pequeños detalles de la apariencia (ornamentos, colores, joyas); ahora adoptan el *look* global que les conviene y lo cambian a voluntad.

1. Citado por Claude Cézan, *La mode, phénomène humain*. Entrevistas con Annie Baumel, Marc Bohan Primerose Bordier, André Bourin..., Privat, Toulouse, 1967, pág. 130.

Como las tendencias más dispares gozan de pleno derecho, la moda contemporánea está marcada por un régimen de seducción opcional y desregulado. Lo que ahora gusta de la moda ya no es la imagen de distinción que ofrecía en el pasado, sino la posibilidad de elegir cada uno su apariencia en función de la imagen que se quiere dar. Es el momento de la seducción hiperindividualista traída por la nueva organización policéntrica, balcanizada del vestir.

Es cierto que el valor seducción parece estar viviendo un retroceso o un revés desde hace algunas décadas, con la irrupción de modas que se inscriben deliberadamente bajo el signo de la antiseducción: *punk, grunge, look* tirado, Rei Kawakubo, Martin Margiela. Todas ellas corrientes neodandis que rechazan la sexualización de la apariencia, así como los valores de elegancia y seducción. Sin embargo, estos disfraces en la vestimenta que, más que seducir a la mirada, intentan asombrar, provocar o disgustar, no pueden separarse de una época marcada por la generalización social de los signos de lo sexy, del cuerpo liberado, de los deseos de gustar a través del vestido. Al haberse convertido estos emblemas de la vestimenta en algo banal, han podido aparecer nuevos códigos de ruptura, que permiten expresar una mayor singularidad individual, una diferencia personal más ostensible. En este sentido, el rechazo que está de moda de la seducción moda aparece como el signo de una sociedad en la que los signos de la seducción de la vestimenta se han difundido y banalizado en todo el cuerpo social.

LA EROTIZACIÓN DE LAS APARIENCIAS

El vínculo que une la moda a la seducción depende también de factores más explícitamente eróticos. Desde la revolución indumentaria de la Edad Media que instituye la oposición entre el atuendo cerrado masculino y el atuendo abierto feme-

223

nino, la moda ha estado acompañada de una fuerte acentuación del dimorfismo sexual. El traje masculino corto y ajustado pone al descubierto la forma de las piernas ceñidas en las calzas; el jubón acolchado pone el valor el tórax; las *poulaines*, zapatos de punta alargada y estrecha, tienen una connotación fálica; las braguetas hipertrofiadas dibujan una virilidad ostentosa. La moda femenina, por su lado, adelgaza la silueta, ciñe la parte superior del cuerpo, subraya la sinuosidad del busto y la forma del pecho, deja al descubierto los hombros, deja entrever los senos.[1] La moda se impone como un espectáculo que llama la atención hacia ciertas partes eróticas del cuerpo, se esfuerza por despertar los sentidos, juega con el deseo del otro sexo. Al intensificar el efecto visual de la diferencia entre los sexos y cargarse de alusiones eróticas, la moda mantiene la curiosidad sexual despierta, aviva los deseos y las fantasías. Al atraer irresistiblemente la mirada y provocarla, el atuendo de moda se consolidó desde el principio como instrumento de tentación y manifestación erótica.

En Occidente, la teatralización del dimorfismo sexual mediante los artificios de la moda se basó principalmente en tres tipos de mecanismos. En primer lugar, en los juegos de enseñar y ocultar; en segundo, en el ceñimiento al cuerpo, y, finalmente, en el exceso, la amplificación, la hipertrofia de las formas. Desde el advenimiento de la moda en Occidente, aparecen los escotes y los hombros desnudos al mismo tiempo que los trajes ajustados que subrayan los encantos femeninos y a la vez los ocultan a la mirada. Al sustituir las túnicas largas y anchas, el traje de moda exalta las formas femeninas, sugiere el cuerpo sin mostrarlo, incita al voyerismo dejando adivinar las partes escondidas del cuerpo. El traje de moda erotiza la apariencia femenina, desvela escondiendo, desnuda sin mostrar realmen-

1. Odile Blanc, *Parades et parures. L'invention du corps de mode à la fin du Moyen Âge*, Gallimard, París, 1997.

te, convirtiéndose así en un medio de seducción gracias a su poder de secreto y sugestión, de ensueño y misterio, de fantasía y provocación.

Gracias también al juego de sus excesos en los volúmenes, a la hipertrofia de sus formas, a los procesos de ceñimiento, contracción y estrechamiento de la silueta, el traje de moda erotiza el cuerpo, capta la mirada y la atención. A partir del siglo XVI y durante cuatro siglos, la apariencia femenina no se concibe sin el corsé que, con sus ballenas y su estructura, impone una «cintura de avispa» al segundo sexo. reducción de la cintura que se compensa con accesorios (tontillo, miriñaque, crinolina, guardainfante o polisón) y vestidos abombados que aumentan las medidas del cuerpo: el tontillo realza la cintura estrecha y esta destaca las caderas anchas femeninas. La erotización de la silueta femenina se acentuó aún más en el siglo XIX con el polisón o «culo de París», que estrangula la cintura y marca las caderas, esculpiendo una mujer culona que despierta los deseos y las fantasías masculinas con los encantos de su trasero.

Sin embargo, es innegable que la puesta en escena de la diferencia sexual no se tradujo en todas partes, ni mucho menos, en la erotización de la apariencia. Dependiendo de los momentos y en función de la severidad de las costumbres, la apariencia femenina se presentó bajo un aspecto serio, austero, rígido, contrario a cualquier efecto voluptuoso. De este modo, en el siglo XVI, se consolidó una feminidad protocolaria de aire soberbio y virtuoso que, al dejar solo al descubierto el rostro y las manos, hacía que desapareciera todo aquello que pudiera indicar una incitación sexual. Durante siglos, la erotización de la apariencia femenina estuvo contenida dentro de los estrechos límites dictados por las normas morales y las reglas de urbanidad, imperativo de puesta en escena de una apariencia noble, distinguida y autodisciplinada.

Lo sexy

En este aspecto, el siglo XX marca una ruptura. A lo largo del siglo y, sobre todo a partir de los años cincuenta, la imagen sexualizada de lo femenino se acentuó con fuerza. Ya en los años cuarenta, aparecen las *pin-up* de formas «explosivas» que exhiben con erotismo desinhibido sus largas piernas, sus traseros moldeados y sus pechos generosos. Poco a poco las mujeres pudieron ofrecer a la mirada de todos el espectáculo de su espalda, sus piernas, su ombligo o sus muslos. En las playas, la dinámica de ir desnudando el cuerpo se intensifica con el bikini, el monokini y el tanga. En los años sesenta, la minifalda acaba con la prohibición de mostrar las piernas y el nacimiento de los muslos. El pantalón vaquero se adhiere a la piel del cuerpo y subraya la forma de las caderas, las piernas y las nalgas: crea una seducción «joven», táctil y directa, menos etérea y más sensual. Y ahora ya ni se cuentan los elementos que constituyen la paleta del *sex appeal* femenino: *short, body, panty*, botas altas, prendas ceñidas, jerséis, pantalones y camisetas pegadas al cuerpo, medias, minicamisetas sin tirantes, camisas anudadas a la altura del ombligo. La moda del siglo XX ha erotizado como nunca la silueta femenina.

Al romper los antiguos tabúes del pudor, la moda moderna va acompañada de sugerencias sexuales cada vez más directas. Liberada del culto a la apariencia virginal y de lo «correcto», la moda femenina puede mostrarse más provocadora y «agresiva». Aquello que era vilipendiado por ser portador de una imagen «de mal gusto» y vulgar se ha convertido en tendencia y glamour. Así es el sexy, que se define por su estilo seductor y sin complejos, una erotización intensa del cuerpo liberada de las antiguas condenas morales. Al lanzar sin cesar desafíos a la mirada masculina, la moda femenina moderna y contemporánea es inseparable de una desidealización o desublimación de la apariencia femenina, de una multiplicación de

226

los signos con connotación sexual portadores de una fuerza de atracción menos vaporosa, más «atrevida», más «directa». Es cierto que todos los tabúes relativos con desnudar el cuerpo y la sexualización de la apariencia no han desaparecido. En Estados Unidos, cuando la cantante Janet Jackson dejó al desnudo un pecho en directo en una cadena de televisión, provocó un escándalo. Y varios estados estadounidenses han adoptado leyes que prohíben los pantalones de cintura baja. A pesar de que aún se dan algunas reacciones pudibundas, ya no son estas las que predominan, al menos en Europa. Así, en internet, las páginas y los foros están llenos de consejos para vestirse sexy sin caer en la vulgaridad. La apariencia sexy ya no se asocia con la vida disoluta de las mujeres «fáciles»: a una mujer que «se pasa de la raya» se la tacha solamente de falta de gusto. En la época de la seducción soberana, lo ultrasexi no se critica en nombre de valores morales, sino en nombre del referencial estético. Si existen límites que no hay que cruzar, es por la propia seducción, pues dicha seducción fracasa y deja de ser ella misma en el momento en que los recursos utilizados resultan excesivos.

El encanto del minimalismo

Del mismo modo que la época moderna ha promovido el estilo sexy, también ha encarrilado un tipo de seducción totalmente opuesta que, al combinarse con lo funcional y la comodidad, tiende a borrar la sensualidad del cuerpo femenino.

Desde el inicio del siglo XX, la moda femenina registra una revolución profunda de sus códigos tradicionales. En 1906, Paul Poiret libera a la mujer del corsé y firma unos vestidos tubulares que, al disimular las caderas, celebran una silueta femenina esbelta, fluida, apenas arqueada, lo contrario de la mujer en «S». La década de 1920 asiste al éxito de la apariencia *garçonne*, cortes rectos, líneas geométricas, vestidos cortos, formas planas, pelo corto en nombre de la comodidad, del movimiento y de la libertad de las mujeres. Con el estilo *school boy* y después *school girl*, la moda hace desaparecer las formas sinuosas específicamente femeninas. Al mismo tiempo, la moda deportiva va acompañada de atuendos que ya no son solo elegantes sino también funcionales y sencillos, destinados al golf, al tenis, al esquí, a la natación: «La silueta deportiva es la elegancia absoluta», decía Patou. Una nueva estética de la elegancia menos envarada, menos decorativa, se consolida y se dirige a una mujer activa y en movimiento, deseosa de sentirse cómoda con lo que lleva puesto. De este modo, toda una serie de novedades de moda se centran en las exigencias de la vida práctica de las mujeres. Con la cultura moderna, aun yendo a contracorriente de las fantasías eróticas de los hombres, la moda debe gustar en primer lugar a las mujeres.

Durante los siglos aristocráticos y burgueses anteriores, el encanto de la moda iba unido al lujo ostentoso, a los excesos de tela, a la profusión de tejidos refinados, a las puntillas, los lazos y la pasamanería. Toda la moda «aristocrática» se basa en la exuberancia de las fantasías, el refinamiento de los artificios, construyendo con ello una poética de la ornamentación. La moda moderna se muestra contraria a la primacía de la decoración ornamental, repudia las fruslerías, las baratijas y otras florituras: ha nacido el teatro depurado o minimalista de la seducción femenina.

Promovido sobre todo por Chanel, el estilo moderno siguió en los años cincuenta con Balenciaga (el «vestido saco»), luego con Yves Saint-Laurent (la línea «trapecio») y, sobre todo, con Courrèges, que con sus modelos arquitecturados y desofisticados construyó una moda resueltamente joven, «adolescente», liberada de cualquier connotación romántica. Con mujeres vestidas con *shorts* y medias, con vestidos cortos trapezoidales, prendas rectas y geométricas, el *lady look* se

228

eclipsa a favor de la silueta tonificante de la joven erigida en prototipo de la moda.

El retroceso de la seducción resplandeciente y fastuosa se prolonga ahora a través del estilo minimalista que ilustran varios creadores: Jil Sander y Helmut Lang, Raf Simons y Chalayan, Ann Demeulemeester, Martin Margiela y Stella McCartney. Es cierto que al presentar un *look* sobrio, atemporal, a veces austero, casi «monacal», el estilo minimalista puede percibirse como un rechazo ostensible del deseo de gustar. Sin embargo, los vínculos con la seducción no se han roto. En primer lugar, si bien el minimalismo cultiva la sencillez funcional y la elegancia depurada, no está desprovisto sistemáticamente de sensualidad: sin duda, habría que hablar más exactamente de una sensualidad no sexualizada, abstracta y contenida. Al rechazar el glamour llamativo en beneficio de cortes limpios y atuendos monocromos, la moda minimalista se rodea paradójicamente de un encanto sofisticado, basado en el «menos es más».

Además, este estilo produce un cambio en los objetivos de la seducción. Los signos frívolos de la seducción tradicional se dirigían al hombre. Por el contrario, los del minimalismo dibujan una feminidad liberada del peso de la mirada masculina. Ya no se trata de una seducción-para-el placer-del-hombre, sino de una seducción-para-la-mujer serena, segura de sí misma y que se viste en primer lugar para ella misma. En lugar del *sex appeal* ostentoso de la mujer que habita los sueños masculinos, una seducción para sí misma. Una forma nueva de seducción sin elementos superfluos ni llamativos se consolida y ordena un encanto depurado, hecho de la belleza de lo esencial, que encanta a las mujeres que se niegan a utilizar sus atractivos físicos y a desempeñar el papel de objeto sexual que la sociedad sigue atribuyéndoles.

Segunda parte
La sociedad de seducción

En las comunidades humanas, los procesos de seducción nunca han permanecido confinados únicamente a los límites del ámbito de la conquista amorosa. A diferencia con el mundo animal, la seducción, en el orden humano social, va mucho más allá del ámbito de los mecanismos de atracción con vistas a la reproducción sexual: en todas partes se consolida como un fenómeno plural, multidimensional, polimórfico. Por muy lejos que nos remontemos en el tiempo, las empresas de seducción se han materializado en actividades sociales diversas que, sin vínculo alguno con la relación amorosa, tenían que ver con las fuerzas sobrehumanas, los caminos de la salvación, los ámbitos de lo político y del arte. En todas las culturas, paralelamente a los modos de entablar idilios, se han desarrollado dispositivos y figuras de seducción de tipo extraerótico.

SEDUCCIONES EXTRAERÓTICAS

Desde la noche de los tiempos funcionan actos de seducción dirigidos a los animales y las fuerzas sobrehumanas. Para los inuits, es necesario seducir a los animales que cazan utilizando atuendos que poseen calidades estéticas que los atraen:

233

de este modo, los animales se dejan atrapar, se entregan ellos mismos a los cazadores que les gustan.[1] En todas partes, existen rituales cuyo objetivo es seducir a las fuerzas de lo invisible (los muertos, los antepasados, las divinidades, los espíritus). Existen muchos sacrificios religiosos destinados a gustar a las divinidades, a atraer sus gracias, a granjearse los favores de los espíritus o los dioses, a asegurarse su alianza. Las ofrendas, los bailes, los cantos, a veces incluso las mutilaciones se hacen para gustar a los muertos, engatusarlos, apaciguar sus actitudes hacia los vivos. El principio de seducción no está ausente tampoco de las religiones monoteístas en cuyo seno las almas piadosas hacen todo lo necesario para no disgustar a Dios y así tener alguna esperanza de ganarse la eternidad del paraíso.

En distintas épocas, se han impuesto también individuos dotados de un magnetismo de naturaleza «extraordinaria» o carismática que han conseguido ejercer un tipo de dominación libre de las reglas sociales. En las «comunidades emocionales» producidas por el carisma, Max Weber subraya el papel crucial que desempeñan las vías «específicamente irracionales» del entusiasmo, del arrebato, de la adoración, dicho en otras palabras, las relaciones de persona a persona cargadas con una intensa atracción. Una seducción carismática que puede desarrollarse en distintas esferas de la vida social a través de las figuras del profeta, el chamán, el sabio, el «salvador»[2] o el héroe guerrero.

1. Nelson Graburn y Pamela Stern, «Ce qui est bien est beau. Un regard sur la beauté chez les Inuit du Canada», art. cit.; Roberte Hamayon «Le "don amoureux" de la proie est l'autre face de la "chance" du chasseur sibérien», *Revue du Mauss*, n.º 36, 2010.

2. Nietzsche interpretaba la figura de Jesús como la ilustración de «la seducción en su forma más inquietante e irresistible, la seducción y el desvío precisamente hacia aquellos valores judíos y hacia aquellas innovaciones judías del ideal», *La genealogía de la moral*, Alianza, Madrid, 1996, trad. de Andrés Sánchez Pascual, Tratado I, Dis. 8.

La característica de la dominación carismática es que no pertenece al orden de lo cotidiano: de naturaleza específicamente «extraordinaria», «existe solo, digámoslo así, en la pureza del tipo ideal, *statu nascendi*».[1] Esto hace que «se vea obligada, en su esencia, a cambiar de carácter: se tradicionaliza o se racionaliza».[2] Con la estabilización de las relaciones con sus adeptos, discípulos y partidarios o con la desaparición del portador del carisma personal, se produce un proceso de caída en la rutina, de tradicionalización o de racionalización/legalización, es decir, que en los ámbitos en los que se manifiesta la dominación carismática, la seducción no se ejerce con mecanismos permanentes, institucionalizados y cotidianos: se desarrolla como una «fuerza revolucionaria», pero, como tal, transitoria, destinada a «hacerse rutinaria».

En otro ámbito muy distinto, el arte representa uno de los grandes continentes de la seducción extraerótica, pues se aplica en encantar a los sentidos, en hacer sentir sentimientos y emociones, en hechizarnos mediante la belleza de las formas, las armonías, los colores y los ritmos. El arte no es imitación de la naturaleza: su esencia es corregirla, «añadirle belleza» (Alberti), ennoblecerla, «transfigurarla» creando un «milagro de idealidad» (Hegel). Al igual que la retórica, el arte intenta «gustar y emocionar» con su elocuencia: el arte seduce mediante la gracia de sus obras y la elegancia del estilo, con la ganancia de placer sensible producido por la belleza de las formas estéticas. De ahí que no haya ninguna obra de arte sin lo que Freud denomina «un plus de seducción o un placer preliminar» que no es otro sino el placer propiamente esté-

1. Max Weber, *Economía y sociedad: esbozo de sociología comprensiva*, Fondo de Cultura Económica de España, Madrid, 2002, trad. de José Medina, Juan Roura, Eugenio Ímaz, *et al.*
2. *Ibíd.*, pág. 326.

tico.[1] Sin embargo, es también el juego con la realidad, la recreación de un mundo imaginario que engendra el embeleso del público. La magia del arte es inseparable de su capacidad de hacernos soñar al modelar un mundo de ficción que hace resonar los sentimientos y las emociones felices. Seducción del arte dotada de una fuerza tal que dará lugar en el inicio de la modernidad, en el momento de la Contrarreforma, a una verdadera política de la Iglesia. Esta, amenazada por el cisma protestante, decide construir una política de lucha contra la Reforma y de reconquista de las almas. El concilio que se reúne en Trento entre 1545 y 1563 elabora una estrategia en la que se recurre al arte otorgándole gran importancia para contrarrestar las teorías iconoclastas de la Reforma, opuesta esta al lujo, a la voluptuosidad, a las pasiones e incluso al arte, expresión a sus ojos del orgullo humano. Al oponerse al ascetismo protestante, el concilio decide «hacer intervenir» al arte, utilizando mediante su intermediación todos los recursos de la afectividad y de los sentidos para provocar un impulso del corazón capaz a su vez de despertar la fe. Para que la emoción estética sea lo más intensa posible, el arte tendrá que ser espectáculo, lujo, encantamiento: debe gustar, atraer, seducir. De ahí esas construcciones religiosas espectaculares, esas fachadas teatralizadas, esos coros decorados en exceso, esos mármoles polícromos, esas naves sobrecargadas de ornamentos suntuosos.

Seducir para así persuadir mejor: el arte encuentra de nuevo las virtudes de la retórica, que a su vez vuelve a ser llamada por la orden designada para llevar esta política de sensibiliza-

---

1. Sigmund Freud, citado a partir de la versión francesa: «La création littéraire et le rêve éveillé» (1908), en *Essais de psychanalyse appliquée,* col. Idées, Gallimard, París, 1971, pág. 81. (Versión española: *Psicoanálisis aplicado y técnica psicoanalítica,* Alianza Editorial, Madrid, 2019, trad. de Luis López-Ballesteros.)

ción y reconquista: los jesuitas. Al mismo tiempo que se hacen constructores y que su iglesia de Jesús en Roma marca el punto de partida de la amplia empresa que cubrirá toda Europa con iglesias nuevas, construidas en ese estilo barroco hecho para seducir y atraer a las muchedumbres, abren por todas partes escuelas en las que los ejercicios retóricos se convierten en la base misma de la enseñanza, hasta el punto de alcanzar el teatro de colegio, donde dicha retórica se desarrollará y tendrá, por ejemplo, una gran influencia formadora sobre el joven Corneille. De hecho, con la Contrarreforma, el barroco adquiere valor de estrategia de seducción. Los virtuosismos técnicos de las cúpulas de Borromini, los efectos de iluminación caravagescos, las decoraciones ilusionistas, las hipérboles formales de la poesía, las gracias de la ópera que de manera ostensible quiere ser un arte total, crean la admiración, la emoción, la sorpresa, el espectáculo: maravillar, decía Bernini, ahí está el secreto del arte. Y el término posee todo el poder de seducción casi mágica que comporta la *meraviglia*.

Junto a las artes visuales y musicales, la seducción extraerótica se manifestó en la elaboración de técnicas del arte oratorio. En el mundo griego, dominado por el prestigio de la palabra, aparecen la sofística y la retórica como técnicas secularizadas que permiten convertirse en un orador brillante, un ciudadano influyente, un hombre hábil para hablar en los debates públicos o ante los tribunales. El objetivo es aprender a persuadir a los hombres, aprender a actuar sobre sus espíritus y emociones, adulando a los auditorios con los recursos del estilo y el juego de las argumentaciones. Al descubrir la fuerza seductora de la palabra, los maestros de retórica enseñan el arte de hacer que los discursos sean irresistibles y los medios para defender de forma convincente los puntos de vista contrarios. Rodeados de discípulos y admiradores fascinados, gozan, en el siglo V a.C., de un éxito extraordinario y se enriquecen al vender a un precio elevado la eficacia de sus lecciones: se con-

237

vierten en los primeros profesionales de la enseñanza del «bien hablar» y de su magia seductora. En Roma, los sofistas más famosos viven fastuosamente, se consolidan como artistas del discurso que, haciendo exhibición de su virtuosismo, seducen a las muchedumbres y a los poderosos.

En el libro I de la *Retórica*, Aristóteles la define como «la facultad de descubrir especulativamente aquello que, en cada caso, puede ser adecuado para persuadir». Para conseguirlo eficazmente, es necesario basarse en tres polos: el logos, el *ethos* y el *pathos*. El logos designa el razonamiento y el argumentario del discurso, se dirige al espíritu racional y lógico del interlocutor. El *ethos* cubre la imagen que el orador da de sí mismo, la actitud que debe adoptar para inspirar confianza, atraer la benevolencia del público. El *pathos* tiene que ver con las emociones, las pasiones que el orador debe provocar para convencer. En este sentido, Cicerón escribe en *El orador* que la retórica consiste en «demostrar la verdad de lo que se afirma, granjearse la benevolencia de los oyentes, despertar en ellos todas las emociones que son útiles para la causa» (libro II).

El mundo romano contó con una importante producción de tratados especializados y manuales sistemáticos. En particular, Cicerón se aplicó en definir la elocuencia, el arte y los objetivos de la retórica. El gran orador es aquel que consigue alcanzar tres objetivos fundamentales: instruir *(docere)*, informar, argumentar, mostrar la verdad de lo que se dice; gustar *(delectare)*, deleitar a través de la construcción y la musicalidad de las frases, los efectos rítmicos, la entonación de la voz y las figuras de estilo, factores que procuran placer estético al auditorio, y, finalmente, conmover *(movere)*, intentar emocionar al auditorio, inspirarle sentimientos mediante gemidos, lágrimas, arrebatos de admiración, estallidos de cólera. «*Docere debitum est, delectare honorarium, permovere necessarium*», escribe Cicerón en *El orador* (I, 3), «Instruir es una obligación, deleitar una tarea gratuita y conmover una necesidad», pues ni las pruebas

238

convincentes, ni el placer que procuran las cualidades estéticas del discurso bastan: la pasión es necesaria para hacerse con la adhesión final del auditorio. Hay que conmoverlo, enardecerlo suscitando emoción, actuando sobre sus pasiones, excitando los corazones mediante la teatralización vehemente del discurso y la vivacidad de la expresión y los gestos. «Así, será elocuente aquel que en el foro y en las causas civiles hable para probar, deleitar, hacer ceder. Probar es parte de la necesidad; deleitar, del placer; hacer ceder, de la victoria: esto último es, en efecto, lo que más contribuye a que se ganen las causas» *(El orador,* XXI, 69). El impacto de esta perspectiva retórica fue de tal calibre que encontramos su influencia hasta entre los autores clásicos del siglo XVII.

Así, no hay duda de que en las sociedades premodernas, los dispositivos de seducción se extendieron mucho más allá del ámbito de las maniobras amorosas, pero hay que precisar que siempre dentro del marco de una superficie social limitada: con sus formas fijas, sus códigos restrictivos y sus rituales obligatorios, los ámbitos de la economía, el parentesco, la religión, la sociabilidad y las relaciones interpersonales obedecen al orden de la tradición. Los procesos de seducción no son en ningún lugar creadores de formas nuevas, se desarrollan según un orden trazado de antemano, según reglas rígidas e imperativas que dependen de un fundamento exterior, heterónomo, ya sea religioso o cultural. Ámbitos enteros —en particular, la economía— se encuentran encastrados en las tradiciones, lo religioso, las relaciones sociales: escapan así de los proyectos deliberados de redefinición, revisión e innovación. Al manifestarse en espacios y tiempos circunscritos y discontinuos, los fenómenos de seducción «holística» se heredan socialmente, están predefinidos y, como tales, se sustraen a la fuerza transformadora de las iniciativas individuales.

Vivimos en otro planeta. Y es así desde hace poco tiempo. Los signos del cambio son tan profundos que nos permiten suponer que nuestra época constituye una ruptura decisiva en la historia milenaria de la seducción y más precisamente de su lugar institucional en el todo colectivo. Se ha producido algo fundamental que abre un nuevo capítulo de la organización y de la inscripción social de los modos de gustar.

Esquemáticamente el panorama general es el siguiente. En medio siglo hemos pasado de la era de la seducción limitada a la de la seducción soberana de dimensiones infinitas: ha llegado la época de la seducción global y hegemónica, tentacular y sin tradición. La seducción está en todas partes y en cualquier momento del día o de la noche, en las calles y en las pantallas, tanto en el universo de los objetos como en el de la comunicación, la política y la cultura. Nuestro mundo es el de la seducción omnipresente y multiforme, planetaria y multimediática. Es el momento del «estallido de los límites», de la multiplicación, la hiperaceleración y la mundialización de ofertas tentadoras. Motor de cambio en tiempo de crisis, la seducción carismática en las épocas premodernas desembocaba en la rutina; no es así en absoluto en el universo contemporáneo mercantil y mediático, en el que la seducción es continua y tiene que ser creativa y, para ello, reinventarse permanentemente. En la sociedad hipermoderna, la regla del gustar ya no está asociada a los excesos del vicio y la transgresión moral: se consolida a través de operaciones racionales, operacionales y mercantiles. Se ha implementado una galaxia de hiperseducción generalizada, racionalizada y sistematizada, cuya expansión y fuerza crecen sin cesar.

¿Dónde empiezan y dónde terminan en la actualidad las estrategias de seducción? Cada vez más, dichas estrategias con-

240

quistan nuevos territorios, se infiltran en un número creciente de sectores de actividad social, de los objetos a las imágenes, del cibermundo al ocio, del cuerpo al «desarrollo personal», de la enseñanza a la retórica política. La lógica de seducción ha salido de los «pequeños» universos de los salones, del mundo del arte, de los cosméticos y de las maniobras amorosas: se identifica con una lógica global y omnipotente que reorganiza de arriba abajo el funcionamiento del «gran» mundo, el del consumo, los medios de comunicación, la educación y la política. Se ha convertido en el principio organizador de la economía del consumo, del espectáculo mediático, de la comunicación política, de la forma de educar a los niños. Antaño encerrada en las esferas estrechas de la vida colectiva, ahora funciona como un proceso global, proliferante y transfronterizo, que reestructura los sectores clave de la vida económica y política, social y cultural. Este es el momento del todo-atractivo, de la difusión y la extensión sin fin del paradigma de la seducción: la intención de gustar ha pasado del mundo cerrado al universo infinito.

La seducción estaba relacionada principalmente con el ámbito de las costumbres, de las maniobras de acercamiento, de los artificios estéticos variables según los pueblos; ahora es un material universal, una hipercultura transnacional, un cosmos industrializado y *mass*-mediatizado. Este antiguo universo se ha desvanecido en una época en la que las acciones de seducción reorganizan la producción y la comunicación, la distribución y el consumo, la religión y el arte, la educación y la política. La seducción ya no puede reducirse a una superestructura de signos y operaciones de encanto que se desarrollan en el ámbito de la vida amorosa: es un sistema organizador, una lógica global, productiva, comunicativa y mercantil, que reconfigura el ordenamiento de nuestro universo colectivo. Más allá de la esfera de las relaciones individuales, la seducción hipermoderna es lo que construye una civilización de un género nuevo, una civilización del gustar en transformación perpetua. Tras las sociedades de religión, de tradición y más tarde de organización disciplinaria, somos testigos del advenimiento de economías y sociedades de seducción que radicalizan el proceso moderno de autodefinición y autoproducción del mundo social por sí mismo.

En las sociedades del pasado, las maniobras y los artificios de la conquista amorosa constituían el epicentro del mundo seductivo. Ya no es así. Estamos en un momento en el que el foco central de la seducción no es otro que el capitalismo armado de estrategias de conquista de consumidores que se multiplican sin límites asignables. La sociedad de seducción es aquella en la que la economía constituye la actividad social dominante, en la que la lógica de la venta y la compra moldea la casi totalidad de la existencia: no se distingue de la sociedad de mercado. Por eso, el consumidor se ha convertido en el sujeto más cortejado del planeta: ningún hombre ni ninguna mujer ha estado nunca tan solicitado en esta tierra. En el momento de la hipermodernidad mercantil, don Juan es derrotado, sobrepasado, eliminado, aparece como un seductor artesanal y provinciano, comparado con la fuerza, la creatividad, el apetito insaciable del marketing: la conquista de los consumidores impulsada por la razón mercantil ha destronado las transgresiones y los excesos libertinos. Se acabó la época en la que la seducción se centraba esencialmente en las relaciones de encanto entre particulares. Estamos en el momento en el que la seducción es el principio que ordena el funcionamiento de los sectores clave de nuestro mundo, un dispositivo estratégico multipolar al servicio de la eficacia y la rentabilidad económicas.

Llegadas a la cima de su poder estructurador del orden colectivo, las estrategias de seducción viven una extraordinaria expansión social. En ámbitos cuyo número va en aumento, todo se pone en marcha para gustar y emocionar a los indivi-

242

duos. Allá donde miremos, de los productos mercantiles a la sociabilidad digital, de los medios al ligue, de la estética corporal al diseño comercial, de la educación al marketing político, de los museos a la reordenación de las ciudades, nuestra época está marcada por la inflación, la difusión y la mercantilización de las actividades de seducción. Ahora triunfa la sociedad de seducción, que no es otra que la de la generalización de la axiomática del gustar y emocionar.

Ahora ya sin fronteras, «fuera de los límites», los procesos de seducción en el corazón del orden productivo han entrado de lleno en la era de la destradicionalización generalizada, la desimbolización funcional y la innovación sistemática gobernada por la búsqueda de la rentabilidad y el *ethos* racionalizador moderno. Si antaño la seducción obedecía a prescripciones colectivas más o menos intangibles, ahora es algo que hay que inventar, reinventar, fabricar racional y estéticamente. Desde este ángulo de análisis, es menos una «desviación del camino recto» que una invención perpetua de caminos inéditos, pensados y calculados para captar la atención y los deseos humanos con fines económicos. No es poder de desposesión subjetiva, sino instrumento creador de valor económico y, más ampliamente, forma inédita de afirmación del poder de la sociedad sobre sí misma que no cesa de lanzar al mercado nuevos objetos de deseo y tentación.

Lo que es válido para el mundo económico, lo es también para la educación, la política o la cultura: en estos ámbitos también nos gobierna una seducción destradicionalizada y desimbolizada. Un proceso de ruptura con la tradición que ha dado un paso más allá al desprenderse de los mecanismos modernos de la disciplina, cuya cartografía trazó Foucault. Allí donde la disciplina, fabricaba cuerpos amaestrados y una docilidad automática, la seducción exacerba los deseos, multiplica las llamadas al placer. El mundo disciplinario se consolidaba como una «mecánica del poder» mediante reglas austeras, «procedimientos de punición, vigilancia, castigo y coacción».[1] El mundo de la seducción generalizada se dirige a los deseos, las emociones, al cuerpo de placer: se trata de incitar y motivar, escuchar y exhortar, gustar y emocionar. Por todas partes, las órdenes uniformes y autoritarias han dejado paso a un universo de comunicación e invitaciones desperdigadas que abren el espacio de la elección y las iniciativas individuales. La deseabilidad en lugar de la sanción, la atracción en lugar de la obligación, la comprensión y la libre expresión en lugar de la coacción: así es como el imperio de la seducción ha puesto fin al modo de socialización disciplinaria de los cuerpos.

No solo se extiende una ruptura con el poder disciplinario. La gobernanza que está en juego, en efecto, no funciona ni por la fuerza, ni por el derecho, ni por la moral, ni por la religión. Su intención no es aterrorizar a las poblaciones, imponer leyes coercitivas, inculcar la verdad, apoderarse de las almas, establecer el reino de Dios sobre la tierra. Funciona con la incitación, la tentación, el encanto de los placeres inmediatos, la escucha de las aspiraciones, la captación de la atención y los deseos de vivir mejor. No hay sanción, ni referencia trascendente, ni poder en majestad, ni imposición desde arriba: la nueva gobernanza es horizontal, puramente atractiva. La seducción siempre ha sido una forma de poder, pero, actualmente, se ha vuelto predominante en todo un conjunto de esferas. La segunda modernidad es testigo de la consagración social de la gobernanza seductora.

Todos ellos mecanismos y normas que solo han podido imponerse en la medida en que han aparecido íntimamente amoldados con el sistema referencial del mundo moderno democrático, como instrumentos que permiten la plena reali-

---

1. Michel Foucault, *Surveiller et punir*, col. Tel, n.º 225, Gallimard, París, 1975, pág. 34. (Versión española: *Vigilar y castigar*, Biblioteca Nueva, Madrid, 2012, trad. de Aurelio Garzón del Camino.)

zación de los principios constitutivos de la sociedad de los individuos: la autonomía de los actores, la felicidad y el florecimiento de todos, el poder político como emanación de la sociedad. Si la sociedad de seducción es hija del capitalismo de consumo, también es hija de la era democrática e individualista.

«GUSTAR Y EMOCIONAR»

Si bien el imperativo generalizado de «gustar» se consolidó durante la segunda mitad del siglo XX, empezó su carrera histórica mucho antes del auge de los medios de comunicación de masas, de las industrias del consumo y del ocio. Desde la época clásica, la estética galante y los grandes dramaturgos se aplicaron, en efecto, para legitimar el principio de seducción en el espectáculo teatral, defendiendo, contra los moralistas y devotos, los doctos y teólogos adeptos a la tradición agustina, la imperiosa exigencia del placer. En este aspecto, Corneille, La Fontaine, Perrault, Molière y Racine coinciden: el respeto de las reglas ortodoxas no importa, solo cuenta el placer que siente el público. No hay que juzgar una obra de teatro en función de su conformidad con las reglas, sino en función del efecto producido en los espectadores: su éxito se convierte en el único criterio de su calidad. A través de la voz de Dorante, en la *Critique de l'École des femmes* (1663), Molière declara: «Quisiera saber si la gran regla de todas las reglas no es gustar, y si una obra de teatro que ha conseguido su objetivo no ha seguido un buen camino». «La regla principal es gustar y emocionar: todas las demás solo están hechas para llegar a esta primera», declara Racine en el prefacio de *Bérénice* (1670). Y Boileau ratifica en su *Art poétique* esta primacía de la seducción en materia teatral: «El secreto está ante todo en gustar y emocionar» *(Art poétique,* III, v. 25, 1674). El arte de gustar ya no

245

es solo legítimo en la vida del cortesano, cuyos tratados de urbanidad desde el siglo XVI fijan las reglas a veces hasta los más mínimos detalles: ha conquistado sus cartas de nobleza en el arte teatral en nombre del placer de los espectadores.

Para los autores clásicos, una estética del placer y la sensibilidad debe dirigir la creación teatral, lo importante es –la fórmula, repetida constantemente, adquiere casi valor de norma– «gustar y emocionar», respondiendo así a las expectativas de diversión y deleite de un público refinado y educado. Aunque por su parte insiste en la utilidad moral del teatro, Corneille, en 1660, en su *Discours de l'utilité des parties du poème dramatique,* retoma, para aprobarla, la idea de Aristóteles según la cual «la poesía dramática tiene como objetivo únicamente el placer de los espectadores». La obra no está destinada a ser contemplada de manera indiferente y distanciada, sino de manera emocional. Y el placer estético que el público siente en el teatro no es fruto en absoluto de una impresión de orden y armonía, sino de las pasiones, de la turbación del alma, de un «tormento agradable», dice La Mesnardière. Todo el encanto de la tragedia proviene de la excitación de las pasiones, del «placer de llorar y enternecerse» (Racine). El objetivo de la tragedia no es moral ni didáctico, sino hedonista: se trata de hechizar al espectador, arrancándole lágrimas, provocar emociones turbadoras y agradables, dar el placer de verter lágrimas. «Emocionar» al público se ha convertido en un fin en sí mismo, la emoción se plantea como un placer autosuficiente e intrínseco.[1] Con la estética hedonista de los clásicos, la seducción

1. Emmanuelle Hénin, «Le plaisir des larmes, ou l'invention d'une *catharsis* galante», *Littératures classiques,* n.º 62, 2007, págs. 223-244. También, Tony Gheeraert, «La Catharsis impensable. La passion dans la théorie classique de la tragédie et sa mise en cause par les moralistes augustiniens», *Études Épistémè,* n.º 1, 2002, disponible en https://hal.archives-ouvertes.fr/hal-01246915

del público a través de las emociones empezó a adquirir cartas de nobleza: se convirtió en el principio legitimador del arte dramático. A través del teatro, la época clásica construyó el marco simbólico que podemos considerar el primer eslabón del proceso moderno de consagración social del paradigma de la seducción.

«Gustar y emocionar»: ¿qué otra fórmula resume mejor que esta los objetivos y los caminos que toman ahora las industrias del consumo y mediáticas, la comunicación política, la educación liberal? En todas partes, el objetivo es gustar y emocionar, tentar, recurrir a las emociones, captar deseos y afectos. En esto vemos que la época clásica supo expresar, en la relación con el ámbito limitado del arte teatral, lo que iba a convertirse en el principio general de funcionamiento de las sociedades liberales. El teatro fue el primer ámbito en el que se llevó a la práctica la lógica de la seducción soberana que, tres siglos después, se generalizará alcanzando el universo de la economía, la política y la educación.

VII. EL CAPITALISMO DE SEDUCCIÓN

Ningún fenómeno ilustra mejor la supremacía de las estrategias de seducción en nuestras sociedades que el auge, a partir de los años cincuenta, del capitalismo de consumo. Desde entonces, se pone en marcha un nuevo tipo de economía basado en la incitación permanente al consumo, la mejora continua de las condiciones de vida, la difusión social del confort material, el acceso a las actividades de ocio para todos. En las democracias avanzadas se desarrolló lo que solemos denominar la sociedad de consumo de masas, inseparable de una expansión sin precedente de las acciones de seducción en el universo de la producción y del consumo, de la distribución y de la cultura. Seducción de lo «siempre nuevo», seducción del progreso que se supone hiperbólico, seducción del bienestar material, del tiempo libre y la diversión: la economía consumista se consolidó de entrada como un capitalismo de seducción de masas.

El capitalismo consumista se presenta bajo el signo de la tentación ininterrumpida y omnipresente. Los escaparates resplandecientes de colores y marcas estimulan los deseos de compra de los jóvenes y de los no tan jóvenes. Las vacaciones y los destinos turísticos hacen soñar a cualquiera. Las rebajas, las promociones, los «regalos», los descuentos y otros precios rebajados renuevan con regularidad la libido compradora. Las imágenes

248

radiantes de la publicidad invaden las calles, los medios, las redes de internet. Las revistas exhiben profusamente la belleza y el *sex appeal* de los cuerpos. En el corazón de nuestro cosmos comercial, la seducción de las mercancías se presenta como el sol que nunca se pone en el imperio del capitalismo consumista.

Dicho capitalismo consumista no es solo un modo de producción de la vida material: se presenta como una utopía realizada, un «Jardín de las delicias» en el que todo se ofrece en abundancia, en el que todo invita a caer en la tentación. Por medio de la acumulación de objetos y *gadgets*, la exuberancia de los templos del mercado, el universo consumista fascina a través del espectáculo de la victoria sobre la rareza, a través de la abundancia material al alcance de la mano, a través de sus invitaciones perpetuas a la evasión, la diversión, los placeres inmediatos. El capitalismo de consumo no solo produce en masa bienes necesarios para la subsistencia material, sino que consigue atraer a los compradores mediante una oferta permanente de bienestar, de diversiones, de disfrute. Más allá del espectáculo de la plenitud material, el poder de atracción del consumismo reside en la magia de la fiesta de lo superfluo y del placer prometido en todas las esquinas. Ya no se trata de llamadas a renunciar con vistas a la otra vida, sino de las tentaciones del placer inmediato, las ofertas multiplicadas de felicidad mercantilizada que pueden recogerse sin esperar. Por medio de estas tentaciones materiales desplegadas hasta el infinito, el cosmos consumista consigue ejercer su irresistible atracción sobre los pueblos de todo el globo.

LA INDUSTRIALIZACIÓN DE LA SEDUCCIÓN

La hegemonía del proceso de seducción en la organización del mundo mercantil es algo nuevo. En los periodos anteriores, únicamente las producciones de arte y lujo destinadas a los privilegiados por nacimiento o fortuna casaban con la exigencia de gustar a la clientela. Fragmentados, encuadrados dentro de la reglamentación de las corporaciones, los mercados estéticos relacionados con la producción artesanal eran locales, de tamaño reducido y solo se dirigían a la élite. En el seno de las economías preindustriales, las operaciones de seducción solo desempeñaban un papel limitado, ya que estaban circunscritas a las creaciones de arte, a los objetos de artesanía de lujo o a los artículos de moda.

Solo a partir de la segunda mitad del siglo XIX, la seducción mercantil empieza a adquirir un nuevo lugar económico y social. Los grandes almacenes, la publicidad, el *packaging*, la decoración de los escaparates y, algo más tarde, el cine, el diseño industrial y la música grabada, dan el pistoletazo de salida de la era moderna de la tentación mercantil. Sin embargo, durante casi un siglo, esta tuvo un alcance limitado y apenas llegaba a las clases desfavorecidas. Hay que esperar a la posguerra de la Segunda Guerra Mundial para que se consolide por vez primera una economía global dirigida a la captación sistemática de los públicos de masas. En esta nueva configuración, la seducción mercantil deja de remitir a una esfera periférica: se convierte en principio general de organización de la economía manufacturera, mediática y cultural que a partir de entonces está basada en la incitación a la compra, el estímulo de los afectos, la diversión, la moda y lo perpetuamente nuevo.

Por todo ello, el capitalismo consumista puede definirse como el modo de producción e intercambio en el que el sistema de las actividades económicas se encuentra reorientado y reestructurado en profundidad por las operaciones de captación y estimulación de los deseos: se confunde con la industrialización, la mediatización y la mercantilización del gustar y del emocionar, con el objetivo de un desarrollo indefinido del consumo de masas. Al dar forma a nuevas ma-

250

neras de producir y vender, de comprar y divertirse, el capitalismo ha hecho de los signos atractivos y divertidos un universo industrializado y *mass*-mediatizado, un cosmos cotidiano y al mismo tiempo un principio clave del funcionamiento de la vida económica y cultural.

La economía consumista se asienta con firmeza y progresa con pasos de gigante a partir de los años cincuenta tanto en Estados Unidos como en Europa Occidental. El nuevo sistema pone en marcha y a gran escala el principio de seducción que se materializa en los objetos corrientes, los *gadgets*, la televisión, la publicidad, las actividades de ocio, la provocación cotidiana de los deseos. Coincide con la era de la sociedad de consumo de masas, la «sociedad del espectáculo», basada en un orden mediático que instituye un tipo de comunicación unilateral, sincronizada, vertical, así como en una producción industrial estandarizada. Al combinar organización-modo de la oferta y producción de masas de productos estandarizados, este sistema denominado «fordismo» constituye la primera fase del reinado del capitalismo de seducción.

La aventura de la seducción mercantil generalizada no se detuvo en ese estadio. La saturación de los mercados de bienes manufacturados y, más tarde, la revolución de las técnicas supusieron, después de 1975, una verdadera mutación del sistema productivo, haciendo que la economía consumista entrara en una nueva fase de su historia. Sustentado por la organización posfordista de la producción y la revolución de las tecnologías de la información y la comunicación, el sistema mercantil de la satisfacción de las necesidades se ha convertido en una economía de hiperconsumo[1] basada en la proliferación de la va-

---

1. Gilles Lipovetsky, *Le Bonheur paradoxal. Essai sur la société d'hyperconsommation,* col. NFR Essais (Folio essais n º 512), Gallimard, París, 2006. También, Philippe Moati, *La société malade de l'hyperconsommation,* Odile Jacob, París, 2016. (Versión española: *La felicidad paradójica: ensayo*

riedad, la personalización de los productos, la segmentación extrema de los mercados, las redes digitales. De un régimen de «crecimiento extensivo» basado en la producción de series repetitivas y en las economías de escala, hemos pasado a un régimen de «crecimiento intensivo» centrado en la innovación y la renovación acelerada de novedades. Una economía posfordista está ya en marcha por medio de dispositivos cuyo objetivo es amplificar, intensificar e individualizar las operaciones de seducción.

Contemporáneo al triunfo de las marcas y del marketing, de la diversificación de la oferta, de la estetización a todos los niveles de los productos y de los lugares del mercado, pero también de la economía digital, un nuevo capitalismo, que podemos calificar de hiperseducción, ha tomado los mandos. Con la comercialización exponencial de las experiencias vividas, la individualización de la oferta mercantil y la digitalización de los intercambios y del comercio, la tentadora organización del mundo ha ascendido de rango: la abundancia masiva ha sido sustituida por la profusión personalizada, la seducción estandarizada por la seducción individualizada, desalineada, desincronizada. Así es la segunda etapa del capitalismo de seducción.

Con las lógicas de diferenciación de la producción, de inflación de las novedades y de «marketización» casi integral de los modos de vida característicos del capitalismo de hiperconsumo, asistimos a la invasión total del modo mercantil de la satisfacción de las necesidades, de la vida mediática y cotidiana por parte de las tecnologías industriales de seducción. ¿Qué es lo que todavía escapa a las seducciones del marketing tentador? Sin cesar, nuevos ámbitos y nuevos espacios (el desarrollo personal, la comunicación, los juegos, los deportes, los

---

sobre la sociedad de hiperconsumo, Anagrama, Barcelona, 2007, trad. de Antonio-Prometeo Moya.)

encuentros amorosos, los museos, los estadios, las estaciones, los aeropuertos) se anexionan y remodelan mediante operaciones de seducción comercial. La época del hiperconsumo se distingue por la individualización creciente de la oferta y la proliferación de estrategias de captación de consumidores en todos los ámbitos, en todas las experiencias vividas, en todos los lugares y momentos de la vida. El capitalismo de seducción funciona en modo hiperbólico.

Si raramente se cuestiona la invasión tentacular de las estrategias de seducción comercial, a menudo es para negar sus efectos de abducción en los consumidores. Según varios teóricos, hipercríticos o nostálgicos del pasado, nuestras sociedades ya solo conocen una seudoseducción, la formidable expansión social de las estrategias de captación de públicos, acompañadas estructuralmente de una seducción «blanda, fría, minimalista».[1] «La comercialización de la seducción es su sudario»:[2] con su obsesión por lo real y la transparencia, la economía mercantil es sinónimo de seducción «difusa, sin encanto, sin reto».[3] Desde esta perspectiva, la difusión máxima de las estrategias mercantiles y la intensidad mínima de sus efectos seductivos van juntas. Cada vez menos cultura, menos placer y menos atracción, el capitalismo solo puede estar del lado de la atrofia de lo sensible, de la pauperización de lo sentido, del declive del aura.

No compartimos en absoluto esa idea de pérdida del encanto de las «cosas». Sin duda, el capitalismo hiperconsumista hace desaparecer el placer de la espera y priva a la seducción de su aura de misterio. Sin embargo, la seducción no se basa exclusivamente en estos resortes: en concreto, no es cierto que el misterio sea necesario para que las cosas y las experiencias

1. Jean Baudrillard, *De la séduction, op. cit.,* pág. 242.
2. Gisèle Harrus-Révidi, *Qu'est-ce que la séduction?, op. cit.,* pág. 152.
3. Jean Baudrillard, *De la séduction, op. cit.,* pág. 243.

tengan encanto. El capitalismo ha conseguido crear otros dispositivos atractivos. La verdad es que la seducción que se desarrolla no es ni pobre ni débil, sino una yuxtaposición de seducciones con intensidades muy variables. Si bien la fuerza de atracción que ejercen la publicidad y muchos de los programas de televisión a menudo es débil, por no decir inexistente, no ocurre lo mismo con las marcas, las vacaciones, el turismo, los *hits* o los nuevos objetos de comunicación. Los mecanismos que la componen —novedad, diversidad, velocidad, estética, diversión, juego— están dotados de un fuerte poder de atracción. El capitalismo no crea una subseducción, un subplacer: el odio y la crítica de la sociedad de mercado se van por las ramas cuando ocultan su fuerza real de atracción. Debemos pensar el fenómeno de la dilatación sorprendente de las operaciones y de los medios seductivos dando la espalda al paradigma de «la estética de la desaparición» (Paul Virilio).

ECONOMÍA DE MERCADO Y CONQUISTA
DE LOS CONSUMIDORES

El capitalismo consumista puede definirse como el sistema que conjuga el orden de la racionalidad económica con estrategias de seducción de masas dirigidas a los consumidores. En esta configuración económica, las empresas compiten despiadadamente para conservar o ganar partes del mercado mediante productos, imágenes y servicios que, renovados permanentemente, se crean considerando su supuesto poder de atracción. Mientras que las marcas rivalizan para conquistar a los consumidores, los clientes cortejados se encuentran en situación de poder elegir entre las distintas propuestas del mercado. La expansión del campo de la seducción en nuestras sociedades no puede separarse de la presión competitiva que se da en la economía de mercado, en la que la mayoría de la población dispone por vez

254

primera de un poder adquisitivo discrecional que le permite consumir más allá de la simple cobertura de las necesidades vitales.

Desde el advenimiento de la sociedad de consumo de masas, el sistema productivo se ha dedicado a integrar cada vez más sistemáticamente operaciones de seducción en su oferta con el fin de ganarse el favor de los consumidores. Este primer momento del capitalismo de seducción coincide con la proliferación de las necesidades «artificiales» y la multiplicación de los métodos de «persuasión clandestina». Mientras se desarrolla «la obsolescencia programada» de los productos, la publicidad exalta los placeres del confort, de las vacaciones y de las actividades de ocio. La *affluent society* naciente se presenta como un inmenso «complot de la moda» infiltrado en la totalidad del universo consumista.

Esta mutación no puede separarse de un estado de competencia que lleva a las empresas a crear sin parar nuevos productos, a diferenciar su oferta ante la de sus competidores. De este modo, al igual que el seductor o la seductora, las empresas competidoras rivalizan en seducción y creatividad innovadora para conseguir el favor de los consumidores. Entre el capitalismo de consumo y la seducción, los vínculos son consustanciales ya que no se trata de coaccionar ni de imponer comportamientos, sino de dar respuesta a las preferencias de los clientes, atraer, suscitar deseo, gustar y emocionar. Al excluir tanto la coerción como la rutina, el capitalismo de consumo es un capitalismo artístico que funciona de manera racionalmente calculada a base de seducción creativa. No es otro que el Gran Atractivo en el mundo desencantado de la racionalidad mercantil.

En una economía marcada por una oferta pletórica, por la superabundancia de bienes materiales e inmateriales, la concepción de productos, la comunicación y la comercialización de las marcas exigen acciones atractivas que se han vuelto estratégicas en un entorno cada vez más competitivo. Al conjugar a gran escala comercio e innovación con vistas a la captación de los deseos, la economía consumista se presenta como una inmensa ingeniería de la seducción. Estamos en la época de la seducción mercantil omnipresente cuyo cometido es, en los mercados hipercompetitivos del consumo, despertar los deseos, conmover las sensibilidades y cautivar la atención de los compradores. Ya que, en una época de producción pletórica, la atención se convierte en el recurso más raro y buscado, el capitalismo de seducción no para de multiplicar los dispositivos destinados a capturarla. Seducir es atraer la mirada y la atención: la novedad de este momento es que este proceso inmemorial se pone en marcha ahora a la escala macroscópica de las tecnologías industriales y mediáticas. Por esto, el capitalismo de seducción se apoya en una «economía de la atención»,[1] en el poder mágico de captar la atención de los individuos consumidores (shopping, audiencia, clics digitales) por medio de ofertas de experiencias atractivas.

En el capitalismo de seducción, la oferta comercial tiene como objetivo atraer a los consumidores: todo se pone en marcha (precio, diseño, packaging, nombre de la marca, grafismo, publicidad, merchandising, espacios de venta) para hacer cada vez más atractivos los bienes mercantiles, suscitar la atención del cliente final, incitar a la compra. En todas partes, el capitalismo de consumo trabaja cortejando al público por medio de una oferta seductora de precio, bienestar, novedad, calidad, distracción o estética. Aunque dirigida por la fría y seca razón instrumental, la economía consumista se basa en procesos que, destinados a avivar los deseos, no paran de activar el ámbito de la aisthesis, la sensibilidad, los deseos y afectos. Esto es lo que Jean Serroy y yo hemos denominado el capitalismo artístico que no es otro que la economía racional de se-

1. Sobre el «capitalismo de atención», véase Yves Citton, *Pour une écologie de l'attention*, Le Seuil, París, 2014.

ducción que se basa sistemáticamente en los procesos estéticos y las tecnologías de la *aisthesis* con el objetivo de gustar a los consumidores, de emocionarlos, de provocar evasión, emociones y experiencias de placer.[1] Ya no se trata solo de producir bienes materiales para la supervivencia, sino de hacer que resulten deseables para las masas mediante dispositivos seductores, de despertar los afectos y los imaginarios, de hacer soñar y divertir. Agente global de atracción, régimen de incitación del deseo, el capitalismo de seducción construye un universo de tentación generalizada, perpetuamente renovada.

Es así como a nivel macroscópico, el capitalismo de seducción es el que informa a la racionalidad contable sobre los afectos, el que alía el cálculo económico con lo emocional, lo mercantil con lo afectivo. Existe una nueva regulación sistémica, basada en la explotación comercial de las emociones y los gustos mediante la producción de productos y servicios focalizados en el «gustar y emocionar». Al incorporar los resortes del hedonismo y de lo emocional en su dinámica de conjunto, la gobernanza artística es la que funciona con la seducción suave de los «afectos alegres»,[2] con el brillo de las mercancías, con las invitaciones para gozar del presente. Bajo el régimen de la «jaula de hierro» del cálculo racional inherente al universo capitalista, la seducción se ha convertido en un principio organizador generalizado, piedra angular del imperio mercantil, regla de reglas del cosmos comercial hipermoderno.

El reinado de la abstracción monetaria, de la aplicación del cálculo racional a la actividad económica, no ha anulado

---

1. Véase *L'Esthétisation du monde. Vivre à l'âge du capitalisme artiste,* con Jean Serroy, col. Folio essais n.º 619, Gallimard, París, 2013. (Versión española: *La estetización del mundo: vivir en la época del capitalismo artístico,* Anagrama, Barcelona, 2015, trad. de Antonio-Prometeo Moya.)

2. Frédéric Lordon, *La société des affects. Pour un structuralisme des passions,* Le Seuil, París, 2013.

en absoluto la consideración de las dimensiones hedonistas, imaginarias y emocionales, por el contrario, las ha incorporado de manera sistemática al orden productivo como el nuevo El Dorado de los negocios, herramienta incomparable de estimulación y de la renovación ilimitadas de los deseos de consumo. Así es como el mundo del «cálculo egoísta» se ha transformado paradójicamente en un sistema seductor, productor y distribuidor de placeres, sueños y hechizos de masas. El capitalismo consumista no va dirigido al *Homo oeconomicus* sino al *Homo sentiens,* al que no deja de incitar, sensibilizar, hacer soñar y vibrar mediante seducciones del consumo mercantil. La racionalización económica del mundo, movida por el cálculo frío de los intereses, ha conseguido crear un universo de seducción generalizada. En este ámbito, la razón calculadora no impide en absoluto el goce de los sentidos, las vibraciones emocionales, los estremecimientos de las imágenes y ficciones, los vértigos de las atracciones: es el principal operador sistémico de todo ello. El capitalismo consumista es el sistema económico en el que la medida y el cálculo erigen en principio hegemónico la regla emocional del gustar y emocionar.

El capitalismo contemporáneo ha sido calificado de «capitalismo inmaterial»,[1] expresión que destaca el papel primordial que desempeñan ahora en la economía las tecnologías digitales, así como los servicios, el «capital humano», el «capital conocimiento», el «capital inteligencia». Estamos en una economía inmaterial porque los resortes de la creación de valor se basan en factores inmateriales tales como los conocimientos, las cualidades de comportamiento, la innovación o la invención. El aspecto que hay que subrayar es que cuanto más «inmaterial» se

1. Daniel Cohen, *La Prospérité du vice. Une introduction (inquiète) à l'économie,* Albin Michel, París, 2009 (cap. XV). (Versión española: *La prosperidad del mal,* Taurus, Barcelona, 2010, trad. de Irene Cifuentes de Castro.)

258

vuelve el capitalismo, más se confunde con un capitalismo seductor. Esto significa que el capitalismo inmaterial no solo designa un «capitalismo cognitivo» centrado en los algoritmos, los
datos digitalizados, los saberes abstractos y matematizados, sino
también un sistema que trabaja para estimular los deseos, las
emociones, los sueños y cuyo objetivo es crear y renovar productos y servicios que gusten a los consumidores y los emocionen
(relatos, músicas, actividades de ocio, diversiones, estilos...). Por
esto, el capitalismo inmaterial es también, paradójicamente, un
capitalismo artístico y emocional.

Un capitalismo consumista cuyo objetivo exclusivo es reac-
tivar indefinidamente el consumo, avivar siempre más la demanda mediante todo un arsenal de medios reales, imaginarios
y simbólicos. No existe un fin superior, ni una trascendencia
colectiva, únicamente existen instrumentos de desarrollo y
rentabilidad económica. En este sistema, la guerra de las marcas sustituye a las grandes metas, la innovación permanente a
las cruzadas políticas, el rendimiento en cifras a la emancipación de los hombres. Gustar y emocionar, no con vistas a una
exigencia ideal, sino para hacer negocio y obtener beneficios,
ganar a los competidores, adaptarse a las coacciones de la mundialización. El capitalismo de seducción no está imantado por
un fin ideal: funciona como una máquina que obedece a una
ley implacable y anónima, dictada por la competición económica mundial que nadie domina y nadie puede ignorar y que
nadie sabe adónde conduce.

Carente de un ideal trascendente grandioso, el capitalismo
está, sin embargo, dotado de un poder de seducción tal que se
ha extendido por todos los pueblos del planeta. Ahora ya ninguna región del mundo escapa a las seducciones consumistas,
todos los seres humanos sienten la misma pasión y se guían
por la misma voluntad de mejora del nivel de vida. Una seducción que ya no es fruto de lo político, ni de lo sagrado, ni de
la ideología, sino de una oferta concreta, multiforme, siempre

cambiante, que se dirige al individuo y a sus placeres: la seducción político-ideológica ha sido sustituida por una seducción privatizada y experiencial centrada en la primacía de la relación consigo mismo. Un poder de atracción basado no en el imaginario de un futuro mejor de la humanidad, sino en las promesas de goce inmediato de los individuos. Esta seducción extra-político-ideológica no es en absoluto vertiginosa, pero es constante, cotidiana, descentrada, alcanza a todos los gustos, a todos los apetitos, a todas las dimensiones de la vida material y de la distracción. Es así como el reino hechicero de la mercancía ha conseguido cambiar el mundo y a los hombres mucho más que las ideocracias demiúrgicas.

El capitalismo de seducción ha creado un mundo nuevo. Ha acabado con la fuerza de las antiguas formas de pertenencia colectiva, ha destrozado las ideologías revolucionarias y la moral del sacrificio. Ha cambiado de arriba abajo los modos y las razones de vivir, ha disuelto las últimas estructuras tradicionales del orden colectivo, ha dado prioridad a los valores de felicidad y bienestar personales, ha perfeccionado la dinámica de individualización de los comportamientos y las aspiraciones. E incluso ha conseguido convertir al planeta a la economía de mercado, a pesar de las vivas críticas que siguen denunciando los desarreglos, los horrores y las injusticias flagrantes. Esta revolución global no se ha llevado a cabo ni por la fuerza de las ideas abstractas, ni por la violencia política. Es el resultado de la captación de los deseos por medio del orden comercial, el poder de seducción de la oferta mercantil, cuyos resortes conviene analizar ahora con más precisión.

LA MAGIA DE LO NUEVO Y DE LA VARIEDAD

Las economías de seducción son, en primer lugar, economías de innovación dirigidas hacia «la satisfacción del consumidor». Lo específico de la oferta mercantil es que está hecha de innovaciones, sean estas incrementales o disruptivas, en cualquier modo, novedades incesantes relacionadas con la vida cotidiana. Objetos, actividades de ocio, música, deportes, espectáculos, medios, espacios de venta, ya nada escapa al proceso de renovación perpetuo de productos, imágenes y programas. Las industrias manufactureras, así como las industrias culturales,[1] están ahora gobernadas por la aceleración de los ritmos de cambio, lo siempre nuevo, lo que se denomina la obsolescencia programada. Todos los sectores están marcados por la renovación extremadamente rápida de la oferta, por la aceleración del lanzamiento de novedades y el acortamiento de la duración de comercialización de los productos.

Por esto, la economía consumista demuestra ser un orden dirigido por la lógica efímera propia del sistema de la moda. Ha llegado el momento de las economías industriales de la seducción que funcionan estructuralmente con la idea de lo desechable, de lo perpetuamente nuevo, con la inconstancia embaucadora de la moda.[2] La seducción de la versatilidad ya no se limita al ámbito de la ropa, actúa en el universo global del consumo. Productos nuevos, juegos nuevos, músicas nuevas, estilo nuevo, pero también tiendas efímeras *(pop-up store)*, renovación perpetua de los espacios comerciales de los bares, hoteles y restaurantes: la seducción mercantil coincide con la reconfiguración-moda de las esferas de la producción y la distribución. En todas partes triunfa la atracción de lo *cool,* de la moda, la irresistible seducción de lo nuevo. Una seducción que funciona en el corto espacio del éxito, de las

1. Como ejemplo significativo, señalemos que 455 series de televisión han sido producidas en Estados Unidos solo en 2016, es decir, dos veces más que hace seis años.
2. Gilles Lipovetsky, *L'Empire de l'éphémère. La mode et son destin dans les sociétés modernes, op. cit.*

261

tendencias, del capricho pasajero. Bajo el reinado de la «destrucción creadora» del capitalismo, se acomoda una seducción destructora: un éxito barre otro. El capitalismo de hiperconsumo ha generalizado el modo de seducción basado en lo «transitorio, lo fugitivo, lo contingente» (Baudelaire) y lo ha llevado al extremo.

Principio estructural de la oferta mercantil hiperconsumista, lo Nuevo funciona como un potente operador atractivo. No solo porque se supone que trae consigo progreso, algo «mejor», sino también porque es en sí mismo fuente de placer. Tal como señalaba Freud: «[...] la novedad constituye siempre la condición del goce».[1] Al romper la rutina, al romper el aburrimiento, la novedad aviva el deseo, suscita la curiosidad: hace soñar. Unido a lo desconocido y al riesgo, lo nuevo puede asustar, pero, en el universo mercantil, suele atraer a los consumidores. Todo el sistema consumista se apoya en la seducción de lo Nuevo.

Retrato de don Juan como consumidor

A través de las novedades, ya no se buscan tanto bienes y riquezas honoríficas como sensaciones y experiencias de placer. Ahora, la novedad mercantil tiene menos valor estatutario que valor emocional, lúdico, de distracción. La atracción del consumo se basa en su capacidad de ofrecer sensaciones indefinidamente renovadas: por esto, el *shopping* neófilo se funde con una estética del consumo. En un contexto dominado por el culto a los placeres efímeros, cada cual tiende a convertirse en

---

1. Sigmund Freud, citado a partir de la versión francesa: *Essais de psychanalyse,* Payot & Rivages, París, 2001, pág. 45. (Versión española: *Compendio del psicoanálisis,* Tecnos, Madrid, 1985, trad. de Luis López-Ballesteros.)

262

aficionado a las cosas nuevas

«un coleccionista de experiencias»[1] al acecho de intensidades nuevas, de cambios de aires, de sensaciones inéditas, vividos como si fueran pequeñas «aventuras» que animan el universo cotidiano. Lo que atrae en el consumo no es tanto la dimensión del *tener* como los placeres que ofrece el cambio, la renovación de lo vivido, el encanto de las pequeñas transformaciones que constituyen inicios sin riesgo. Zygmunt Bauman lo ha expresado perfectamente: «La vida del consumidor es una secuencia interminable de nuevos comienzos».[2] La compra-placer funciona así como una de las vías que permite, más o menos, despegarse de la rutina diaria, escapar a la perpetuación de lo mismo, sentir emociones nacientes, conocer nuevas «partidas». La seducción del consumismo reside precisamente en esta fuerza perpetua de inicio, ya que nada seduce más que los momentos de inicio: «Las inclinaciones nacientes, después de todo, poseen encantos inexplicables, y todo el placer del amor está en el cambio» *(Don Juan,* Acto I, escena 2). Cada consumidor contemporáneo se comporta como el Seductor de Sevilla: formidable impulsor de placeres efímeros, máquina de experiencias multiplicadas, la economía consumista ha generado un donjuanismo generalizado, banalizado, que, obsesionado por sensaciones nuevas y aventuras incesantes, se desarrolla mucho más allá del ámbito de la conquista amorosa. Ya no es «el pretendiente del género humano», el gran señor libertino, la figura paradigmática del donjuanismo contemporáneo, sino el consumidor voluble, emocional, de los tiempos hipermodernos.

1. Alvin Toffler, *El «shock» del futuro,* Plaza & Janés, Barcelona, 1999, trad. de J. Ferrer Aleu, cap. X.
2. Zygmunt Bauman, *La sociedad sitiada,* Fondo de Cultura Económica de España, Madrid, 2008, trad. de Mirta Rosenberg, pág. 191.

El proceso de cambio perpetuo es además un proceso de diferenciación sistemática de la oferta mercantil. Las economías de exhortación del deseo actúan para que los productos no se presenten jamás como un tipo único: todo debe ofrecerse con una profusión de modelos, opciones, diferencias grandes o pequeñas. Al cuestionar el modelo fordista basado en la producción de grandes series repetitivas, el capitalismo de hiperconsumo funciona con la individualización de los productos, con la multiplicación de variantes, con la proliferación industrial de la variedad. Mientras que durante «los gloriosos treinta» la masificación homogénea predominaba sobre la variedad, ahora domina la personalización de los productos, las series cortas y la multiplicación de los modelos. Con la hipersegmentación de los mercados, la seducción de lo diverso ha conseguido imponer su ley en el orden de la producción industrial masificada.

El capitalismo de seducción ha hecho nacer una economía de la variedad tanto en el ámbito manufacturero como en el ámbito de la distribución y la cultura. Cada vez más ofertas de productos utilitarios y de variantes, cada vez más canales de distribución, pero también películas, series, tendencias de moda, estilos diferentes: el capitalismo de seducción se presenta como un inmenso supermercado con una abundante oferta proliferante y no estandarizada que tiene que responder a la diversidad de los gustos y deseos individuales. El principio de seducción se materializa en la ley de la diversificación creciente.[1] No subestimemos el poder de atracción que detenta la comercialización de la diversidad: si la hiperelección puede en algunos

---

1. La revolución digital lleva al extremo esta lógica de fondo. Juzguen ustedes mismos: en 2016, Apple propuso 2,2 millones de aplicaciones, una oferta que alcanzaría los cinco millones en 2020.

casos angustiar al consumidor, no por ello deja de ser el fundamento de la atracción consumista. La variedad mercantil y la elección de los consumidores que esta posibilita funcionan como uno de los grandes mecanismos de atracción del capitalismo consumista. Gracias a las técnicas nuevas de concepción y producción informatizadas, los medios para acercarse a la clientela y para atraerla aumentan su eficacia. Actualmente, algunos artículos industriales pueden fabricarse por encargo, ya que el producto único o a medida tiene un coste equivalente al de un producto estándar. En el capitalismo de hiperconsumo, las empresas intentan seducir a sus clientes proponiéndoles satisfacer cada vez de manera más precisa las necesidades de los particulares gracias a productos personalizados: después de la *mass-production,* se consolida la *mass-customization,* la personalización en masa, nuevo dispositivo de la economía posfordista.

El proceso de personalización va mucho más allá del ámbito de la producción manufacturera. Alcanza el del marketing por medio de las recomendaciones personalizadas, posibles gracias al *big data* y los cálculos algorítmicos. Gracias a las distintas huellas digitales de los internautas, las empresas son capaces ahora de dirigir a los consumidores sugerencias personalizadas, referencias de su catálogo en sintonía, en principio, con los gustos particulares de cada uno. La profusión de la oferta en la red se ha vuelto tal que muchos consumidores se pierden en ella: de ahí, el éxito de los servicios de recomendación. En la competición económica, ya no basta la hiperelección: lo que la hace diferente y seduce a los consumidores es la abundancia de la oferta enriquecida con las recomendaciones predictivas. El segundo momento del capitalismo de seducción ya no funciona con el *mass-marketing,* sino con la estimulación personalizada, con la identificación a medida, con las propuestas hiperindividualizadas de los sistemas de sugestión.

En su *Essai sur le goût,* Montesquieu escribía: «Si es nece-

265

sario un orden en las cosas, también es necesaria la variedad, sin ella, el alma languidece»: así, lo único que es necesario para dar placer a los hombres es buscar la variación y la multiplicación de las sensaciones. Así es como el capitalismo de seducción ha integrado en su funcionamiento la idea moderna: «Un día el aburrimiento nació de la uniformidad». Y ha actuado en consecuencia a escala industrial. Para gustar, hay que ahuyentar el aburrimiento de lo repetitivo, multiplicando los placeres de la sorpresa, de lo diverso y de la elección, aunque sea cada vez más con la guía de los algoritmos de personalización.

ACTIVIDADES DE OCIO Y ENTRETENIMIENTO

Si bien el capitalismo de seducción fabrica en masa objetos materiales, también produce abundancia de bienes culturales (espectáculos, músicas, juegos, recorridos turísticos, películas, programas de televisión) que son esencialmente productos recreativos de masas.

En el corazón de las economías de seducción se encuentran las industrias culturales y recreativas, las del espectáculo y del entretenimiento situadas en el punto de intersección de las actividades de ocio, la cultura y el negocio. Se desarrolla una cultura mediático-mercantil cuyo objetivo es procurar el placer de distracción al mayor número posible de gente. Ya no se trata de artes dirigidas a las élites sociales a fin de ofrecerles elevación espiritual, sino de «artes de consumo de masas»[1] renovadas permanentemente, accesibles a todos los públicos

1. Sobre esta conceptualización, véase Gilles Lipovetsky y Jean Serroy, *L'Écran global. Culture-médias et cinéma à l'âge hypermoderne*, Le Seuil, París, 2007, págs. 36-46. (Versión española: *La pantalla global: cultura mediática y cine en la era hipermoderna*, Anagrama, Barcelona, 2009, trad. de Antonio-Prometeo Moya.)

de todos los continentes y que no requieren de ninguna formación especial ni erudita para ser apreciadas. En todas partes, las industrias recreativas proponen programas que halagan los gustos del gran público, un tipo de cultura «fácil», efímera, espectacular, que participa plenamente del auge del consumismo de masas. El capitalismo de seducción es el sistema en el que las actividades de ocio, el juego y el entretenimiento captan el tiempo y la atención de las masas y ocupan un lugar cada vez mayor tanto en la oferta como en la demanda de consumo.

Juegos de vídeo, multicines en centros comerciales, parques de ocio temáticos, cruceros, circuitos turísticos, clubes de vacaciones, museos, festivales: en la era del capitalismo de seducción, las actividades de ocio y entretenimiento ya no designan un ámbito marginal, sino que constituyen un sector económico gigantesco, una industria en fuerte expansión que crea siempre más imágenes, programas y actividades de entretenimiento. Así es como la civilización del objeto, la de los «gloriosos treinta», se ve suplantada por una «economía de la experiencia» dominada por las actividades de ocio, el turismo, los juegos y los espectáculos. Hemos pasado de un capitalismo productivista, orientado hacia la fabricación industrial de bienes materiales, a un «capitalismo cultural»,[1] centrado en esos mercados de la experiencia constituidos por las películas, las series, las músicas, el turismo,[2] los juegos,[3] los parques

---

1. Jeremy Rifkin, *La era del acceso: la revolución de la nueva economía*, Paidós, Barcelona, 2004, trad. de David Teira.
2. Según la Organización Mundial del Turismo (OMT), el turismo se ha convertido en la primera industria del planeta, al representar en 2012 el 9,1 % del PIB mundial. En 2015, 1,18 miles de millones de turistas internacionales viajaron por el mundo.
3. Los videojuegos representan ahora la primera industria cultural del mundo por su cifra de negocios. Desde hace varios años, la industria de los videojuegos sobrepasa el mercado del cine y la música juntos. Ocho de cada diez franceses ya han jugado al menos una vez a los juegos

de atracciones.[1] El centro de gravedad de nuestras economías descansa ahora en las industrias de la experiencia, aquellas que crean evasión, experiencias recreativas, sensaciones
nuevas.[2] Lo que se produce y se compra no es tanto un valor
de uso y un valor estatutario como una fuente de placer y
relajación. El capitalismo de seducción se fusiona con el auge
de los mercados del entretenimiento y el reino del «capitalismo experiencial».

Durante el siglo XX, las industrias culturales se han desarrollado apoyándose en tecnologías radicalmente inéditas:
cine, televisión, disco de vinilo, casete, cedés, deuvedés y
videojuegos. En breve, es probable que una nueva tecnología,
la realidad virtual, sea capaz de crear nuevas maneras de
entretener, sentir, jugar (con casco de realidad virtual), comprar y comunicar (Facebook trabaja en un proyecto de red
social animada en realidad virtual). Pronto, quizá, las emociones del juego ya no dependerán de una pantalla, sino de
mundos en realidad virtual. Ya existen películas, visitas a
páginas web, buceo en el océano, pornografía, en realidad
virtual. Al crear una inmersión total de trescientos sesenta
grados que ofrece sensaciones intensas y desconcertantes, que
dan la impresión de ser transportado a otro lugar, la realidad
virtual constituirá un nuevo vector de atracción del capitalismo experiencial.

---

de vídeo durante los últimos doce meses, dedicándoles de media doce
horas por semana.

1. Los parques de atracciones y de ocio atraen cada año a un número
creciente de visitantes; en 2015, los 25 mayores parques del mundo fueron
frecuentados por unos 235 millones de personas.

2. B. Joseph Pine II y James H. Gilmore, *The experience economy: work
is theatre and every business a stage,* Harvard Business School Press, Boston,
1999.

Expansión del ámbito del entretenimiento

La sociedad de seducción de masas se presenta como una inmensa acumulación de espectáculos que se despliegan bajo los auspicios del sensacionalismo y de lo *fun*, de lo lúdico y lo recreativo. Lo significativo es que lo que hasta entonces escapaba a la lógica del entretenimiento se encuentra atrapado, poco a poco, en esta órbita.

Empezando por las propias tiendas. Para atraer a los clientes, se desarrolló en Estados Unidos una tendencia denominada *fun shopping* o *retailtainment* cuyo fin era transformar el acto de compra en un «viaje» exótico, en un momento de relajación y placer. El punto de venta ya no debe ser un espacio neutro de intercambio comercial: debe ser interactivo en sí mismo, funcionar como un espacio experiencial de ocio. Teatralizar las tiendas, imaginar puestas en escena espectaculares, ofrecer animaciones interactivas, lugares de juego, restaurantes temáticos de moda: todos ellos son dispositivos cuyo fin es dar un nuevo encanto al consumo, hacer vivir experiencias originales a los clientes para que sucumban más fácilmente a la tentación.

Desde hace tiempo, la publicidad ha apostado por la comicidad de los dibujos, las imágenes y los eslóganes. Sin embargo, la lógica espectacular permanece sujeta al imperativo de poner en valor los méritos objetivos y psicológicos de los productos. Desde los años ochenta, este límite se ha borrado en beneficio de una publicidad-espectáculo dirigida ante todo a divertir, sorprender, hacer soñar: en resumen, seducir como seduce el cine poniendo en marcha los resortes del «gran» espectáculo. Esta era la *star strategy* tan apreciada por Jacques Séguéla, quien no dudaba en, por ejemplo, hacer despegar un GTI Citroën desde un portaviones. Incluso cuando en los años noventa se alzaron críticas contra la hipertrofia de un carácter espectacular cada vez más «vacío», se debe señalar que el entretenimiento publicitario sigue su curso y tiende a aparecer bajo el signo de una escenografía impresionante a base de efectos especiales, de un espectáculo a veces desenfrenado y excéntrico. En otras palabras, puro entretenimiento basado en retóricas múltiples: el *kitsch*, la burla de uno mismo, el humor absurdo, la ironía, el doble sentido, el pastiche.[1] Todos ellos registros que son la base de lo que los anglosajones denominan precisamente el *advertainment*. La seducción y el espectáculo han sustituido a las estrategias de la «demostración», la repetición y la valoración de los productos. Con el capitalismo de seducción, una parte de la publicidad intenta sorprender, entretener y divertir al público, medios privilegiados para retener la atención de los neoconsumidores hedonistas bombardeados con anuncios.

El espacio urbano registra también la irresistible subida del entretenimiento. El capitalismo de consumo ha contribuido a transformar los centros de las ciudades en espacios para el paseo, las actividades de ocio, el *shopping* placer. Los signos de esta mutación son innumerables: calles peatonales, rehabilitación y estetización del paisaje urbano, barrios burgueses bohemios, animaciones festivas, *relooking* del patrimonio histórico, transformación de los puertos industriales en paseos y de las fábricas abandonadas en parques de ocio. Todos ellos aspectos que ilustran el advenimiento de la ciudad como espacio lúdico cuyo fin es dar respuesta a las nuevas necesidades relacionadas con el turismo, las actividades de ocio y lo festivo. Mientras en los centros históricos se multiplican los rótulos de las franquicias y los bares, restaurantes y tiendas de moda, el consumo, el turismo y lo recreativo predominan sobre las demás actividades urbanas.

Incluso el mundo de los museos se reestructura según el

---

1. Nicolas Riou, *Pub Fiction. Société postmoderne et nouvelles tendances publicitaires,* Éditions d'Organisation, París, 1999.

principio de seducción-ocio. En cualquier lugar del mundo, las ciudades en busca de atractivos se dotan de museos con arquitecturas innovadoras, en las antípodas de los antiguos museos neoclásicos de volúmenes simétricos y proporciones intimidantes destinados a crear un ambiente «sagrado». El museo era un lugar de recogimiento que debía permitir un recorrido ascensional hacia los lugares del arte eterno: ahora es un destino turístico que opta por el consumo visual y hedonista de las multitudes itinerantes. Ya no son museos con intención educativa, sino museos atractivos y recreativos. El museo-templo ha sido sustituido por el museo-seducción cuya arquitectura atrae más la mirada que las obras expuestas y cuyas escenografías permiten visitas interactivas, entretenidas y lúdicas.

Televisión y entertainment

Hasta los años cincuenta, el cine representaba la distracción de masas por excelencia: en 1930, casi todos los estadounidenses iban al cine una vez por semana.[1] Asociada a una tradicional salida en familia y en sala, la «fábrica de sueños», con sus dramas, comedias, estrellas, arranca al público de la banalidad del día a día, suscita los sueños y las risas del gran público. Esta época ya ha pasado. En el seno del universo del entretenimiento, la televisión ocupa, desde hace medio siglo, la posición dominante.

En la actualidad, la televisión capta la mayor parte del tiempo dedicado a las actividades de ocio de los europeos y constituye la segunda cifra de negocio más importante de los

1. Francis Bordat, «De la crise à la guerre: le spectacle cinématographique à l'âge d'or des studios», en Francis Bordat y Michel Etcheverry (dirs.), *Cent ans d'aller au cinéma. Le spectacle cinématographique aux États-Unis, 1896-1995*, Presses universitaires de Rennes, Rennes, 1995, pág. 69.

mercados culturales y creativos franceses. El tiempo que los franceses pasan ante la pequeña pantalla se estimaba, en 2016, en 3 horas y 44 minutos de media cada día, bien en directo, bien grabando sus programas o utilizando los servicios de *replay*. Es cierto que la navegación por internet y las actividades digitales ocupan cada día un poco más del tiempo del público, de los jóvenes en particular. Con todo, no es seguro, como se dice a veces, que esta evolución de las prácticas signifique la «desaparición» de la televisión. Porque, a pesar de que los jóvenes abandonen el televisor, no dejan de consumir programas de televisión, series, películas y programas de entretenimiento en sus *smartphones* o sus tabletas. La cultura televisiva no está en vías de extinción: simplemente, se consume en otras pantallas.

Para maximizar su audiencia, las cadenas de televisión difunden un torrente creciente de programas cuya vocación no es educar, elevar los espíritus y el nivel de conciencia del público, sino esencialmente entretenerlo. En la famosa trilogía «informar, educar, entretener» que fijaba los papeles que debía cumplir la televisión de servicio público, claramente es la última misión la que domina: la televisión «se dedica por completo a entretener a su auditorio», incluso cuando se trata de «cosas serias» (política, cultura), escribe Neil Postman.[1] Una televisión que funciona como medio de seducción a través de una oferta creciente de series, películas, juegos, programas de variedades, *talk-shows,* telerrealidad, con el único fin del *entertainment.*

Crear espectáculo y sensacionalismo, privilegiar aquello que distrae en detrimento de la seriedad de la información: para retener la atención del público y ganar la carrera de la audiencia, todo debe convertirse en espectáculo e incluso en

---

1. Neil Postman, *Divertirse hasta morir: el discurso público en la era del show business,* Ediciones la Tempestad, Barcelona, 2001, trad. de Enrique Odell, pág. 107.

hiperespectáculo. La diversión, la risa, los juegos son los grandes vectores de la seducción televisiva.

La irresistible atracción de la pereza

Si las distracciones han ejercido en todas las sociedades un gran poder de atracción, es porque ofrecen la posibilidad de olvidar momentáneamente las preocupaciones del presente, de sustraerse a las tensiones que sufrimos, de aligerar las vivencias cotidianas. Este aspecto es esencial, pero no basta para explicar el hecho de que en nuestras sociedades, el deseo de entretenimiento se materialice principalmente en el consumo de imágenes televisivas y no en otro tipo de actividades de ocio que pueden producir los mismos efectos de evasión. ¿Por qué es el espectáculo televisivo el que ocupa la mayor parte del tiempo de ocio de la mayoría de la población? ¿Por qué nos hemos vuelto adictos a la televisión, por qué la encendemos antes incluso de consultar los programas, por qué seguimos viendo emisiones que nos aburren, por qué preferimos zapear en lugar de apagar el televisor?[1]

Responder adecuadamente a estas preguntas exige, según Olivier Ferrand, comprender el hecho de que el atractivo del espectáculo televisivo se basa en otros resortes distintos al hedonismo individualista del público. En lo más hondo, la captación televisiva es inseparable de su capacidad para crear vínculos sociales en la sociedad individualista, para «atarnos con el pensamiento a la sociedad», para poner en escena una dimensión pública o colectiva que ha dejado de ser interiorizada por los individuos privatizados. Es innegable, en efecto, que la televisión destinada a todos los públicos asume, en una

1. Olivier Ferrand, «La société du divertissement médiatique», Le Débat, n.º 138, enero-febrero de 2006.

273

televisión un papel de vínculo social

sociedad de soledad generalizada, un papel de vínculo social.[1] Porque miro programas que sé que son vistos por una masa de individuos, la televisión constituye una forma de vínculo social en una época amenazada por la fragmentación social y el repliegue en uno mismo. No obstante, ¿se trata realmente de una necesidad de conexión, acaso es un retorno colectivo aquello que empuja a los telespectadores a mirar, durante horas y a menudo a diario, la televisión?

¿Por qué esta preferencia masiva por el audiovisual? Después de todo, no faltan los signos de nuestra pertenencia a una comunidad social: se ofrecen en abundancia en la lengua, la alimentación, las canciones y los objetos de la cotidianeidad. La televisión está lejos de ser la única que da en forma de espectáculo los signos del «nosotros». Además, la dimensión pública de la oferta televisiva no permite explicar por qué el público elige las emisiones más «fáciles», las más espectaculares, las más divertidas, las más sensacionalistas y da la espalda multitudinariamente a programas «serios». ¿Por qué TF1 y no Arte? ¿Por qué los juegos de telerrealidad y no los programas literarios?

La verdad es que no vemos la televisión para tener la sensación de ser partícipes de una sociedad, sino para no tener que hacer, durante un momento, los esfuerzos (trabajo, pensamiento, responsabilidad) que implica la vida colectiva. Lo que seduce es el ocio espectacular y pasivo, indiferente al universo del sentido: lo que cuenta para el telespectador es la suspensión de las coacciones de la vida seria, la neutralización de las dificultades cotidianas, la suspensión de los esfuerzos que implica, especialmente los esfuerzos de la reflexión y los

1. Dominique Wolton, *Éloge du grand public. Une théorie critique de la télévision*, Flammarion, París, 1990, pág. 13. (Versión española: *Elogio del gran público. Una teoría crítica de la televisión*, Gedisa, Barcelona, 1992, trad. de Nélida Bixio.)

274

propios de la actividad intelectual. La seducción televisiva consagra el triunfo de la pereza mental que puede llegar hasta la pasividad total. El considerable poder de atracción de la televisión reside en el hecho de que no pone en marcha ningún esfuerzo físico ni mental. Las imágenes de la pequeña pantalla seducen aún más porque no implican ningún trabajo, ningún esfuerzo reflexivo; halagan la pereza mental, el placer de no tener que pensar, de liberarse de las responsabilidades, de hacer el vacío, de no tener que pensar en nada. Si bien vende «tiempo de cerebro humano disponible» (Patrick Le Lay) destinado a preparar al espectador para recibir mensajes publicitarios, ofrece, sobre todo, programas que dan la satisfacción, para uno mismo, de la no actividad mental.

No es el sentido social de la televisión el que «engancha» a la pantalla, sino su facilidad, sus juegos, sus ficciones, su comicidad. En relación con el pueblo y las masas convertidas en «público», Baudrillard señalaba que «se les da sentido, quieren espectáculo [...] idolatran el juego de los signos y los estereotipos, idolatran todos los contenidos siempre y cuando se resuelvan en una secuencia espectacular».[1] Al igual que el juego, la televisión «nos libera temporalmente de la historia de nuestras acciones, nos libera del trabajo de la libertad, nos da una irresponsabilidad que vivimos con placer».[2] Incluso cuando los programas no nos apasionan, la televisión sigue ejerciendo una seducción: la de la pereza,[3] la pasividad espec-

1. Jean Baudrillard, *À l'ombre des majorités silencieuses ou la fin du social,* Utopie, París, 1978, pág. 20. (Versión española: *A la sombra de las mayorías silenciosas,* Kairós, Barcelona, 1978, trad. de Tony Vicens.)

2. Eugen Fink, *Nietzsches Philosophie,* citado a partir de la versión francesa: *La philosophie de Nietzsche,* Minuit, París, 1965, pág. 229. (Versión española: *La filosofía de Nietzsche,* Alianza, Madrid, 1969, trad. de Andrés Sánchez-Pascual.)

3. Alain Cotta, *L'ivresse et la paresse,* Fayard, París, 1998, págs. 750-756.

275

tacular, la de no tener que rendir cuenta alguna, no tener nada que hacer, no tener necesidad de reflexionar. No se trata de la manipulación y el engaño de las masas descerebradas, sino de la explotación de una aspiración fundamental del ser humano: la inclinación por el mínimo esfuerzo, acceder a momentos livianos, hacer el vacío, escapar al peso del sentido, deshacerse de cualquier carga mental. El apego a la pequeña pantalla no se debe a que esta permite estar a la escucha de palabras públicas y conectados-unidos con los demás,[1] sino a que constituye el medio más fácil de alejar, en el imaginario, las coacciones de la vida social. No es el polo público el que seduce, sino la desconexión privada.

ESTILIZACIÓN Y EROTIZACIÓN DE LA MERCANCÍA

Paralelamente a las industrias del entretenimiento, el capitalismo posfordista se caracteriza por esforzarse en alcanzar la afectividad de los consumidores amplificando la eficacia emocional de las imágenes y de los productos comerciales. Para gustar y diferenciarse, es necesario lanzar productos portadores de emociones, placeres estéticos y valor afectivo. La emoción se impone como la gran herramienta para movilizar la atención y el factor predominante de la toma de decisiones de los compradores. Cuanto más domina la racionalidad instrumental y mercantil, los mercados de consumo más atraen

---

1. Esto no impide al público, ante la pantalla, buscar una consolidación del vínculo social sobre todo en ocasión de catástrofes o atentados terroristas. En este último caso, se hace todo lo posible para amplificar el impacto emocional del acontecimiento: en la información, se da prioridad a los testimonios de las víctimas, a la expresión de la angustia y el sufrimiento. Y esto se hace así para poner en valor valores compartidos, unir a la población en torno a dichos valores y emociones comunes y volver a crear comunidad.

la sensibilidad del consumidor. En este contexto, la experiencia estética, en el sentido de la sensación emocional, se ha convertido en una de las principales vías para cortejar a los consumidores: por ello, el capitalismo de seducción se consolida como un «capitalismo artístico», un «capitalismo emocional»[1] o «afectivo».[2]

El diseño del mundo comercial

De ahí, la generalización de la «creación de estilo» en el seno de la oferta mercantil. Si hay que hablar de un capitalismo de seducción es porque funciona incorporando el estilo como valor añadido al orden de la producción, la distribución y la comunicación, todo ello con vistas a un plus de placer sensible. En la era de la industrialización de la seducción, el capitalismo ambiciona dotar de encanto a los objetos y lugares comerciales, aunque sean de lo más corriente; en todas partes se desarrolla un trabajo de diseño de la oferta mercantil, de movilización de los recursos de estilo y espectáculo. La imagen, el *look,* el decorado y la belleza se imponen cada día más como imperativos estratégicos principales de las marcas. El capitalismo de seducción coincide con la puesta en escena total de nuestro marco de vida ordinaria, con la expansión ilimitada de la artealización del mundo de los objetos y los signos. Se trata de un modo de producción industrial que invade la apariencia de las

---

1. Tomo prestada esta expresión de Eva Illouz, *Les sentiments du capitalisme, op. cit.,* pág. 18.
2. Fabienne Martin Juchat, «Le capitalisme affectif: enjeux des pratiques de communication des organisations», en Sylvie P. Alemanno (dir.), *Communication organisationnelle, management et numérique,* L'Harmattan, París, 2014.

cosas para suscitar el deseo y captar la atención de los consumidores.[1]

Como «la fealdad se vende mal» (Raymond Loewy), ya no hay ningún objeto que no se conciba y se realice sin una operación de diseño que movilice los placeres estéticos, sensibles o lúdicos. La más insignificante baratija, el más insignificante logo, es obra del *design process,* ya nada escapa al proceso de estilización generalizada. Incluso los artistas de vanguardia son requeridos para concebir los escaparates de las tiendas, anuncios publicitarios o colecciones de productos. Diseño de productos, *packaging, merchandising,* creación de ambientes, arquitectura de interior para tiendas: el capitalismo de seducción se apoya en el valor añadido afectivo y estético llevado a cabo por los estilistas y arquitectos, por el diseño visual y sonoro, táctil y olfativo.

Incluso los objetos más utilitarios intentan mostrar un aspecto de «tendencia» mezclando técnica, estilo y entretenimiento: los objetos para el cuarto de baño, las zapatillas, las gafas, los relojes de pulsera, las bolsas de viaje, ya no son únicamente productos «técnicos», sino accesorios de moda de marca presentados en colecciones de temporada. En todas partes hay que seducir mediante un *look* que sea tendencia, crear efectos divertidos, jóvenes, «simpáticos», a la moda. La seducción consumista funciona con la hibridación de la industria y la moda, del *high-tech* y la creación de diseño, de lo racional y lo lúdico, de la tecnología y el glamour.

Más allá de la funcionalidad, de la practicidad y de la ergonomía, el diseño se esfuerza por conmover a los consumidores suscitando emociones positivas, particulares, a veces únicas, a través del estilo, las formas y los colores de los pro-

1. Sobre la lógica estética de la economía mercantil, véase el libro que escribí con Jean Serroy, *L'esthétisation du monde. Vivre à l'âge du capitalisme artiste, op. cit.* Retomo aquí algunos elementos centrales.

ductos. El diseño inaugural, dirigido por la búsqueda de la verdad funcional y universal del objeto, ha sido sustituido por un diseño sensible orientado hacia el valor afectivo, hacia las experiencias emocionales y sensoriales. Ya no basta con ofrecer confort técnico y funcionalidad racional, ni siquiera ornamentación y pura decoración: se ambiciona conseguir crear un «ambiente», una imagen, que transmitan emociones y experiencias sensibles positivas. Se trata de «gustar y emocionar» mediante una oferta que tenga un alcance afectivo y sensitivo, mediante una identidad visual emocional fuerte.

Arte desestetizado y cotidianeidad estilizada

Objetos ordinarios, nuevos dispositivos, lugares de venta, espacios de esparcimiento: la acción de seducción opera en todos los ámbitos de lo cotidiano. Este fenómeno resulta aún más notable porque el arte moderno, desde Cézanne, ha tomado un camino radicalmente opuesto. ¿Qué es la obra de las vanguardias si no un trabajo de transgresiones de los cánones de la belleza, el buen gusto, los imperativos estéticos erigidos por la tradición clásica? Las vanguardias históricas se aplicaron para disipar la ilusión representativa, deformar las «formas bellas», deconstruir la perspectiva euclidiana y el ilusionismo pictórico. La arquitectura y el diseño moderno también combatieron el ornamento, las decoraciones superfluas, las seductoras arbitrariedades de la estética burguesa. El arte contemporáneo, en este aspecto, ha tomado el relevo transgrediendo la frontera entre arte y no arte, rompiendo las reglas y los ideales del arte en beneficio de lo conceptual y lo minimalista, de lo trivial y el desecho, de la insignificancia y lo «horrible», de lo macabro y lo inmundo. Ya no se trata de seducir al observador, de ofrecer un «plus de seducción», sino de presentar lo «conceptual», *performances* e instalaciones crí-

279

ticas, «filosóficas», experienciales. Con el proceso de desestetización del arte,[1] este se impone más allá de la belleza y la fealdad, más allá del encanto y la seducción del ojo y el oído. Todo el arte moderno y todavía más el arte contemporáneo pueden pensarse como rechazo, como negación de la seducción inmediata de las formas.

Pero si la seducción inmediata se excluye del espacio del arte, es omnipresente en los objetos comerciales. Nuestra época asiste al triunfo de la seducción, salvo en el ámbito en el que, durante siglos, ha destacado con esplendor, a saber, el propio arte. Cuanta menos seducción encontramos en el arte contemporáneo, más intentan las marcas hacer seductivo el mundo mercantil. Ahora, al construir un cosmos comercial hecho todo él para gustar y emocionar, el capitalismo artístico se impone como el gran seductor.

Publicidad, belleza y erotismo

El imperativo estético-emocional del capitalismo de seducción se encarna también, y desde hace más tiempo, en el ámbito de la comunicación publicitaria. Para atraer la mirada, gustar y emocionar a los consumidores, la publicidad pone en escena continuamente imágenes de bellezas femeninas resplandecientes. Bellezas jóvenes, delgadas, mayoritariamente de piel blanca; bellezas irreales, retocadas, gracias al uso de programas informáticos que permiten corregir ciertas partes del cuerpo de las modelos; bellezas conocidas, célebres, como las estrellas de cine y las famosas atractivas. Se trata de seducir a los consumidores con modelos también atractivos, que tienden a favorecer la evaluación positiva de los productos elogiados y

1. Harold Rosenberg, *La Dé-définition de l'art,* Jacqueline Chambon, Nimes, 1992.

280

a aumentar, de esta manera, la eficacia de la publicidad.[1] Diversos estudios han demostrado que la memorización de la marca, la actitud hacia ciertos tipos de productos (en particular, los que están destinados a reforzar la belleza física) y las intenciones de compra son mayores cuando las imágenes hacen referencia a celebridades atractivas.[2] La apariencia seductora de las modelos y de las estrellas mejora la imagen de marca y favorece la venta: por este motivo, se explota tanto en las operaciones de comunicación del capitalismo artístico.

Estrategia de seducción también por la vía de la erotización ostensible y creciente de las imágenes del cuerpo femenino. Son innumerables las imágenes publicitarias que presentan mujeres con poses y en escenas con connotación sexual. Para captar la atención y «excitar» los sentidos, la celebración de las mercancías tiende a envolverse con un aura erótica marcada. Con el capitalismo artístico, todo un conjunto de anuncios se construye desde una perspectiva de seducción erótica, los atractivos de la mujer se convierten en un argumento de venta para los productos de todo tipo sin que exista la más mínima conexión entre estos y el ser femenino. La máquina seductora del capitalismo artístico se dirige a las emociones eróticas, actúa mediante el juego de las sugestiones sexuales vistiendo/desvistiendo lo femenino, poniendo en escena las fantasías del Eros masculino. Tal como señaló muy pronto Edgar Morin, la mujer de la economía seductora aparece como una «provocadora permanente».[3]

1. Kathleen Debevec y Jerome B. Kernan, «More evidence on the effects of a presenter's physical attractiveness Some cognitive, affective, and behavioral consequences», *Advances in Consumer Research*, vol. 11, n.º 1, 1984.

2. Lynn R. Kahle y Pamela M. Homer, «Physical attractiveness of the celebrity endorser. A social adaptation perspective», *Journal of Consumer Research*, vol. 11, n.º 4, 11 de marzo de 1985, págs. 954-961.

3. Edgar Morin, *L'Esprit du temps. Essai sur la culture de masse*, Gras-

Más allá de la industria manufacturera, la industria cultural pone en escena los afectos y se empeña en provocar emoción para atraer a los consumidores. Así como «el nuevo espíritu del capitalismo se apoya en una mercantilización de la comunicación afectiva»,[1] cada vez más, lo emocional se presenta como la vía privilegiada de la seducción comercializada. Gustar y conmover: los principios cardinales del arte oratorio se imponen ahora como los mecanismos clave del funcionamiento del capitalismo posfordista.

Toda la economía cultural se construye como una economía de los afectos. Películas, series, telerrealidad, música, son todas ellas producciones con valor emocional que pretenden conmover al público de masas. Desde hace un siglo, el cine, industria de sueños y emociones, pone en escena los sentimientos y las pasiones humanas. En las salas oscuras, reímos, lloramos, pasamos miedo, nos enternecemos: sin cesar se movilizan los afectos. Gracias a sus historias novelescas, sus romances, sus grandes crónicas, el séptimo arte arrebata al público creando un clima de encantamiento mágico. Del mismo modo, el carisma de las estrellas genera amor, una inmensa atracción, a veces la adulación entre los fans. El capitalismo cultural funciona con la producción y la incitación de los afectos.

Tanto como el cine, si no más, la industria musical ilustra la considerable expansión de la oferta emocional. Desde hace mucho tiempo, se ha hecho hincapié en el estrecho vínculo

---

set, París, 1962, pág. 167. (Versión española: *El espíritu del tiempo*, Taurus, Barcelona, 1966, trad. de R. Uría.)

1. Fabienne Martin-Juchat, «La dynamique de marchandisation de la communication affective», *Revue française des Sciences de l'Information et de la Communication*, 5, 2014; URL: http://rfsic.revues.org/1012

entre lo musical y lo emocional. Ya Aristóteles señalaba que la música «contribuye de algún modo a la formación del carácter y del alma».[1] según Descartes, el fin de la música «es gustar y despertar en nosotros pasiones diversas»,[2] y para Rousseau: «Parece que, al igual que la palabra es el arte de transmitir las ideas, la melodía sea el de transmitir los sentimientos».[3] Gracias a la industria discográfica y, ahora, a las plataformas musicales y a los servicios de escucha on line, la fuerza emocional de la música se comercializa a una escala inmensa, hasta el punto de inundar el día a día y acompañar a los individuos a todas partes en el espacio y el tiempo. Actualmente vivimos en un entorno musical rico con una oferta abismal: se puede acceder en *streaming* en Spotify a más de treinta millones de títulos. Hay quienes pueden denunciar «el declive del gusto» en la era de las «mercancías musicales estandarizadas», del fetichismo consumista y la infantilización de los oyentes que precipitan la pérdida de todo juicio crítico.[4] Lo cierto es que la música grabada ha extendido con fuerza en la sociedad la seducción musical y su capacidad para hacer resonar estados afectivos entre los individuos oyentes. A través de la industria musical, el capitalismo de seducción se presenta como una fábrica industrial de emociones, una economía que crea, incita, generaliza estados afectivos fuente de placer.

1. Aristóteles, *Política,* Gredos, Madrid, 1988, trad. de Manuela García Valdés, VIII, 5, 1340a 5-6.

2. René Descartes, *Abrégé de musique,* PUF, París, 1987, pág. 54. (Versión española: *Compendio de música,* Tecnos, Madrid, 2107, trad. de Primitiva Flores y Carmen Gallardo.)

3. Jean-Jacques Rousseau, «L'origine de la mélodie», *Œuvres complètes,* tomo V, Bibliothèque de la Pléiade, Gallimard, París, 1995, pág. 337.

4. Theodor W. Adorno, «Sobre el carácter fetichista de la música y la regresión de la escucha», en *Obra completa,* vol. XIV: *Disonancias,* Akal, Madrid, 2009, trad. de Gabriel Menéndez Torrellas, págs. 15-50.

Después del cine y la música grabada, les toca al marketing, a la publicidad y al *branding* centrar toda su atención en la dimensión afectiva. Desde los primeros años ochenta, el análisis del comportamiento de los consumidores ha evolucionado profundamente, sobre todo al crear modelos que ya no están centrados en lo cognitivo, sino en el aspecto afectivo. Bajo la influencia del enfoque experiencial propuesto por Holbrook y Hirschman,[1] se ha desarrollado la consideración de las reacciones afectivas en el análisis del consumo. A partir de ahora, las emociones sentidas en las experiencias de consumo se consideran un factor preponderante. Esta primacía reconocida a los estados afectivos ha llevado a muchas marcas a desarrollar un proceso de «marketing afectivo» que consiste en activar aquellas teclas capaces de «tocar» al consumidor en el sentido emocional del término.

Para seducir a los hiperconsumidores saciados, surge la exigencia de inspirar emociones, de conseguir que se quiera a las marcas, de establecer relaciones afectivas con los clientes provocándoles sentimientos y sensaciones, jugando la carta del afecto. Los discursos centrados en los productos y la empresa han sido sustituidos por mensajes centrados en la gente, las vivencias, los sentimientos: las marcas tienen que poseer una gran resonancia emocional. Así es el «*branding* emocional», que ya no vende productos concretos, sino afecto, emociones y experiencias. Para cortejar a los consumidores, para conquistar su corazón, «dadme un sentimiento, y no estadísticas o listas de cifras», escribe Marc Gobé.[2] Generar emociones, crear

---

1. Morris B. Holbrook y Elizabeth C. Hirschman, «The Experiential Aspects of Consumption. Consumer Fantasies, Feelings, and Fun», *Journal of Consumer Research,* vol. 9, n.º 2, 1982.
2. Marc Gobé, *Emotional branding. How successful brands gain the*

vínculos de afecto, se ha convertido en la mejor opción de la seducción de las marcas.

En este contexto se desarrollan a la vez el *storytelling* y el *celebrity marketing* como estrategias que ya no recurren a la argumentación racional, sino al elemento afectivo. A través de una historia atractiva o de la imagen de una estrella, se trata de aportar un valor añadido emocional a la marca. Las marcas intentan captar la atención de los consumidores y ganar mercados suscitando sentimientos, apego o amor.

Por esta misma vía, muchos de los anuncios explotan la dimensión emocional de los públicos a los que van dirigidos. Es cierto que todavía existe una publicidad llamada informativa, persuasiva o funcional que se dirige al hombre racional alabando los méritos del producto. Sin embargo, desde los años setenta y ochenta, la publicidad adopta cada vez más un «estilo emocional» basado en los recursos del humor, la provocación, el sueño, el absurdo, lo espectacular y la sorpresa. Se ha desarrollado un nuevo espíritu publicitario y el mismo se esfuerza por crear la participación afectiva, por instaurar una relación de simpatía, complicidad y connivencia con el consumidor. Divertir, asombrar y sorprender: el registro emocional se ha convertido en uno de los grandes resortes de la seducción publicitaria.

Ya no se trata solo de «hacer saber» (informar para aumentar la notoriedad), sino de dirigirse al corazón, conmover, apoyándose en las emociones positivas (felicidad, amor, amistad, compañerismo). De ahí, la multiplicación de campañas publicitarias basadas en la pareja feliz, la familia reunida, los abuelos, los niños, la amistad, el compartir, todas ellas temá-

irrational edge, Prima Venture, Roseville (California), 2002, pág. 53. (Versión española: *Branding emocional: el nuevo paradigma para conectar las marcas emocionalmente con las personas,* Divine EGG, Barcelona, 2005, trad. de Montserrat Foz Casals.)

285

ticas cuyo fin es activar la «fibra sensible», provocar emociones positivas en los consumidores.

Para combatir la desconfianza creciente de los compradores y construir una fidelidad duradera, la comunicación de las marcas tiende a liberarse del modelo del marketing-producto y de los argumentos racionales (precio, calidad) invadiendo los campos emocionales y sensoriales, aplicándose en la creación de vínculos afectivos o amorosos con los consumidores. «Hacer amar» la propia marca, unir al consumidor con la marca ya no de manera racional sino emocional: desde esta perspectiva, Kevin Roberts habla de *lovemark,* es decir, una marca que, más allá de la relación de fidelidad, genera amor y respeto por parte de los compradores. *Love is in the air:* el capitalismo de seducción apuesta por lo afectivo y lo emocional.

Las redes sociales como plataformas emocionales

No solo la comunicación mercantil se centra en el afecto, también lo hacen las plataformas digitales, cuyos dispositivos incitan a los usuarios a ofrecer sus emociones, desvelar sus preferencias, sus gustos íntimos. A este nivel, Facebook es un buen ejemplo. A diferencia de Google, donde los internautas buscan informaciones «objetivas», el funcionamiento de Facebook se apoya en prácticas cargadas de dimensiones afectivas: conversar con sus semejantes, compartir datos personales, reencontrar viejas amistades, acercar a la gente, calmar la sensación de soledad o de aburrimiento, expresar emociones subjetivas. Su éxito es inseparable de la posibilidad de expresar estados afectivos, sentimientos y pasiones en la esfera de las relaciones privadas. Cientos de millones de personas en el mundo se dedican diariamente a subir a escena, seducir a sus amigos, proyectar una imagen favorable de sí mismos, atraer la atención sobre uno mismo, a la espera de *likes* que adulen su

286

ego. Algunos incluso reconocen sentirse tristes o heridos cuando no reciben comentarios positivos, otros confiesan accionar el botón *like* para recibir a su vez otro *like*. Si bien en las plataformas relacionales, las operaciones de exposición de uno mismo se disparan, no es en absoluto para «hacer» nuevos amigos, sino para aumentar la propia autoestima, para reafirmarse. Una búsqueda generalizada de seducción que ya no está orientada a la conquista del otro, sino centrada en las necesidades emocionales del yo. El poder de atracción de Facebook radica en su uso emocional.

Expreso lo que me gusta y mis amigos hacen lo mismo accionando el famoso botón de «me gusta» y ahora otros emoticonos que sugieren distintos estados afectivos: la risa, la alegría, la sorpresa, la tristeza, el enfado. Lo importante es recibir *likes* de aprobación y expresar sus emociones sin tener que decir nada en concreto sobre el tema. «Me gusta» y eso es todo. Los mensajes negativos son también posibles obviamente, pero no están «institucionalizados»: no existe un botón para «no me gusta» en el muro de la celebérrima red social. Debido a esta ausencia voluntaria, la plataforma está organizada para favorecer la expresión de la empatía, de reacciones afectivas positivas, de arrebatos de seducción, de lo que nos emociona y nos gusta. De esta manera, Facebook ha creado un espacio emocional dominado por el «gustar y emocionar»: esa es la clave de su éxito planetario. A partir de ahora, la expresión del afecto y las emociones desempeña un papel crucial en los usos digitales: por ello, Facebook se presenta como un paisaje emocional, como uno de los grandes dispositivos de la nueva «economía afectiva».

Dichos intercambios afectivos seducen sobre todo a los usuarios que desean obtener esos «me gusta» y esos «lo adoro» como signos de reconocimiento personal. Según un estudio realizado por el gabinete Kaspersky Lab, muchos internautas utilizan la red para ponerse en valor, cosechar el máximo posible de *likes* y así hacerse populares entre los demás; y tres de cada diez hombres reconocen que les afecta si una persona importante para ellos no pulsa un *like* en lo que suben a la página. Se ha podido decir que Facebook era una «utopía social» por el hecho de que la red social se basa en la «negación del enemigo» y el rechazo de «la dimensión conflictiva de la vida entre los hombres».[1] Sin embargo, si bien es cierto que Facebook se basa en «esquivar la distinción amigo/enemigo», no constituye un espacio expurgado de heridas subjetivas, de riesgos emocionales ni de una forma de competición simbólica relacionada con la búsqueda de reconocimiento. Esto es así porque en Facebook, los internautas intentan salir del anonimato, rivalizan en originalidad o humor y dan una imagen halagadora de sí mismos para obtener la mayor cantidad posible de *likes*, suscitar atención e interés, ser populares, convertirse en una «minicelebridad». En Facebook, los insultos, los enfrentamientos no están admitidos:[2] no por ello deja de aparecer como un espacio afectivo en el que se ejercen juegos de competición simbólica, una carrera en pos de la estima, la popularidad y la sociabilidad virtual.

El riesgo no es el enfrentamiento con los otros, sino el tener pocos amigos, no sobresalir, no recibir *likes* ni comentarios positivos. En cambio, dichos comentarios positivos permiten reforzar la autoestima, halagar el ego, tranquilizar al sujeto sobre su poder de seducción, su aptitud para captar la atención de los demás, el afecto de las personas que cuentan para él.[3] Lo que constituye el poder atractivo de la red no está

1. Jérôme Batout, «Le monde selon Facebook», *Le Débat*, n.º 163, enero-febrero de 2011.

2. Sobre Facebook, «On ne se recadre pas, on ne polémique pas, on s'aime», Alexandre des Isnards y Thomas Zuber, *Facebook m'a tuer*, NiL, París, 2011, pág. 26.

3. Bernard Formoso, *L'identité reconsidérée. Des mécanismes de base de*

288

en la sociabilidad basada en la pacífica afinidad que propone, sino en un dispositivo susceptible de aportar signos de reconocimiento, señales de estima y admiración, gratificaciones simbólicas inmediatas, todos ellos fuente de satisfacciones narcisistas.

Al mismo tiempo, las «emociones» funcionan como un nuevo recurso económico, pues el dato digital se ha convertido en el criterio principal de valorización de las empresas de la nueva economía. De este modo, se ha asimilado la actividad digital de estos usuarios con la noción de *digital labor* y de *affective labor*,[1] al funcionar el afecto como capital de las plataformas digitales y estas como máquinas de captación y explotación de datos personales íntimos.[2] De ahí la idea de un «capitalismo afectivo» que traduce, por medio de los algoritmos de tratamiento de datos, valor en beneficio para los accionistas de las plataformas.

Por otro lado, las ideas de «proletario afectivo», de «manipulación de los estados de ánimo», de «obreros del afecto»[3] están lejos de agotar la cuestión de las prácticas afectivas de lo digital. Incluso si existe explotación capitalista de los afectos personales, la idea de trabajador «explotado» no hace justicia a unas experiencias en las que los beneficios íntimos de los usuarios de la web están muy por encima de su desposesión.

---

l'identité à ses formes d'expression les plus actuelles, L'Harmattan, París, 2011, pág. 225.

1. Michael Hardt, «Affective Labor», *Boundary 2,* Duke University Press, vol. 26, n.º 2, 1999, págs. 89-100.

2. Un estudio del Boston Consulting Group calcula en 315 millardos de euros el valor mercantil de los datos personales y de la identidad digital recogidos por los gigantes de la red en 2011. El mercado europeo del *big data* podría valer mil millardos de euros en 2020.

3. Julien Pierre y Camille Alloing, «Questionner le digital labor par le prisme des émotions: le capitalisme affectif comme métadispositif?», mayo de 2015; https://hal.archives-ouvertes.fr/hal-01171594

La expresión de las emociones se ha convertido en algo central en la web, pero no por las incitaciones para interactuar y dar datos ni por las maniobras de manipulación de las plataformas, sino como respuesta a la desestabilización de las personalidades, a la incertidumbre creciente de las identidades, al deseo de formar parte de una red, a las necesidades de gratificaciones rápidas y de ganancias narcisistas de los individuos. Los usuarios de la web no están tan «dominados» por los dispositivos del capitalismo afectivo, sino que ante todo son actores en busca de popularidad virtual, reconocimiento y expresión de sí mismo. Si el sistema económico explota lo íntimo, solo lo consigue gracias a una demanda de relaciones y satisfacciones narcisistas exacerbada por la individualización extrema de la sociedad hipermoderna.

La intimidad emocional

Las películas y las ficciones siempre han provocado las emociones del público en el cine y la televisión. Pero desde los años ochenta y noventa, se propusieron nuevos espectáculos, basados ya no en la ficción, sino en la exhibición de la intimidad de personas «reales». Los *reality-shows* ejemplifican esta «televisión de la intimidad»[1] cuya emoción constituye el motor y la finalidad. Se trate de «emoción-acción» (la valentía de un «héroe», por ejemplo) o de «emoción-afecto» (centrada en confesiones íntimas difíciles y psicodramas de los protagonistas), el *reality-show* está filmado y montado de tal manera que pueda conmover al espectador lo más «eficazmente» posible.[2] Se reconstituyen acciones heroicas de individuos ordinarios

1. Dominique Mehl, *La télévision de l'intimité*, Le Seuil, París, 1996.
2. Yann Vallée, «Reality-sows, réalités télévisuelles et déréalisation», *Quaderni*, vol. 23, n.º 1, 1994.

como si se tratara de una película, con voz en *off,* música, montaje cargado de suspense, cámara lenta, efecto de dramatización. Y, también, primeros planos de los rostros, las lágrimas, el dolor de los invitados que ofrecen su testimonio, en los platós de televisión, de sus dramas personales, sus dificultades íntimas y relacionales. Todos ellos artificios de puesta en escena que están dirigidos por la voluntad de amplificar la emoción de los invitados cuyo espectáculo debe provocar, en principio, la del público. La palabra clave del *reality-show* es la emoción: ese es el factor principal del éxito de estas emisiones.

La noción de *reality-show* tiene algo engañoso, ya que este género televisivo centrado en la vida emocional de «personas reales» no es tanto un universo real como un espectáculo construido, dramatizado y escenificado. Prima la intensidad espectacular que explica el éxito de estos programas y no solo la atracción de la verdad. Incluso si la teleintimidad da la espalda a la ficción, a las estrellas y los resplandores del *show-business,* no deja de ser una máquina de seducción-espectáculo: el capitalismo de seducción sigue adelante con su trabajo de conquista del público, movilizando el recurso casi infinito constituido por la exposición de la vida afectiva de todo el mundo.

Ocurre lo mismo con los juegos de telerrealidad en los que el elemento emocional es omnipresente a través de la competición en la que participan los candidatos. Estos ofrecen sus sentimientos, miedos, alegrías, celos y enfados: van al «confesionario» para hacer balance del modo en el que viven los acontecimientos. Los protagonistas se confiesan, lloran para la pantalla y son elegidos por su cualidad expresiva y emocional. Los *reality-shows,* al igual que los *talk-shows,* son programas que pretenden gestionar la aparición y la expresión de la emoción. Durante mucho tiempo, el ámbito de las emociones era la ficción: con estos nuevos programas, ya no es así, los afectos son ahora los de personas ordinarias y no los de los personajes o estrellas. La atracción que suscitan estas emisiones se debe a la puesta en escena de personas ordinarias, «reales», que expresan emociones «verdaderas». Por eso, una de las características de la telerrealidad es que moviliza los artificios del espectáculo televisivo (puesta en escena, música, juegos) para obtener emoción verdadera de personas reales. De este modo, consigue hacer de la emoción individual un espectáculo de consumo y entretenimiento de masas.

VELOCIDAD Y MOVILIDAD

No solo se aceleran las novedades: también el tiempo que separa el deseo de su consumación. El capitalismo de consumo es esa economía que trabaja continuamente para reducir la distancia entre las expectativas y su satisfacción: ha creado una «sociedad de satisfacción inmediata». El autoservicio no libera de la obligación de tener que esperar la disponibilidad del vendedor. Todas las operaciones tienen que ir más rápido: sacar dinero, pago electrónico, búsqueda de informaciones, cargar páginas de internet. Con la intermediación del e-comercio, las compras se realizan en un clic, en cualquier lugar y a cualquier hora. Los congelados y el microondas permiten preparar una comida en pocos minutos. La restauración rápida vive un éxito creciente. Los expendedores automáticos, las máquinas ultrarrápidas para retirar los billetes de transporte, los servicios de veinticuatro horas y los de una hora se multiplican en las grandes ciudades. Al aumentar la velocidad de las imágenes en pantalla, ahora podemos consumir de forma acelerada las películas y series de televisión: con este *speed watching,* un episodio de cincuenta y dos minutos se ve en veintiséis minutos. En todos los lugares del mundo, los internautas se muestran impacientes y ya no toleran las páginas lentas. Recientemente, Google anunció que privilegiaba los sitios rápidos, beneficiándolos con posicionamientos altos entre los resultados de bús-

292

queda. La aceleración de los procesos de adquisición y consumo se ha convertido en uno de los grandes vectores de la seducción mercantil.

Estos dispositivos se presentan a menudo como fenómenos que son sinónimo de antiseducción porque anulan el encanto del misterio, el espacio de carencia, las delicias de la espera. Esta observación es innegablemente justa: ya no nos encontramos en una cultura de formas rituales marcadas por la lentitud y la paciencia, sino en una sociedad de hipervelocidad dominada por la obsesión de ganar tiempo en cualquier circunstancia, pero los mismos dispositivos de aceleración ya poseen algo atractivo: el cero tiempo de espera va acompañado de cierta forma de seducción. Ahora, lo que resulta atractivo para el hiperconsumidor, para el *homo numericus* y el *digital native,* es lo que no te hace esperar, lo que se obtiene enseguida, aquí y ahora. Un tipo de seducción desaparece, otro que funciona a base de velocidad, instantaneidad e inmediatez aparece.[1] El capitalismo de consumo ha conseguido crear una seducción de tercer tipo, desritualizada, desformalizada, sin aura de misterio.

EL CULTO A LAS MARCAS

Toda la vida de las sociedades en las que reinan las condiciones modernas de producción se presenta como una inmensa acumulación de logos. Las imágenes publicitarias invaden las paredes de la ciudad, los buzones, los vestíbulos de los aeropuertos, los sitios de internet. Antes, los logos estaban colocados de forma discreta, ahora se muestran de manera ostensible en las

---

1. Atracción por la velocidad que no excluye el sentimiento ampliamente compartido de vivir en un mundo estresante, agotador, debido al exceso de aceleración, presión e incitación que sufrimos permanentemente.

gorras, las camisetas, las gafas, las zapatillas, los bolsos y los bolígrafos. Los nombres de las marcas aparecen en las obras de arte contemporáneo, en las novelas, las películas y las series de televisión. Cada vez más las marcas que antes se presentaban únicamente en los circuitos de la gran distribución abren sus propias tiendas físicas en el corazón de las grandes ciudades. No importa donde estemos, resulta difícil escapar al espectáculo de las marcas. El capitalismo de seducción se caracteriza por la omnipresencia de las marcas, algunas de las cuales acceden al rango de mito y son objeto de verdadero culto.

Estamos en un momento en el que la atracción que suscitan las marcas ya no está circunscrita a las élites sociales de Occidente: se ejerce en todas las naciones, en todas las capas de la población, en todas las edades. Fuerza de su seducción que atestigua el auge sin precedentes de la falsificación que se extiende a escala planetaria. El culto a las marcas hace estragos en todos los países emergentes: hoy en día, incluso los más desfavorecidos conocen y desean comprar las marcas más conocidas, las más *cool*. Se acabó la antigua inhibición de las clases populares ante las marcas de moda y lujo; la alta gama ya no es únicamente para los «de arriba», es para mí. Los jóvenes no sueñan tanto con la moda como con productos de marca, e ¡incluso algunos padres estadounidenses ponen nombres de marca a sus hijos!

Qué fabuloso es el destino de la marca: desde hace algunas décadas, seduce más la marca que la moda, la marca es la que hace la moda. Los consumidores ya no fantasean con la moda sino con los logos. Ya no se compran unos pantalones vaqueros sino unos Diesel. Ya no se desea un par de zapatillas, se desean unas Nike o unas Adidas. Ya no es la moda sino la marca la que añade una plusvalía simbólica a los productos. Lo que capta el deseo del hiperconsumidor es la marca con su dimensión de imaginario, sueño y mito. El nuevo vector de seducción es el logo.

294

Nuestra época es aquella en la que los jóvenes conocen mucho mejor los nombres de las marcas que los de la historia o la religión: pueden citar más nombres de marcas que de santos, escritores o científicos. Los compradores ya no son solo clientes, sino a veces fans y «embajadores» que se expresan en las redes sociales, participan activamente en los blogs, foros y sitios comunitarios relacionados con el universo de la marca. Marcas que son mucho más que simples etiquetas de productos: objetos del deseo de los consumidores, las marcas constituyen una cultura, se han convertido en los nuevos fetiches de la sociedad de hiperconsumo.

¿Desencanto de las marcas? contrarreacción

Es cierto, al mismo tiempo, que la presencia excesiva de las marcas genera movimientos de hostilidad y alergia hacia ellas; muchas personas acusan a la publicidad de ser la fuente de la contaminación visual de las ciudades y de nuestras pantallas. Además, se señala desde el crac de 2008, un descenso del poder de atracción de las marcas. En 2013, el Baromètre Orange/Terrafemina revelaba que el 60 % de los internautas franceses ya no confiaba en las marcas para que los informaran o los aconsejaran, entre ellos el 41 % consideraba que el nivel de intrusión de las marcas en su vida privada era demasiado alto. Estamos en el momento en el que se hace responsable a las marcas de multitud de males: omnimercantilización de la vida, endeudamiento excesivo de las parejas, adicción, comida basura, contaminación, cáncer u obesidad. Muchos consumidores declaran que las marcas ya no los hacen soñar, no les dan ganas de comprar, rechazan la idea de pagar el exceso de precio ligado a la marca, consideran que esta no es un elemento importante en el momento de la compra y todo ello porque no aporta ningún «plus» real.

295

De acuerdo. Pero ¿hasta dónde llega este movimiento de deseducción? ¿Cómo validar la idea de crisis de la relación con las marcas cuando observamos la pasión creciente por las marcas de lujo o bien la multiplicación de los clubs de fans? Además, vemos multiplicarse, en la investigación del marketing, estudios cuyo objeto es el sentimiento de amor hacia las marcas. En realidad, la atracción de las marcas decae mucho menos de lo que se generaliza entre el conjunto de las capas sociales y alcanza a todas las categorías de productos. Hay que constatar que, si bien algunas marcas pierden su aura, otras, en cambio, son muy apreciadas y gozan de una cota de amor elevada entre sus clientes: no existe ningún movimiento general de rechazo y desencanto. Basta con observar el estatus de Apple, Google, Mercedes, de los coches de lujo para convencerse. Si bien los grandes distribuidores alimentarios suscitan la desconfianza de los consumidores, otras marcas (Picard, Amazon, Ikea, Yves Rocher, FNAC, Decathlon, Sephora...) salen bien libradas del juego, se las considera atractivas y reciben una amplia aceptación en todas las franjas de edad. La infidelidad creciente de los consumidores hacia las marcas no es en absoluto sinónimo de pérdida de confianza generalizada hacia ellas.

Pensar que los consumidores, al tanto de las trampas del marketing, se están volviendo razonables y van a empezar a rechazar lo superfluo, es mostrar mucha ingenuidad. En una sociedad huérfana de grandes utopías colectivas, las marcas cumplen funciones psicológicas y «terapéuticas» que no pueden eliminarse: hacer soñar, escaparse del mundo que nos frustra y nos angustia o exorcizar la desgracia de los días. Tres meses después del seísmo de Fukushima, las ventas de las grandes marcas de lujo francesas en Japón habían vuelto a su nivel anterior. Si una catástrofe de este tipo no consiguió ahogar la demanda de marcas de lujo, es difícil entender qué podría ser capaz de apagar su resplandor en un futuro próximo.

Evitemos explicar el poder de atracción de las marcas únicamente por las estrategias del *branding* y la distinción social. Lo que se consolida no es tanto la omnipotencia del marketing como la fuerza de los valores hedonistas, estéticos y sanitarios. En relación con esto, al menos en nuestros países, la seducción que ejercen las «grandes» marcas no traduce tanto la perpetuación de las luchas simbólicas por la apropiación de los signos distintivos como el ascenso del consumismo emocional, la consagración del marco referencial de la calidad de vida, la difusión social de las aspiraciones individualistas a los goces materiales de la vida estetizada.

Si la desaparición del poder de atracción de las marcas no está a la orden del día se debe a que el tropismo que generan no puede separarse del estado de desorientación e inseguridad de los compradores contemporáneos, de sus ansiedades estéticas y consumistas. La marca es lo que permite tranquilizar al neoconsumidor perdido en la hiperoferta mercantil. La seducción que ejercen las marcas responde a la profusión, la destradicionalización y la hiperindividualización del consumo. Cuanto más se diversifica la oferta mercantil, más se consolida la necesidad de etiquetas de certificación, signos y balizas de seguridad. Cuanto menos dependen los estilos de vida de las tradiciones de clase, más se impone la necesidad de «guías» seguras. Cuando la moda está balcanizada y estalla en estilos heterogéneos, la marca aporta referencias, seguridad psicológica y estética, pero también valoración de sí mismos a los consumidores «desnortados» y desorientados. Por muy real que sea, la desconfianza hacia las marcas es menos apremiante que la confianza que ofrecen a los consumidores. Todos ellos factores que deberían asegurar aún por mucho tiempo el reinado de la seducción de las marcas.

A pesar de todo ello, la época registra un cambio de gran amplitud que, al cuestionar los principios constitutivos de la sociedad de consumo «clásica», desestructura la organización de los mercados, los modelos económicos, los servicios y las redes de distribución tradicionales. Este cambio coincide con el auge de lo que se denomina economía de consumo colaborativo, que hace referencia al conjunto de nuevas formas de compartir, intercambiar y alquilar a través de las plataformas digitales de contacto. La *sharing economy* se desarrolla en todos los sectores de actividad y seduce a cada vez más consumidores: las redes de redistribución (Leboncoin) están en pleno auge, los sistemas de coche compartido (BlaBlaCar) se multiplican, así como las prácticas de alquiler entre particulares, los bienes compartidos, las plataformas comunitarias de alquiler de alojamientos de particulares (Airbnb). Todos ellos dispositivos y prácticas que permiten eludir los canales comerciales tradicionales del mercado.

¿Es el fin del deseo de propiedad?

La economía colaborativa o economía del compartir se presenta en primer lugar como un modelo económico que favorece el uso por encima de la posesión de bienes, como un modo de consumo menos centrado en la propiedad que en el placer, la experiencia y el intercambio. Varias encuestas pueden confirmar esta idea: el 82 % de los franceses aprueba la afirmación «Lo importante es poder utilizar un producto, más que poseerlo» (encuesta de 2013); en Estados Unidos, casi uno de cada dos conductores entre dieciocho y veinticuatro años declara que el acceso a internet es más importante que poseer un

298

coche. Cada vez un mayor número de jóvenes privilegian más el acceso y los bienes compartidos que la propiedad de los mismos y dicen que esta ya no les aporta nada a su felicidad y bienestar. Comprar menos, ahorrar más, limitar el despilfarro, reducir los desechos, prolongar la vida de los productos, alquilar en lugar de acumular bienes materiales, reutilizar o reciclar en lugar de tirar a la basura antes de tiempo: la época, nos dicen, vive el declive de la cultura de la propiedad. De este modo, el valor de compartir podría suplantar el valor de intercambio: «compartir es mucho más simpático que ir de compras». Los mercados dejan paso a las redes, la propiedad se vuelve menos importante que el uso funcional y hedonista, la búsqueda del enriquecimiento personal se ve suplantada por la de la calidad de vida duradera: es así como estos cambios podrían marcar el fin de la seducción hiperconsumista e incluso, para algunos, ofrecer una alternativa al capitalismo.[1]

Resulta difícil cuestionar el cambio de la relación con el consumo, pues la búsqueda del uso, del placer y de un mejor bienestar destrona ahora la ostentación del poseer. Sin embargo, ¿nos permite esto diagnosticar la pérdida de valor de la propiedad? Evitemos ir en esa dirección. La crisis de las *subprimes* se alimentó con el deseo de convertirse en propietario de su lugar de residencia. En Francia, casi la mitad de los inquilinos desea acceder a la propiedad en un futuro próximo[2] y ocho franceses de cada diez sueñan con poseer una casa unifamiliar con jardín para alojar a su familia, hacerse con un patrimonio y afrontar así mejor el porvenir. La oferta y la

---

1. Jeremy Rifkin, *La sociedad de coste marginal cero: El Internet de las cosas, el procomún colaborativo y el eclipse del capitalismo*, Paidós, Barcelona, 2014, trad. de Genís Sánchez.
2. CREDOC, Encuesta «Conditions de vie et aspirations des Français», junio de 2008.

demanda de lujo nunca han sido tan importantes, el número
de pedidos de yates o de yates en construcción está al alza y el
mercado del arte contemporáneo pasa de un récord a otro.
Es cierto que los gastos en telefonía móvil aumentan mientras que los relacionados con el coche disminuyen; también es
cierto que asistimos a la transformación simbólica del papel
del automóvil entre los jóvenes de las grandes ciudades, pues
ha dejado de tener el prestigio que tuvo en décadas pasadas.
Sin embargo, esto no impide el deseo, entre las personas que
viven en la periferia urbana, de adquirir un coche sobre todo
por razones estrictamente prácticas. Y el éxito del coche compartido no debe ocultar el éxito creciente de los coches de alta
gama, de los SUV, los *crossovers* y otros 4 x 4: actualmente
representan el 25 % de las ventas de vehículos nuevos en Francia y en Alemania. La idea del paso de la propiedad al acceso
es en gran parte ilusoria: la seducción que ejerce la propiedad
está cualquier cosa menos caduca.

¿Fin del hiperconsumo?

Las investigaciones empíricas sobre consumo colaborativo
muestran que este se basa en distintos tipos de motivaciones.
Para todo un conjunto de individuos, lo atractivo de esta lógica de uso es su dimensión «comunitaria» y relacional, las
posibilidades que ofrece de crear contactos sociales, de hacer
nuevas amistades de todo tipo, de compartir una aventura
«simpática» con otras personas. Para otros, de manera más
radical, el consumo colaborativo constituye una forma de oposición y resistencia a la cultura hiperconsumista, una manera
de eludir los sistemas mercantiles instituidos, una forma de
liberarse de la norma dominante de adquisición y acumulación
de bienes materiales e incluso de inscribirse en una lógica de
consumo duradero y de decrecimiento. Si el consumo colabo-

300

rativo seduce a determinadas categorías de personas, es porque aparece como una forma de consumo alternativo que da la sensación de una vida menos regulada, liberada de la «dictadura» materialista y consumista.

No nos equivoquemos. En realidad, estas expectativas tienen un peso poco importante, comparado con el de las motivaciones económicas, individualistas y utilitarias. Las encuestas son elocuentes: el 65 % de los franceses declara que la dimensión «poder adquisitivo» es la razón principal que los lleva a practicar el consumo colaborativo.[1] Para la mayoría de los usuarios, el entusiasmo por las plataformas basadas en el acceso es fruto de la oportunidad económica que representan: pagar menos, optimizar los gastos en una época en la que los deseos no dejan de ser avivados a pesar de que el crecimiento del poder de adquisición de las familias se ha frenado. La disminución del coste de los gastos, la búsqueda del mejor precio y de la ganga, así como la optimización del poder de adquisición sobrepasan ampliamente las demás motivaciones, sean relativas al entorno o a la sociedad. Y son incluso los individuos más hiperconsumidores los que se muestran más comprometidos con las nuevas maneras de satisfacer las necesidades.[2]

Es un grave error analizar el consumo colaborativo como un comportamiento de ruptura en relación con la cultura de hiperconsumo: es cualquier cosa menos un rechazo del consumismo o un «contraconsumo». Lo que busca el adepto de estos nuevos servicios es, en primer lugar, poder seguir gozando de una multiplicidad de bienes y servicios cuando los precios en los mercados «clásicos» son demasiado altos para el presupuesto disponible. Se trata de saciar las ganas de consumir gastan-

1. PIPAME, *Enjeux et perspectives de la consommation collaborative*, Ministère de l'Économie, de l'Industrie et du Numérique, 2015, pág. 217.

2. Philippe Moati, *La société malade de l'hyperconsommation*, Odile Jacob, París, 2016, pág. 53.

do lo menos posible en la compra, gastar menos para consumir más, seguir viviendo experiencias emocionales variadas y recreativas (viajes, juegos, ropa, joyas, electrodomésticos...) a través de la búsqueda activa de la «ganga» o a través de un complemento de los ingresos (reventa de bienes, alojamiento ofrecido en la propia casa, movilidad compartida, compra de segunda mano). Al final, el objetivo es conseguir no privarse de nada «importante» para uno mismo, a pesar de contar con un presupuesto limitado o reducido, simplemente consumiendo a menor precio, adoptando prácticas más económicas, menos convencionales. No se trata de un no-consumidor, sino de un *smart shopper*, un comprador «espabilado». E incluso las plataformas de intercambio de productos de segunda mano, que constantemente señalan las gangas, contribuyen así a intensificar los deseos de novedad, a alimentar la esperanza de encontrar lo que se desea a un precio asumible, a perpetuar la seducción consumista.[1] Así, por tanto, no se da una desafección del hiperconsumo, sino, por el contrario, una continuación de este a través de otros medios.

1. Isabelle Robert, Anne-Sophie Binninger y Nacima Ourahmoune, «La consommation collaborative, le versant encore équivoque de l'économie de la fonctionnalité», *Écologie industrielle, économie de la fonctionnalité*, vol. 5, n.º 1, febrero de 2014, consultable en la página Développement durable et territoires: http://developpemendurable.revues.org/10222

VIII. LA POLÍTICA O LA SEDUCCIÓN TRISTE

*el Estado-espectáculo
la política seducción*

Paralelamente a la economía de consumo, la política en las democracias liberales contemporáneas constituye otro gran continente de la sociedad de seducción. Sin duda, la importancia de las estrategias de seducción en el universo político no es una realidad nueva. Sabemos desde la Antigüedad hasta qué punto el arte de la retórica, los discursos aduladores y demagógicos son inherentes a los sistemas basados en el principio electoral. Cuando el poder no se adquiere por la fuerza, ni por el dinero ni por la nobleza, se desarrolla inevitablemente todo un conjunto de efectos de lenguaje y de promesas destinado a seducir al elector y halagar las pasiones colectivas menos realistas a fin de ganar de este modo a los adversarios, conquistar el poder y mantenerse en él.

Sin embargo, a partir de mediados del siglo XX, el fenómeno se ha amplificado muchísimo: se ha alcanzado una nueva etapa. Las democracias han visto nacer y desarrollarse lo que se ha denominado el Estado-espectáculo y la política-seducción.[1] Con la ayuda de los expertos en imagen, los dirigentes

1. Roger-Gérard Schwartzenberg, *L'État spectacle. Essai sur et contre le star system en politique,* Le Livre de poche n.º 5077. (Versión española: *El show político,* Dopesa, Barcelona, 1978, trad. de C. Sanz Barberá); Thierry

303

aprenden a ponerse en escena y convertirse en protagonistas, a captar la atención de los ciudadanos mediante discursos sencillos y frases breves e impactantes; cuidan su imagen, se hacen corregir las imperfecciones del rostro, se exponen en los *talkshows* en los que desvelan sus gustos y otras confidencias personales. En los mítines, los líderes suben al escenario acompañados de celebridades del *show-business* y del cine. Mientras que el tono solemne a la antigua usanza es sustituido por un estilo directo y «natural», los hombres políticos se expresan en las redes sociales mediante micromensajes fragmentarios y discontinuos para atraer la simpatía y emocionar directamente a su electorado. En esta nueva era de comunicación, las estrategias de seducción ya no son puntuales, ya no están ligadas al don particular de un tribuno capaz de subyugar a la asistencia con la magia del discurso: se han vuelto consustanciales al régimen de la videopolítica.

Todo está hecho para atraer la atención y captar el favor del pueblo. Y, sin embargo, no se consigue. Lejos de brillar con esplendor, cada vez más, la política es objeto de mayor desconfianza, desconsideración y sospecha por parte de los ciudadanos. Mientras que la economía consumista muestra a diario su poder de atracción entre los consumidores, lo político, por su parte, aparece como una esfera marcada por una seducción repulsiva o negativa. Dos fenómenos contrarios estructuran nuestro cosmos político: a medida que se generalizan las operaciones de seducción dirigidas a los ciudadanos, estos se muestran más y más desencantados con los elegidos. En este ámbito, hemos entrado en el reinado de la seducción triste.

Saussez, *Politique séduction. Comment les hommes politiques réussissent à vous plaire*, J. C. Lattès, París, 1986.

El aumento de la fuerza del paradigma de la seducción en las democracias liberales de la segunda mitad del siglo XX se suele relacionar con la irrupción del medio televisivo. En la línea de McLuhan, para el cual «el medio es el mensaje», los estudiosos de los medios sostienen la idea según la cual la videoesfera es la que ha engendrado al Estado seductor o publicitario, del mismo modo que la grafoesfera creó, en el pasado, el Estado educador.[1] Al convertirse en el principal medio de información de los ciudadanos y en el lugar privilegiado de la expresión política, la televisión, por la propia naturaleza de su imagen, ha obligado a los líderes a desembarazarse de su imagen de superioridad simbólica, a transformar de arriba abajo su lenguaje y su manera de presentarse públicamente.

La televisión, al ofrecer imágenes en directo y en primer plano, invita a crear un estilo de presencia política basado en el «contacto», la espontaneidad y la naturalidad. Ya no hay símbolos imponentes que expresen la altura, la distancia y la superioridad del poder, sino, por el contrario, signos de proximidad con los ciudadanos. De este modo, la televisión ha revolucionado de arriba abajo el universo simbólico del espacio público. Al disponer solo de un tiempo limitado de antena, en la televisión, los líderes tienen que hablar simplemente con un lenguaje accesible, seducir y no exponer largas cadenas de razonamiento ni explicaciones cargadas de cifras. Amenazados por el *zapping* del telespectador, los líderes han tenido que abandonar las formas solemnes de la palabra política, aprender a mostrarse atractivos, convencer y emocionar a los electores por caminos que los acerquen a ellos. La función de la imagen videocrática ya no es significar la grandeza del Estado y de los

---

1. Régis Debray, *L'État séducteur. Les révolutions médiologiques du pouvoir*, Gallimard, París, 1993 (Folio essais n.º 312).

305

objetivos, sino presentar una personalidad concreta, individualizada: la del hombre político. Operador de desritualización de
las imágenes, la televisión ha banalizado y desimbolizado la
escena política: la ostentación tradicional de la simbología del
Estado ha sido sustituida por la telegenia, lo *cool*, las acciones
de seducción de los líderes políticos.[1]
La importancia crucial del medio televisivo es irrecusable.
Sin duda es el origen del formidable cambio que se ha dado
en los modos de expresión y presentación de los líderes y gobernantes, pero el estricto determinismo del tecnicismo tiene
límites: el modo técnico de transmisión audiovisual no ha
conseguido por sí solo impulsar la revolución de la comunicación política. Hay todo un conjunto de factores, económicos
y políticos, sociales y culturales, que está en el origen del estilo de la comunicación política en las democracias representativas.

Seducción y mercado político

En las democracias occidentales, la política-seducción empieza su aventura cuando las técnicas de marketing (publicidad,
sondeos, encuestas de opinión, planificación mediática...) se
movilizan al servicio de la comunicación de los líderes, dicho
de otro modo, cuando el ciudadano es considerado un elec-
tor-consumidor al que hay que conquistar mediante imágenes,
discursos y eslóganes emocionales. Con el objetivo de aumentar la notoriedad del líder, de promocionar su imagen, de crear
la diferencia con sus adversarios, el marketing político importa a la esfera política las técnicas de seducción nacidas de la
esfera comercial. En este sentido, hay que considerar el capi-

1. Acerca de la desteatralización y la desacralizacón del espacio político a través del medio televisión, véase Régis Debray, *ibid.*

306

talismo de consumo como la base de las democracias de seducción, aquellas en las que la esfera política, concebida como un mercado competitivo, se ve remodelada por técnicas de comunicación que se inspiran en métodos de la comunicación mercantil. Hay política-seducción cuando la imagen de los hombres políticos tiende a construirse como «productos» atractivos cuyo fin es ganarse la simpatía y el sufragio de los electores.

El marketing político nació en Estados Unidos. A partir de las décadas de 1920 y 1930, los partidos demócrata y republicano empezaron a recurrir a los servicios de los publicitarios y de los especialistas en relaciones públicas. En 1933, Roosevelt inaugura en la radio sus famosas «charlas junto a la lumbre» para explicar con un lenguaje directo, sencillo y natural su actividad ante el pueblo americano. Sin embargo, la fecha que los especialistas suelen recordar es la campaña presidencial de 1952, altamente mediatizada en la televisión. Está marcada, por parte del candidato Eisenhower, por recurrir ampliamente a las técnicas de comunicación del marketing: buzoneo, simplificación del mensaje, creación de *spots* publicitarios televisados de veinte segundos firmados con el eslogan «I like Ike», tono muy comercial, todo ello coordinado por un gabinete de relaciones públicas. Así el nuevo reinado de la seducción política se materializa primero con la aparición de nuevos actores en el ámbito de la comunicación. Los partidos, los militantes, los hombres de los aparatos, que ocupaban el centro del sistema de la propaganda y controlaban todos sus elementos, son sustituidos por consejeros de comunicación, expertos en imagen, profesionales de los medios y la publicidad. Se pone en marcha una nueva era de la comunicación: la de la profesionalización y racionalización de las acciones de seducción política.

Con el paso del tiempo, esta forma de comunicación política se ha ido amplificando y los expertos de la televisión y los profesionales de Madison Avenue intervienen sistemática-

307

mente en las campañas electorales estadounidenses, aconsejando a los candidatos, produciendo *spots* publicitarios: «Vended a vuestros candidatos tal como el mundo de los negocios vende sus productos», escribe en 1956 Leonard Hall, presidente del partido republicano.[1] En todas las democracias liberales, el nuevo espíritu de comunicación, que utiliza los métodos publicitarios y los sondeos de opinión, se extenderá para promover la imagen de los candidatos.[2]

Por supuesto, existen diferencias profundas entre marketing comercial y marketing político. El primero se dirige al consumidor, el segundo al ciudadano y lo hace sin intención de obtener un beneficio económico. Un programa político, al transmitir valores, creencias y un sentido colectivo, no es un producto comercial. Aunque los ciudadanos actúen cada vez más como consumidores, el comportamiento del elector no es idéntico al simple comportamiento de compra. Por este motivo, y esto es algo que a menudo se ha señalado, no se puede «vender» un candidato como se vende una «pastilla de jabón»: se trata de crear adhesión. De todas formas, en la comunicación de los partidos y los hombres políticos, se utilizan métodos marcados por el espíritu del marketing. Las lógicas de gestión de marca se han transferido del mundo comercial al de la *res pública*, con el objetivo de poner de relieve a una personalidad, destacar la imagen de un candidato, crear notoriedad y diferencia. La época de la seducción política triunfa cuando los profesionales de la comunicación «venden» las políticas a los ciudadanos considerados así consumidores de imágenes.

1. Citado por Roger-Gérard Schwartzenberg, *L'État spectacle. Essai sur et contre le star system en politique, op. cit.,* pág. 256.
2. En Francia, después de la campaña de Jean Lecanuet de 1965, se reconoce plenamente el papel de la comunicación publicitaria en las campañas electorales a partir de la elección presidencial de 1981.

¿De qué depende la instalación duradera y general del marketing político que, sin embargo, está dotado de una legitimidad cuando menos debatida? El fenómeno debe relacionarse con el nuevo contexto de las democracias pluralistas en las que, al no resultar ya fructuosas las grandes ideologías históricas, las batallas políticas tienden a aparecer como enfrentamientos entre líderes que son juzgados más por su imagen que por el contenido exacto de sus propuestas: ahora se vota menos por un partido o un programa que por una persona. En nuestros países, la elección de los electores está en gran medida determinada por la personalidad del líder, su carácter, la confianza que inspira, no por posicionamientos ideológicos ni el examen detallado de los programas.

La importancia creciente de la imagen mediática de los líderes no es un puro efecto de la videoesfera: hay que relacionarla con varios fenómenos de fondo. En primer lugar, el eclipse de la fascinación que ejercían las ideologías extremas y la despolitización de los ciudadanos. En segundo lugar, la personalización del poder, con los partidos convertidos en herramientas o trampolines al servicio de un líder. En tercer lugar, la individualización de la elección de los electores para los cuales el comportamiento electoral es cada vez menos una marca de identidad de clase o de pertenencia socioprofesional y cada vez más una elección personal ligada a la confianza inspirada por un candidato.[1] En cuarto lugar, el declive de la fidelidad partidista, el fuerte crecimiento de la volatilidad e indecisión electoral. Ahora, un número creciente de ciudadanos cambia de intención de voto o de intención de votar y solo se decide en el último momento. Entre estos electores flotantes

1. Bernard Manin, *Principes du gouvernement représentatif,* Calmann-Lévy, París, 1995, págs. 279-283. (Versión española: *Los principios del gobierno representativo,* Alianza Editorial, Madrid, 1998, trad. de Fernando Vallespín.)

e indecisos, la imagen individual de los candidatos desempeña un papel más importante que sus proyectos y propuestas. La mercantilización de la vida política debe tanto al medio televisivo como al aumento de la individualización de los comportamientos políticos y electorales generados por la sociedad individualista de seducción.

Por eso, cuantas menos visiones ambiciosas del mundo tengan los responsables políticos, más obligados están a comunicar, conquistar el espacio mediático y seducir a la opinión pública. Cuanto menos poder de controlar el curso de las cosas tienen los políticos, más exhiben su persona, más se aplican en modelar su imagen en una carrera sin fin en pos de la visibilidad mediática. Cuando la política ya no hace soñar, triunfan las políticas de imagen: el desencanto político ha abierto la época de la dominación de la imagen mediática.

A finales de los años cuarenta se señaló la importancia de la imagen personal de los líderes. En una obra famosa, David Riesman indica que para un número creciente de electores, el magnetismo y el brillo personal, el glamour de los candidatos, constituyen un elemento decisivo. Estos ciudadanos no votan en función de las directrices de los partidos, sino por el líder que les gusta, que los atrae, que les inspira simpatía por las mismas cualidades que apreciamos en nuestros amigos: sinceridad, cortesía, honestidad, bondad. La política tiende a convertirse en «un campo donde la manera y el modo de hacer las cosas tiene tanta importancia como lo que se hace».[1]

Una transformación de este tipo no puede explicarse mecánicamente por la irrupción de la imagen televisiva: se debe al hecho de que el ciudadano «lleva a la política una actitud originada en la esfera del consumo», subraya acertadamente

1. David Riesman, *La muchedumbre solitaria,* Paidós, Barcelona, 1981, trad. de Noemí Rosenblat, pág. 187.

Riesman.[1] Este, en efecto, ha promovido una nueva cultura centrada en los placeres, las actividades de ocio, el entretenimiento, lo que Martha Wolfenstein y Nathan Leites han denominado una *fun morality*. Una cultura hedonista en la cual las preferencias, las atracciones y los gustos personales desempeñan un papel crucial. Así, al igual que el consumidor elige en función de lo que ama y le gusta, el ciudadano quiere votar por el líder que lo seduce, que lo atrae y cuyas cualidades personales aprecia. Esto equivale a decir que el espíritu del consumo reside ahora en los comportamientos del elector. El marketing político y el reinado técnico de la televisión no habrían podido desempeñar el papel que innegablemente han desempeñado, si no se hubieran producido las transformaciones ligadas al capitalismo de consumo, la nueva cultura de seducción que lo constituye y mediante la cual la política se convierte ella misma en un objeto de consumo.

Después de la «violación de las multitudes»:
la comunicación-seducción

Con el marketing político, se ha impuesto un tipo de comunicación inédita, con una naturaleza muy distinta a la de la comunicación elaborada por las propagandas del Estado. La propaganda a la antigua es un tipo de discurso que impone desde arriba unos ideales, unos objetivos, una visión ideológica, sin tomar el pulso de la sociedad. La finalidad no es gustar, adular las expectativas del pueblo y atraer simpatías: se trata de inculcar una ideología única, convertir a los ciudadanos a una verdad presentada como absoluta para edificar, en los regímenes totalitarios, un poder absoluto sobre la sociedad, así como un estado social homogéneo, sin división social. Cons-

1. *Ibid.,* pág. 187 y 211.

tituye una expresión de ideologización extrema de la comunicación política.

Conocemos los efectos de dicha ideologización total «a marchas forzadas». Al magnificar las cualidades sobrehumanas del Führer o del «Pequeño padre de los pueblos» [Stalin], al glorificar su genio infalible, la propaganda totalitaria consiguió desarrollar hacia ellos formas de fascinación, veneración y adulación sin parangón, consiguió crear a su alrededor un aura carismática sin que por ello se movilizaran estrategias de seducción. La propaganda tiene tan poco de comunicación de seducción que se dirige incluso a los niños y jóvenes, reclutados por la escuela, las actividades de ocio y el deporte: la meta no es gustar, sino educar, moldear, programar un «hombre nuevo» desde la más tierna infancia a través de un trabajo de adoctrinamiento omnipresente. Centrada en los referentes de la nación o de la revolución, la propaganda doctrinaria exalta el deber, el olvido de sí mismo, la grandeza del sacrificio en detrimento de los goces del presente y de la felicidad privada: lo opuesto exactamente de las tentaciones de la publicidad mercantil. Los líderes totalitarios han hechizado a las masas sin cortejar al pueblo, sin política de seducción.

Por el contrario, la comunicación-marketing tiene muy en cuenta la opinión pública, sobre todo recurriendo a los sondeos. Se trata de conocer el estado de opinión, disponer de datos medidos relativos a todos los sectores de esta con el fin de adaptar los mensajes a los objetivos deseados, remontar la cuota del candidato entre aquellas categorías en las que obtiene resultados pobres, corregir los puntos del programa en función de las expectativas de los ciudadanos. La comunicación que dictaba imperativamente desde fuera lo verdadero, lo bueno, lo justo, ha sido sustituida por una comunicación flexible, que escucha las reacciones y preferencias que emanan de los distintos sectores de la sociedad civil. Con la comunicación-marketing, el objetivo ya no es moldear de un extremo a otro la sociedad a partir de la cima del Estado, sino adquirir notoriedad, crear una imagen de marca, determinar el mensaje que mejor «se admite» para ganar las elecciones. Se ponen en marcha todos los mecanismos para atraer la simpatía del cuerpo electoral, teniendo en cuenta la demanda de los electores y el posicionamiento de los competidores.

La retórica de los discursos políticos también ha cambiado profundamente. La propaganda totalitaria se estructura en torno a la oposición amigos/enemigos, puros/impuros, desarrolla formas discursivas maniqueas que explotan un registro lexical violento, despectivo, insultante, destinado a provocar el desprecio y el odio del adversario. Señalemos, entre otros, los «traidores a los intereses de la revolución», los «vendidos», los «terratenientes de la burguesía», los «lacayos de los estadounidenses»: mediante una cascada de invectivas («serpiente lasciva», «ratas viscosas», parásitos, canallas), el lenguaje totalitario persigue aniquilar al enemigo, suscitando afectos negativos entre el pueblo.[1] Recurriendo a la hipérbole de la retórica del odio, la propaganda se esmera en construir al enemigo absoluto que necesita el orden totalitario para consolidar su dominación.

Estamos exactamente en el polo opuesto de ese lenguaje típico de la «violación de las masas».[2] La esfera de la comunicación política de las democracias liberales es testigo de un fuerte retroceso de la violencia verbal, de la reducción, por no decir de la exclusión, de las injurias y otras formas paroxísticas de la retórica agresiva. Es el momento del registro *soft*, de lo

1. Alicja Kacprzak, «Le pathos négatif en tan que trait du discours politique totalitaire», *L'argumentation dans le discours politique*, n.º 10, 2013, se puede consultar en el sitio de Argumentation et Analyse du Discours: http://aad.revues.org/1427

2. Serge Tchakhotine, *Le viol des foules par la propagande politique*, Gallimard, París, 1939 (col. Tel, n.º 217).

«políticamente correcto» que consiste en eliminar los términos que denotan desprecio y discriminación social, el momento de suavizar las fórmulas que ofenden la sensibilidad de ciertas categorías o grupos de individuos identificados por su origen étnico, cultura, discapacidad u orientación sexual. El aspecto agresivo del lenguaje político ha dejado paso al eufemismo, la atenuación de las expresiones estigmatizadoras e infamantes. Se trata de expresar sin disgustar a nadie, sin ofender a nadie: los insultos, los vocablos que sugieren desprecio e indignidad son excepcionales.[1] El extremismo de la industria del odio que acompañaba a la propaganda es sustituido por la valorización del respeto hacia el individuo, la tolerancia y la apertura al diálogo. Por supuesto, los ataques verbales no se han volatilizado, sino que se amoldan a la urbanidad y la educación. Bajo el doble efecto del marketing político y de la individualización de las costumbres, una lógica de limitación de los excesos de la violencia verbal, de moderación y de uso de eufemismos marca las estrategias simbólicas de los hombres políticos.

La puesta en escena de la palabra y la gestualidad política también ha cambiado de registro. Los líderes excluyen el estilo agresivo e histérico: intentan mostrarse cercanos a los ciudadanos, abiertos, tolerantes y cordiales. En lugar de las vociferaciones e imprecaciones, muestran actitudes tranquilas, discursos serenos, tecnocráticos y asépticos,[2] un lenguaje

---

1. Excepción que ilustra de forma ejemplar la retórica «de puñetazo» de Donald Trump, seguida, durante el debate celebrado entre las dos vueltas de las elecciones presidenciales francesas de 2017, por la brutalidad léxica, las burlas, las invectivas y los ataques *ad hominem* de Marine Le Pen. En relación con esto, nuestro momento marca una discontinuidad completa respecto a los discursos modernos, tolerantes y civilizados.

2. Corinne Gobin, «Des principes caractéristiques du discours politique contemporain...», *Les langages de l'idéologie. Études pluridisciplinaires,* n.º 30, 2011, se puede consultar en el sitio *Semen:* http://semen.revues. org/9018

plano, una especie de «lengua de algodón» (François-Bernard Huyghe). En lugar de las poses combativas y los ojos desorbitados de un Hitler, tenemos las risas y sonrisas como armas de seducción que construyen una imagen de sí mismo agradable y simpática. Las risas y sonrisas[1] no son todas de la misma naturaleza, sino que una de ellas, la sonrisa «ornamental», hecha únicamente para dar una imagen agradable de su persona, se ha convertido casi en un ritual de presentación de sí mismo,[2] en los medios y ahora con los *selfies.* La sociedad individualista consumista, la supresión de los proyectos revolucionarios y el apaciguamiento de los conflictos sociales y políticos, constitutivos de la sociedad de seducción, han descalificado la «persuasión mediante la fuerza» y los llamamientos histéricos a la aniquilación del otro. Se trata de seducir «con suavidad», mostrarse sonriente y parecer amigable y abierto al diálogo.

Los regímenes totalitarios han orquestado una coreografía política basada en la personificación extrema del poder. A través de inmensas ceremonias, retratos solemnes y gigantescos, la propaganda y sus liturgias ofrecen una imagen grandiosa del jefe, Stalin, por ejemplo, comparado con un héroe, un superhombre adornado con títulos grandilocuentes: «gran corifeo de las ciencias y las artes», «Padre de las Naciones», «Genio

---

1. Estudios psicosociológicos muestran que los individuos son considerados más atractivos cuando sonríen. También son considerados más sociables, más sinceros, más inteligentes y más positivos, en Harry T. Reis, Ilona Mcdougal Wilson, Carla Monestere, Stuart Bernstein, Kelly Clark, Edward Seidl, Michelle Franco, Ezia Gioisoso, Lori Freeman y Kimberly Radoane, «What is smiling is beautiful and good», *European Journal of Social Psychology,* vol. 20, n.º 3, 1990.

2. Marion Sandré, «Mimiques et politique. Analyse des rires et sourires dans le débat télévisé», *Les discours politiques. Approches interactionnistes et multimodales,* n.º 96, 2011 consultable en el sitio Mots. Les langages du politique: http://mots.revues.org/20203

Brillante de la humanidad». Mientras que la propaganda exalta las cualidades fuera de lo común del líder carismático, el marketing político de las actuales democracias supermediatizadas intenta mostrar una proximidad directa del líder con el pueblo, disolver la especie de religiosidad laica, de trascendencia inmanente del Estado totalitario. Para ello, los dirigentes políticos dan su opinión sobre las cosas ordinarias de la vida y, en ciertas circunstancias, pueden ponerse a cantar, bromear, manejar el humor y reírse de sí mismos para hacer reír. Ninguna imagen suprahumana del «padre sin defecto» de la nación, del jefe «infalible» que «todo lo sabe» y «nunca se equivoca» (Mussolini), sino la de la familiaridad y del *show* claramente más prosaica. El culto totalitario a la personalidad ha instaurado una distancia con los demás mortales, una distancia «sencillamente astronómica»;[1] la personalización de la autoridad política en las democracias liberales tiene como objetivo crear proximidad, dar la impresión de que los dirigentes son personas como las demás, sin una diferencia sustancial con el común de los mortales.

De este modo, el marketing político ha llevado a cabo el proceso moderno de emancipación de lo político con respecto a lo religioso inaugurado en el siglo XVIII. Desde dicha época, la autoridad política ya no encuentra fundamento en un más allá teológico, sino en la soberanía totalmente profana de los hombres, pero aun así la instancia política ha seguido conservando hasta una fecha reciente una imagen de alteridad, una distancia simbólica, una majestad jerárquica heredada de sus vínculos milenarios con el mundo del cielo. Es esta última forma de superioridad simbólica tomada en préstamo del universo sagrado la que ha dejado a un lado la

---

1. Citado por Jean-Yves Dormagen, «Le Duce et l'état-major du fascisme: contribution à une sociologie de la domination charismatique», *Revue d'histoire moderne et contemporaine,* n.º 55, 2008, págs. 35-60.

sociedad de seducción.[1] Los líderes políticos se han visto arrastrados a abandonar todos los signos de grandeza simbólica, a renunciar a los gestos, los discursos que transmiten una imagen de verticalidad jerárquica y distancia desigual: el estilo igualitario democrático se ha integrado en el círculo de la comunicación pública. Al descalificar las últimas formas de aura sacra del poder, la sociedad de seducción, a través del marketing político, ha conseguido secularizar toda la escena de lo político.

LOS NUEVOS RESORTES DE LA SEDUCCIÓN POLÍTICA

El enfoque de marketing de la política consiste en poner en valor y vender una personalidad en lugar de una visión del mundo. Desde esta perspectiva, desde los años sesenta, se han venido desarrollando estrategias de puesta en escena de la vida privada de los políticos para hacer vibrar los corazones. Kennedy fue quien dio el pistoletazo de salida: declara ante los periodistas que su mujer está embarazada, aparece en familia junto al mar practicando esquí náutico, se le ve con su hijo montado sobre sus hombros o bien jugando con sus hijos en el despacho oval de la Casa Blanca. De Kennedy a Giscard d'Estaing, se multiplican las acciones de seducción que ilustran los inicios del vedetismo de los líderes a través de la mediatización de su vida privada, opuestas frontalmente con la regla de «impersonalidad republicana» que obligaba al líder hasta ese momento a ser discreto, «evitar destacar demasiado y no parecer nunca que se está creando un movi-

---

1. Sobre la desjerarquización y desimbolización del espacio público a través de los medios, Marcel Gauchet, *Le nouveau monde,* tomo IV: *L'avènement de la démocratie,* Gallimard, París, 2017, págs. 346-350.

miento de opinión en su favor».[1] En Francia, Valéry Giscard d'Estaing se muestra junto a su hija menor, que por aquel entonces tenía trece años. A continuación, se llevarán a cabo otras operaciones personalizadas (cenas en casa, baños en playas de la Costa Azul, descensos de esquí en Courchevel, sesión de cine en los Campos Elíseos) con el fin de presentar al presidente como un hombre cercano a la gente, encarnación de la juventud, el cambio y la modernidad. La política de seducción, centrada en la mediatización de la vida privada, empezó su carrera política.

Mediatización de la intimidad y peopolization *de la vida política*

Con la pérdida de credibilidad de la política, el desencanto ciudadano y la crisis de la representación democrática característica de nuestra época, la exhibición de la vida privada de los políticos se ha amplificado tanto que llega a invadir las páginas de determinada prensa especializada (*VSD, Gala, Voici, Closer, Public*) e incluso aparecer en la prensa denominada seria. Lo que era algo puntual se ha vuelto banal, omnipresente en los programas de televisión y en las revistas *people*, la prensa del corazón. La lógica de exposición de la vida privada se ha sistematizado hasta convertirse en un ejercicio obligado, una estrategia constitutiva del marketing político. Ampliamente adoptada por la clase política, la mediatización de la vida íntima se impone a partir de ahora como medio legítimo de comunicación pública y de seducción de los electores.

La exposición de la vida privada de nuestros representantes alcanza ahora las cimas más altas. Sus divorcios, segun-

1. Christian Delporte, «Quand la pepolisation des hommes politiques a-t-elle commencé? Le cas français», *Le Temps des médias,* n.º 10, 2008.

318

das nupcias, relaciones amorosas, aparecen en primera página; vemos a la élites políticas charlar con ciudadanos de a pie adoptando el lenguaje de la calle, las vemos en la playa en traje de baño, haciendo turismo o *jogging*, ya no dudan en exhibir su vida familiar, sus gustos y otros hobbies. Se ha pasado del poder despersonalizado o desindividualizado a las imágenes hiperindividualizadas de los líderes, a la «egopolítica» que «pone en escena a los individuos más que a las instituciones, que valora los recursos individuales más que los recursos colectivos, que otorga a la singularidad tanta importancia como a la ejemplaridad».[1] Esto es lo que se denomina *peopolisation* de la vida política, que se manifiesta no solo a través de los *talk-shows*, sino también de los reportajes, las fotos, los chismes sobre la vida privada, incluso cuando estos se hacen con el acuerdo tácito o negociado de nuestros representantes.

Con la publicitación de lo privado, la dinámica de personificación o de personalización de lo político ha entrado en la era de la singularidad individual. Sin duda, la importancia del papel de la personalidad en la política no es algo de ahora. Sin embargo, los rasgos que el fenómeno reviste en la actualidad son totalmente nuevos si se comparan sobre todo con lo que era el «culto a la personalidad» en los regímenes totalitarios. En la Alemania nazi, el culto que envuelve al Führer no tiene nada que ver con su ser como individuo: Hitler es esencialmente una «personalidad comunitaria» basada en dirigir la nación en cuanto que se supone que su voluntad se confunde con la voluntad general o con el mismo espíritu de la comunidad alemana. La personificación absoluta del poder que ilustra Hitler se legitima con la idea de una personalidad extraindividual capaz de expresar, a través

1. Christian Le Bart, *L'ego-politique. Essai sur l'individualisation du champ politique,* Armand Colin, París, 2013, pág. 8.

de su palabra, la comunidad de todo un pueblo.[1] Con el fenómeno de la *peopolisation*, estamos en las antípodas de dicha personalización: esta se desarrolla bajo la imagen de la singularidad personal.

En la raíz de este cambio se encuentra la extraordinaria revolución individualista basada en el auge del capitalismo consumista. Esta se caracteriza por el agotamiento de la fe en la política, así como por la primacía de los valores privados, de la dimensión personal y la cultura de uno mismo. Al hundirse todas las grandes causas colectivas en beneficio del individuo, se ha erigido un nuevo mundo político. El fenómeno *people* es el eco de esta amplia remodelación social, cultural e ideológica que ha erigido al individuo en valor y referencia suprema. Cuando las instituciones y los programas políticos ya no gozan de crédito, los individuos despolitizados acaban por valorar lo público bajo la perspectiva del elemento privado, priman la personalidad individual sobre lo institucional y ya no separan estos dos órdenes.[2] En este marco, los valores de honradez, proximidad, «simpatía», cordialidad y personalidad individual desempeñan un papel determinante para muchos ciudadanos. Al ponerse personalmente en escena, los hombres políticos se han alineado con la configuración social hiperindividualista que ha conllevado la indefinición de la línea que separaba la esfera privada de la esfera pública.

Si bien la *peopolisation* de la escena pública es manifiestamente una estrategia política, esto no debe ocultar el hecho de que se revela también como una fuente de gratificaciones

1. Marcel Gauchet, *À l'épreuve des totalitarismes,* Gallimard, París, 2010, págs. 477-483 (Folio essais n.º 623).
2. Sobre la mezcla de la vida privada y la vida pública, Guillaume Erner, *La souveraineté du people,* col. Le Débat, Gallimard, París, 2016, págs. 230-239.

subjetivas para los elegidos democráticamente. Junto a la instrumentalización política de la imagen mediática, ¿cómo no ver que existe también el placer de la mediatización de uno mismo, el goce narcisista de «salir en la tele», de sentirse valorado, de ser convertido en «vedete»? A este nivel, no hay motivo para pensar que los hombres políticos estén hechos de una pasta distinta a la del hombre común que aspira ahora masivamente a la celebridad: según una encuesta, cuatro millones de estadounidenses dicen que hacerse famoso es su meta principal en la vida.[1] Con el avance del proceso de individualización, el gusto, el júbilo narcisista de la celebridad y el sueño de ser visto y reconocido se han convertido en aspiraciones compartidas por un número creciente de personas. «Es tan estupendo ser famoso», exclamaba Steevy al salir de *Loft,* el concurso *Gran Hermano* francés: hay motivos para pensar que muchas de nuestras élites dirigentes comparten este sentimiento.

Cuantas menos grandes ideas tienen los políticos, más intentan alcanzar una alta visibilidad y más se angustian ante la idea de quedarse en la sombra o volverse sombríos. Cuando las grandes ambiciones de cambiar el mundo desaparecen, queda la magia de la celebridad, que permite sentir el júbilo de hacerse ver, mostrarse, sentir el goce narcisista de convertirse en vedete. Como la visibilidad social cambia la percepción de uno mismo, aumenta el sentimiento del valor de uno, halaga el ego y la autoestima: es un instrumento de autoseducción que intensifica el sentimiento de existir y ser «importante». Las operaciones de *peopolisation* no solo permiten seducir a los electores, sino que seducen a los propios políticos.

1. Citado por Nathalie Heinich, *De la visibilité. Excellence et singularité en régime médiatique,* Gallimard, París, 2012, pág. 460.

Relooking

En el momento del gran juego de la seducción política, en el que se trata de crear un vínculo afectivo con la opinión pública para ser elegido, no podemos sorprendernos de la importancia que ha adquirido la cuestión de la apariencia física de los candidatos, convertida en herramienta de comunicación en toda regla. Más que nunca, nuestros representantes cuidan su imagen externa, que puede desempeñar un papel significativo en la elección de los electores. El estilo, la apariencia, el *look* general son ahora objeto de todas las atenciones y movilizan el talento de los consejeros en imagen personal, pues la apariencia externa puede constituir una baza para seducir a los ciudadanos y ganar las elecciones, sobre todo entre los electores más indecisos. Las estrellas de cine y las maniquíes de las pasarelas de moda no son las únicas que «trabajan» su imagen para tener una apariencia favorecedora: los elegidos de las democracias siguen su ejemplo.

A partir del auge de los trabajos sobre la investigación de las motivaciones de los consumidores y del público, se ha consolidado la idea de que la «comunicación implícita» o no verbal tenía al fin y al cabo más peso que la «comunicación verbal». Según estos estudios, la comunicación no solo pasa por los contenidos de ideas, sino también por los juegos de la apariencia: postura, ropa, peinado, gestualidad, mirada y voz. Estamos en el momento en el que, bajo el efecto aunado de procesos de mediatización, despolitización e hiperindividualización, el poder de la imagen personal ha aumentado claramente: basta un detalle «problemático» para que los ciudadanos-consumidores se desentiendan del mensaje. Es imposible en estas circunstancias pasar por alto la dimensión de la apariencia. Sobre todo cuando en las revistas y las redes sociales, los *looks* de los políticos son escrutados, descifrados y criticados permanentemente. De ahí, el nuevo papel que desempeñan los consejeros en imagen y las prácticas de *relooking* a las que se someten hombres y mujeres políticos.

Son innumerables los líderes que intentan mejorar su imagen cambiando su vestimenta e incluso su físico. François Mitterrand se hizo limar los dientes, Jean-Marie Le Pen sustituyó su parche por un ojo artificial, Silvio Berlusconi se hizo un *lifting* en la cara e implantes en el cuero cabelludo, Jacques Chirac recurrió al bronceado artificial y Dilma Rousseff se sometió a varias operaciones de cirugía estética. Para aumentar la telegenia, muchos políticos se prestan al juego del *relooking*, cambian la montura de sus gafas y de peinado, siguen regímenes adelgazantes o adoptan nuevos cortes para sus trajes. En la era de la seducción soberana, los responsables políticos no pueden parecer «anticuados», «demasiado viejos», ni «demasiado alejados de la moda».

Sin duda, la apariencia externa de los hombres y mujeres públicos nunca se ha considerado algo secundario. Aunque los políticos finjan despreocuparse de su imagen, actualmente ocurre lo mismo. Todos corean que el *look* es la menor de sus preocupaciones, que les importan poco su apariencia y su imagen externa. Solo cuenta la seriedad de la política. Cuantos más *coaches* y más prácticas de *relooking* hay, más fingen los políticos estar a miles de kilómetros de dichas cuestiones fútiles. En el momento del todo-seducción, el discurso políticamente correcto es negar la importancia del *look*.

Otro cambio merece nuestra atención. En las sociedades anteriores a la modernidad, la apariencia del soberano era cualquier cosa menos algo superfluo y no dependía de decisiones ni de deseos personales. Vestidos, coronas, joyas suntuosas y gestos eran signos destinados a traducir visualmente la soberanía, a magnificar la grandeza y el poder real, a simbolizar la superioridad absoluta del poder respecto a la sociedad. Todos estos rituales de signos ostentosos eran intangibles y se imponían de manera codificada como «fórmulas de majestad», emblemas de la dominación y la diferencia simbólica del Estado. En el universo de la sociedad jerárquica, lo que daba sentido no era la apariencia corporal individual, sino la afirmación de los símbolos obligatorios de la distancia y la alteridad de la fuerza.

Nada de todo esto se da actualmente. En nuestras democracias, los signos de la apariencia ya no cumplen la tarea de simbolizar la fuerza del poder y su majestad supereminente. Sin embargo, esta pérdida de simbolización no significa ausencia de toda dimensión expresiva. Simplemente, se ha individualizado y psicologizado. Como el sobrepeso se asocia actualmente con el no cuidarse y la indolencia, François Hollande decidió antes de las elecciones de 2012 someterse a un régimen para adelgazar a fin de expresar así su fuerza de voluntad. El *look,* signo que traduce el carácter personal, se impone también como una estrategia de seducción que corre a cargo de los expertos en imagen y comunicación. Cuanto más desritualizada está la apariencia individual, cuanto más se trata de una decisión personal, más crece el poder de los profesionales de la seducción. Cuanto más se pone el acento en la personalidad, más se consolida el imperativo de modificar y optimizar la apariencia, de dinamizar la imagen, de no dejar nada al azar, de mostrar que se es «moderno». La hipermediatización de la vida política y la personalización creciente de las posibilidades de elección electoral han conducido a la promoción de prácticas de *relooking,* seducción gestionada y estetizada como herramienta de comunicación y de mercantilización de los líderes.

La política compasiva

Bajo el reinado del marketing político se consolida un valor desdeñado por la era de la propaganda: lo relacional, la compasión, la empatía. Al cantar la gloria del gran guía, la propaganda totalitaria tenía como objetivo crear adulación o veneración: ya no es este el tipo de movilización emocional actual. Ya no se trata de fascinar a las masas mediante mitos grandiosos y figuras carismáticas, sino de mostrar una imagen cercana, sensible, afectiva: todo menos aparecer como un líder calculador y sin corazón. La empatía se ha convertido en un elemento «obligatorio» de la buena imagen de los políticos. En Estados Unidos, donde los electores declaran mayoritariamente que la capacidad de compasión de los candidatos es más importante que su inteligencia y su capacidad de análisis, muchos estrategas de la comunicación consideran que es la empatía la que hace ganar elecciones. Hay que saber mostrar empatía para emocionar a los electores. Si bien la nueva comunicación política se hace cargo del *look*, exige aún más la empatía de los dirigentes respecto a los ciudadanos que sufren.

En Francia, Nicolas Sarkozy ha ilustrado muchas veces esta nueva manera de comunicar y gobernar. En múltiples ocasiones –rescate de las enfermeras búlgaras, liberación de Ingrid Betancourt, personas enfermas de alzhéimer, etc.–, el presidente se aplicó en mostrar la imagen de un gobernante que se compadecía y acudía en ayuda de los individuos que sufrían. Sin duda, no se trata de acciones de seducción, aunque el objetivo final no es muy diferente: hacerse valer, ofrecer una imagen positiva, hacerse querer, en concreto, demostrando consideración y cercanía emocional. En las democracias marcadas por la crisis de la representación política, no basta con gustar: hay que conmover a los ciudadanos demostrando un «celo compasivo»[1] y discursos sensibles, mostrarse cercano a los electores, conmoverlos manifestando empatía con las víctimas y los que sufren.

1. Myriam Revault d'Allonnes, «Le zèle compassionnel de Nicolas Sarkozy», *Esprit*, noviembre de 2007.

En cada catástrofe de dimensión colectiva, en cada desgracia que impone el luto a una parte del país, los gobernantes tienen que acudir al lugar, encontrar las palabras adecuadas, estar presentes, expresar su apoyo a las víctimas, demostrar atención y sensibilidad. En resumen, el acompañamiento compasivo funciona como un ejercicio ineludible, una figura impuesta de la comunicación política, un nuevo rito laico que se considera positivo para la imagen del poder. Estamos en el momento en el que el poder asociado únicamente a competencia es sinónimo de distancia, altivez, falta de empatía. Para ofrecer una buena imagen, el dirigente tiene que poder mostrar que es capaz de escuchar a la «gente», prestar atención a sus problemas particulares.

Esta política de los afectos se instaló en nuestros países a finales de los años noventa. Y esto sucedió en respuesta a las nuevas demandas y expectativas de los ciudadanos en términos de reconocimiento, respeto, escucha de uno mismo, demandas y expectativas promovidas con fuerza por la dinámica de hiperindividualización de la sociedad. Tanto es así que la intervención compasiva no se presenta tanto como una autodeterminación política que como una obligación dictada por la nueva sensibilidad colectiva. Ahora, ya es prácticamente imposible no entrar en el juego de la cercanía empática y la retórica de la compasión: por ello, los hombres y las mujeres políticos se muestran aquí menos actores que «ejecutores» de un deseo social. En este marco, el mostrar compasión a determinados grupos e individuos concretos no constituye propiamente una política positiva de seducción, sino una estrategia «negativa», cuyo objetivo es sobre todo no *disgustar* a los electores, impedir que el nivel de popularidad caiga.

Sin duda, puntualmente, una política de cercanía puede hacer ganar puntos en los barómetros de popularidad, pero no construir una imagen positiva duradera. Incluso si la «política presencial» aporta legitimidad democrática a los dirigentes que, en nuestra época, carecen de ella cruelmente,[1] podemos dudar de que el beneficio que sacan de ella sea sustancial y, sobre todo, perenne. Innegablemente se dibuja una nueva figura de legitimidad, pero sus efectos son frágiles, porque están relacionados con operaciones discontinuas, con una política de casos aislados. El responsable político se muestra «humano», eso es cierto, pero, en este caso, no propone nada ambicioso para la reforma de la colectividad, no forja las herramientas del porvenir, no traza nuevas vías. Mostrarse humano no contribuye a hacer política, ni a tener madera de gran dirigente. La opinión pública puede dejarse engañar por el teatro de los buenos sentimientos, pero ¿por cuánto tiempo?

La atracción de lo políticamente incorrecto

Señalemos también que el último periodo ha sido testigo, en Estados Unidos, de la irrupción de un fenómeno inédito en materia de comunicación política. La campaña presidencial de 2016 estuvo marcada, en efecto, por una «retórica incendiaria», la violencia verbal, las groserías y las invectivas, que rompieron los usos y costumbres washingtonianos y los códigos de cortesía hasta entonces propios de la política tradicional. Según los cálculos de *The New York Times*, Donald Trump, desde 2015, tuiteó 282 insultos dirigidos a determinadas personas, a grupos minoritarios, a ciertas mujeres y a algunos medios. En las antípodas de los resplandores del *star-system* y del estilo cordial preconizado por los expertos del marketing político, Trump jugó la carta de lo políticamente incorrecto,

1. Pierre Rosanvallon, *La légitimité démocratique. Impartialité, réflexivité, proximité*, Le Seuil, París, 2008, págs. 267-317 (col. Points Essais n.º 641). (Versión española: *La legitimidad democrática*, Paidós, Barcelona, 2009, trad. de Herber Cardoso.)

de una comunicación 2.0 hecha de amenazas y ultrajes verbales. Ruptura del registro que llevó a las estrellas del pop, invitadas a cantar durante la investidura del presidente, a rechazar, una tras otra, la propuesta a participar en la misma.

No es menos cierto que la campaña explosiva de Donald Trump terminó siendo un espectáculo, un espectáculo brutal y vulgar, pero, por eso mismo, aquel fue un «gran» espectáculo que consiguió seducir a un electorado blanco y de edad avanzada, poco educado, modesto, amargado, hostil con las élites económicas, políticas y culturales. Presentador de un programa de telerrealidad, Trump ha creado un nuevo tipo de *show* político hecho de insultos, provocaciones y declaraciones falsas. En 1987, Tony Schwartz, coautor con Trump del *best seller The Art of the Deal*, conceptualizó este estilo específico de enunciación con el nombre de «hipérbole verídica». Tres años después, el magnate del negocio inmobiliario declaraba en *Playboy:* «Sé lo que se vende y lo que la gente quiere. Juego con las fantasías de las personas. A esto lo llamo hipérbole verídica. Es una forma inocente de exageración y una técnica de promoción muy eficaz».[1] El *Trump Show* funciona sirviéndose de provocación, declaraciones ultrajantes e hirientes: es una de las claves de su éxito entre, muy concretamente, los «pequeños blancos». Ni rastro de una comunicación amable y comedida; en su lugar, ocurrencias estrepitosas, eslóganes burdos que, ampliamente cubiertos por los medios, han constituido una publicidad eficaz en provecho del candidato. Espectáculo «posverdad», retórica negativa y violenta, discursos insultantes: ha sido inaugurada la era del espectáculo populista, de los ataques *ad hominem* y de los discursos de exclusión y machistas.

Es cierto que esta elección, como tantas otras en las democracias liberales contemporáneas, ha estado marcada por la

1. Citado por Isabelle Hanne, «Donald Trump, l'affliction devenue réalité», *Libération,* 9 de noviembre de 2016.

falta de entusiasmo de los electores y por la importancia que han tenido los votos «contra». A pesar de todo, Donald Trump ha sabido convencer y conquistar a segmentos enteros del electorado: ha conseguido hacerse querer por aquellos que se consideran víctimas de los juegos de los políticos. Cuanto más supo el futuro presidente transgredir los tabúes de la vida política y las normas de urbanidad, más consiguió atraer a los olvidados de la política, alimentando el resentimiento hacia las minorías étnicas, las élites y sus discursos políticamente correctos. Lejos de ser elementos repulsivos, la brutalidad, la xenofobia, la zafiedad, la «jerga de vestuario» han constituido signos atractivos para los perdedores del neoliberalismo, que los han recibido como marcas de reconocimiento de su problema, signos de cercanía a ellos. Al presentarse como un político no-profesional y hacer declaraciones exageradas al margen de todo cuanto se practica en materia de discurso político, ha conseguido atraer la simpatía de toda una parte del electorado.

«No forma parte de la élite, nos comprende, dice las cosas tal como son»: Trump consiguió gustar sin ofrecer mensajes engatusadores y seductores, sino mostrando una imagen de *bad boy* fuera de las normas, declarando la guerra al «sistema», haciendo caso omiso de los códigos de buena educación que prevalecen en el universo político y mediático. El carisma de Trump no se apoya en el virtuosismo de la palabra: se basa en discursos poco estructurados, en una retórica publicitaria hecha de fórmulas impactantes y groseras que expresan un hiperindividualismo narcisista y agresivo. Trump o la seducción de las pasiones negativas, la seducción de un iconoclasta hiperpersonalizado y desacomplejado.

¿Es este el canto del cisne de la seducción *cool* y de su comunicación seductora? ¿La retórica antiélite ha puesto en marcha un largo ciclo de comunicación vulgar e insultante? Este escenario está lejos de ser cierto debido a que el electorado que está en la base de su éxito —en particular, los hombres blancos de más de cuarenta y cinco años, con poca formación, animados por el temor al desclasamiento– no constituirá indefinidamente una mayoría electoral.[1] En estas circunstancias, en Estados Unidos, se puede pensar que la lógica de la comunicación empática y *soft* tiene más posibilidades de convertirse de nuevo en la norma que de desaparecer. Sea como sea, ha nacido una nueva forma de atracción política que da continuación a la lógica del Estado-espectáculo mediante estrategias *hard,* antagonistas de las estrategias de marketing de la comunicación política seductora

LA POLÍTICA EN LA ERA DEL ENTRETENIMIENTO MEDIÁTICO

El capitalismo de seducción no solo ha alterado la relación de los ciudadanos con la *res publica,* sino que también ha contribuido a transformar la retórica de los discursos políticos, así como las formas de presentación y tratamiento de la política en la televisión. Este aspecto del problema es central en la medida en que esta se ha convertido en el primer vector de información en materia política y, por ello, participa de forma decisiva en la construcción de la visión de los ciudadanos.

Desde el advenimiento del Estado, este se ha manifestado siempre a través de signos ceremoniales, fastos y rituales enfáticos destinados a hacer brillar su superioridad y disparidad en relación con el conjunto de la colectividad. No hay instancia política sin una simbología de la fuerza, la distancia y la alteridad del poder soberano. Incluso la era democrática moderna ha reconducido las marcas de la diferencia simbólica del Estado; en todas partes el Estado republicano se ha aplicado en solemnizar la soberanía política, en instaurar liturgias capaces

1. En Estados Unidos, la población blanca será minoritaria hacia 2050.

330

de crear el espectáculo de la autoridad dotada de un aura de grandeza.

El espectáculo de la cercanía

A este nivel, el cambio que registran nuestras sociedades es considerable. Indiscutiblemente se construye una nueva era simbólica de las democracias ya que la figura de lo político ha perdido su lustre anterior. En este cambio de registro simbólico de lo político, la televisión ha desempeñado un papel principal.

En los primeros tiempos de la televisión, la palabra política siguió desarrollándose en un marco solemne, en el que el tratamiento de la cosa pública iba acompañado de un tono extremadamente deferente y reverencial. Aquí es donde antes se observa el cambio: la posición dominante de la instancia política ha sido sustituida por una comunicación cercana, un intercambio sin distancia ostensible. Los ministros y hombres de Estado son entrevistados de manera informal, sin decoro ni rigidez protocolaria. Un mundo separa la entrevista respetuosa al general De Gaulle por Michel Droit del desparpajo de Yves Mourousi, sentado en la esquina de la mesa, interrogando a François Mitterrand y preguntándole si es un presidente que está «en la onda». La majestad de la autoridad pública ha dejado paso a un modo de comunicación relacional, interactiva y directa.

Con la desaparición del monopolio de Estado, la multiplicación de las cadenas y las alternancias de la derecha y la izquierda en el poder, la época de la televisión reverente con los gobernantes es agua pasada. Las escenografías que debían moldear una autoridad inaccesible e impersonal ya no están a la orden del día: ahora, en la pequeña pantalla, se trata de mostrarse reactivo, cercano y accesible. El contacto ha susti-

331

tuido el énfasis; el directo, la distancia; la cercanía, la solemnidad. La época de la seducción política a través de los medios funciona borrando la distancia, haciendo desaparecer las escenografías ceremoniales: es lo que borra los brillos y pompas de la República, los rituales de la dominación simbólica, los signos de la superioridad jerárquica del Estado. La ostensible puesta en escena del poder es sustituida por las operaciones de seducción del público. Ya no se trata de imponer respeto, sino de captar la atención del mayor número posible de telespectadores a través de las vías democráticas del acercamiento y del espectáculo informal.

La política como carrera hípica

Además de las entrevistas, todo el tratamiento audiovisual de la política ha pasado al registro de la seducción. Los imperativos de audiencia y espectáculo han transformado los discursos, los modos de presentación de la vida política. Como se trata de captar la atención del público y de hacer subir el índice de audiencia, lo que se privilegia en el universo competitivo de las cadenas de televisión es lo espectacular y lo anecdótico, las frasecitas, los efectos de anuncio, las primicias. En todas partes los telediarios anteponen acontecimientos espectaculares en detrimento de los acontecimientos más importantes aunque menos palpitantes y más difíciles de explicar. Lo que la pequeña pantalla intenta mostrar no es tanto la realidad política como un espectáculo de televisión susceptible de «crear» audiencia.

Supeditada al imperativo del índice de audiencia, la información televisada privilegia un tratamiento atractivo, sensacionalista y, a veces, escandaloso. En los telediarios, la puesta en valor de la información está organizada en función de las expectativas emocionales de los consumidores. Con ocasión de los atentados terroristas en particular, se hace todo lo posible por conmover al público, amplificar el impacto emocional del acontecimiento: se da prioridad a los testimonios de las víctimas, a la expresión del miedo y del sufrimiento. Es la hora de la hipermediatización de las emociones, de la preponderancia de la emoción sobre la información, del espectáculo sobre el análisis.

Al mismo tiempo, en la pequeña pantalla, la política tiende a construirse como un espacio de confrontación entre competidores por el poder, en lugar de un espacio de gobierno y gestión de los asuntos públicos. Cada vez más, los periodistas presentan la vida política como una lucha entre personas que compiten por unos puestos, dando más relieve a los ataques personales y a los motivos ocultos de unos y otros que a las metas de las políticas nacionales. Los debates políticos en la televisión parecen duelos, «combates de gladiadores» (Michel Rocard): en 1989, durante el debate entre Jean-Marie Le Pen y Bernard Tapie, el periodista Paul Amar llegó incluso a colocar dos pares de guantes de boxeo rojos sobre la mesa entre ambos políticos.

La utilización de los sondeos va por el mismo camino. Ahora, los sondeos sobre las intenciones de voto inundan de tal modo los espacios mediáticos que terminan apareciendo en la primera página de los periódicos y en el primer titular de las actualidades televisadas. En particular, durante las campañas electorales se desarrolla el *horse-race reporting*, el tratamiento mediático de las intenciones de voto, haciéndolas parecer «carreras de caballos». Una parte importante de la cobertura mediática de las elecciones consiste en anunciar, a través de las cifras de los sondeos, qué partido va en cabeza, qué candidatos son los que están mejor colocados, quiénes van en última posición, quiénes tienen más posibilidades de ganar. Con ocasión del referéndum danés sobre el euro en el año 2000, más de un tercio de todas las noticias impresas y televisadas estaban relacionadas con encuestas de opinión; aproximadamente el 70 % de las noticias sobre la elección presidencial estadounidense de ese mismo año hablaba de cuestiones de «adelanto» o «retroceso» de los candidatos en los sondeos.[1]

Si los sondeos prevalecen ampliamente sobre la presentación de los programas y ocupan una posición cada vez más visible en los medios, es porque así se impide que las campañas parezcan aburridas y se logra crear un clima de animación, movimiento e incertidumbre en el desarrollo de la competición. Si el análisis detallado de las metas electorales solo suscita un interés limitado, los «barómetros electorales» presentan un carácter espectacular, un suspense cautivador. Se comprende por qué, en la televisión, la vida política tiende a parecerse a una «campaña permanente» ante la cual se ausculta y se mide a la opinión pública. En la era de la seducción soberana, ya no se concibe la vida política sin esas técnicas capaces de hacerla atractiva y amena.

Esta avalancha de sondeos contribuye a modificar las estructuras elementales de la percepción de la vida política. A través de los movimientos de aumento y descenso de las cuotas de popularidad de los líderes, los sondeos ofrecen una imagen amena del combate político asimilado al *agon* deportivo o a una confrontación de personas.[2] En estas circunstancias, la vida política se percibe como un combate, una serie de televisión, una telenovela que pone en escena «personalidades», enfrentamientos, dramas, traiciones y ambiciones personales. Mientras la escena política se transforma en juego de actuación y

1. Lionel Marquis, «Vox populi, mass médias et leaders politiques. Place des sondages dans la communication politique», Sondeos de opinión pública y comunicación política, *Cahiers du CEVIPOF,* n.º 38, enero de 2005.

2. Patrick Champagne, «Les sondages, le vote et la démocratie», *Actes de la recherche en sciences sociales,* vol. 109, n.º 1, 1995, pág. 76.

suspense, los sondeos alientan una visión fílmica de la política. La religión de lo político es sustituida por el *thriller* de la competición democrática o la comedia del juego del vencedor y el perdedor. Al privilegiar la dimensión espectacular que constituyen el *horse-race* y la presentación de las tácticas y estrategias de comunicación de los candidatos, la sociedad de seducción, a través de la información televisada, trabaja para conseguir una total «desacralización» de la *res publica*.

Infoentretenimiento

El reinado de la seducción soberana se puede leer también a través de la aparición de nuevos programas (variedades, *talk-shows*) que aúnan entretenimiento y política. Los años ochenta dieron el pistoletazo de salida: los políticos fueron invitados por primera vez a participar en programas de variedades. En estos, pudimos ver a Lionel Jospin cantar «Les feuilles mortes», a Jacques Chirac entrevistado por una marioneta, a Jack Lang retomar un *sketch* de Guy Debord y Sophie Daumier. La política había entrado en la era del entretenimiento mediático.

Esta tendencia se ha amplificado. A partir de 2000, tal como ha señalado Aurélien Le Foulgoc, la mayoría de las apariciones de los responsables políticos en Francia no se hace en programas dedicados a la política, sino en programas de tipo *talk-show* moderados por presentadores que priorizan la diversión, el humor y el espectáculo lúdico.[1] Así, los responsables políticos aparecen con regularidad en el programa de Michel Drucker, *Vivement dimanche*, pero también en los distintos *talk-shows* presentados por Thierry Ardisson, Marc-Olivier

1. Aurélien Le Foulgoc, «1990-2002: une décennie de politique à la télévision française. Du politique au divertissement», *Réseaux*, n.º 118, 2003.

Fogiel, Karl Zéro o Laurent Ruquier. Los programas de entretenimiento se han convertido en los lugares principales de la representación política televisada. En este marco, el discurso político ha pasado del posicionamiento serio a un registro informal, lúdico y humorístico: hemos entrado en la era del infoentretenimiento.

Lo que de entrada llama la atención en estos *talk-shows* es el marcado contraste que ofrecen con las emisiones políticas tradicionales. Moderados por presentadores y no por periodistas, estos programas optan por la informalidad tanto en la presentación en sí como en la expresión: flexibilización de los códigos de vestimenta, a veces tuteo de los invitados, vocabulario relajado, intercambios en forma de preguntas-respuestas rápidas, tono familiar, preguntas desestabilizantes y provocadoras hechas por los animadores, recurso a la burla y al humor, juego de sarcasmos, mofas y demás extravagancias.[1] Al reunir en un mismo plató a personalidades procedentes de universos heterogéneos, políticos, cantantes, humoristas, deportistas, modelos, estos programas están organizados de tal manera que los discursos estrictamente políticos son rechazados o marginalizados en beneficio de la emoción, lo privado, la vivencia individual: los focos se dirigen al espectáculo conversacional de esparcimiento y recreo.[2]

En estos espacios híbridos que desdibujan la distinción entre información y entretenimiento, los actores políticos hablan de su vida privada, su familia, sus gustos, sus aficiones. Al volverse lo político entretenimiento y flirtear el entreteni-

---

1. Guy Lochard, «Le traitement humoristiques des personnalités politiques dans les Talk-Shows français», *Questions de communication,* n.º 10, 2006.

2. Érik Neveu, «De l'art (et du coût) d'éviter la politique. La démocratie du talk-show version française (Ardisson, Drucker, Fogiel)», *Réseaux,* n.º 118, 2003.

miento con lo político, ya no predomina la argumentación política, sino la actuación individual de los elegidos, el espectáculo que muestran, la atención mediática que atraen en una situación de desestabilización o provocación. El personaje público desaparece ante la persona privada y se juzga su *estilo* personal, su capacidad para mostrarse divertido, su aptitud para reírse de sí mimo, para adaptarse a un intercambio que elude las normas clásicas de la entrevista política. Todo está hecho para «vulgarizar» la palabra pública institucionalizada, fría e impersonal.

Centrados en la personalidad y «el hombre que se esconde detrás del político», estos programas buscan la cercanía con el público, el contacto, la comicidad y lo imprevisto, todos ellos aspectos que contribuyen a eliminar los rituales de distancia y solemnidad, a poner en pie de igualdad a los políticos con los demás invitados, a privilegiar la expresión de la experiencia personal en detrimento del discurso político. Al perseguir la disolución de la heterogeneidad y la superioridad del espacio público, los *talk-shows* constituyen programas de seducción que funcionan como instrumentos para fomentar la informalidad y la desacralización de la escena política.

Para captar el interés del telespectador-consumidor, la televisión tiene que innovarse, sorprender, encontrar continuamente nuevas fórmulas de emisión que correspondan con los gustos neófilos y posconvencionalistas de la época, objetivo que permiten alcanzar los *talk-shows* al obligar a los políticos a abandonar el estilo serio, abstracto e impersonal del hombre público en provecho de una imagen más cercana, más cordial y singular de su persona. La seducción soberana funciona desdibujando las fronteras, convirtiendo en espectáculo la esfera pública, introduciendo la psicología y la personalización en la comunicación política.

Con el infoentretenimiento se consolida una nueva figura de seducción soberana. Por un lado, para atraer a un público apático, la televisión crea programas que pretenden ser detonadores, provocadores, «transgresores» respecto a aquellos que tradicionalmente estaban reservados a la política. Por el otro, para ofrecer una imagen simpática de sí mismos y mostrarse humanos e iguales al elector, los políticos aceptan jugar la baza de lo personal, la emoción, la proximidad. Y lo hacen como medio de autopromoción electoral, como herramienta para seducir a quienes la política deja indiferentes.

¿Desnaturalización de la vida política?

Estos dispositivos de seducción mediática han sido objeto de numerosas críticas.[1] A los programas de *infotainment* se les reprocha el hecho de volver apático al ciudadano, de desnaturalizar y degradar el sentido de la vida pública, de confundir las distinciones de público y privado, de hacer de la política algo superficial al dar más importancia a la forma que al contenido. Tal hibridación de géneros lleva a privilegiar lo sensacional en detrimento del análisis serio y argumentado, a impedir que los individuos sitúen las informaciones recibidas en el marco de un sistema de referencias claro y organizado. Los más pesimistas afirman que al transformar a los ciudadanos en espectadores, los *talk-shows* contribuyen a minar los cimientos mismos de la política en democracia.

1. Jay G. Blumler y Michael Gurevitch, *The Crisis of Public Communication,* Routledge, Londres, Nueva York, 1995; Anne-Marie Gingras, «Les nouvelles et les affaires publiques à Radio-Canada: stratégie, intérêt humain, mélange des genres et peopolisation de la politique», *Argument,* vol. 10, n.º 2, 2008; Érik Neveu, «Le chercheur et l'infotainment: sans peur, mais pas sans reproche. Quelques objections à la critique d'une imaginaire orthodoxie critique», *Réseaux,* n.º 118, 2003; Anne-Marie Gingras, *Médias et démocratie. Le grand malentendu,* Presses de l'université du Québec, Quebec, 2007.

¿Es esto tan cierto? En contra de estos planteamientos sobre la televisión, a veces apocalípticos, algunos investigadores señalan que la espectacularización mediática no es necesariamente un obstáculo para la información de los ciudadanos. Por ejemplo, las *soft news,* al resultar atractivas, permiten «colar» ciertas informaciones serias, más abstractas y difíciles. Y, a pesar de la ligereza de estos programas, nada indica que la información política difundida no sea exacta o precisa.[1] Contradiciendo la opinión común y la de numerosos investigadores, ciertos estudios muestran que es posible desarrollar una argumentación de calidad incluso en el marco de un programa de entretenimiento del tipo *talk-show* que, en general, se considera en las antípodas del ejercicio de la argumentación rigurosa.[2] Si bien es poco discutible que los programas de variedades no favorecen el compromiso militante, permiten sin embargo que las personas refractarias a la política se interesen algo por ella y adquieran de este modo informaciones útiles para forjar sus convicciones y orientar su decisión electoral.[3] No todo es indigno en el reino de la seducción y el eclipse de la posición dominante de lo político.

1. Matthew A. Baum y Angela S. Jamison, «The *Oprah* Effect. How Soft news Helps Inattentive Citizens Vote consistently», *The Journal of Politics,* vol. 68, n.º 4, 2006; Matthew A. Baum, «Talking the Vote: Why Presidential Candidates Hit the Talk Show Circuit», *American Journal of Political Science,* vol. 49, n.º 2, 2005.

2. Véronique Nguyên-Duy y Suzanne Cotte, «Le discours politique dans les émissions d'information et de variétés: la campagne électorale provinciale de 2003», en Marcel Burger y Guylaine Martel (dirs.), *Argumentation et communication dans les médias,* Éditions Nota bene, Quebec, 2005.

3. Arnaud Mercier, *Télévision et politique,* La Documentation Française, París, 2004.

De acuerdo, las operaciones de encanto político mediático son omnipresentes. Pero ¿cuáles son sus efectos? A este nivel, el balance es irrefutable: cuanto más se empeñan los responsables políticos en seducir a los electores, menos atractivos resultan los partidos y más se multiplican las señales de desilusión, decepción y sospecha hacia la cosa pública.

El fenómeno es nuevo. En efecto, estamos en la época en la que, sin duda por vez primera desde el siglo XVIII, la política ya no hace soñar: el encanto que la rodeaba se ha evaporado. La atracción que durante tanto tiempo ha ejercido se ha esfumado totalmente: su aura no es más que un recuerdo vagamente nostálgico. En gran medida desacreditada, la política, actualmente, va acompañada de infinitamente más desencanto que de impulsos entusiastas.

El universo encantado de lo político

Un fenómeno paradójico, desde hace tiempo localizado y objeto de interpretaciones diversas, ha caracterizado la primera fase de las sociedades modernas. Estructuradas por los procesos de secularización, racionalización y desencanto del mundo, dichas sociedades han sido sin embargo el escenario de nuevas formas de «religiosidad»: las «religiones seculares», las religiones políticas intramundanas que, a pesar de presentarse como racionales, científicas, no religiosas, han recreado nuevos absolutos, dogmas e ídolos que han desembocado en adhesiones y adulaciones incondicionales. La revolución, la dictadura del proletariado, el hombre nuevo, el comunismo, la nación, la raza, son referenciales colectivos que han provocado los mayores fervores ejerciendo una especie de poder mágico. Al prometer el advenimiento de un mundo terrestre

340

liberado de sometimientos y males sociales, las ideologías extremas de la modernidad han ejercido un poder de atracción inusitado sobre los intelectuales, las élites y las masas. Tanto es así que la dinámica de desencanto se vio equilibrada por una seducción política de tal intensidad que condujo a millones de hombres a vivir y morir por los nuevos ídolos seculares, adular causas y líderes, sacrificar su vida privada, renunciar a su libertad individual. La «jaula de hierro» querida por Max Weber no ha impedido que categorías enteras de población se inflamen con pasiones políticas.

Con su formidable aura de fuerza, la idea de revolución consiguió enardecer a los militantes de distintos pareceres, tuvo gran impacto en las imaginaciones y los sueños políticos. Al adquirir un contenido nuevo a partir de la década de 1880, la idea revolucionaria y la atracción que la misma suscita viven sus días de esplendor en el siglo XX, según lo que François Furet denomina «el encanto universal de octubre».[1] Al retomar y revitalizar la idea de revolución inaugurada por la Revolución francesa, el acontecimiento ruso tuvo mucho impacto en el imaginario y los sueños políticos. Si la ideología revolucionaria consiguió subyugar hasta tal punto a los espíritus modernos es porque abre la perspectiva embriagadora de una transformación completa de la sociedad, de una acción política todopoderosa capaz de «partir la historia en dos», de construir deliberadamente el porvenir, de cambiar la totalidad de los aspectos de la existencia colectiva. Maquinaria formidable para promover la política, el ideal revolucionario conlleva la ambición de ruptura con las tinieblas del pasado, con las formas de la alienación económica, religiosa y social. La revolución conlleva el sueño

---

1. François Furet, *Le passé d'une illusion. Essai sur l'idée communiste au XXᵉ siècle*, Robert Laffont, París, 1995 (cap. III). (Versión española: *El pasado de una ilusión. Ensayo sobre la idea comunista en el siglo XX*, Fondo de Cultura Económica, Madrid, 1995, trad. de Mónica Utrilla.)

de una época radicalmente nueva en la historia. Para los militantes marxistas, el proyecto comunista resulta especialmente mágico porque se presenta como «científico», inscribiéndose en la dinámica misma de las leyes de la historia. Con la modernidad se desarrolló la magia del imaginario y de la acción revolucionaria que confería a los hombres la ilusión de un dominio completo de su destino.

El ideal comunista no fue el único que enardeció a las masas. Las ideologías nacionalistas también demostraron su capacidad movilizadora de las pasiones humanas. Primero en el momento de la Gran Guerra, luego en el periodo de entreguerras. Además, la propia derecha, en este periodo histórico, se apropió de la idea revolucionaria. No lo hizo a través de la temática de la lucha de clases, sino del culto a la nación, otra figura de la religiosidad secular moderna. La ideología fascista es una ideología revolucionaria y el nazismo pudo reivindicar la etiqueta de revolución nacional. Como sabemos, estos nacionalismos exacerbados ejercieron su atracción tanto sobre los intelectuales como sobre las clases populares: consiguieron provocar entusiasmos patrióticos de un fervor extraordinario.

Seducción contra revolución

Este largo ciclo de pasiones ideológicas iniciado en el siglo XVIII se ha cerrado. Desde los años setenta y ochenta, la magia del verbo revolucionario ya no funciona. Los megadiscursos ideológicos que levantaron a las generaciones del pasado con entusiasmo han perdido lo esencial de su poder de atracción, han dejado de levantar el fervor de las élites y masas. Ya no hay ningún gran mito político capaz de hacer soñar y mantener viva la esperanza de un porvenir sustancialmente distinto del presente. Ya nadie se siente fascinado por la idea comunista, la «lucha final» y la perspectiva del «Gran día». El progreso da

342

miedo, «cambiar la vida» aparece como un eslogan de otra época porque la capacidad de lo político para revolucionar la sociedad ha perdido toda credibilidad. La edad de la hipermodernidad coincide con la desaparición de las visiones grandiosas del devenir y de los proyectos políticos «prometeicos»: vivimos el tiempo de la bancarrota de las religiones políticas de la modernidad.

Se suele relacionar el derrumbamiento del magnetismo ideológico moderno con las dos guerras mundiales, con el horror de los totalitarismos y con las «desilusiones del progreso». Sin embargo, por muy horribles que sean estos fenómenos históricos, no pueden explicar por sí solos el desvanecimiento de la fe en las ideologías del sacrificio y las utopías historicistas, pues, si los hechos son tercos, las creencias lo son todavía más: se percibe y se interpreta siempre «lo que sucede» en función de nuestro marco ideológico. En este sentido, ha hecho falta algo más que el solo conocimiento de las tragedias modernas para provocar la desafección de las ideologías políticas heroicas. Lo cierto es que dicha desafección solo ha podido producirse sobre la base del advenimiento de una nueva configuración de valores y finalidades, lo que precisamente ha hecho triunfar el capitalismo de seducción. La ruina de las ideologías políticas no es tanto el resultado de la repulsión provocada por los acontecimientos trágicos de la historia moderna como el de la fuerza de atracción ejercida por los nuevos modelos subpolíticos del bienestar y el consumismo hedonista.

En relación con esto, el poder del capitalismo de seducción se explica porque ha conseguido descalificar las intenciones futuristas de la historia en beneficio de los goces individualistas del presente. Con el advenimiento del capitalismo consumista, los ideales hedonistas y presentistas han privado a las doctrinas fáusticas de la historia de su antiguo poder de atracción. Cuando nada es más importante que vivir mejor aquí y ahora, las ideologías del sacrificio por el futuro pierden inevi-

343

tablemente su antigua legitimidad. Las escatologías modernas y las mitologías políticas hercúleas han sido derrotadas por la seducción presentista del consumo, de las actividades de ocio y de la felicidad personal. Ha sido principalmente el capitalismo de consumo el que ha conseguido, provocando la individualización desenfrenada de las condiciones de vida y de la relación con los valores, acabar con la magia de las ideologías hiperpolíticas de la modernidad.[1]

La ola de despolitización

Con el declive de las mitologías mesiánicas y la dinámica de individualización de las expectativas y los modos de vida, han aparecido transformaciones de fondo en la relación de los ciudadanos con las instituciones que los gobiernan, así como en su manera de participar en la vida democrática. Desde los años ochenta, una profunda desilusión y una fuerte ola de distanciamiento de los ciudadanos hacia la política se apoderan de la mayoría de los países llamados desarrollados, afectando a todos los segmentos de la sociedad: la participación electoral va a la baja, una proporción creciente de ciudadanos se desinteresa de los programas de los partidos y no confía en ninguna formación política para dirigir el país.

Al mismo tiempo, se asiste a una fuerte caída del número de afiliados a los partidos y sindicatos y son cada vez menos los ciudadanos que se definen políticamente a través de la identificación con un partido. El fervor pasional que daba vida

---

1. Proceso de «desacralización» que está lejos de ser todo él negativo, ya que la religiosidad moderna de lo político ha contribuido muchísimo al desarrollo de las tragedias de la primera mitad del siglo XX. No hay que sentir nostalgia por aquella época en la que la fascinación política sirvió de base para el desencadenamiento de una barbarie sin precedentes.

al militantismo se ha evaporado en gran medida: la entrega
absoluta a una causa, el espíritu de disciplina sin fisuras, el
compromiso completo, el relegar la vida personal a un segundo plano, el olvido de uno mismo, todas estas actitudes parecen propias de otra época. Al desaparecer la fe en el control
político del porvenir, la militancia en «cuerpo y alma» ya no
tiene éxito, ya no es capaz de dar un sentido global a la existencia. El compromiso político estaba considerado, por los
militantes, lo más importante de la vida: ¿quién comparte
todavía semejante fe? La política ha sido desalojada del centro
de la afirmación identitaria de los individuos.

Así, las democracias liberales son testigos de una amplia
corriente de despolitización. La privatización extrema ha sustituido la politización extrema: en este nuevo contexto, ya no
se trata de vivir por la nación o la revolución proletaria, nada
importa más que realizarse, gozar de las cosas que nos gustan,
triunfar en la vida profesional y personal. Como veremos más
adelante, este fenómeno no es sinónimo de falta de interés
hacia la vida política. Simplemente, aquello que poseía un gran
poder de atracción se ha convertido en un sector descarnado
e insensible e incluso a veces negativo. La oferta política ha
dejado de ser un vector seductor para los individuos hipermodernos atraídos masivamente por otros encantos muy distintos:
el éxito profesional, el dinero, los placeres de la vida privada y
consumista, el ocio o el desarrollo personal. La economía seductora ha ganado en todos los frentes: ha conseguido llevar a
la ruina a las ideologías revolucionarias, hacer que el espíritu
del capitalismo entre en todos los ámbitos, convertir las almas
al *ethos* individualista de los intereses individuales y los placeres personales. El compromiso maximalista con las grandes
causas ha sido sustituido por la búsqueda de la maximización
de los derechos, goces e intereses individuales.

En el momento en que arranca el capitalismo de consumo de masas, la época sigue estando marcada por el prestigio del universo político. En las democracias de la posguerra, la idea dominante es que el Estado detenta el poder para intervenir en los mercados y corregir sus resultados de cara al interés general. En Francia, la fe profunda en un proyecto nacional de gran alcance dirigido por el Estado da vida al movimiento gaullista. Los años sesenta vibran con entusiasmo revolucionario y libertario; el credo «todo es política» florece en el seno de la galaxia contestataria. En un momento en el que la ola de privatización de los individuos está ya en pleno auge, Mitterrand gana las elecciones de 1981, prometiendo de manera rimbaudiana «cambiar la vida». A pesar del empuje de la cultura consumista, la creencia en la capacidad del Estado para cambiar el curso de las cosas sigue detentando una fuerza de atracción simbólica sin duda aminorada, pero real.

Este universo centrado en lo político ya no es el nuestro, en este aspecto hemos cambiado de mundo radicalmente. Desde hace unos treinta años, la pérdida de confianza hacia el personal político va en aumento en todos los países occidentales y alcanza a menudo cotas altas. Estamos en un momento en el que una mayoría de los franceses considera «corruptos» a sus elegidos y declara no confiar en los partidos políticos, ni en el gobierno, ni siquiera en la Asamblea Nacional, la institución presidencial o la Unión Europea. Domina la idea de que nuestros representantes no mantienen su palabra, solo están interesados en su reelección y son incapaces de resolver los problemas fundamentales del momento. Los ciudadanos ya no se reconocen en los que los representan. Ante este terremoto de desconfianza política, solo es posible constatar un inmenso fiasco de las estrategias de seducción política. Si se habla de Estado seductor, hay que subrayar también con in-

antiseductor

sistencia el fracaso o la impotencia de sus operaciones de seducción, el declive del poder de atracción de lo político. E incluso si algunos hombres políticos consiguen episódicamente crear corrientes de entusiasmo, esto no debe esconder el hecho importante de que el mundo político funciona en la actualidad como una máquina en gran medida *antiseductora*.[1]

Así lo atestigua el fuerte aumento de la abstención de protesta, la progresión del voto en blanco,[2] así como la de los votos de rechazo en detrimento de los votos de adhesión. Un número creciente de ciudadanos vota ahora más «en contra» que «a favor» de un candidato o programa. Un voto que no traduce ya la adhesión a un partido, sino la voluntad de eliminar un proyecto o a un equipo dirigente. Este aumento de una «politización negativa», retomando la expresión de Jean-Louis Missika, es el signo de un sistema político incapaz de crear confianza, de hacer vibrar las fibras sensibles y de seducir a los ciudadanos.

A esto se suma el aumento de los votos volátiles, inciertos, que se dan en el último momento: con ocasión de la elección presidencial de 2002, el 39 % de los electores decidió su voto el mismo día de las elecciones o dos o tres días antes. Cada vez más electores declaran que dudan, que no están seguros de su elección final y no se deciden hasta el último instante. Una incertidumbre y una perplejidad ciudadanas que no solo traducen una emancipación de las pertenencias y afiliaciones partidarias, sino también la nueva relación desencantada con la democracia, así como la debilidad del poder de atracción de los proyectos políticos.

1. En la encuesta del CEVIPOF publicada en 2016, el 82 % de los franceses tiene una visión negativa de la política; el 39 % declara que esta les inspira desconfianza y el 33 %, asco.

2. Según el sondeo efectuado un mes antes de la primera vuelta de las elecciones presidenciales de 2017, el 40 % de las personas encuestadas desearía votar en blanco si tuvieran la posibilidad de hacerlo.

La campaña presidencial de 2017 registró de otro modo los efectos de este estropicio seductor. Nadie ignora que dicha campaña se caracterizó por un debate político recubierto en gran medida por el predominio de cuestiones éticas y judiciales. A lo largo de este periodo, a través del «Penelope Gate», el tribunal de la moral y las repercusiones judiciales ahogaron las posiciones y las propuestas políticas: un asunto ético ocupó, invadió, la escena político-mediática. Día tras día, solo se hablaba de vileza, falta de moral, trampa, desviación de fondos públicos, fraude, falsificación documental y uso de documentos falsos. El registro moral dio el tono a la campaña electoral: ya no se trataba de pasiones y deseos políticos, sino de lecciones de moral, de criticar en nombre de la moralidad, de hacer llamamientos a la moralización de la vida pública. Desde todas partes se martilleaba con la idea de que el imperativo principal era tener responsables políticos «limpios», honestos e irreprochables.[1] Por supuesto, estas exigencias son legítimas: no obstante, cómo es posible no darse cuenta de que son incapaces de suscitar deseo y entusiasmo político. Cuando la gran cuestión se convierte en la ejemplaridad moral de los hombres públicos, la política ya no hace soñar. Cuando la política se mide a la luz de las virtudes morales, desaparece el hechizo político. El triunfo del marco referencial moralista y de las exigencias de virtud a los líderes por parte de los ciudadanos solo muestran el desvanecimiento de la magia en el orden político. No se trata de desinterés hacia la cosa pública, sino de una situación en la cual lo que llama más la atención de los ciudadanos (la transparencia, la moralidad de los actores políticos) ya no hace vibrar los corazones, ya no produce sueños ni deseo.

1. El 65 % de los franceses considera que la honestidad y la integridad son las cualidades más importantes que tiene que poseer el presidente de la República.

Por supuesto, todas las figuras seductoras no han desaparecido de la escena política de las democracias. De Kennedy a Trudeau, de Blair a Obama o a Emmanuel Macron, no faltan líderes de seducción que han conseguido ejercer un poder real de atracción gracias a su físico agraciado, su juventud y su dinamismo. Trudeaumanía, obamamanía, macronmanía: en determinados momentos, algunos líderes consiguen desencadenar el fervor popular, atraer la simpatía y el afecto de los ciudadanos.[1] Sin embargo, esta magia es solo temporal: se suele apagar ante la prueba dolorosa de las realidades más prosaicas y se muestra incapaz de crear una verdadera «comunidad emocional» (Weber). El estado de gracia del que gozan los gobernantes recién elegidos es pasajero y no consigue en absoluto hacer retroceder las pasiones y los intereses individualistas. A este respecto, las muestras de exaltación que se apoderan de los ciudadanos democráticos ya no tienen nada que ver con la adoración casi religiosa a los «guías supremos» de la era totalitaria. En nuestras sociedades, la seducción política se asemeja a un encaprichamiento de moda: está desideologizada, no tiene horizonte histórico, no presenta una ruptura esencial con los valores del presente. El *fan*, las chapas y los «me gusta» en las páginas de Facebook han sustituido las prácticas del militante disciplinado que se sometía incondicionalmente a las órdenes del venerado líder carismático. El carisma político, en la era hipermoderna, desarrolla una seducción inestable, fugi-

---

1. Sobre estas figuras seductoras, Christian Delporte, *Une histoire de la séduction politique*, Flammarion, París, 2011. Con Emmanuel Macron, se organiza una figura de seducción de un género nuevo que conjuga la proximidad glamourosa contemporánea con una altura «jupiterina» que enlaza de nuevo con una simbología teatral heredada de los siglos monárquicos.

tiva, frágil, como lo atestigua la caída, a veces brutal, de las cotas de confianza medidas por los sondeos.

La época en la que la política era portadora de esperanza histórica desmesurada se ha terminado: ya no hay partidos políticos capaces de subyugar y hacer soñar. Los partidos de gobierno ya no inspiran confianza en los ciudadanos. Los programas ecológicos responden a los miedos relacionados con la degradación del medioambiente y con los deseos de protección de las poblaciones. La extrema derecha consigue éxitos electorales crecientes agitando el fantasma de la inmigración y la mundialización liberal. La seducción que ejerce la extrema izquierda populista en determinadas fracciones de la población depende menos del contenido de los proyectos que de la retórica, el estilo y la imagen de los líderes. Los jóvenes menores de veinticinco años expresan un gran rechazo del ámbito político instituido: tanto en la extrema izquierda como en la extrema derecha, su voto es de protesta, antisistema, antiélite.[1] Globalmente las promesas electorales solo encuentran un gran escepticismo carente de toda ilusión. Actualmente, lo que activa los sueños de la mayoría ya no son las grandes utopías políticas, sino las «pequeñas» utopías, el éxito de la vida profesional, los proyectos personales y familiares para vivir mejor cada uno su vida. Fin de los ideales dominantes y de las ideologías maximalistas de la primera modernidad: la ruina de las ideocracias ha abierto el campo de la seducción hiperindividualista y pospolítica.

Eclipse del éxtasis de lo político que debe relacionarse también con el triunfo del neoliberalismo, uno de cuyos efectos es hacer que aumente el escepticismo respecto a la gobernabilidad del mundo. Con la mundialización liberal hemos

---

1. A finales de 2016, el 87 % de los jóvenes encuestados declaraba no tener confianza en la política y el 99 % consideraba que aquellos que la practican son corruptos.

caído en un mundo en el que se resquebraja la fe en el poder del Estado para dirigir al conjunto colectivo. En este contexto de supremacía economicista, el sentimiento dominante es que la fuerza pública es cada vez menos capaz de cambiar la sociedad, de ser el director de orquesta del devenir colectivo. La impotencia pública ante las fuerzas de la globalización constituye una especie de ácido que corroe el poder de atracción de la política.

El desencanto político plantea sin duda serios problemas a las democracias representativas. Asociado al desasosiego social y económico, así como a las inquietudes suscitadas por la mundialización liberal, alimenta los populismos de derecha e izquierda, los discursos demagógicos que consiguen, con éxito, seducir a un gran número de electores mediante promesas engañosas y soluciones milagrosas. En todas partes aumenta el rechazo a los extranjeros y las élites de la política, los llamamientos al cierre de las fronteras nacionales, las *fake news* que perturban el juego electoral: el panorama, sin duda, no es para alegrarse. Es oscuro, pero, no obstante, menos dramático de lo que proclaman los observadores pesimistas. En realidad, las democracias occidentales no están al borde del precipicio y se encuentran en una situación mucho más sólida que la que tenían en el periodo de entreguerras. El Estado de derecho y el liberalismo político progresan a través del control de constitucionalidad, de la diseminación de los mecanismos de poder y de las autoridades reguladoras independientes. Cuanto menor es la implicación pasional en el espacio público, más las democracias ven reforzarse los contrapoderes, la preocupación por los procedimientos y la transparencia, la primacía de los derechos del hombre. En nuestros países, el ideal democrático ha conseguido destronar a sus enemigos: ya nadie discute sus principios de fondo.

A esto se suma el hecho de que la erosión de la confianza de los ciudadanos en los dirigentes y en las instituciones políticas no es sinónimo de desentendimiento excluyente y pasividad ciudadana. El interés de los ciudadanos europeos por la vida pública parece más bien estar a la alza, tal como lo atestiguan el aumento de las exigencias dirigidas a las instituciones políticas y los niveles de audiencia elevados de los telediarios. A través de la televisión, la radio, los periódicos y, ahora, internet,[1] los ciudadanos se informan más ahora que antaño. Este interés por la política también se refleja en las movilizaciones 2.0, las formas de expresión en la red, la toma de palabra ciudadana, las protestas y peticiones on line, los debates, las discusiones en los blogs, en las redes sociales y en los portales, todos ellos fenómenos que señalan una participación en la vida democrática sin duda más activa que en el pasado.

Lo que prevalece no es tanto una falta de interés como un interés circunstancial: así lo demuestra el hecho de la intermitencia electoral, ya que un número creciente de ciudadanos solo deposita su voto en función de la importancia que otorgan al escrutinio. No se trata de un alejamiento radical, sino de una participación selectiva o a «elección», ya que los ciudadanos se acercan a las urnas solo cuando sienten la tentación de hacerlo. Ya no se vota porque hay que hacerlo, sino cuando se siente motivación y ganas: el deber universal de ciudadanía se ve destronado por una lógica individualista de ganas y atracción.

Si bien la implicación a la antigua ya no tiene éxito, la época asiste, sin embargo, al desarrollo de nuevas formas de movilización y actividades políticas que se desarrollan fuera de los partidos. En todas partes se multiplican las acciones marcadas por modos de intervención más directa, más dirigidas a algo concreto, sin un objetivo de conjunto ni una voluntad de hacerse con el poder político. Mientras que la participación en la vida democrática a través del procedimiento de la elección

1. Actualmente, dos estadounidenses de cada tres se informan a través de las redes sociales.

retrocede, nuevas formas de compromiso e intervención ciudadana (participación en manifestaciones, firma de peticiones, expresión en internet, implicación en la vida asociativa, «democracia de proximidad») ganan terreno.[1] La despolitización hipermoderna debe entenderse de manera relativa, ya que las democracias actuales son testigo de una multitud de actividades políticas «no convencionales», fragmentadas, diseminadas, basadas en particular en la vigilancia, el control, la protesta, la presión sobre los electos, el rechazo puntual de decisiones y medidas tomadas por el Estado: es el momento de la subida de los contrapoderes, que dibujan una especie de contrapolítica, de «politización negativa».[2]

Estas formas de acción democrática son reales, pero justo es señalar que en ningún lugar consiguen devolver el encanto al espacio político. Por lo demás, cómo podrían hacerlo si son, en primer lugar, expresiones sociales de desconfianza, formas de vigilar, de impedir, de presionar y no de dibujar un porvenir capaz de hacer soñar. Figuras de una «política negativa», estas acciones que emanan de la sociedad civil no expresan posibilidades de futuro, sino miedos, negativas, rechazos puntuales. Vigilar a los poderes instituidos (foros sociales, oenegés, observatorios, democracia electrónica, agencias de auditoría, emisores de alertas...), hacer que se anulen proyectos gubernamentales mediante movilizaciones colectivas, son combates que, privados de una visión global y una gran meta, no poseen ningún carácter mágico. Al basarse en la valoración, la revelación, el control, el rechazo selectivo, la judicialización de lo

1. Pascal Perrineau (dir.), *L'Engagement politique. Déclin ou mutation?*, Presses de la Fondation nationale des sciences politiques, París, 1994.
2. Pierre Rosanvallon, *La contre-démocratie. La politique à l'âge de la défiance,* Le Seuil, París, 2006. (Versión española: *La contrademocracia: la política en la era de la desconfianza,* Manantial, Buenos Aires, 2008, trad. de Horacio Pons.)

político, las acciones «negativas» características de la «contra-democracia» están desprovistas de aura, de mitología capaz de enardecer y de resplandor simbólico. Despojadas de la idea de revolución y privadas de guías proféticos, estas nuevas actividades democráticas son de naturaleza reactiva, protectora, defensiva: de ahí su incapacidad para recrear una visión encantada de la acción y el compromiso políticos. El déficit seductor de la cosa pública prosigue hasta en las nuevas formas de acción democrática.

IX. EL ESTADIO *COOL* DE LA EDUCACIÓN

La expansión hipermoderna del principio de seducción se manifiesta mucho más allá de las esferas económicas y políticas: se lee también en el ámbito crucial de la educación de los niños y los jóvenes en general.

En este plano, las sociedades liberales, desde hace medio siglo, son testigos de un cambio considerable: esquematizado al extremo, se resume en la descalificación del modelo educativo autoritario y coercitivo y en su sustitución por un modelo afectivo o psicológico centrado en la amable comprensión y en la felicidad inmediata del niño como objetivo. Ya no se trata de obligar, castigar e imponer reglas estrictas, sino de obtener la adhesión del niño sin utilizar medios represivos. En este contexto de permisividad, y a veces de laxismo parental, la educación rigorista ha cedido progresivamente el paso a una «seducción» en la cual el desarrollo pleno y la autonomía del niño se imponen como la principal preocupación de los adultos.

LOS PADRES Y EL DESARROLLO PLENO DEL NIÑO

Durante la primera modernidad, una buena educación equivalía a exigir disciplina y obediencia estricta al niño. La

355

autoridad parental se daba por descontado, ya que debía conducir al niño a conductas adaptadas a las normas de la vida social. El ideal que se perseguía era que los niños fueran «bien educados», es decir, «buenos», educados, obedientes, que se sometieran a la autoridad de los padres. Al ser los castigos corporales frecuentes y considerarse legítimos, la autoridad parental era un principio que no se discutía ni negociaba. La cultura moderna del individuo iba acompañada hasta los años sesenta y setenta de un sistema educativo autoritario y rigorista que, basado en la prohibición y el castigo, consideraba detestable el principio de la libre expresión y la satisfacción inmediata de los deseos del niño.

Este modelo ha muerto. Se eclipsó en beneficio de normas relacionales y psicológicas que daban valor a la comprensión, la escucha, el diálogo y el intercambio con el niño. Tanto por la deslegitimación del principio de coerción como por la importancia prioritaria reconocida al desarrollo pleno de los niños, cada vez más los padres se decantan por la seducción para conseguir que el niño haga aquello que ellos consideran bueno para él. Las amenazas de castigo y las órdenes severas han sido sustituidas por prácticas atentas, relaciones de igual a igual, un tono seductor y una retórica psicoafectiva acompañada aquí y allá de expresiones afectadas y cariñosas («cariño», «corazón mío», «amor mío»...).

En la época del «niño-rey», objeto de todas las atenciones de sus padres, estos dicen cada vez más a menudo «te quiero» a su progenie. Un estilo o un tono amoroso que, según el psiquiatra infantil Daniel Marcelli, se ejerce de tres maneras diferentes. En primer lugar, las declaraciones de amor permanentes, como «te quiero, cariño, es por tu bien». A continuación, la prosodia amorosa utilizada cuando el padre o la madre necesita obtener algo: «Vamos, corazón, hazlo por mí». Y, finalmente, el chantaje: «Si haces esto, tendrás esto...». De este modo, el niño se siente cada vez más educado «en un clima

356

permanente de seducción, hasta el punto de que parece legítimo preguntarse si la seducción no se habrá convertido en el principio educativo de base».[1]

El diagnóstico es indiscutiblemente certero. Sin embargo, limita demasiado la escalada de la lógica seductiva, ya que esta se afianza mucho más allá de las palabras seductoras de los padres. Por muy significativa que sea, la nueva retórica afectiva no traduce lo esencial del cambio, que coincide con el formidable empuje de los valores liberales y hedonistas en la manera de educar a los niños. No son solo las maneras de expresarse las que revelan la emergencia del principio de seducción, sino, más ampliamente, el modo mismo de educar, de ser y de vivir en familia. En nuestras sociedades, se trata de no obligar, de no forzar a los niños, sino de escuchar sus demandas, de darles la mayor felicidad posible multiplicando las ocasiones de placer. La educación rigorista o represiva ha sido sustituida por una educación de tipo liberal y hedonista empeñada en responder a los deseos del niño, en satisfacer, en la medida de lo posible, sus expectativas de placer. Lo que importa por encima de todo es que sea feliz y esté satisfecho, aquí y ahora. Descalificación del paradigma punitivo, consagración del modelo relacional, tolerante y hedonista: esta es la esencia del cambio que instituye el estadio *cool* de la educación.

Desde este punto de vista, la educación-seducción constituye una mutación cultural de primer nivel que, al hacer caer los antiguos dispositivos disciplinarios, toca todos los aspectos de la relación padres/hijos. Con el placer como núcleo del marco de referencia, se ha organizado una educación seductiva propiamente dicha, ya que está llena de atención y consideración hacia los niños. Al igual que las estrategias de seducción entre los adultos buscan suscitar el placer en el otro

---

1. Daniel Marcelli, *Le règne de la séduction. Un pouvoir sans autorité*, Albin Michel, París, 2012, pág. 83.

deseado que se convierte en objeto de todas las atenciones (embellecimiento de uno mismo, discursos seductores, frases aduladoras, regalos), los nuevos caminos de la educación tienen como objetivo colocar al niño en el centro, darle valor, agradarle, responder a sus expectativas y deseos. En el pasado se educaba a los niños «con dureza» para disciplinarlos y prepararlos para las dificultades de la existencia: ahora, no hay nada más importante que dar encanto a la vida de los «pequeños». Ya no se trata de la Ley del Padre, fuente de frustración, sino del orden seductivo del placer erigido en principio educativo.

En este marco, la mayoría de los padres afirma que su objetivo prioritario es el desarrollo pleno de su hijo, antes incluso que el éxito escolar, durante mucho tiempo su principal preocupación. Se reconocen el derecho a la singularidad, las preferencias personales y las experiencias que gustan al niño. Ya no se trata de disciplinar el deseo y dictar lo que hay que hacer, sino de dar el máximo de satisfacciones, escuchando lo que le gusta al niño: el universo de la imposición estricta de reglas ha sido sustituido por el de la seducción de los placeres.

La época en la que los gustos del niño no se tomaban demasiado en cuenta ha pasado. Ya no se obliga a un niño a «terminar lo que tiene en el plato». La forma de vestirse o de decorar su habitación es cosa suya, al menos en parte, a partir de cierta edad. Con su paga puede hacer lo que prefiera. Y muchas de las decisiones de compra de la familia son tomadas por los niños o de común acuerdo. La búsqueda de consenso con el niño en la decisión de compra es algo que busca la mayoría de los padres. Respecto a los juegos y juguetes, la ropa, el calzado, el equipamiento escolar, las salidas, las actividades extraescolares, las decisiones se suelen tomar en común. En nombre de la educación en autonomía y de la legitimidad del placer, los gustos, las expectativas y los deseos del niño son tomados cada vez más en consideración por los padres. Se trata de conseguir que el niño viva en un universo cotidiano

358

que lo seduzca, lo atraiga y le guste. El orden de la seducción soberana ha ganado el ámbito de la educación.

A menudo se identifica hedonismo cultural con permisividad educativa. Es un error, ya que a pesar de que el vínculo entre ambos ámbitos es real, el primero no conduce sistemáticamente al segundo. La permisividad se ve innegablemente favorecida por nuestra cultura del placer, pero no es su único aspecto. El hedonismo no implica necesariamente el *laisser-faire* sin obligaciones ni prohibiciones: se limita a estimular y dar valor a los momentos de placer, lo que es distinto. En este sentido, la educación bajo el signo de la seducción no siempre es sinónimo de permisividad o laxismo: es la que reduce todo lo posible las medidas autoritarias y coercitivas en beneficio de las experiencias de placer del niño para hacerle feliz en el presente en la medida de lo posible.

En este contexto, mostrarse severo, castigar o imponer límites resulta muy problemático para los padres porque, al demostrar su autoridad sobre su hijo, temen estar poniendo trabas al desarrollo de su personalidad, refrenando sus potencialidades, impidiendo su proceso de autonomía, fragilizando su autoestima. Y, sobre todo, temen hacerlo desgraciado. Tanto es así que frustrar al niño resulta insoportable para algunos padres que se empeñan en evitar cualquier carencia, en hacer todo lo posible para que su hijo no sienta aburrimiento, tristeza ni frustración. Estamos en un momento en el que los padres se sienten culpables si no miman a los niños. El resultado son niños a los que nada se les niega, niños mimados, con motones de juguetes, colmados de regalos cuando llega la Navidad, los cumpleaños u otros acontecimientos.

Por supuesto, este modelo, que favorece las ocasiones de placer, seduce al niño, pero también al menos del mismo modo a los padres, quienes, así, se sienten menos culpables por no estar siempre presentes y se alegran creyendo hacer feliz a su hijo. Cubrirlo de regalos, ofrecerle todo lo que desea y más todavía: este modelo ejerce un gran poder de atracción porque hace posible el placer maravillado de ver o de imaginar al niño satisfecho. Si bien la generosidad excesiva de los neopadres no puede separarse del poder de atracción del modelo consumista, modelo que asocia felicidad y gasto en productos mercantiles, también se alimenta del poderoso atractivo que constituye la experiencia de dar felicidad a los que uno ama, a nuestras queridas cabecitas rubias.

Además, en una época marcada por el auge de los divorcios y las familias monoparentales, el progenitor que se ocupa en solitario del niño tiende a sentirse culpable por no estar siempre disponible. Se dice a sí mismo: «Solo estoy yo para quererlo, no puedo reñirlo». La inquietud de los padres por el hijo que consideran en parte abandonado debido al divorcio, los lleva a aceptar todo de su hijo, a privilegiar los momentos de placer, sustituir las obligaciones por la seducción de las satisfacciones renovadas. Desean borrar la herida del divorcio, ofreciendo al niño todo lo que le atrae, intentando gustarle acariciando su deseo «en el sentido del pelo». En el nuevo dispositivo educativo, el principio de seducción se traduce en más regalos y menos reglas, un máximo de satisfacciones y un mínimo de obligaciones y sanciones.

El miedo a ser rechazado por los hijos

La educación seductora depende también de la ansiedad de los padres temerosos ante todo de perder el afecto de su hijo. Según un sondeo de 2008 realizado por el Ifop, el 36 % de los padres de niños con edades comprendidas entre los cinco y los doce años teme un conflicto con su progenie y su rechazo. Antes los padres querían ser obedecidos «a rajatabla» sin que, al parecer, les aterrorizaran las consecuencias que para ellos pudiera tener su severidad sobre los sentimientos de los niños. Esto ya es historia: en la civilización de la seducción, los padres quieren ser amados a cualquier precio. Al temer el odio de sus hijos, ya no dicen «no», ya no los riñen ni los contrarían, sino que ceden finalmente a todos sus deseos: autorizándoles todo o casi todo, intentan gustarles. La educación basada en la represión y la frustración ha sido sustituida por relaciones afectivas invasoras. En el origen del auge de las relaciones de seducción que los padres mantienen con su progenie se encuentra el temor del desamor filial.

Este miedo aumenta cuando los padres están divorciados. A menudo el progenitor que no tiene la custodia del hijo teme no gustarle si se muestra severo. Al adentrarse en una especie de «carrera en pos del amor», cede con mayor facilidad a sus caprichos, le hace más regalos por miedo a que el niño ya no tenga ganas de ir a su casa. El deseo de venganza de uno de los padres puede también llevar a satisfacer todas las exigencias del niño, sobre todo aquellas que rechaza el otro progenitor: consintiendo a todo, espera convertirse en el «preferido» respecto al otro progenitor que, al mostrarse más estricto, se atreve a suscitar la frustración del «pequeño» o del adolescente.

Bebelatría

Si los padres adoptan actitudes de seducción hacia los hijos, estos son, más que nunca, formidables fuerzas de atracción emocionales. Empezando por el recién nacido, cuya extrema vulnerabilidad y mirada pura, inocente, interrogadora, abierto por completo al otro, hacen que los padres se derritan.[1] Por supuesto, esta seducción del pequeño ser no es algo nuevo, pero se ha intensificado y generalizado con fuerza debido a varios motivos.

---

1. *Ibid.*, pág. 59.

En primer lugar, debido al hecho de la fuerte reducción del número de hijos por pareja y, por tanto, del declive de las familias numerosas: en este contexto, el niño puede imponerse como el centro de todas las atenciones parentales. También por haberse convertido el niño en «el hijo del deseo»,[1] es decir, en objeto de una elección, de una actitud que ya no tiene relación alguna con la fecundidad padecida, ni con el deseo de transmitir un patrimonio o perpetuar un nombre o un linaje. El niño es deseado como ser absolutamente único y singular, el único objetivo de sus padres es que sea feliz y autónomo. A esto se suman la mayor inestabilidad de las parejas y la inseguridad emocional que eso mismo genera. Puede que de ello resulte la intensificación de las relaciones afectivas con el niño que representa para algunos padres el único vínculo emocional desinteresado y susceptible de durar toda la vida: «Lo querré siempre y él, al menos, me querrá siempre.»

Finalmente, el fenómeno debe relacionarse con la nueva mirada que nuestra cultura dirige al pequeño ser, que, según los análisis de Françoise Dolto, no es un ser primitivo, ni un adulto en miniatura, sino una persona en toda regla. No se trata ya de un simple objeto de cuidados, sino de un ser de lenguaje con el que hay que hablar porque dispone de facultades de comprensión, relación y comunicación emocional y afectiva: un bebé maravillosamente superdotado al que se le atribuyen todas las perfecciones. De ahí el hecho de que muchos padres se enamoren, caigan bajo el encanto de su bebé. De ahí la fascinación que acompaña a lo que Freud denominaba «His Majesty the Baby»[2] y el surgimiento de nuestra

1. Marcel Gauchet, «L'enfant du désir», *Le Débat*, n.º 132, 2004.
2. Sigmund Freud, «Introducción al narcisismo», en *Obras completas,* vol. XIV: *Contribución a la historia del movimiento psicoanalítico. Trabajos sobre metapsicología y otras obras,* Amorrortu, Buenos Aires, 1976, trad. de José L. Etcheverry, pág. 88.

«bebelatría», una más de las manifestaciones del reinado emocional de la seducción soberana.

¿Manipulación de los niños? *después del '68*

En el periodo que siguió al Mayo del 68 se difundió el nuevo paradigma educativo impulsado, por un lado, por el desarrollo de la «cultura psi» y, por el otro, por el espíritu anticonvencional, antiautoritario y liberacionista de la época. ¿Y hoy? De forma manifiesta, el referencial psi sigue gobernando la relación padres-hijos. En cambio, la cultura libertaria se ha quedado atrás. El todo seductivo que resumía el famoso «prohibido prohibir» ha dejado de resultar atractivo.

Ahora, las páginas de las revistas, los programas de televisión y las estanterías de las librerías están invadidos por la cuestión de la autoridad parental hecha jirones, del niño-rey y del niño-tirano, fuente de sufrimientos y dificultades permanentes para los padres. En todas partes, se expresan los sentimientos de culpabilidad e impotencia de los padres desesperados por su fracaso para ejercer algún tipo de autoridad sobre sus hijos, sea cual sea su edad. Al no sentirse ya justificados para hacer uso de la coacción, aterrorizados ante la idea de perder el amor de su hijo, dominados por las reacciones emocionales, muchos padres se hallan tan desvalidos como desbordados, incapaces de gestionar los conflictos con su progenie. Con la seducción soberana, que se ha anexionado el ámbito educativo, aparece la era de los padres desamparados y del niño problemático. *el niño problemático*

Al mismo tiempo, psicólogos, psicoanalistas y psiquiatras infantiles repiten sin parar: la educación sin obligaciones conduce a un callejón sin salida, aumenta las dificultades de atención y el absentismo escolar, favorece el desarrollo de comportamientos de fuga y agresividad, los problemas psiquiátricos, el rechazo de doblegarse ante unas reglas y ante las peticiones de los adultos. Con la no-educación que constituye el laxismo parental,[1] se multiplica la proporción de niños que sufren hiperactividad y son inestables e irritables, aumentan los comportamientos agresivos hacia las personas y los bienes ajenos. La forma liberal de educar a los niños sin reglas ni límites, en la omnipotencia y el goce por encima de todo, aumenta de forma desmedida su narcisismo, les priva de límites simbólicos y de los recursos psíquicos necesarios para aguantar la confrontación con la realidad y soportar la frustración, el fracaso y la adversidad.[2]

Ante los peligros que representa el laxismo educativo, existen numerosos libros y artículos que, empeñados en rehabilitar la necesidad de reglas y la autoridad, denuncian los comportamientos de seducción asimilándolos a una manipulación del niño, a una estrategia de posesión de este mediante los medios suaves de la persuasión afectiva. Método sutil de control del otro por dar a cada uno la ilusión de libertad, la seducción se confundiría así con una herramienta de sometimiento, «otra forma de barbarie que consiste en abusar de la vulnerabilidad del otro, en engañarlo», una manera «de comprar su consentimiento mediante varias gratificaciones, recompensas, regalos, etc.».[3] Una educación digna de este nombre no es compatible con dicha forma de engaño y dominación oculta.

La cuestión está planteada. ¿El paradigma de la seducción aplicado a la esfera educativa es acaso únicamente un ardid, una

1. En una encuesta Ipsos publicada en octubre de 2011, el 75 % de los padres confiesa ser muy laxista con sus hijos. Una gran mayoría de los franceses considera que los padres mantienen una relación demasiado amistosa (66 %) con sus hijos, que son demasiado tolerantes (61 %) e insuficientemente severos (81 %).

2. Véanse los distintos artículos de la revista *Le Débat* dedicados a «L'enfant-problème», n.º 132, noviembre-diciembre de 2004.

3. Daniel Marcelli, *Le règne de la séduction. Un pouvoir sans autorité*, *op. cit.*, págs. 305 y 291.

estrategia sutil de conquista del deseo del niño? Eso supone reducir demasiado aquello que constituye la novedad profunda del modelo, pues si bien es cierto que existen mimos, súplicas, ruegos, modales suaves y afectuosos utilizados para obtener la adhesión del niño, no se puede reducir el paradigma seductivo a esta dimensión. Al implicar la toma en consideración del deseo del niño, así como la búsqueda de su desarrollo pleno, el modelo seductivo no puede reducirse a los discursos seductores, al tono suplicante y «amable» de los padres. Designa, en lo más profundo, tal como hemos visto, el nuevo estándar educativo que, al deslegitimar la educación autoritaria-disciplinaria, funciona atendiendo a los deseos, dando valor a la autonomía y a los placeres individuales, con el fin de alcanzar la realización de las personalidades. A este nivel, la seducción no es un señuelo, ni un engaño, ni un método de sometimiento, sino el proceso general que, al personalizar y psicologizar los métodos educativos, se alinea con los principios del universo democrático, individualista y hedonista. Resulta poco juicioso hablar de ello como de «barbarie», sean cuales sean los daños psicológicos y de comportamiento que producen y que condenan, no su esencia, sino sus excesos y derivas.

Si los efectos nocivos para el equilibrio y la socialización del niño ligados a la intrusión de la seducción resultan innegables, sus beneficios, tanto públicos como privados, también lo son. Así lo reconoce Daniel Marcelli al observar el hecho de que los niños de hoy están menos inhibidos, son más «abiertos», curiosos, emprendedores, que los de las generaciones precedentes. Añadamos que las transformaciones educativas de las que hablamos sin duda han contribuido de forma notable al retroceso global de la violencia política y social en las sociedades democráticas liberales. Lo que no es poco. No tiremos el grano con la paja: el modelo pedagógico seductivo no debe erradicarse por completo, sino que debe redirigirse y reorganizarse.

365

Lo cierto, sin embargo, es que estamos más atentos a los vicios de la seducción educativa que a sus virtudes. Este cambio de perspectiva constituye la venganza del simple sentido común, ya que ¿cómo concebir una educación digna de este nombre sin una parte de frustración, sin un marco y unas prohibiciones, sin imposición de normas y reglas? Educar a un niño es ayudarle a aprender a diferir la satisfacción, a adaptarse a un mundo en que no rige el principio del placer. La idea se abre camino: atendiendo a todos los deseos expresados por el niño no se favorece su equilibrio y su bienestar emocional. Ante el orden seductivo se erige la exigencia de limitar su imperio mediante una autoridad parental obligada a fijar límites a los deseos del niño.

Confrontada a los daños psicológicos que ocasiona el nuevo paradigma educativo, si se quiere estar a la altura de la formación de seres capaces de autocontrolarse y soportar el principio de realidad, se afirma la exigencia de tener en cuenta otros parámetros distintos a la autonomía y el placer inmediato. No obstante, este cambio necesario no debería reconducir a la revitalización del autoritarismo a la antigua. No debe cuestionarse el principio de la educación para la autonomía individual: el mismo debe seguir siendo prioritario. En un mundo dominado por la individualización de las condiciones de vida, el papel de los padres no puede consistir en imponer sus puntos de vista sobre todas las cosas: es bueno que propongan al niño actividades y ocios varios entre los cuales este pueda ejercer su elección. Pero la autonomía del niño solo debe desplegarse en el marco que los padres juzguen deseable. La formación para la autonomía, el descubrimiento de las necesidades del niño, la atención a sus deseos y la negociación son principios positivos para prepararlo a convertirse en sí mismo. Entre el autoritarismo y la «seducción por encima de todo» hay que buscar y desarrollar un nuevo camino: una seducción «en los límites de lo razonable» se podría decir. No una descalificación del principio de seduc-

366

ción, sino frenos a sus excesos cuando conduce al reino nocivo del *laisser-faire* integral y del placer inmediato.

LA ESCUELA ATRACTIVA

El universo escolar también registra la revolución liberal del orden seductivo. Desde su aparición, a principios del siglo XX, el espíritu de la pedagogía moderna, inspirado en los trabajos de Piaget, Montessori, Freinet, Cousinet y Dewey, se erigió progresivamente en ideología dominante durante la segunda mitad del siglo. Al rechazar el lugar dominante dado a las obligaciones y prohibiciones, a las exigencias arbitrarias, a los ejercicios repetitivos y aburridos, las corrientes de la Nueva Educación preconizaban métodos basados en la espontaneidad del niño que debían permitirle aprender de manera activa, lúdica y atractiva. En nombre del respeto de la personalidad del niño, de su autonomía, de su desarrollo pleno, se excluyeron las coacciones escolares tradicionales, las diferentes formas de presión, fuentes de frustración, fracasos y malestar. El principio de seducción sustituyó el principio de la inculcación autoritaria de los saberes y las normas culturales.

Existen, por supuesto, diferencias notables según las distintas corrientes. Los más radicales, como A. S. Neill, rechazan cualquier forma de autoridad, disciplina, dirección o programa impuesto; en la escuela de Summerhill, los deseos de los niños deben ser respetados, tienen plena libertad para asistir o no a las clases, deciden ellos sus aprendizajes y los maestros solo intervienen cuando los alumnos lo piden. El único objetivo que se persigue es que los niños sean felices y se sientan realizados, que puedan hacer lo que les gusta, jugar como quieran, elegir libremente sus clases. Esta libertad radicalmente individualista suscitará las ganas, la motivación, el placer de aprender. Nadie debe obligar a un niño a adquirir conocimientos: basta con esperar el tiempo necesario para que surja el deseo de aprender: «Abolid la autoridad. Permitid al niño ser él mismo. No vayáis detrás de él. No lo sermonéis. No intentéis educarlo. No lo obliguéis a nada».[1] Este método libertario y antiautoritario representa la forma extrema del principio de seducción aplicado a la escuela y la pedagogía.

Otros militantes de la Nueva Educación, menos optimistas respecto a la naturaleza fundamentalmente dinámica del niño y a su deseo espontáneo de aprender, propusieron métodos activos para suscitar la motivación de los alumnos, el gusto de adquirir los conocimientos que se consideraban necesarios para su desarrollo personal, así como para su éxito escolar y profesional. Célestin Freinet, como otros muchos, no dejó de repetirlo: obligar a un niño a aprender crea asco. El camino bueno y eficaz consiste en despertar el hambre de alimentos intelectuales: «Cualquier método que pretenda hacer beber al caballo que no tiene sed es lamentable. Cualquier método que dé ganas de saber y despierte la necesidad poderosa de trabajar es bueno» (Freinet). Constitución libre de los grupos, elección por parte de cada grupo de su trabajo (Cousinet), libertad para elegir sus actividades, pedagogía del «trabajo verdadero» (correspondencia, diario escolar, talleres de teatro, encuestas de campo), acción de descubrimiento, pedagogía diferenciada, «escuela a medida» (Clarapède), respeto del ritmo individual de aprendizaje de cada niño (Montessori, Freinet): la Nueva Educación quiere inventar actividades escolares que impidan el aburrimiento, estimulen la motivación, creen el placer de aprender y, de este modo, desarrollen la autonomía del niño. La imposición autoritaria de normas colectivas se sustituye por métodos activos, lúdicos y atractivos capaces de estimular el deseo de aprender. En la

1. Alexander S. Neill, *Summerhill: Un punto de vista radical sobre la educación de los niños,* Fondo de Cultura Económica, Madrid, 2005, trad. de Florentino M. Torner.

enseñanza reina el imperativo de seducción que se supone que debe transformar la escuela represiva en espacios de placer y libertad.

A través de la Nueva Educación, se ha producido una especie de revolución copernicana de la evaluación y del sentido de la seducción. Al encarnarse en los métodos activos y personalizados de la pedagogía moderna, lejos de ser sinónimo de manipulación, mentira, «arte de engañar» (Vauvenargues), el principio de seducción se plantea como aquello que permite desarrollar la alegría de aprender, la autonomía subjetiva y la responsabilidad individual y ciudadana. El arte de gustar a los niños mediante pedagogías atractivas está ahora al servicio de pasiones ricas y positivas, de la emancipación y el desarrollo pleno de los sujetos. Finalmente, hay una buena seducción, una seducción educadora, liberadora y democrática que favorece el *self government* a través de actividades individualizadas que motivan y gustan al niño. En la lucha contra los dispositivos de adiestramiento educativo, se erige una gran figura de la seducción soberana moderna, dotada de valor positivo.

¿Miseria escolar de la seducción?

Los principios de la Nueva Educación, que durante mucho tiempo se asociaron con progreso, libertad y democracia, son objeto, desde los años ochenta, de fuertes cuestionamientos.[1]

1. Neil Postman, *Enseigner, c'est résister,* Le Centurion, París, 1979; Jean-Claude Milner, *De l'école,* Le Seuil, París, 1983; Alain Finkielkraut, *La Défaite de la pensée,* Gallimard, París, 1987. (Versión española: *La derrota del pensamiento,* Anagrama, Barcelona, 2004, trad. de Joaquín Jordà); Allan D. Bloom, *The Closing of the American Mind. How Higher Education Has Failed Democracy and Impoverished the Souls of Today's Students,* Simon & Schuster, Nueva York, 1987.

369

Eran el signo de la emancipación y se presentaban como el fruto de las ciencias de la educación: ahora se consideran la expresión de una ideología mistificadora cuyo efecto es el mal funcionamiento de la escuela y el fracaso educativo. Como prueba se mencionan el «descenso de nivel» y las tasas impresionantes de alumnos de sexto (de un 10 a un 15 %) incapaces de leer o comprender un texto, la tasa de abandono escolar (ciento veinte mil) y, finalmente, la crisis de autoridad de los profesores que, al no ser ya respetados, se enfrentan a diario con problemas de falta de atención, incultura, disciplina y, más recientemente, violencia.

Una crisis de la escuela relacionada con la ideología moderna que privilegia la creatividad del alumno en detrimento de la transmisión de la herencia, la expresión de uno mismo en lugar del mérito y el esfuerzo, la diversión a expensas de los controles disciplinarios. En nombre del «desarrollo pleno del niño», se ha colocado al alumno «en el centro del sistema educativo», descalificando de este modo el imperativo de trabajo, el respeto de las autoridades. Estamos en un punto en el que aparecen los daños de las pedagogías seductivas (educación a través del juego, espontaneidad, expresión de uno mismo), cuyo efecto es tender a perpetuar las desigualdades sociales, arruinar los aprendizajes de base y, en mayor medida, encerrar al niño en lo que es, en lugar de ayudarlo a «crecer», a desprenderse de su condición inicial.[1]

No señalemos «la cultura del 68» como la fuente directa de los males que sufre la escuela contemporánea. Si las nuevas pedagogías «expresivas» han conseguido imponerse se debe en general al auge de una cultura consumista e hiperindividualista que ha difundido las normas hedonistas de la vida en presente, al auge de la satisfacción de los deseos, de la realización de uno

1. Luc Ferry, *Lettre à tous ceux qui aiment l'école. Pour expliquer les réformes en cours,* Odile Jacob, París, 2003.

mismo. De este modo, se han desvalorizado los marcos tradicionales, las imposiciones disciplinarias, las formas de «adiestramiento» consideradas incompatibles con el ideal de desarrollo pleno personal. El éxito social de los principios de la educación moderna, sean estos los de la escuela o los de la familia, son inseparables de la expansión de la sociedad de seducción, consumista-hedonista-psicológica-individualista.

Lo cierto es que el entusiasmo por los métodos modernos de la educación se ha esfumado. Se multiplican los artículos y libros que acusan a la pedagogía innovadora de haber renunciado a cualquier exigencia cultural, provocando así una especie de verdadera debacle de la escuela. Los nuevos métodos pedagógicos, centrados en las «habilidades sociales» y la creatividad de los alumnos, han provocado la pérdida generalizada de cultura en la juventud, debido a la liquidación en toda regla de las clases, de la transmisión sistemática de los conocimientos disciplinares. La escuela, instituida como «lugar de vida», ya solo es un espacio dominado por actividades pedagógicas que adulan los gustos espontáneos de los alumnos: se trata, por tanto, de no aburrirse nunca, de no obligar, de no repetir. La escuela de imposición del saber ha sido sustituida por una escuela basada en el «niño rey», las actividades lúdicas y de distracción, el rechazo a los ejercicios de repetición y memorización, el culto al presente que pone en pie de igualdad las materias básicas y las actividades de estimulación, las grandes obras del patrimonio cultural y los temas de actualidad tratados por los medios. De ahí, el río creciente de jóvenes sin cultura, que carecen no solo de conocimientos fundamentales (leer, escribir, calcular), sino también de referencias de las humanidades clásicas. La enseñanza pervertida por la dominación del principio de seducción: este es el origen de «la derrota del pensamiento», del descenso general de los niveles, del fracaso de la escuela hipermoderna que condena a las nuevas generaciones a la incultura y la pobreza cognitiva y cultural.

¿Es posible que tales observaciones catastrofistas acerca de la pérdida de referentes y del empobrecimiento cultural de los jóvenes sean el anuncio del inicio de una restauración de la educación disciplinaria? ¿Es posible imaginar el eclipse del principio de seducción en la esfera de la escuela? Por lo demás, ¿sería esto deseable? En primer lugar, no se debería idealizar demasiado los méritos de la escuela del pasado. Después de todo, el hecho de que la escuela enseñara las obras clásicas y la moral no impidió las carnicerías de las dos guerras mundiales, la deliacuescencia de las democracias liberales, la Shoah y el gulag. Se dice que nuestra escuela produce jóvenes incapaces de pensar por sí mismos, pero ¿era más capaz de formar el espíritu crítico cuando los partidos, las Iglesias y las grandes ideologías políticas dirigían de cerca las conciencias? Sí, se enseñaban las grandes obras de la tradición humanista literaria, pero al mismo tiempo la seducción de las ideologías revolucionarias y nacionalistas se ejercía con tanto alcance que pudieron precipitar a Europa y al mundo al abismo de la guerra, el racismo institucionalizado y los totalitarismos. Por sí solas, estas consideraciones conducen a relativizar los méritos de la escuela del pasado.

Nada más lejos de mí que la idea de poner en un pedestal cierto pedagogismo cuyos estragos culturales son claramente manifiestos. Pero no todo es descartable. Resulta notable que los discursos pesimistas o «decadentes» sobre la escuela se basan muy poco en datos cuantitativos. ¿Cómo justificar la idea de un descenso del nivel de la población escolarizada sin tener en cuenta la complejidad estadística del fenómeno? ¿Cómo conceder crédito a la afirmación general «el nivel desciende» cuando los graduados de la enseñanza superior duplican a los que había hace treinta años? Es cierto que más de ciento veinte mil jóvenes abandonan la escuela cada año sin haber obtenido un título, pero al mismo tiempo cada vez hay más franceses graduados. A falta de parámetros comunes, los datos científicos no permiten medir la evolución del nivel de los alumnos a largo plazo.

En cambio, a corto plazo, numerosos estudios muestran que desde hace unos veinte años, las competencias lingüísticas de los alumnos (lectura, ortografía, vocabulario, sintaxis), pero también las matemáticas, disminuyen. Pruebas realizadas en 2013 revelan que un joven de cada diez es incapaz de realizar cálculos simples y comprende mal o no comprende lo que lee. Según una encuesta internacional PISA, realizada por la OCDE, más del 20 % de los jóvenes de quince años presenta dificultades de lectura. Siendo esto así, asistimos no tanto al descenso del nivel de los alumnos medios, como al agravamiento de las dificultades entre los alumnos más débiles. Lo que resulta significativo de nuestra época y en particular de Francia, es la acentuación de la distancia existente entre los alumnos con los mejores resultados y los que obtienen los resultados más mediocres. En este aumento de la distancia subyace la creciente influencia del medio del que provienen los alumnos. De este modo, en los institutos situados en zonas de educación prioritaria, la adquisición de las competencias básicas es la más deficiente: casi un tercio de los alumnos de secundaria tiene dificultades con la escritura, cuando hace diez años el porcentaje era de un cuarto. Este fenómeno explica el retroceso de Francia en la encuesta internacional PISA sobre las competencias de los alumnos de quince años. Francia ocupa ahora el puesto vigesimoquinto en matemáticas y el vigesimosexto en ciencias entre 65 países y ocupa el puesto decimoctavo entre los 34 países miembros de la OCDE. Si solo se tuviera en cuenta los resultados de los alumnos procedentes de los entornos más desfavorecidos, Francia se colocaría en el puesto trigésimo tercero, pero si solo se contabilizaran los alumnos procedentes de entornos favorecidos, Francia se situaría en el primer cuarto de la clasificación, es decir, en el puesto decimotercero. No se puede

373

negar que una proporción sin duda minoritaria, pero creciente, de los alumnos no domina determinados conocimientos primarios. El fracaso de las pedagogías modernas, a este nivel, resulta flagrante al no permitir la adquisición de las competencias escolares elementales, ni la reducción de las desigualdades sociales y de la influencia del entorno de procedencia en los alumnos. A pesar de sus objetivos democráticos declarados, el pedagogismo que se despliega bajo el dominio del principio de seducción sigue teniendo efectos profundamente no igualitarios. No impide el éxito de algunos, en concreto de aquellos cuyos padres tienen expectativas elevadas en materia de educación y éxito escolar, pero resulta fatal para aquellos que, sin un apoyo educativo familiar, son cada vez más candidatos al fracaso y al abandono escolar. Las nuevas pedagogías no tienen por sí solas la fuerza para contrarrestar los efectos globales de la cultura *cool,* para reducir la fuerza de las herencias socioculturales y de las desigualdades asociadas a ellas.

Obviamente, las nuevas pedagogías no son una panacea, pues se muestran incapaces de cumplir su promesa de democratización. Hemos ido demasiado lejos en la liquidación de los métodos tradicionales de transmisión necesarios para el aprendizaje de la lectura y la escritura, para adquirir los mecanismos precisos para un buen ejercicio del pensamiento. No obstante, ello no justifica las voces que proclaman un retorno en toda regla a la escuela de antaño. Por lo demás, la enseñanza atractiva no produce sistemáticamente efectos negativos sobre la relación con la cultura. De ello da testimonio el buen comportamiento lector entre los colegiales. Un fenómeno que, sin duda, no puede separarse de las prácticas pedagógicas que, al conceder un lugar importante a los textos de la literatura juvenil, favorecen una actitud de lectura-placer. Gracias a métodos pedagógicos atractivos, los colegiales experimentan el gusto de leer. En secundaria, cuando se exige un modo de

374

lectura elevado, difícil, centrado en las obras literarias del patrimonio, se produce el derrumbamiento de la lectura de libros,[1] por lo cual los métodos pedagógicos atractivos no son en todas partes, ni sistemáticamente, la ilustración del horror cultural denunciado por los adversarios de la educación contemporánea. No son los métodos atractivos como tales los que deben ser combatidos, sino sus excesos, cuando se rechaza cualquier forma de transmisión explícita con sus aprendizajes necesariamente exigentes.

Sean cuales sean los efectos indeseables de los métodos activos, el retorno de pedagogías a la antigua no es deseable ni realista. ¿Cómo es posible echar de menos el autoritarismo escolar del pasado? ¿Cómo sentir nostalgia de la escuela de antaño con el aburrimiento que la acompañaba, sus «memorizaciones», el estudio de las lenguas antiguas en lugar de las habladas por los contemporáneos, la lengua de Dante en lugar del italiano actual? El acceso a las obras maestras del pasado no es la única vía para hacer que los alumnos tengan acceso al pensamiento crítico y racional. Cuando la escuela se apoya en métodos marcados por el sello de lo entretenido, fracasa en conseguir que los niños procedentes de entornos populares adquieran correctamente las bases de la cultura escrita, pero ello no es razón suficiente para que ignore orgullosamente las transformaciones culturales del presente, ya que los medios forman parte integrante del universo de los alumnos. Tiene que construir cierto número de puentes entre cultura mediática y cultura escolar.

No hay que poner en la picota los métodos activos: también son medios para combatir el aburrimiento escolar, estimular el gusto de aprender, ofrecer un marco de reflexión motivador. Querer desconectar totalmente la escuela de la

1. Philippe Coulangeon, «Les jeunes, la culture, l'école et les médias», se puede consultar on line: www.bibliotheques93.fr

cultura digital y mediática actual no es razonable, pero decir, como Clarapède, que el trabajo escolar debe «adoptar con naturalidad la forma del juego» no es de recibo: aprender no es jugar. La adquisición de los saberes abstractos y cultivados exige necesariamente esfuerzos perseverantes, disciplina intelectual, repetición y ejercicios muchas veces latosos. No todo puede ser lúdico y atractivo: el trabajo difícil, metódico y organizado de los alumnos es necesario para transmitir el patrimonio de los saberes y para desarrollar las capacidades de intelección de todos. Por tal motivo, la escuela no debe alinearse con los principios seductivos que operan en el universo mediático, pero, si tiene que crear un mundo «diferente», este no debe instituir un foso absoluto, infranqueable, entre ella y las normas culturales y los flujos de información del presente. La época nos exige una nueva síntesis que deberá tomar de los métodos directivos del pasado lo que era positivo y combinarlo con lo mejor de los métodos atractivos actuales.

EDUCACIÓN Y FASCINACIÓN DIGITAL

Si bien en el siglo XX, los métodos de pedagogías activas supieron convencer a un número creciente de educadores, en el siglo XXI, las que generan un entusiasmo sin igual son las técnicas digitales. En efecto, ahora se exaltan, con un tono casi idólatra, las repercusiones de las nuevas tecnologías en la educación de los jóvenes. Se nos dice que dichas tecnologías permiten una mayor motivación de los alumnos, aprendizajes más eficaces, un reforzamiento de la relación profesor/alumno, un aumento de la confianza entre los alumnos, la disminución de las desigualdades y el retroceso del fracaso escolar. Se publican *best sellers* que anuncian con una euforia fascinada el advenimiento de un mundo dominado por la autoeducación fuera de toda institución, el acceso directo y libre al conocimiento. Por la gracia del mundo conectado, se anuncia una educación feliz, liberada de jerarquías, inercias y dependencias del pasado. Está en marcha una revolución radical del universo de la educación, dirigida por pedagogías digitales adaptadas a cada alumno, un modo de aprender sin ritmos impuestos ni contenidos obligatorios. Dicho de otro modo, tenemos en nuestras manos la solución milagrosa para los problemas seculares a los que se enfrenta la escuela: esta no es otra sino el uso generalizado de las TIC (tecnologías de la información y la comunicación). Una nueva magia se ha apoderado de la época: la magia del complejo digital-educativo.

Lo que seduce irresistiblemente en internet es que la adquisición del saber parece poder liberarse del esfuerzo, del tedio y la lentitud: tenemos la sensación de tener el mundo a nuestra disposición. En la red, la búsqueda de información adopta la forma de mariposeo, de un juego de descubrimiento flexible y *fun:* el saber, enseguida, cuando yo quiero, como quiero y, además, como si fuera un juego. Internet, al ofrecer una cantidad descomunal de datos accesibles con un solo clic, en todas partes, en cualquier momento, crea la ilusión de una «gaya ciencia» aunque en las antípodas de la que exaltaba Nietzsche. A diferencia de la enseñanza «clásica» jerarquizada, el universo de la red se presenta como una nube de saberes desestructurados en la cual cada uno camina libremente, sin una progresión impuesta y metódica. La pesantez de la adquisición tradicional de conocimientos ha sido sustituida por un aprendizaje «informal», fragmentado y discontinuo que permite una sumisión menor a la palabra del maestro, más interactividad y autonomía de los alumnos, quienes, de este modo, se convierten en «actores de sus propios aprendizajes». En las redes digitales se desarrollan actividades libres, aleatorias, no lineales, un placer del descubrimiento vagabundo antinómico con el carácter directivo de la clase magistral y los mecanismos que pone en marcha la lectura de lo impreso. De ahí, el irresistible poder de atracción de la red.

Los aduladores más optimistas de las tecnologías consideran que estas pueden constituir la base para una reinvención completa de los modos de aprender y enseñar. He aquí la utopía de la «sociedad desescolarizada» que en su momento imaginó Iván Illich, revitalizada, puesta en pie de nuevo, hecha posible gracias a los milagros de la informática en red. ¿Para qué queremos programaciones, actos de transmisión, latosos ejercicios de memorización e incluso maestros, cuando todo el saber está actualmente accesible en la red? «¿Qué se puede transmitir? ¿El saber? Ahí está, por toda la red, disponible, objetivado. ¿Transmitirlo a todos? Desde ahora, todo el saber está accesible para todos. ¿Cómo transmitirlo? Ahí está, hecho. [...] En cierta forma, está ya transmitido, siempre y en todas partes», escribe Michel Serres.[1] ¿Para qué la obra educativa, las lentas y arduas adquisiciones de las disciplinas y los dispositivos institucionales de la transmisión, si las bases de datos digitales son capaces de ofrecernos instantáneamente todo el saber que necesitamos? Las nuevas tecnologías de la información y la comunicación han lanzado de nuevo el sueño encantado de una educación sin obligación, sin institución ni rutina aburrida.

Es ingenuo dejarse seducir por semejantes análisis, pues si las tecnologías digitales son portadoras de promesas, también comportan amenazas. Varios estudios advierten contra los efectos negativos de la utilización intensiva de internet sobre las capacidades cognitivas de los alumnos. Según un informe de la OCDE: «Los mejores resultados, tanto en matemáticas como en lectura, se observan generalmente en alumnos con un grado

---

1. Michel Serres, *Petite Poucette,* Le Pommier, París, 2012, pág. 21. (Versión española: *Pulgarcita,* Gedisa, Barcelona, 2014, trad. de Alfonso Díez.)

medio de utilización de los ordenadores. Esta última constatación permite pensar que un uso excesivo de los ordenadores podría tener un impacto negativo sobre los resultados escolares».[1] Por otra parte, si internet es una herramienta didáctica tan mágica como revolucionaria, ¿dónde están los genios que genera? ¿Y cómo es posible, en ese caso, que muchos estudios nacionales e internacionales muestren el descenso de saberes académicos y culturales de los jóvenes?[2]

Creer que el medio digital abre de par en par las puertas de la inteligencia, la cultura y la reflexión es un error grave. De hecho, en la red, Pulgarcitos y Pulgarcitas se interesan muy poco por el saber, su actividad digital consiste esencialmente en intercambiar mensajes con sus amigos, jugar a juegos on line, escuchar música, mirar vídeos, visitar páginas comerciales, deportivas o de entretenimiento. Muchos profesores se lamentan por no conseguir que sus alumnos lean novelas o textos largos. Además, lejos de perfeccionar los mecanismos de aprendizaje y memorización, la famosa *multitarea* sobre todo los altera.[3] Según varios estudios que resume Nicholas Carr, la lectura *zapping* en la red pone en peligro nuestra facultad de concentración y atención profunda, nos sumerge en un estado permanente de distracción que conduce a un pensamiento superficial y al declive de las capacidades intelectuales.[4] Algunos trabajos empíricos han demostrado que la lectura on line y con enlaces tendía a deteriorar la comprensión de los textos en vez de mejorarla; en fin, la lectura lineal permite obtener mejores

1. Citado por Philippe Danino y Christian Laval, «Construire l'école transparente?», publicado en la página skhole.fr

2. Michel Desmurget, «Pauvre Poucette» publicado en: www.sauv.net/pauvrepoucette

3. Michel Desmurget, art. cit.

4. Nicholas G. Carr, *¿Google nos hace estúpidos?*, Taurus, Madrid, 2011, trad. de Pedro Cifuentes.

resultados de comprensión que la lectura hipertextual. Si no se dispone de saberes de base y de una formación con rigor intelectual, estar sumido en una profusión de datos caóticos, no jerarquizados, produce más dispersión que reflexión, más desorientación que comprensión en profundidad.

Finalmente, hay que señalar que el uso intensivo de internet no rima necesariamente con una práctica inteligente, autorreflexiva y crítica: la explosión de la práctica del «corta y pega» entre los estudiantes es una ilustración harto conocida de ello. Si bien el poder de atracción de internet es innegable, también es cierto que su uso está lejos de ser portador, en todos los aspectos, de un progreso del aprendizaje, de la argumentación y de la formación con rigor intelectual.

Sin subestimar estos aspectos negativos, no hay una base, sin embargo, para negar los beneficios que los medios digitales pueden aportar al proceso educativo. Como dice N. Catherine Hayles, el problema no reside en la «hiperatención» en la pantalla y la hiperlectura como tales, sino en la falta de «atención profunda», la cual no es fruto únicamente del uso de los medios digitales.[1] De modo más amplio, muchos estudios pedagógicos muestran que las tecnologías digitales tienen efectos positivos en relación con la movilización de los alumnos, la motivación para el trabajo, su seguimiento, la apertura de la clase al mundo. Ventajas que, sin embargo, exigen un buen dominio de la cultura escrita y una educación sobre internet.

En estas circunstancias, no es posible considerar las propuestas extremas cuyo objetivo es desconectar la escuela de internet. Claramente, los medios digitales no pueden pretender sustituir una pedagogía exigente ni sus continuos ejercicios. Y

1. N. Catherine Hayles, *How We Think: Digital Media and Contemporary Technogenesis,* citado a partir de la versión francesa: *Lire et penser en milieux numériques. Attention, récits, technogenèse,* Université de Grenoble, Grenoble, 2016, pág. 141.

esto es así porque la información tan fácilmente accesible gracias a las herramientas electrónicas no es sinónimo de dominio del conocimiento. Esta confusión es tan falsa como nefasta para la educación de los niños y los jóvenes en general. Formar, educar, conocer, no puede llevarse a cabo a través de las actividades *fun* de la navegación digital. En relación con esto, no hemos agotado la escuela clásica como la única institución capaz de ofrecer los saberes de base necesarios para saber leer, escribir, calcular, expresarse correctamente, argumentar y exponer con corrección y precisión sus ideas. No enterremos demasiado deprisa las prácticas metódicas de aprendizaje que, basadas en la repetición, la memorización y la transmisión de referentes fundamentales, son tan indispensables como en el pasado.[1] La libertad del espíritu y la formación de cabezas «bien amuebladas» exigen la perpetuación de cierto número de métodos clásicos «estrictos» más necesarios que nunca en una época de excrecencia de datos y de dispersión «googlizada». Es ilusorio creer que las navegaciones por la red estén a la altura de dicha exigencia y sean capaces de asegurar el aprendizaje con rigor intelectual, así como el dominio de las imposiciones de la expresión tanto oral como escrita.

1. Marie-Claude Blais, Marcel Gauchet y Dominique Ottavi, *Transmettre, apprendre,* Sotck, París, 2014.

X. SEDUCCIÓN, MANIPULACIÓN, ALIENACIÓN

Desde mediados del siglo XX, la sociedad de seducción industrializada y mediática no ha dejado de desencadenar críticas excluyentes, torrentes de denuncia y aversión. Los pensadores críticos la han acusado de agravar el egoísmo humano, arruinar la vida sensible, moral e intelectual, crear un mundo de insignificancia e ilusiones y uniformizar los gustos y los pensamientos en todo el planeta. Inmensa maquinaria para fabricar alienación y adicción, la sociedad de seducción pone en grave peligro la vida democrática y la vida del espíritu, al tiempo que hace imposible la felicidad y desvía a los hombres de lo bello y lo bueno. Al prometer el paraíso de los goces materiales, se la estigmatiza como un sistema infernal que amenaza la ecoesfera y orquesta a gran escala las frustraciones, las insatisfacciones y las decepciones de la mayoría. Cuanto más la seducción mercantil y mediática estructura la existencia cotidiana, más se multiplican las críticas hacia ella. La seducción, extendida por todas partes, a pesar de ser deseada en gran medida, sigue siendo asimilada a una acción maléfica, a una especie de obra satánica cuyas tentaciones nos desvían irremediablemente de los caminos de la vida buena. Siguiendo una larga tradición ascética judeocristiana, la seducción generalizada sigue siendo considerada una actividad profundamente nefasta.

382

El capitalismo de seducción, al ser un sistema basado en una estimulación incesante de los deseos, fue comparado muy pronto con una megamáquina de amaestramiento y dominación social al servicio del beneficio de las empresas. Para los pensadores críticos y marxistas, detrás de las imágenes sonrientes de la publicidad y las técnicas engatusadoras para la promoción de las ventas, funciona, en realidad, un trabajo inmenso de control social, «de ingeniería del consenso», que no hace más que imponer una cultura que responde a las exigencias del orden capitalista productivo.

Controlar la demanda

En efecto, a principios del siglo XX aparece un proyecto explícito de «domesticación» de las necesidades. A partir de la década de 1920, los capitanes de la industria se convierten en «capitanes de la conciencia» y ambicionan sustituir las antiguas costumbres y los estilos de vida rurales y particularistas por la cultura moderna y homogénea del gasto y la compra de novedades. Para dar salida regularmente a la producción en serie, posible gracias al maquinismo industrial y a la organización taylorista del trabajo, se desarrolló la idea de que era necesario aumentar el poder de compra de los consumidores, hacerles abandonar el espíritu de ahorro y crear el deseo sistemático de comprar. En resumen, «consumizar» a los trabajadores sacándolos de sus antiguas costumbres y modo de vida.

Los industriales se concienciaron de que para poder dar salida a la producción industrial de masas, no bastaba con actuar eficazmente sobre las cosas materiales, sino que era necesario controlar la economía psíquica, influir en los comportamientos humanos, crear un nuevo régimen de deseos y estimular continuamente las necesidades del público.[1] En relación con esto, las operaciones de seducción que desarrolla el capitalismo de consumo pueden compararse con medios que permiten inculcar a la sociedad un modo de vida basado en la adquisición incesante de productos mercantiles, la compra de lo superfluo en lugar de lo necesario y la presunción de que todo lo que es nuevo es «superior» a lo antiguo. Así, la seducción desarrollada por el reinado de la mercancía no sería más que un proceso de «adiestramiento» y de presión para consumir.

Dicha domesticación de los consumidores se concibe como un trabajo de programación, control y condicionamiento de masas de la demanda: en los años sesenta, Galbraith presenta el que sería su modelo clásico a través del «canal invertido». En los nuevos sistemas industriales, ya no es posible conformarse con producir mercaderías y dejar que las compras se realicen en función de la fantasía, del gusto y el azar: se ha hecho necesario dirigir a los consumidores para que compren, sin obligarles pero sí persuadiéndolos, los productos industriales lanzados al mercado y, por tanto, se ha hecho necesario hacerse cargo de la demanda, es decir, crearla.[2] Para llevar a buen puerto este proyecto de fabricación psicotécnica de la demanda se recurre al marketing, la publicidad, las estrategias de venta, las relaciones públicas basadas en los «estudios de motivación», la psicología, el psicoanálisis y las investigaciones en ciencias sociales. En un libro que hizo historia, Vance Packard presentó estas nuevas técnicas comerciales como operaciones de «manipulación en profundidad» de la personalidad humana: desde esta perspectiva, seducir a los consumidores no es más que condicionarlos, moldear su espíritu, explotar las de-

1. Stuart Ewen, *Consciences sous influence. Publicité et genèse de la société de consommation,* Aubier-Montaigne, París, 1983.
2. John Kenneth Galbraith, *El nuevo estado industrial,* Ariel, Barcelona, 1984, trad. de Manuel Sacristán.

bilidades humanas jugando con los factores emotivos y psicológicos de los que el individuo no tiene conciencia.[1]

Así, ya no se trata de ajustar la oferta a la demanda, sino la demanda a la oferta y para ello hay que poner al consumidor en situación, quitándole el poder de decisión y transfiriendo el mismo a la empresa a través de la acción de las técnicas modernas de persuasión, entre las cuales la publicidad desempeña un papel central. Al crear esas necesidades que el aparato productivo quiere satisfacer, el capitalismo de seducción no se caracteriza solo por un proceso de racionalización de los modos de vida y la economía, sino que se confunde con una máquina de control integral del mercado y del inconsciente de los consumidores.

Un marketing tentacular

En relación con los años sesenta, el «peso» del marketing en la fabricación social de las necesidades se ha amplificado con fuerza. La panoplia de medios de seducción va en aumento: patrocinio, mecenazgo, comunicación en el lugar de venta, marketing relacional, comunicación en eventos, neuromarketing, marketing móvil, publicidad on line, enlaces patrocinados, ahora las empresas disponen de una variedad sin precedentes de herramientas y canales para conocer a los consumidores, emocionarlos, actuar en su voluntad de compra. Bajo el reinado tentador del capitalismo consumista, el marketing se presenta como un poder cada vez más eficaz que, al basarse en una multitud de conocimientos sobre los consumidores, es capaz de «construir una visión de 360°» de cada cliente y de sus comportamientos.

1. Vance Packard, *La persuasion clandestine,* Calmann-Lévy, París, 1958, pág. 13.

Los últimos en sumarse a las herramientas de persuasión mercantil, el web-marketing y el *big data,* permiten realizar recomendaciones personalizadas, teniendo en cuenta las preferencias, necesidades y especificidades de cada persona. Al utilizar los datos personales que surgen de las consultas hechas en la red, el marketing *one-to-one* o individualizado dirige automáticamente a los clientes potenciales mensajes y ofertas personalizadas gracias al poder de los algoritmos. Con la revolución digital, la seducción mercantil ha entrado en la era del *data marketing* capaz de anticipar las intenciones de compra y las necesidades de los consumidores. La era digital asiste al aumento de los algoritmos de recomendación individualizada y de los modelos predictivos del acto de compra: estamos en la era de la seducción automatizada que supone la optimización de las prestaciones del marketing a través de la captación ultradirigida de los consumidores. Este poder de los algoritmos predictivos se muestra cada vez más eficaz: el 40 % de las ventas a través de Amazon se debe a su motor de recomendaciones y el 75 % de los programas vistos en Netflix responde a sus recomendaciones personalizadas.

Una omnipotencia ilocalizable

Ante el aumento de potencia de las estrategias comerciales, se alzan voces que nos alertan del advenimiento de cierto «fascismo cultural» portador de una nueva forma de control de tipo «orwelliano»[1] capaz de acaparar el espacio mental y cultural. Recordemos que desde los años sesenta y setenta, los críticos teóricos ya habían diagnosticado el advenimiento de un «totalitarismo almibarado» (André Gorz), de una sociedad

1. Naomi Klein, *No logo: el poder de las marcas,* Paidós, Barcelona, 2001, trad. de Alejandro Jockl Rueda.

386

«terrorista y superrepresiva» (Henri Lefebvre), de un «condicionamiento totalitario» (Herbert Marcuse). Actualmente, otros siguen alertándonos de la instalación de un nuevo Dios (el mercado), cuya omnipotencia de «mano de hierro» se muestra capaz de producir seres «completamente teledirigidos» al tiempo que se consideran absolutamente libres.[1] Como vemos, la cuestión no ha pasado en absoluto a un segundo plano. ¿El capitalismo de seducción posee realmente el poder de controlar plenamente la demanda? ¿El consumidor no es más que un juguete manipulado por las maniobras de la seducción comercial?

Indudablemente, los métodos, las herramientas y los canales de marketing se perfeccionan sin cesar. Pero ¿con qué resultados globales? Es necesario constatar que la mayoría de los lanzamientos de nuevos productos fracasa al año de su salida al mercado. En Estados Unidos, cada año se introducen unos treinta mil productos nuevos de gran consumo en el mercado. Según un estudio publicado en 2006, durante los últimos veinticinco años, entre un 70 y un 90 % de dichos productos no consiguió motivar a los consumidores y fueron retirados del mercado el mismo año de su lanzamiento.[2] La historia de las grandes marcas comerciales está salpicada de fracasos de marketing rotundos[3] y esto es así a pesar de las enormes campañas de publicidad. Ni siquiera las marcas más

1. Dany-Robert Dufour, *Le divin marché. La révolution culturelle libérale,* col. Folio essais n.º 262, Gallimard, París, 2012, pág. 19.

2. John T. Gourville, «Eager sellers and stony buyers. Understanding the psychology of new-product adoption», *Harvard Business Review,* vol. 84, n.º 6, junio de 2006.

3. El fracaso del lanzamiento de la New Coke en 1985 es famoso como ejemplo de un fallo de los estudios de mercado. Para crear la receta de este producto, se realizaron más de doscientas mil pruebas de preferencias con un coste total de cuatro millones de dólares. El producto fue retirado de la venta tras menos de seis meses de existencia.

sólidas están protegidas del declive: sea cual sea el nivel de los presupuestos dedicados a su comunicación, no escapan a los fenómenos, a veces rápidos, de desamor y desafección. Obviamente, potencia no es superpotencia: lo que se consolida no es tanto un poder irresistible de manipulación, sino la impotencia del marketing para controlar totalmente los gustos y comportamientos de los consumidores.

Los miles de millones invertidos no deben esconder el mal resultado manifiesto de muchas de las operaciones de marketing. Incapaz de moldear a voluntad los gustos y comportamientos, el poder de la mercadotecnia es limitado. Sería ridículo negar el poder de influencia del marketing: simplemente, su omnipotencia es una realidad ilocalizable. Al entrar en juego demasiados factores en el comportamiento de los consumidores para predecir con exactitud la naturaleza de sus reacciones, la eficacia del marketing es siempre incierta. No importa cuál sea la potencia de sus medios, no es más que un seductor, con frecuencia desgraciado, enfrentado al enigma indeleble de los gustos humanos.

El verdadero poder del marketing no se basa en dominar totalmente los gustos de cada uno, sino de amplificar la fuerza de los valores consumistas, de fabricar una cultura en la que todo se compra y se vende, en la que incluso las experiencias individuales más elementales (hablar, escuchar, correr, jugar, dormir, descansar...) se encuentran comercializadas. La fuerza del marketing reside en esta contribución a la mercantilización generalizada de la vida, a la colonización a través del mercado de ámbitos enteros de la vida social e individual. Pero si bien su poder sobre la organización global de la vida consumidora es inmenso, resulta mucho más débil en relación con lo que atañe a la existencia individual, ya que cada uno de los actos de compra que realizamos es indisociable finalmente de la elección y los gustos subjetivos. La influencia global del marketing en los modos de vida progresa al mismo tiempo que se muestra incapaz de orquestar en detalle los comportamientos individuales de consumo. Aunque no les guste a los defensores de la tesis del control total ejercido por el mercado, este no hace desaparecer la dimensión de la elección personal, la capacidad de seleccionar, entren las invitaciones mercantiles, lo que corresponde a los gustos individuales.

El fenómeno es paradójico. Por un lado, el marketing detenta una fuerza de intrusión y predicción creciente. Por el otro, la diversificación de la oferta mercantil y las herramientas digitales dan un nuevo poder a los consumidores, el de arbitrar sus compras informándose, comunicándose con los otros, comparando precios. ¿Poder del marketing capaz de fabricar por completo un consumidor pasivo, una marioneta impotente e indefensa? No es esto lo que se observa en las corrientes de desconfianza y pérdida de fidelidad hacia las marcas, el aumento del *smart shopping*, el recurso creciente al mercado de ocasión, la búsqueda de buenas ofertas o el uso de comparadores de precios en internet. El auge de la economía colaborativa y de las páginas web de pequeños anuncios entre particulares también hacen retroceder el modelo del consumidor pasivo, ya que cada uno se convierte más y más en revendedor de sus propios bienes, en operador mercantil.

La compra de productos falsificados[1] conduce también a deshacerse del esquema del consumidor controlado, guiado y manipulado. Si el fenómeno traduce el poder de atracción de los grandes nombres de marcas, también invita a rechazar la cantinela del consumidor víctima pasiva de las estrategias comerciales. Algunos individuos compran en efecto estos productos con todo conocimiento de causa y, de este modo, se convierten en cómplices de la falsificación: perciben la compra de falsificaciones como un juego divertido, un chollo, una

---

1. Más de uno de cada tres franceses se han dejado tentar por este tipo de compra.

forma de revancha hacia las grandes marcas y las multinacionales, una forma de burlarse de ellas, de desafiarlas, de desmontar sus estrategias de ganancia.[1]

Bajo el pretendido «fascismo de las marcas», el poder de los consumidores progresa. Cuanto mayor es el poder de atracción de los logos, más se afirma la autonomía del consumidor, una autonomía no, obviamente, en sentido metafísico del término, absoluta, sino una autonomía relativa que permite una distancia, iniciativas, un poder de elección. La fuerza de seducción del marketing está fuera de toda duda: sin embargo, cuanto más invierten las marcas en comunicación, los consumidores más confían en las distintas formas de mensajes virales (recomendaciones de amigos, boca a boca, foros on line, redes sociales). La omnipotencia del marketing es un mito, el neoconsumidor, informado y nómada, dispone de una mayor habilidad para llevar a cabo sus elecciones entre los bienes que ofrece el mercado en demasía.

¿Un marketing totalitario?

Los que denigran el *branding* fustigan las ambiciones totalitarias del capitalismo, acusado de emprender la colonización total de los espíritus y los imaginarios. Digámoslo de entrada, dicha asimilación del capitalismo de seducción al proyecto «fascista» es inaceptable. La ambición totalitaria consistía en edificar una sociedad unificada, liberada de cualquier antagonismo y división en materia de clases, intereses, saber y creencias. En el principio de la obra totalitaria se encuentra la

1. Florence Krémer, Catherine Viot, André Le Roux e Ingrid Poncin, «Les consommateurs face à la contrefaçon: une comparaison entre Belges et Français», *Reflets et perspectives de la vie économique,* tomo XLVII, 2008, págs. 61-70.

obsesión política de la unidad, de la totalidad, de la identidad del poder y del pueblo, del individuo y de lo colectivo. El totalitarismo se organiza alrededor del principio de la homogeneidad del pueblo, eliminando sistemáticamente todos los focos de oposición, divergencia y contradicción. Este objetivo de un pueblo sin división interna funda el poder total y monolítico del partido, la apropiación por parte del Estado del orden de lo político, lo jurídico, del conocimiento y del arte.[1]

Es obvio que el capitalismo de seducción no comparte un proyecto similar, sino que, al contrario, construye un universo pluralista, competitivo, basado en la diversidad de intereses y normas. Al no tener un propósito global, las marcas no intentan gobernar las creencias religiosas o políticas, tampoco decir cuál es la verdad del mundo y de la Historia, ni difundir las mismas normas o controlar totalmente la organización colectiva y los comportamientos individuales. Su único objetivo es atraer a los consumidores, hacerse con nuevos mercados, conseguir beneficios, apoyándose en la diversidad de gustos, las aspiraciones al bienestar y a los placeres consumistas.

Un ejemplo como la alimentación bastará aquí para ilustrar la manera en que los mercados consumistas generan pluralismo normativo. Vivimos, en efecto, en un estado de «cacofonía alimentaria» en el cual se desarrollan una profusión de órdenes contradictorias y una inflación de criterios disonantes: médicos, morales, ecológicos, identitarios, hedonistas y estéticos.[2] No existe un objetivo unitario, unánime ni totalitario. Un mosai-

1. Claude Lefort, *Un homme en trop. Réflexions sur «L'Archipel du Goulag»*, Le Seuil, París, 1976 (Versión española: *Un hombre que sobra*, Tusquets, Barcelona, 1980, trad. de Ana María Becciu) y *L'invention démocratique. Les limites de la domination totalitaire*, Fayard, París, 1981; Marcel Gauchet, *À l'épreuve des totalitarismes*, op. cit. págs. 518-524.

2. Claude Fischler, *L'homnivore. Le goût, la cuisine et le corps*, Le Seuil, París, 1993, págs. 213-216. (Versión española: *El omnívoro*, Espasa, Barcelona, 1992, trad. de Mario Merlino.)

co de propuestas y presiones heterogéneas que, por lo demás, suscita más la reflexión y la ansiedad ante el tema de la alimentación que el formateo totalitario de las conciencias. Si el Estado totalitario funciona con terror, el capitalismo consumista, por su parte, utiliza la seducción para provocar los deseos de un vivir mejor en presente. Y si bien es cierto que las marcas no dudan en apoderarse de los valores para su comunicación, estos son unánimes (medio ambiente, derechos del hombre, tolerancia, pluralismo), tomados de las costumbres y de la sociedad civil, y no impuestos «despóticamente» de fuera. Sea cual sea su fuerza de intrusión en lo cotidiano y su capacidad para transformar los modos de vida, el capitalismo de seducción no encuentra su modelo en la empresa totalitaria y en su poder desmesurado. La seducción de las marcas pone en marcha un poder cuyo objetivo, al final, es modesto, comparado con la ambición demiúrgica que reivindicaban los partidos totalitarios. Incluso si el capitalismo demuestra, cada día un poco más, su capacidad para cambiar la vida, y lo hace hasta los más mínimos detalles de las experiencias cotidianas, al mismo tiempo, dicho poder creciente va acompañado de normas pluralistas, de un no encuadramiento colectivo, de una mayor libertad individual.

ENGAÑO, ESTAFA Y SEDUCCIÓN

El capitalismo de seducción ha traído el bienestar de masas, así como el aumento de las posibilidades de elección individuales Sin embargo, existe otra cara de la moneda, pues, al mismo tiempo, los mercados libres y competitivos promueven sin cesar productos inútiles, a veces nefastos, que solo sirven al interés de las empresas. En nombre de la satisfacción inmediata de los consumidores, los mercados explotan nuestras debilidades, nos engañan, nos «estafan» al hacernos comprar

392

a un precio demasiado alto aquello que en realidad no necesitamos y que no nos aporta ningún beneficio real: consiguen,
a través de sus ofertas tentadoras, vendernos lo que, en el
fondo, no queremos. Para mantener una tentación permanente, el capitalismo consumista funciona inevitablemente
sirviéndose del engaño y la manipulación de los consumidores: es el sistema que fabrica a lo grande y en todas partes
«mercados de incautos».[1]

Un capitalismo estafador

El universo radiante de «la abundancia» esconde en realidad un universo de abusos engañosos y manipulaciones cuyo
objetivo es que los individuos hagan lo que es bueno para la
empresa, pero malo para ellos. En el sistema de libre mercado,
engaños, ocultaciones y manipulaciones son tan omnipresentes como sistemáticos. La presión competitiva arrastra inevitablemente a las empresas a practicar mentiras y estafas: lejos
de ser accidentales o periféricas, son, según George Akerlof y
Robert Shiller, intrínsecas a las economías liberales. Al mismo
tiempo que las empresas llaman la atención sobre su normati-
va ética y rivalizan haciendo declaraciones de transparencia y
de buena ciudadanía, la economía de seducción aprovecha
todas las ocasiones para distorsionar los juicios de los consumidores y hacerles caer en la trampa.

En los mercados competitivos, son innumerables los medios utilizados por las firmas para vender, provocar el gasto
y actuar sobre la voluntad de compra de los consumidores:
informaciones engañosas, suscripciones demasiado caras, me-

---

1. George A. Akerlof y Robert J. Shiller, *La economía de la manipulación: cómo caemos como incautos en las trampas del mercado*, Ediciones
Deusto, Barcelona, 2016, trad. de Gustavo Teruel.

dicamentos inútiles, productos falsamente innovadores, artículos adictivos, trucajes de los controles anticontaminación (escándalo Volkswagen) o créditos bancarios podridos. Los mercados de incautos afectan a todos los sectores –máquinas para hacer dinero, bebidas alcohólicas, funerales, tabaco, productos de comida basura, coches, medicamentos, etc.– con los efectos deplorables que todos conocemos. La lista es larga: obesidad, adicciones, enfermedades coronarias, endeudamiento excesivo de las familias, dificultad para llegar a fin de mes. Así la economía de la mentira desempeña un enorme papel tanto en la vida de cada uno como en el funcionamiento de los mercados.[1]

La publicidad: entre potencia e impotencia

Sin duda, entre las herramientas de manipulación mercantil, una de las que más frecuentemente se señala con el dedo es la publicidad. Por sus eslóganes engañosos y sus imágenes atractivas, se acusa a la publicidad de conseguir vender productos inútiles o peligrosos, crear necesidades ficticias, dirigir con todo detalle las prácticas de los consumidores, empujar a la compra debilitando las capacidades de resistencia. Estas críticas, formuladas en los años cincuenta, continúan aumentando hoy en día, pues las inversiones publicitarias a escala mundial siguen creciendo[2] y la comunicación publicitaria inunda los espacios públicos y privados. Al leer a aquellos que denigran el *branding* contemporáneo, el poder pernicioso y tentador de la publicidad, mayor que nunca, no deja de crecer como si fuera un cáncer.

1. *Ibid.*
2. Tenían que llegar en 2015, según ZenithOptimedia, a 544.000 millones de dólares.

394

El poder publicitario sobre los consumidores es real. Poder de dar a conocer las marcas y sus productos, por supuesto. Pero también, poder de transformar hasta la relación de las personas con su cuerpo. Son innumerables las protestas femeninas contra la «tiranía de la belleza» provocada por las marcas de cosméticos, las revistas de moda, las siluetas de las *top models*. Una presión de la que nacen la insatisfacción creciente de las mujeres con respecto de su apariencia y la obsesión por la delgadez y la juventud, la multiplicación de los regímenes dietéticos. Poder también de los anuncios de marcas de alimentación y de su influencia en las preferencias y los comportamientos alimentarios de los niños. Mientras que aumenta la proporción de niños obesos, cada vez más se estigmatizan los anuncios televisados por estimular y favorecer entre los jóvenes el consumo de productos especialmente ricos en azúcar y grasa.

A través de sus discursos elogiosos y sus imágenes deslumbrantes, la publicidad intenta y consigue innegablemente influir en los consumidores. Pero esto no basta para asimilarla a una fuerza capaz de transformar al consumidor en una marioneta teledirigida. En realidad, ninguna campaña publicitaria puede conseguir incitar a un individuo a comprar una categoría de productos que no corresponde a sus gustos. Los presupuestos descomunales de promoción no conseguirán nunca persuadir a aquellos a los que no les gustan las películas de ciencia ficción ir a las salas de cine a verlas. Si el consumidor puede ser engañado una vez, raramente lo logrará una segunda. La seducción publicitaria es poderosa, pero no detenta aquellos poderes que se le suelen atribuir.

En materia de relación con el consumo, existen comportamientos muy variados que muestran los límites del poder publicitario. Si bien es cierto que determinados consumidores ceden irresistiblemente a las tentaciones publicitarias y se abalanzan sobre las últimas novedades, otros, en cambio, solo compran en función del presupuesto que se han marcado, comparan los precios y las ofertas, se informan, buscan la «oportunidad», rechazan las marcas, arbitran en función de la calidad de los productos y no de la imagen de marca. Como los efectos de la publicidad sobre los consumidores son extremadamente variables, no se la puede asimilar a un leviatán omnipotente y menos en el momento en que los compradores se muestran cada vez más desconfiados, volátiles e infieles.

Incluso bajo el fuego del bombardeo publicitario, el consumidor no es un títere manipulado y sin defensa. No es absolutamente indiferente a sus encantos, pero posee el poder del rechazo, siempre dispone de una capacidad de elección, de maniobra, de indecisión que puede ser más o menos fuerte según los individuos y las situaciones. Por ello, la publicidad no funciona tanto como un poder de manipulación perfecta, sino como una forma de seducción relativa que no destruye la parte irracional presente en cada uno de nosotros, ni lo imprevisible, ni la autorregulación individual. Cualquier cosa menos un poder de atracción sin límites.

De ello dan testimonio las reacciones negativas que genera. Estamos en el momento en que, un poco en todos los rincones en el mundo occidental, la publicidad se enfrenta a una ola de hostilidad por parte de los consumidores que rechazan ver el espacio público y privado «contaminado» por las imágenes comerciales. El *zapping* ante la publicidad en la televisión es una práctica generalizada; los folletos que invaden los buzones despiertan hartazgo; los programas de bloqueo de publicidad instalados en los ordenadores y los móviles se multiplican. En nuestras sociedades, muchas operaciones comerciales destinadas a seducir al público aparecen como intrusivas y agresivas. Al suscitar rechazo y protestas diversas, las operaciones de marketing se asocian menos al encanto de la seducción que a un *Big Brother* que utiliza maniobras perniciosas. Y, así, el fracaso en seducir progresa a la misma velocidad que el imperio creciente de las marcas: la publicidad fracasa en el ejercicio de una seducción irresistible, ya que despierta hostilidad y, sobre todo, indiferencia en un público cuantioso.

Publicidad y complicidad

Manipular es presentarse con una máscara, mentir, engañar. ¿Corresponde esto a la comunicación publicitaria? Hay muchos ejemplos de marcas que han mentido a los consumidores a través de campañas publicitarias con argumentos falsos o cuya naturaleza induce a error. El vínculo entre publicidad y mentira es tan fuerte que en todas partes las naciones industrializadas se han dotado de leyes que condenan a penas de multa las prácticas comerciales engañosas.

Pero cuando no existen «argumentos, indicaciones o presentaciones falsas o cuya naturaleza induce a error», ¿podemos, a pesar de todo, hablar de engaño y manipulación, especialmente, de engaño y manipulación de los afectos y las emociones? ¿Incitar a consumir mediante imágenes atractivas es manipular? Tenemos derecho a ponerlo en duda ya que el discurso publicitario no oculta su naturaleza publicitaria, cuyo objetivo, por esencia, es dar valor a la imagen de los productos y las marcas. Lo específico de la publicidad es que se presenta explícitamente como publicidad o, dicho de otro modo, para hacer quedar bien a las marcas. Salvo en lo relativo a los anuncios llamados engañosos, nadie es engañado de manera propiamente dicha ya que se sabe que se trata de publicidad y que su objetivo es presentar del mejor modo posible las cualidades de un producto o una marca. La comunicación publicitaria embellece, «maquilla», ensalza al extremo, intenta seducir, pero no es engañosa.

Sobre todo porque para captar la atención del público, la publicidad contemporánea explota con frecuencia los mecanismos de la espectacularidad, el humor del absurdo, del pastiche, de la autoironía, del guiño: todas ellas dimensiones que, al instaurar una relación de connivencia, cercanía y complicidad con los consumidores, crean la sensación de no ser incauto y saber lo que presenta la publicidad. ¿Cómo hablar de engaño cuando la publicidad juega con la publicidad y con el público, cuando recurre a la parodia de sí misma, a la ironía, al sarcasmo? En este caso, todo el mundo comprende que se trata de un juego, nadie se deja engañar. ¿O acaso hay manipulación cuando la marca de calzado Eram declara: «El fotógrafo ha pedido una fortuna. La modelo está tomando antidepresivos. El estilista finge ser gay. Todo esto por unas botas que cuestan 49,90 euros»? ¿O cuando los monos del *spot* publicitario de Omo se burlan de los anuncios de detergentes? La idea de manipulación no está justificada cuando do la publicidad no habla realmente del producto y renuncia a la demostración de sus ventajas. En un *spot*, un elefante nada en una laguna, luego le roba a una mujer una botella de Coca-Cola, dejándole en su lugar unos cuantos cacahuetes. Aquí solo está en juego lo lúdico, el espectáculo, la connivencia. Ya no se trata de persuadir con argumentos, ni de fascinar con imágenes idealizadas o modelos con los que identificarse: se trata simplemente de divertir, sorprender, compartir un espíritu, crear una relación de complicidad. No se engaña a nadie, nadie se deja engañar: simplemente se seduce al público mediante un espectáculo recreativo e imaginativo liberado del proceso de dotar de «heroicidad» al producto. Ya no es el placer de sentirse cortejado o adulado lo que constituye la seducción publicitaria,[1] sino el humor, el *fun*, lo inesperado, lo espectacular.

1. Daniel J. Boorstin, *The Image,* Vintage, 1962, consultado por la versión francesa: *L'image,* Union Générale d'Éditions, 1971, págs. 327-328.

Constantemente el marketing redobla su ingenio para atraer a los consumidores. Marketing sensorial, marketing tribal, marketing retro, marketing de redes, una multitud de estrategias, y más desde los años noventa, se utiliza para estimular los sentidos y provocar impulsos de compra. Ya no se trata solo de producir gran cantidad de mensajes publicitarios, sino de ofrecer experiencias intensas de consumo, sumir al consumidor en universos espectaculares o extravagantes, crear ambientes y decorados extraordinarios, estimular los sentidos a través de música, olores, colores y sensaciones táctiles y gustativas. El objetivo es volver a encantar el consumo haciendo vivir emociones, experiencias multisensoriales capaces de disminuir el aspecto racional de la compra en beneficio de la dimensión hedonista.

Se han alzado muchas críticas contra la dimensión manipuladora del marketing experiencial cuyo objetivo es sumergir a los consumidores en experiencias extraordinarias o inolvidables. A través de estos consumos (EuroDisney, playas y parques simulados, parques de entretenimiento...), los individuos se ven de hecho desposeídos de sí mismos, expropiados de su vida personal, porque estas experiencias se desarrollan en marcos íntegramente programados, balizados y predeterminados. Ocurre lo mismo con la hiperteatralizacion de las tiendas destinada a transformar el «suplicio» de las compras en *shopping* recreativo. Los expertos en marketing y los proveedores de experiencias «mágicas» conseguirían así hacer perder su libre albedrío a los individuos, ofreciéndoles experiencias enlatadas, artificiales y despersonalizadoras. Bajo este ángulo de análisis, el marketing experiencial no es más que un instrumento sofisticado de alienación de los consumidores, de control y de manipulación de sus deseos y sus puntos débiles.

Resulta difícil negar la parte de manipulación que transmiten ciertas estrategias sensoriales comerciales. ¿Qué sucede con la ética cuando, por ejemplo, se difunde en una panadería un olor a pan fresco para dar la sensación de que las *baguettes* salen del horno, cuando en realidad se está vendiendo pan industrial inodoro y fabricado lejos de la tienda? ¿O cuando se extiende sobre asientos fabricados en escay olor a cuero o aromas artificiales de fruta madura sobre frutas que todavía no han madurado? Aquí la operación de seducción es claramente una mentira.

Pero si bien los olores marinos que se difunden en ciertas pescaderías no garantizan la frescura del pescado y ciertos procedimientos extremos resultan poco defendibles, esto no significa que el marketing experiencial sea siempre sinónimo de manipulación desmedida del consumidor. En efecto, el consumidor, lejos de ser una víctima ingenua y pasiva, no es un incauto, sabe de la naturaleza comercial de estos contextos espectaculares y sensoriales: se presta al juego, «se cuenta una película», juega con los dispositivos propuestos por los rótulos y las marcas. El consumidor no es engañado, sino que se hace cómplice del espectáculo mercantil para amenizar su cotidianeidad y disfrutar. Hay que ver en el consumo experiencial no tanto una manipulación como un «compromiso» tácito del consumidor que sabe lo que se le propone,[1] pero que encuentra cierto goce en dejarse engañar por la ilusión y el espectáculo, que siempre ofrecen un encanto que difícilmente la realidad les puede disputar.

1. Bernard Cova y Véronique Cova, «L'expérience de consommation: de la manipulation à la comprommission?», *Actes des troisèmes Journées normandes de la consommation,* Coloquio «Société et Consommation», IREM, Ruan, 2004; Éric Rémy, «Contribution à la valorisation et à la critique consumériste de la notion d'expérience», *Actes de la 7ᵉ Journée de Recherche en Marketing de Bourgogne,* 2002.

Hacer que el *shopping* resulte atractivo, poner en valor lo que está a la venta, suscitar el deseo de compra a través de lo sorprendente, lo excesivo y lo agradable: eso pertenece más al ámbito de la seducción que al de la manipulación propiamente dicha. En principio, este proceso estetizante no es nuevo, como tampoco lo son las filípicas que el mismo suscita. Los procesos de manipulación siempre han acompañado a las técnicas dirigidas a seducir y, sin remontarse a los maestros antiguos de retórica, ya se les reprochaba a los jesuitas de la Contrarreforma construir deslumbrantes fachadas únicamente para hacer entrar en las iglesias a los parroquianos y pintar en ellas cielos en trampantojo y echar incienso para conseguir que allí se quedaran. El horror de la seducción ha precedido al horror económico. Evidentemente, llega un momento en que la empresa de seducción cae en la manipulación pura y simple. Cuando hay mentira y engaño, la maniobra de manipulación es indiscutible. En otros casos, la cuestión queda abierta. Salvo si se quiere premiar el reinado de la austeridad y el aburrimiento, toda seducción no es manipulación.

¿MANIPULACIÓN O DESINDIVIDUALIZACIÓN?

No hay nada más banal que poner en la picota la uniformización planetaria y la despersonalización de los individuos provocadas por la inflación de las técnicas industriales de seducción. Los pensadores críticos repiten esa idea hasta la saciedad: por mucho que se celebre la autonomía individual, en realidad, todo el mundo se parece, ve los mismos programas, escucha la misma música, compra las mismas marcas y visita los mismos destinos turísticos. Los individuos, condicionados por la maquinaria consumista, tienen, más que nunca, la necesidad de actuar como los demás, de seguir los comportamientos y los gustos de los otros. Así se organiza la homogeneización planetaria de los productos y los comportamientos, los gustos y los modos de vida.

Se nos dice que es el momento de la sincronización de las conciencias y de la anulación de las singularidades subjetivas. Al someter las existencias a un condicionamiento infernal, el capitalismo de seducción fabrica rebaños aborregados de consumidores, conciencias gregarias, «clones» privados de singularidad, de sus capacidades subjetivas para reflexionar y sentir. Al estar sujetos a las producciones estandarizadas del mercado, los individuos ya no piensan, ya no sienten por sí mismos. La individualidad de los seres es un señuelo: lo que progresa en todas partes es el Se [se dice, se hace, se...], el «conformismo generalizado» (Castoriadis), el desvanecimiento de las singularidades de las mentes y las sensibilidades.

Esta visión apocalíptica de la seducción-mundo me parece un contrasentido enorme. Si bien es innegable que los mismos productos, las mismas marcas, las mismas series de televisión están disponibles en todo el planeta, esto no significa en absoluto el advenimiento de un universo indiferenciado, pues nunca la producción industrial ha estado tan marcada por la diversidad y nunca los consumidores han podido ejercer su elección entre una oferta tan amplia de variantes de productos, películas, músicas, novelas, destinos turísticos, vestimentas, cocinas y productos de diseño. Además, la disolución de las culturas de clase, así como las nuevas tecnologías de la comunicación y la multiplicación de los canales de los *mass media* han provocado una individualización creciente de las prácticas cotidianas y de la relación con el consumo mercantil. La época en la que todo un país miraba al mismo tiempo el mismo programa de televisión ya es pasado. Es el momento de la personalización de los usos, de la diversificación de los recorridos y los horarios, del auge de los comportamientos a la carta que favorecen una apropiación más personal de la oferta mercantil y mediática. Lo que se consolida no son rebaños uniformes de consumidores, sino la desincronización de las prácticas, una mayor amplitud en la organización de la vida individual.

Es un grave error diagnosticar el aumento de rebaños humanos hipermasificados, de una «sociedad de insectos» hecha de clones intercambiables, de consumidores serializados que solo existen ya como células sin conciencia.[1] La realidad no se parece en nada a este infierno poblado de seres estúpidos, descerebrados, privados de la capacidad de pensar por estar teledirigidos por el mercado. Estamos en el momento en el que los consumidores no están tanto «hipnotizados» o programados por la mercancía, sino que son estrategas y agentes reflexivos. En un universo de oferta pletórica, el hiperconsumidor elige, compara, se informa antes de realizar una compra. Todo aquello que era vivido en la rutina de los días y la evidencia de los modos de vida retrocede en beneficio de actitudes que implican saberes, actividades cognitivas y arbitrajes individuales. Lo que progresa no es la desubjetivización o la desindividualización, sino el aumento de una especie de «cogito consumista», de un comprador reflexivo, preocupado por sus elecciones, impulsado permanentemente a informarse, cambiar sus costumbres de vida y «concienciarse». Paradójicamente, el cosmos de la seducción mercantil no es tanto contemporáneo de la deliciescencia de la subjetividad como del auge de las conciencias reflexivas.

La sociedad de seducción fabrica innegablemente homogeneidad, pero crea también heterogeneidad, diversidad, individualización en el ámbito de las prácticas y los gustos. Los grandes conjuntos urbanos se parecen en cualquier lugar del mundo, pero los interiores dan testimonio de estéticas plu-

---

1. Bernard Stiegler, «La fourmilière. L'époque hyperindustrielle de la perte d'individuation», en Nicole Aubert (dir.), *L'individu hypermoderne*, Érès, Toulouse, 2004.

rales, electivas, mucho más variadas y disonantes que en las sociedades tradicionales o incluso en las sociedades conformistas de la primera modernidad. Las distancias entre sociedades se reducen, pero la diferenciación de los individuos y de los modos de vida se acentúa a gran velocidad. La hiperelección que ofrece el mercado y el eclipse de las distinciones de clase engendran una mayor personalización de los gustos, de las maneras de vivir y divertirse. No son los rebaños o las hipermasas las que dan el tono de las sociedades de seducción, sino la heterogeneización creciente de las prácticas y preferencias, las variaciones personales, la individualización de los gustos y las actitudes.

¿Seducción o aniquilación de uno mismo?

Según aquellos que denigran la seducción-mundo, el proceso de desindividualización significa no solo estandarización de las existencias, sino también empobrecimiento de la experiencia estética de los consumidores, déficit del sentir, aniquilación de las facultades afectivas y sensibles. Por ello, la sociedad de seducción produciría, tras la proletarización del trabajador, la proletarización del consumidor, condenado a una existencia desingularizada, sin sabor, sin saber vivir. Bernard Stiegler ha llevado hasta la caricatura la tesis de la alienación hipermoderna del sentir. Como la seducción mercantil dirige a millones de personas hacia los mismos productos y programas, el individuo como singularidad desaparece. A partir del momento en el que el Yo no es más que Se gregario, ya no puede amarse a sí mismo, ni amar a los demás: el capitalismo de seducción desemboca finalmente en insensibilidad y en la liquidación de nuestra energía libidinal, de nuestro potencial narcisista. Esto va acompañado inevitablemente de un sufrimiento inmenso, de pérdida de autoestima, de déficit de placer

404

y extenuación del deseo. De este modo, la seducción industrializada tiende a engendrar anestesia y depresión, abatimiento, aversión hacia la sociedad consumista y «repugnancia de uno mismo».[1]

Uno se desconcierta ante semejante andamiaje mal construido e indiferente a los datos empíricos más evidentes: ¡qué importa la realidad siempre y cuando se sienta el éxtasis de la radicalidad conceptual! Ya que si bien hay muchos hechos que pueden respaldar la tesis de la miseria simbólica o del pauperismo estético contemporáneo (crispación en la vida diaria, *zapping*, vulgaridad de las imágenes y los programas, comida rápida, «telebasura»), no son los únicos en liza. Al mismo tiempo, la época está marcada por la proliferación de experiencias estéticas de todo tipo: diseño, música, espectáculos, juegos, conciertos, viajes, amor por los paisajes, decoración del hogar y del cuerpo, gastronomía, exposiciones y museos. Respecto a esto, no asistimos a la «proletarización» de los consumidores, sino al aumento generalizado del gusto, a la multiplicación de experiencias y deseos estéticos de la mayoría. El universo de la seducción del marketing no es una máquina de guerra que tiende a destruir el sentir: contribuye a crear un hiperconsumidor estético con una sed insaciable de sensaciones, de «impresiones inútiles» (Paul Valéry), de experiencias continuamente renovadas. Los goces estéticos no disminuyen: tienden a convertirse en premio cotidiano para todos.

Nadie discutirá que en nuestras sociedades son innumerables las manifestaciones de malestar por lo difícil que es vivir: las personas se quejan de la vida que llevan, a menudo están deprimidas, ansiosas y con frecuencia se muestran muy críticas con una sociedad que es la suya. Pero ¿a qué se debe? ¿Qué permite decir que el capitalismo tentador genera la extenuación

1. Bernard Stiegler, *Aimer, s'aimer, nous aimer,* Galilée, París, 2003, pág. 52.

del deseo, la pérdida del amor por uno mismo, el «reinado generalizado de la aversión»?[1] Lo mínimo que se puede decir es que no es realmente esa desolación la que ofrecen el espectáculo de los fans de las marcas, la excitación de las rebajas, las visitas frecuentes a los centros comerciales, la fiebre de los viajes y de las salidas. Hay que estar ciego para diagnosticar la pérdida de apetencia del consumidor, así como la «proliferación de los fenómenos de rechazo». Estos fenómenos solo atañen a algunas fracciones de «desconsumidores» o algunos apóstoles de la «feliz frugalidad». Para la inmensa mayoría de la población se observa de forma manifiesta lo contrario. Tabletas, *smartphones,* música, modas, videojuegos, series de televisión, conciertos, turismo, restaurantes, bienestar doméstico: no asistimos a un desinterés generalizado, sino al aumento creciente de la aspiración de consumir, de probar sin cesar nuevas experiencias. El orden seductivo industrializado no precipita en absoluto el «descenso de la energía libidinal», el capitalismo hiperconsumista muestra cada día su capacidad para dar un nuevo empuje a los deseos de compra a través de sus novedades industriales y culturales. El capitalismo de seducción produce el deseo de lo siempre nuevo y no el fallo de la libido compradora.

Se nos suelta que la seducción consumista se vuelve insípida, sin sabor, inmunda. Esto no concuerda con la experiencia común de los consumidores que, por el contrario, se sienten masivamente atraídos por las vacaciones, las actividades de ocio o las novedades mercantiles de todo tipo. Esta teoría da la espalda a las realidades tal como se viven: solo es una expresión de detestación de lo mercantil, lo comercial, lo común para la mayoría.

Lo que nos hace sufrir no son las tecnologías seductoras de la *aisthesis* y el fetichismo mercantil, sino las dificultades

1. *Ibid.,* pág. 60.

crecientes de la vida profesional, de la vida íntima, de la relación con el otro. Hay que estar muy ciego para relacionar lo difícil que nos resulta vivir con el pretendido condicionamiento integral de los afectos a través de las tentaciones del marketing. Más que las relaciones desindividualizadas con las cosas, lo que daña la estima personal es el mundo del trabajo en el que los desclasamientos y las pérdidas de empleo se atribuyen a la responsabilidad de cada uno. Esto provoca el miedo de no estar a la altura de las exigencias de la empresa, sentimientos crecientes de humillación y depresión, la amargura de contar poco como persona. Comprar un producto industrial estandarizado, mirar los mismos programas que millones de personas posee un efecto nulo, comparado con el problema del trabajo, con los conflictos de la vida profesional e íntima. La forma de ser fruto del Se gregario no aniquila en absoluto el narcisismo, pues, simplemente, no se siente como tal: son sobre todo mis experiencias muy personales y singulares las que se encuentran en el origen de nuestras decepciones e insatisfacciones profundas.

SEDUCCIÓN Y FRUSTRACIÓN

Desde hace cincuenta años, no hay nada más banal que asimilar el capitalismo de seducción con una inmensa máquina de frustración. Quienes denigran las economías de consumo, lo proclaman sin parar: el imperio de la seducción mercantil no es más que una maquinaria que crea estructuralmente carencia e insatisfacción. En un sistema basado en la tentación sin pausa y en la creación perpetua de nuevas necesidades, los individuos están condenados a vivir en un estado de frustración crónica, de satisfacción siempre insatisfecha. ¿Se sacia un deseo? De inmediato surgen otros que nos avocan a un sentimiento permanente de privación, de forma que bajo las tentaciones

407

alegres de la seducción consumista se excava el abismo de la insatisfacción de todos.

Además, en el universo hiperconsumista, el desajuste entre lo que realmente uno puede comprarse y la oferta de productos y servicios de alta gama es inmenso. Al difundir modos de vida a los que los menos ricos no tienen acceso, las películas y las series de televisión refuerzan los valores materialistas. Estamos condenados a sentir la frustración de poder gozar solo de bienes «medios», a soñar con algo inaccesible puesto en escena por los medios, mientras que nosotros vivimos en la banalidad. De este modo, la economía de seducción engendra una frustración tan constante como insuperable.

¿Una frustración insuperable?

¿Frustración infinita, insuperable? ¿Es realmente así? Todos lo hemos experimentado: con frecuencia apreciamos plenamente lo que vivimos y poseemos sin sentir una carencia insoportable, sin tener el deseo acuciante de lo inaccesible. Conducir un coche modesto, pasar las vacaciones en un camping «barato» no es necesariamente estar condenado a una experiencia de desolación. La felicidad de las vacaciones y del turismo es perfectamente posible, incluso siendo consciente de que no se goza de las cosas más bellas y costosas. Aunque no nos regalen un producto de lujo, si nos gusta y si procede de una persona a la que queremos, ese detalle no impide en absoluto una alegría total. Desde este punto de vista, no es cierto que la dinámica de sobreexcitación de las necesidades y la «sed de infinito» conviertan el presente en algo eternamente frustrante. Las frustraciones materiales existen, pero no son sistemáticamente dramáticas o catastróficas.

Del mismo modo que una mujer puede ser seducida por un hombre que no es un adonis ni un genio y que un hombre

408

puede sucumbir a los encantos de una mujer que no es una reina de belleza, cada cual puede apreciar el momento que vive, aunque sea en su relatividad «objetiva». Aun siendo cierto que siempre deseamos otra cosa, esto no hace imposibles los momentos de embeleso provocados por realidades presentes que no son superlativas. El poder de la seducción mercantil tiene límites, el poder de la seducción del mundo y de los seres tal como son es ilimitado. Esta experiencia de la seducción es la que impide a la sociedad de tentación parecerse al infierno del tonel de las danaides.

Una frustración en alza

Sin embargo, debido al contexto económico actual, la dimensión «desgraciada» del consumo se afirma con mayor énfasis y esto ocurre no solo entre los «excluidos», sino también entre las clases medias. Actualmente, el llegar con dificultad a final de mes afecta a una parte muy importante de individuos y familias: más de tres de cada cinco franceses declaran haber superado su descubierto autorizado al menos una vez al año y el 28 % está en descubierto cada mes. En Estados Unidos, el 50 % de las personas encuestadas contestaba, recientemente, que no serían capaces de conseguir una suma de dos mil dólares si les surgía una urgencia el mes siguiente. En 2010, en Estados Unidos, una familia media (en edad de trabajar) disponía de menos de un mes de ingresos de liquidez, en una cuenta corriente o de ahorro. En Gran Bretaña, entre los asalariados, los gastos de la última semana del mes son un 18 % inferiores a los de principios de mes. Ciertas estimaciones afirman que el 20 % de los estadounidenses se arruinará o quebrará a lo largo de su vida.[1] «Ha transformado a las personas

---

1. Citado por Akerlof y Shiller, *La economía de la manipulación, op. cit.*

en infatigables máquinas de felicidad», decía el presidente Hoover a Edward Bernays en 1928: en una época marcada a gran escala por el sobreendeudamiento, la preocupación por la falta de dinero y los finales de mes complicados, hoy en día estamos lejos de ello.

Debido a un crecimiento débil, los salarios alcanzan un tope, mientras que las necesidades siguen aumentando a gran velocidad. En este contexto, el peso de los gastos fijos o de las obligaciones crece: entre 2001 y 2006, han pasado del 50 al 70 % para las familias más modestas. Antes dichas limitaciones de presupuesto, muchos consumidores tienen cada vez menos posibilidad de comprar lo que les gusta y cada vez más la sensación de tener que limitarse a los gastos más esenciales. Y, por ello, no es precisamente la satisfacción completa e inmediata la que da el tono a la época, sino el sentimiento de sufrir la degradación del nivel de vida. Cada vez más se abre la brecha entre los deseos de consumo siempre crecientes y los medios disponibles para satisfacerlos, entre las aspiraciones consumistas y el poder de compra. Para los individuos en gran medida inmersos en la carrera al consumo, la consecuencia es un sentimiento de frustración en alza.[1]

Para adaptarse a la ralentización del crecimiento del poder adquisitivo, las familias recortan en los presupuestos dedicados a los bienes duraderos, así como en los gastos relativos a la «compra placentera». Al mismo tiempo se multiplican los comportamientos de *smart shopping* entre consumidores al acecho de los mejores precios y que esperan las rebajas y las promociones, utilizan los cupones de descuento, hacen trueques, compran cosas de segunda mano en lugar de nuevas, optimizan sus gastos gracias a los comparadores de precios de internet, se desplazan compartiendo coche, se alojan en casas de particu-

1. Philippe Moati, *La société malade de l'hyperconsommation,* Odile Jacob, París, 2016, págs. 65-77.

lares o revenden los regalos.[1] En todas partes se trata de gastar menos, encontrar la ganga, ahorrar, calcular para llegar a fin de mes: el capitalismo de seducción va acompañado de una acentuación de las preocupaciones materiales cotidianas y no tanto de euforia. Si bien hace retroceder la gran miseria y las frustraciones abismales, engendra, a cambio, insatisfacciones materiales crónicas, sin duda menos extremas, pero mucho más extendidas e insistentes.

SEDUCCIÓN E INFANTILIZACIÓN

Los efectos de la seducción consumista van más allá de los límites de la esfera económica. La idea de que el capitalismo tardío ha edificado una nueva cultura, cuya principal característica es la de contribuir a la infantilización de los adultos a través del culto a los goces inmediatos, materialistas y narcisistas, va viento en popa. Al sustituir a la ética ascética del protestantismo, el *ethos* de carácter infantil hipermoderno incita a permanecer siempre joven, a comprar productos *cool* concebidos para la juventud, obtener satisfacciones sin esperas, sin esfuerzo ni complejidad: cada vez más, se conduce a los jóvenes y adultos a preferir «lo fácil a lo difícil, lo sencillo a lo complejo y lo rápido a lo lento».[2] De esta forma, cada día un poco más, dominan los gustos de los adolescentes, lo superficial y anecdótico, lo insignificante y pueril. Es el momento de la infantilización de la cultura, de la regresión de carácter infan-

---

1. Dominique Desjeux, «Du consommateur malin au consommateur contraint», *Le Monde,* 23 de octubre de 2012.
2. Benjamin Barber, *Consumed: How Markets Corrupt Children, Infantilize Adults, and Swallow Citizens Whole,* Norton, 2007, citado por la versión francesa: *Comment le capitalisme nous infantilise,* Fayard, París, 2007, pág. 116.

til de la población adulta y de la comercialización de la puerilización.

Los signos que ilustran esta dinámica son innumerables. Los adultos gastan a todo tren, deambulan por las calles en patinete, se visten como jóvenes con dibujos de Mickey en las camisetas, zapean sin parar, están enganchados a los mensajes instantáneos y juegan a los videojuegos. Todo el mundo quiere parecer joven. Sin embargo, por muy innegables que sean estos hechos, no justifican la tesis de la regresión infantil de los individuos. Hablar de infantilización del consumidor es estigmatizar una fase del capitalismo de la que nuestra época se aleja cada día un poco más debido a la revolución digital y la medicalización de las costumbres de vida. La era del consumo pasivo, «hipnótico» o «espectacular» (Debord) ha quedado atrás. Cada vez más los consumidores se informan en la red, visitan las páginas para comparar precios, buscan «buenos planes», se muestran atentos a los precios. Los que marcan nuestra época no son los consumidores puerilizados, sino los consumidores que reflexionan antes de comprar e intentan optimizar las ataduras de los precios y del tiempo relativas a las compras.

La organización de las actividades de ocio y las vacaciones va acompañada de búsquedas de informaciones y oportunidades en internet. El hiperconsumidor no se ha convertido en el comprador impulsivo que se nos describe y que solo busca la facilidad y la simplicidad: lleva a cabo por sí solo todo un conjunto de tareas que movilizan conocimientos. Tiende a convertirse en un experto, un «prosumidor», en el coproductor de aquello que consume.[1] Como ahora comprar implica actualizar los conocimientos, las informaciones, la comparación, las elecciones «iluminadas», lo que prima no es tanto la pueri-

1. Marie-Anne Dujarier, *Le travail du consommateur. De MacDo à eBay: comment nous coproduisons ce que nous achetons,* La Découverte, París, 2008.

412

lidad sino el auge de una actividad reflexiva de masa que moviliza actividades cognitivas.

¿La cultura consumista se afirma en la despreocupación y la impulsividad irreflexiva? Nuestra época ve acentuarse las preocupaciones relativas a la salud y las enfermedades, el consumo excesivo de medicamentos, los comportamientos de prevención y los exámenes médicos. Del mismo modo se multiplican las medicinas blandas y alternativas, los gestos con vistas a encontrarse mejor, la búsqueda de calidad de los alimentos, el gusto por los productos bio y sanos, las prácticas de meditación y relajación. Respecto a esto, triunfan las búsquedas de calidad de la vida más que el *ethos* de carácter infantil. En todas partes retrocede la organización tradicionalista de las costumbres de vida en beneficio de una relación con el consumo que se ha vuelto problemática, exigente e inquieta. A pesar de que domina la figura del consumidor optimizador, se asiste al mismo tiempo al advenimiento de un consumidor ético o responsable, dispuesto a pagar más por artículos que preservan el medio ambiente, productos fabricados en el propio país o del comercio justo. Lejos de imponerse como un *ethos* generalizado, la despreocupación no deja de retroceder. La sociedad de seducción no impide en absoluto el fuerte aumento de los miedos y las preocupaciones relativas al cuerpo y la salud. Detrás del *fun adolescent*, progresa un consumidor vigilante y ansioso. No se trata de una cultura de carácter infantil, sino de una cultura de prevención y sensibilización ante los riesgos, de «mantenimiento sanitario» y autovigilancia.

¿ALIENACIÓN, ADICCIÓN O SEDUCCIÓN?

A lo largo de los años sesenta, la alienación se afirmó como un concepto clave de las teorías que denunciaban la «sociedad administrada», el consumismo y los medios de comunicación de masas. De la Escuela de Fráncfort a los situacionistas, la problemática de la alienación se impuso con el fin de hacer una crítica radical de la «sociedad de la abundancia», una de cuyas consecuencias más importantes es la generalización de los procesos de desposesión de uno mismo. Primero unido a la relación con los otros (Rousseau) y luego a la religión (Feuerbach) y al trabajo (Marx), el concepto de alienación se extendió al consumo. Acusado de convertir al hombre en un extraño para sí mismo mediante la acumulación de seudonecesidades y la difusión de estereotipos de la cultura de masas, el capitalismo de seducción fue puesto en la picota en tanto que sistema de sometimiento y separación consumada confundiéndose con la «negación de la vida», la pérdida de sí mismo, la «fabricación concreta de la alienación».[1]

A partir de los años setenta y sobre todo en los ochenta, las críticas filosóficas del concepto de alienación, así como el ascenso de las nuevas problemáticas del individuo, condujeron al eclipse de dicha problemática hasta entonces en el candelero. Aunque el concepto ya no haga furor, la idea que transmite sigue estando en el centro de los análisis críticos.

La adicción a las compras

Otros tiempos, otra conceptualización: ya no se habla mucho de «tragedia» o de «maldición» de la sociedad de consumo, sino de adicción a esta. Desde esta perspectiva, el capitalismo de seducción no es más que un sistema que, a través del culto fetichista de la mercancía y la estimulación perma-

---

1. Guy Debord, *La société du spectacle,* Éditions Champ libre, París, 1971. (Versión española: *La sociedad del espectáculo,* Pre-Textos, Valencia, 2016, trad. de José Luis Pardo.)

nente de las pulsiones de compra, se revela estructuralmente adictógeno, haciendo retroceder a los consumidores al estadio de la compulsión toxicómana. Por ello, no son solo los alcohólicos y fumadores los que sufren una dependencia, sino todos los consumidores. Vivimos en una sociedad de adicción masiva, la tentación consumista se confunde con la fabricación a lo grande de una forma patológica del deseo, de una dependencia general respecto de las novedades mercantiles.

Sin duda, los fenómenos adictivos son tan reales como numerosos: *fashion victim,* enganchados a las marcas y a los videojuegos,[1] obesidad, compulsiones de compra, todas manifestaciones conocidas, pero ello no basta para equiparar la seducción consumista a una adicción generalizada. Como el capitalismo de seducción no se empeña tanto en fijar el deseo como en desterritorializarlo, el hiperconsumismo, al contrario de la adicción, implica el cambio incesante de objetos. En el sistema consumista, el individuo no depende de un «objeto» fijo, desea siempre algo nuevo, experiencias y emociones perpetuamente renovadas. ¿Se dirá que se trata de una adicción a la novedad en sí? Sin embargo, la mayoría no sufre compulsión de compra, es decir, «impulso irresistible a llevar a cabo un acto irracional». Recordemos que las compras incontroladas solo afectan a una proporción muy reducida de la población: según diversos estudios, la prevalencia de compras compulsivas severa varía entre un 1,1 y un 4 % de la población general.[2]

No porque nos guste ver películas nuevas, somos adictos al cine. Amar la novedad puede ser una adicción, pero no lo

---

1. Se calcula que más del 8 % de los niños y adolescentes de entre ocho y dieciocho años presentan síntomas de adicción a los videojuegos.
2. Jean Adès y Michel Lejoyeux, *La fièvre des achats,* Les Empêcheurs de penser en rond, París, 2002, págs. 79-80. Un estudio más reciente de 2006 revela un porcentaje de 5,8 % de compradores compulsivos.

415

es necesariamente. ¿Cómo hablar de comportamientos de dependencia si no hay compulsión, vergüenza de uno mismo, culpabilidad, sentimiento de dependencia o pérdida de autonomía? A pesar de que el hiperconsumismo multiplica los fenómenos compulsivos, no es cierto que la adicción a las compras sea «la propia sociedad de mercado en primer plano, la perfecta imagen del *ethos* que la define».[1] La tentación no es sinónimo de adicción.

Si el orden consumista fuera estructuralmente adictógeno, toda la población, sobre todo en Europa, debería estar sobreendeudada y no es así. El ahorro de los europeos debería ser nulo y no es así.[2] Puede ser que el sistema intente producir un consumidor que se ajuste al modelo del adicto. Son muchas las manifestaciones de dependencia del *smartphone,* de la televisión, de los videojuegos o de las marcas, pero ello no autoriza a diagnosticar una época en la que el conjunto de la población esté irresistiblemente condenado a comportamientos adictivos. De hecho, la mayoría de los consumidores se muestra totalmente capaz de resistir a los impulsos de compra o a las tentaciones de las marcas sin sentir un sufrimiento insuperable. Los consumidores calculan y tienen en cuenta varios factores: saben reducir sus presupuestos de gasto, ahorran y dedican una parte nada despreciable de sus ingresos al ahorro previsor. El universo del hiperconsumo suscita sin duda una multitud de preocupaciones y ansiedades, pero ello no basta para reconocer en él un estado generalizado de «toxicomanía sin droga».

1. Benjamin Barber, *Comment le capitalisme nous infantilise, op. cit.,* pág. 330.
2. Actualmente, las tasas de ahorro medio de los franceses se sitúan cerca del 16 % y las de los europeos alrededor del 12 % de sus ingresos disponibles.

¿Un mundo ajeno a uno mismo?

En este contexto de frenesí consumista, el concepto de alienación ha conseguido volver de forma significativa al ámbito de la teoría crítica de la modernidad tardía. Dada su relación profunda con la sociedad de seducción, esta rehabilitación conceptual merece un examen particular.

Para analizar esta nueva aventura del concepto, partiré del análisis propuesto por Hartmut Rosa. Según este autor, las nuevas formas de alienación deben relacionarse fundamentalmente con el proceso de hiperaceleración social propia de nuestra época. Esta dinámica temporal conlleva, en efecto, episodios de vida sin resonancia personal, niveles de placer extremadamente débiles, el sentimiento cada vez más extendido de que sin cesar hacemos cosas voluntariamente que no queremos hacer realmente. El sentimiento de alienación de uno mismo reenvía al hecho de que vivimos en un mundo de velocidad desenfrenada que nos resulta más y más extraño, impenetrable, insatisfactorio, ya que no ofrece una posibilidad real de apropiación personal. Poseemos cada vez más libros o deuvedés, pero no disponemos de tiempo para «digerirlos»; navegamos rápidamente por las páginas de la red, sin leer nada hasta el final, pues hacemos *zapping* ante cualquier cosa; miramos la televisión durante horas sin disfrutar realmente; ya no dedicamos tiempo a aprender porque es un porceso demasiado cronófago; nos sentimos impotentes ante la complejidad de los objetos tecnológicos cuyos modelos cambian continuamente. Y, así, cada vez más, estamos condenados a vivir experiencias «desensualizadas», a errar por «no-lugares», a hacer lo que realmente no queremos hacer. Este es el «sentimiento visceral de alienación» que los individuos experimentan «necesariamente» en la sociedad de aceleración.[1]

1. Hartmut Rosa, *Alienación y aceleración. Hacia una teoría crítica de*

Muchos de estos hechos son innegablemente ciertos. Sin embargo, no constituyen ni mucho menos el total de la experiencia vivida en la sociedad de seducción. A pesar de que el tono de sus análisis no es apocalíptico, Rosa solo escoge de nuestro cosmos sus patologías, los sufrimientos que lo acompañan, la «desensualización», los déficits de placer, la alienación relativa a las cosas, al tiempo, al espacio y a las acciones. En ningún momento tiene en cuenta la dimensión hedonista, sensualista, lúdica que marca también nuestra cotidianeidad. De acuerdo con la tradición crítica, solo lo negativo merece ser examinado y se ofrece como la verdad del presente, ya que se considera que los dispositivos de seducción solo provocan seudosatisfacciones y una pérdida de autonomía individual.

Esta no es nuestra realidad, pues sus contornos son más contrastados. Si se exceptúan los actos compulsivos, los consumidores raramente tienen la sensación de no hacer lo que quieren. Eligen el mobiliario que les gusta, la película que van a ver, el destino de sus vacaciones, el restaurante para pasar la velada, la música que escuchan, la ropa que llevan. Es cierto que no todo lo que se vive en estos ámbitos va acompañado de goces intensos y que las decepciones son numerosas, pero ¿por qué esto constituye necesariamente una experiencia alienante? Sentirse poco o medianamente satisfecho con un programa de televisión no equivale a una secuencia de vida alienada. Únicamente el exceso de tiempo pasado delante de la televisión y la imposibilidad de desengancharse son sinónimos de alienación, pero no lo son los placeres imperfectos, medianos o pequeños, que ofrece la pequeña pantalla. Al tomar como modelo los placeres intensos, la teoría solo puede presentar la cara negativa de la experiencia del mundo vivido.

la temporalidad en la modernidad tardía, Katz Editores, Madrid, 2016, trad. de. CEIICH (UNAM), cap. XIV.

¿Los objetos se vuelven extraños para nosotros por el hecho de su compleja tecnicidad y obsolescencia? No es esto lo que refleja la relación con el *smartphone* marcada, por el contrario, por la extrema familiaridad, su presencia en cualquier lugar y en cualquier momento, su sobreinversión subjetiva, la imposibilidad de desengancharse de él ni por un instante. Es cierto que cada vez nos separamos con más facilidad de las «cosas», pero esto no significa que nos resulten extrañas, ni que no las interioricemos. Solo las queremos durante un tiempo breve y las sustituimos sin ningún pesar. Nuestra relación con las cosas no está dominada por la familiaridad a largo plazo a la antigua, ni por un sentimiento de alienación, sino por una relación de seducción efímera.

¿Dónde está el colapso de las experiencias sensibles? Los hechos observables son mucho menos categóricos. La sociedad de seducción es contemporánea del gusto creciente por la decoración de la casa, la iluminación creadora de un ambiente, los objetos *vintage;* en todas partes crecen los deseos de paisaje, la pasión por los viajes y el descubrimiento de la belleza diversa del mundo. ¿Cómo se puede hablar de desaparición de las experiencias sensitivas en vista del éxito de los spas, hamanes, *jacuzzis,* masajes, gimnasia suave, deportes de deslizamiento, pero también placeres de lujo, de gastronomía y de buenos vinos? Lejos de sentirse eternamente decepcionados y «perdidos», los neoconsumidores saben perfectamente disfrutar de «los goces a su debido tiempo», los placeres que ofrece la sociedad de tentación generalizada. El adiós al cuerpo resulta ilocalizable: la erotización de la sexualidad es más dominante que su eclipse. Cualquier cosa salvo el desvanecimiento de las experiencias táctiles y estéticas. Cuanto más gana el cibermundo, más se afirma una cultura que valora la sensualización, la erotización y la estetización de las experiencias.

También se afirma que la sociedad de hiperaceleración, a través de actividades (consumo televisivo, navegación en la red, videojuegos, *shopping*) que se desarrollan sin ninguna relación con el conjunto del yo, incita a vivir de manera «descontextualizada» y discontinua. Estos momentos dispersos tienen la particularidad de autoanularse, desapareciendo sin dejar rastro en nuestra memoria. En cierto modo, permanecen fuera de nosotros mismos. De ahí, una alienación cada vez más marcada respecto al tiempo: al ser «episodios aislados» que no se integran en la continuidad de la existencia, son para nosotros extraños y componen así nuevas formas de vida alienada o autoalienada.[1] Sobre esto, Hartmut Rosa retoma la tesis defendida por Walter Benjamin según la cual cada vez más nos volvemos más ricos en episodios de experiencia, pero más pobres en experiencias comunicables: un descenso de la experiencia que Benjamin califica de «bárbara».[2] En el momento de la seducción industrializada y de los ritmos de vida desenfrenados, acumulamos sin cesar experiencias, pero son pocas aquellas que dejan un rastro en nosotros y están realmente conectadas con nuestra historia o nuestra identidad personal. De este modo, «cada vez estamos más desenganchados o no comprometidos con los tiempos y espacios de nuestra vida, nuestras acciones y experiencias» e incluso de la relación con los otros con los cuales «se hace estructuralmente improbable que establezcamos una relación».[3]

---

1. *Ibid.,* págs. 129-132.

2. Walter Benjamin, «Experiencia y pobreza», en *Obra completa,* Libro II, vol. 1, Abada, Madrid, 2007, trad. de Jorge Navarro Pérez, págs. 216-221.

3. Hartmut Rosa, *Alienación y aceleración, op. cit.,* citado aquí por la versión francesa: *Aliénation et accélération, La Découverte,* París, 2012, págs. 132-133.

Indudablemente, asistimos al ascenso de una sociabilidad dominada por vínculos de intensidad e intimidad bajas: en particular, las interacciones que se desarrollan en las redes sociales dejan pocas «huellas en la memoria», se olvidan rápidamente, tienen poco sentido para nosotros, no están integradas en el conjunto de nuestra vida. Pero ¿por qué se dice que estos «vínculos débiles» constituyen una forma de alienación? Si bien, en efecto, no son profundos, tampoco nos resultan «extraños», pues muchos internautas esperan signos de reconocimiento y valoración por parte de los miembros de sus redes. Este tipo de vínculos frágiles, aunque numerosos, puede también resultar útil en la búsqueda de un empleo. Los «vínculos débiles» que se multiplican a gran velocidad no sustituyen ni eliminan a los «vínculos fuertes» tradicionales: instituyen una forma de vida relacional de la que no se espera más de lo que puede dar.

No hay nada más simplista que imaginar las relaciones interpersonales contemporáneas bajo el signo del declive, de la pérdida, la destrucción de la «autenticidad» comunicativa. Las redes y la comunicación virtual no hacen desaparecer las relaciones «profundas»: crean nuevas formas de sociabilidad que no se limitan a las relaciones cara a cara, diversifican e individualizan las maneras de mantener relaciones con los demás, hacen posible nuevas formas de interacciones sociales con grados de implicación con la elección.

Más en general, ¿qué autoriza a plantear estos momentos «desconectados» del yo profundo como experiencias de desposesión subjetiva? Lo que hay que señalar es que, bajo su aspecto teórico, este esquema se basa en un moralismo que permanece en el anonimato. La asimilación de actividades diseminadas con experiencias de alienación significa, en efecto, que son intrínsecamente «malas» porque son dispersas, heterogéneas, incompatibles con los ideales de autonomía individual y de vida buena que solo la unidad del yo, la autoconstrucción organizada y

421

unitaria de la persona pueden permitir llevar a cabo. Pero esto significa omitir todo lo que aportan a la existencia individual, a saber, momentos de descompresión, de relajación, que toda sociedad debe habilitar. En realidad, esta «parte maldita», no seria, es una necesidad antropológica: permite «respirar», olvidar las preocupaciones de la vida y el peso de las responsabilidades individuales. Estas actividades forman parte de las vías del combate de lo ligero contra lo pesado, presente en todas las sociedades humanas y en las que la risa, las bromas, las fiestas, los juegos, las burlas y las chanzas constituyen manifestaciones harto conocidas. Podemos deplorar el exceso y varias formas de la vida consumista, pero una de las funciones que desempeña –la evasión– tiene un fundamento humano y es universal. En el ámbito antropológico, no se trata de una lógica de alienación o de desposesión, sino de un proceso de aligeramiento puntual de las presiones de la vida que no puede eliminarse. Lo que constituye la vida alienada no es la dispersión del consumo, sino el aislamiento compulsivo, el sumergirse hasta el hartazgo en el círculo cerrado de este universo.

MALESTAR EN LA CIVILIZACIÓN SEDUCTORA

Desdemonizar la sociedad de seducción no significa negar sus efectos gravemente patógenos. Resultan obvios. Simplemente, los prismas conceptuales que tradicionalmente se movilizan para denunciar su reinado se quedan en la superficie de lo que constituye la obra específica de la era del gustar y emocionar generalizada. Todos los enfoques críticos denuncian en ella procesos de mutilación o empobrecimiento de las subjetividades, sin ver que constituye, ante todo, una configuración histórica productora de una nueva forma de individualización y organización de la subjetividad. Al cambiar los modos de vida a perpetuidad y al incitar a los goces del presente, la sociedad de seducción ha abierto una nueva etapa del proceso de individualización consustancial con la modernidad, ha hecho que surja un nuevo tipo de individualismo, centrado en uno mismo, hipertrofiado, que podemos, por ello, denominar «narcisista».

El individualismo limitado de la primera modernidad ha sido sustituido por un individualismo total, libre del sentimiento de obligación hacia los ideales y las instituciones colectivos, un individualismo narcisista que solo existe para él mismo, dirigido hacia la realización de él mismo y la optimización de sus placeres e intereses. Si el primer individualismo era un individualismo de emancipación, el segundo es un individualismo de realización de sí mismo. La autoestima es, sin duda, una constante antropológica, pero hasta fecha reciente, nadie discutía que existían principios superiores a los que había que someterse imperativamente. Ya no es así. El yo se ha convertido en el punto de referencia supremo, la referencia central que dirige las aspiraciones, las apreciaciones y la acción de los individuos. ¿Qué es lo que actualmente se presenta como lo más grande, lo más prioritario si no es el yo y su plenitud? Ahora, la realización de uno mismo pasa por delante de cualquier consideración colectiva. Las reglas sociales y los valores últimos no son en absoluto caducos, pero la relación con ellos ha cambiado: asistimos a la individualización o a la subjetivización de la relación que abarca lo colectivo. Cada uno se erige como legislador de su propia vida y solo rinde cuentas a sí mismo, como proveedor de autoservicio centrado únicamente en el yo.

Así, en el momento del narcisismo hipermoderno, el yo se ha convertido en el centro de gravedad de la existencia, polo hegemónico de referencia, «medida de todas las cosas»: se da prioridad a la realización de nuestros deseos, a lo que nos emociona y seduce individualmente. No hay nada que cuente más que aquello que mejora las experiencias del yo, permite la

423

realización de uno mismo y procura satisfacciones subjetivas, de modo que la regla de gustar y emocionar va mucho más allá de un principio de organización de nuestro mundo social: aparece como la regla de conducta predominante de los individuos que solo va dirigida a ellos mismos. El narciso de los tiempos hipermodernos no solo es seducido por él mismo: se dirige en función de lo que le seduce, elige en función de lo que le atrae y le procura satisfacciones, independientemente de cualquier sentimiento de deuda u obligación hacia lo que está fuera. En el marco de la cultura neonarcisista, la seducción se impone como el principio director de las existencias individuales.

Precisemos que esta figura consumada del individualismo no tiene nada que ver con un narcisismo eufórico, una individualidad plenamente reconciliada con ella misma, un yo en posesión total de sí mismo. La realidad es tan cruel como paradójica, pues la sociedad de seducción está en el origen de una marea en ascenso de desconcierto, inseguridad interior y desequilibrios psíquicos y conductuales. Al arruinar los últimos restos de tradición, al desintegrar la influencia de los marcos colectivos, al consagrar un modo educativo permisivo, la sociedad de seducción ha debilitado las defensas interiores de los individuos y, así, ha acentuado su inseguridad psíquica, los sentimientos de fracaso personal, las crisis subjetivas e interpersonales y las frustraciones y malestares existenciales. El individuo, limitado a sus únicas fuerzas, al no beneficiarse ya del apoyo que aportaban la integración y socialización a la antigua, cada vez está menos preparado para hacer frente a las inevitables frustraciones de la existencia. La sociedad de seducción no engendra la estandarización, la desingularización y la infantilización de los seres, sino la fragilización o la vulnerabilidad psicológica de los sujetos.

Privada de la seguridad identitaria tradicional y de los apoyos comunitarios de antaño, la individualidad narcisista

424

está cada vez más desarmada interiormente. Así lo demuestran la multiplicación de los intentos de suicidio, la frecuencia de los estados de ansiedad y depresivos, las tasas en alza de la toxicomanía, el aumento de las demandas de ayuda psiquiátrica y el consumo desmedido de psicotrópicos. Cuanto más el individuo posee la libre determinación de sí mismo, más se muestra psicológicamente inestable, frágil, vulnerable y más se multiplican las formas de desposesión de sí mismo (adicción, obesidad, depresión). Si bien el universo de la seducción generalizada reduce la violencia de la conflictividad colectiva, intensifica la desorientación subjetiva, las heridas y los conflictos personales. El cosmos seductivo no fabrica alienación a través de la economía, sino una «nueva economía psíquica»[1] dominada por la debilidad de las instancias ideales y la fragilidad subjetiva.

---

1. Según la expresión de Charles Melman, *L'Homme sans gravité. Jouir à tout prix. Conversaciones con Jean-Pierre Lebrun*, Denoël, París, 2005 (Folio essais n.º 453).

XI. MAÑANA, ¿CÓMO SERÁ LA SOCIEDAD DE SEDUCCIÓN?

¿Cuál es el futuro de la sociedad de seducción generalizada? ¿Adónde va? A largo plazo, ¿es un modelo de sociedad viable? Dados los desafíos que se erigen ante ella y los inmensos peligros que afronta, estas preguntas plantean temas candentes.

Cinco series de fenómenos, de naturaleza muy distinta, se presentan como amenazas frontales para el futuro de la sociedad de seducción. En primer lugar, los peligros ecológicos y la degradación acelerada de los grandes equilibrios de la biosfera. En segundo lugar, la nueva situación económica y social que engendra un paro masivo, el auge del trabajo precario, el retroceso de los programas sociales y la degradación o el estancamiento del nivel de vida. En tercer lugar, el desencadenamiento de la violencia terrorista, así como de las nuevas actitudes misóginas y fundamentalistas. En cuarto lugar, la multiplicación de técnicas de vigilancia cada vez más sofisticadas y sistemáticas que hacen resurgir el fantasma del *Big Brother* en versión digital. En quinto lugar, el devenir del pensamiento racional, de la vida de la cultura y del espíritu. Todos ellos desafíos que amenazan la deseabilidad, la vitalidad, por no decir la propia existencia del estadio seductor de la sociedad liberal.

426

Se dibuja un cuadro de conjunto asombroso: las ofertas atractivas se multiplican, las incitaciones al placer y las invitaciones a la felicidad proliferan y, colmo de la ironía, nuestra cotidianeidad se muestra cada día un poco más difícil de vivir, poco hospitalaria, cargada de graves riesgos para el futuro. Cuanto más se multiplican las ofensivas de seducción procedentes del mundo mediático y mercantil, nuestra época más parece haberse quedado sin alma, ser codiciosa y orientarse ciegamente hacia el abismo. La seducción radiante no caracteriza el espíritu de la época, sino la pesadez, la desilusión y el miedo. Aunque algunos hablen del «reencantamiento» del mundo, otros, mucho más numerosos, ven el futuro bajo el signo de catástrofes ecológicas, sociales y subjetivas más y más dramáticas. Para los más pesimistas la duda está prohibida: al final, la película de la seducción soberana será una película de catástrofe. Por ello, se plantean estas preguntas: ¿la sociedad de seducción dispondrá de medios para prolongarse aún durante mucho tiempo?, ¿qué futuro tiene por delante?, ¿es posible que el reinado de la seducción soberana no haya sido más que un breve paréntesis en la marcha de las sociedades modernas?

¿ECOLOGÍA CONTRA SEDUCCIÓN MERCANTIL?

Las críticas dirigidas al capitalismo de seducción no se limitan ya a las insatisfacciones y frustraciones relacionadas con «la abundancia»: se señalan como algo central las amenazas de cataclismos que pesan sobre el porvenir de la humanidad y del planeta Tierra. Indiferente al futuro planetario, centrado en los goces privados y la búsqueda de un beneficio inmediato, el capitalismo de atracción se ve estigmatizado como fuerza apocalíptica que, bajo la apariencia del entretenimiento y del vivir mejor, precipita a la humanidad hacia el abismo.

Mientras se multiplican los gritos de alarma respecto al calentamiento climático, se acentúa sin parar el «sobreconsumo desmedido ecológico global», pues las grandes economías sobrepasan ampliamente las capacidades de la Tierra para regenerarse. De ahí, las llamadas para cambiar nuestros modos de producción y consumo. Contra el despilfarro erigido en sistema, aumenta la exigencia de combatir la obsolescencia programada de los productos, desarrollar las energías renovables, reducir la emisión de dióxido de carbono en la economía y la huella ecológica. Para escapar al desastre ecológico, se trata de sustituir la economía de seducción irresponsable por una economía sobria en carbono y en recursos naturales, una «economía circular» o virtuosa, que disminuya drásticamente los impactos negativos sobre el medio ambiente.

Las bodas de la seducción y lo duradero

Hoy en día, los efectos del paradigma ecológico sobre los modos de producción empiezan a ser significativos. Aunque la parte de las energías renovables en la producción de electricidad aún sea débil, está progresando: actualmente, los equipamientos solares y eólicos se duplican cada dos años. El Consejo Europeo de la Energía Renovable (EREC) calcula que casi un 45 % del consumo energético de la Unión Europea podría proceder de fuentes renovables de hoy a 2030. Al mismo tiempo, en el futuro, los materiales se reciclarán mucho más y los productos industriales serán más económicos, más ligeros y ecológicos.

Pero ¿quién puede pensar que estos imperativos conllevarán el retroceso de las ofertas atractivas de las firmas? El advenimiento del automóvil híbrido o eléctrico ya está en marcha: aun así, el coche tendrá que ofrecer un diseño atractivo para ganarse la decisión de los compradores. A medida que se im-

428

ponen modos de producción más económicos en materia y energía, los cambios de modelos se aceleran y, por tomar solo estos dos ejemplos, los ordenadores y teléfonos móviles se renuevan cada vez más deprisa. Para cortejar a los clientes, los industriales gastan más que nunca en marketing, diseño y comunicación. Nada deja entrever la regresión de estas estrategias inseparables del universo competitivo. En un porvenir previsible, es poco probable que los imperativos ecológicos tengan el poder no solo de poner fin, sino ni siquiera de hacer debilitarse las vías seductoras de la conquista de los mercados.

Los equipamientos domóticos que reducen el consumo energético de los hogares se multiplican. Presente en la ley sobre la transición energética, la obsolescencia programada se ha convertido, recientemente en Francia, en delito sancionable con prisión. Se desarrolla la arquitectura ecológica, neutra en emisión de carbono, cuya meta es la reducción de las necesidades energéticas de los edificios, la utilización de energías blandas y materiales ecológicos: se empiezan a construir edificios de energía positiva que producen más energía de la que consumen. Sin embargo, ninguna de estas revoluciones implica el abandono del paradigma estético ni de la búsqueda de la seducción de las apariencias. La obligación de gustar a los compradores es consustancial a las economías liberales de consumo. Si bien la marcha hacia una economía más respetuosa con el medio ambiente sin duda es irresistible, no anuncia en absoluto la superación del capitalismo de seducción, pues el orden de la competición mercantil exige atraer a los consumidores.

El «diseño duradero» se empeña en limitar la huella ecológica, producir sin contaminar y ahorrar materia y energía. Es el momento de los materiales naturales, los objetos ecológicos, los productos reciclables, los bio y el diseño sostenible. En este sentido, las normas medioambientales conducen a modos de producción y concepción más virtuosos y éticos en materia de impacto sobre el medio ambiente. Sin embargo, lo que se dibuja no se parece a una salida del cosmos de seducción, sino, más bien, a una economía que conjugue placer estético y normas ecológicas. Estamos en el momento en el que el capitalismo intenta crear una alianza inédita entre frivolidad de consumo y responsabilidad planetaria, una síntesis entre diseño y desarrollo duradero, renovación estética y ecología, creación de moda y responsabilidad verde. El futuro está en la hibridación de lo ecológico y la seducción.

En un mundo basado en la competencia económica, resulta ingenuo creer que las normas ecológicas tendrán el poder de decapitar la economía de lo efímero y de la captación de deseos. El universo hipermoderno de los mercados consumistas conduce inevitablemente a innovar, propone novedades, renovar sin descanso la oferta y, todo esto, para diferenciarse de los competidores, potenciar las ventas y conquistar nuevas porciones de mercado. Y, siendo así, el advenimiento de la era poscarbono y de la transición ecológica no debería poner fin al imperativo mercantil de gustar y emocionar a los consumidores.

Así como el desarrollo de las energías renovables está encarrilado, la desaparición o incluso la ralentización de la obsolescencia acelerada de los productos no forma parte de los escenarios de futuro verosímiles. En las economías fuertemente competitivas, los industriales tienen que crear continuamente nuevos productos y suscitar, entre los consumidores, el deseo de comprarlos: lo mismo sucederá en el futuro. Sin duda, la ley puede corregir ciertos excesos, sobre todo al fallo incorporado en su misma concepción, pero ¿cuál es la obsolescencia que debe prohibirse? Se trata de una cuestión compleja, pues ¿acaso es necesariamente más ecológico conservar el máximo de tiempo posible los objetos de la cotidianeidad? No es ni mucho menos así y más cuando nuevos productos permiten progresos en materia de consumo energético, de agua o de emisiones contaminantes. El consumo de electricidad y agua de los grandes electrodomésticos se ha reducido de media a la mitad en veinte años. En este caso, la sustitución rápida de los electrodomésticos antiguos es un medio que permite reducir, y no aumentar, el impacto medioambiental.[1]

En estas circunstancias, todo invita a pensar que el referencial ecológico no conducirá a romper la dinámica de la obsolescencia de los productos. Añado que lo que debería producirse es paradójicamente lo contrario, pues ¿qué es lo que conlleva la exigencia de protección de la ecosfera si no la aceleración de las investigaciones con el fin de conseguir nuevas técnicas que permitan consumir menos energía y materia? Paradójicamente, los desafíos energéticos y ecológicos podrían constituir un nuevo motor de aceleración de la renovación de los objetos de la cotidianeidad. A pesar de la fuerza de los valores ecológicos, la exigencia de lo «siempre nuevo» no va a cesar.

Ocurre lo mismo con la obsolescencia psicológica o simbólica relativa al desuso o a la descatalogación prematura de objetos a través de la moda, el diseño o la publicidad. Indudablemente nuestra época ve afirmarse un «diseño duradero» que se empeña en concebir productos reciclables, objetos ecológicos respetuosos con la ecosfera, pero la cuestión de la huella ambiental no conduce de momento a que disminuya el ritmo de los cambios estilísticos y de las modas. Se observa todo lo contrario. Precisamente cuando aumentan los peligros ecológicos, se acelera la renovación de los modelos de automóviles, teléfonos, mobiliario, ropa o equipamientos deportivos. Más

1. Thomas Lombès y Bastien Poubeau, *Obsolescence programmée: mythes et réalité,* Mines Paristech, Corps Technique de l'État, París, 2014, consultado on line, págs. 134 y 43. También, Éric Vidalenc y Laurent Meunier, «Obsolescence des produits», *Futuribles,* n.º 402, septiembre de 2014.

que nunca, el ámbito del estilo se ve abocado al cambio rápido: los diseños de productos cambian más deprisa que nunca; la moda bianual «clásica» ha sido sustituida por la *fast fashion* y la innovación según un flujo tenso, y, en el ámbito comercial, las tiendas efímeras van viento en popa. Culto a la durabilidad ecológica, escalada de lo efímero: de momento, nada anuncia la superación de la seducción de lo nuevo.

El sistema de la moda está presente en Occidente desde el siglo XIV: todo hace pensar que la cultura ecológica no conseguirá que decaiga el gusto y el trabajo de renovación permanente de las formas, los estilos y las modas. En una época de liberalismo estético y multiplicación de estilos, es impensable que el diseño sostenible pueda parecerse a un diseño puramente funcional y racional: este modelo, que tuvo su momento de gloria, ya no es el nuestro. Lo que se anuncia no es el retroceso de la obsolescencia psicológica, sino la inflación del ámbito estético, la generalización del imperativo del estilo en las industrias de consumo. Así es el capitalismo de seducción, que no vende solo el valor de uso, sino el estilo, lo *cool*, el encanto. Si el auge de un «modo de producción duradero» tiene pocas posibilidades de poner fin al «modo de producción estética» es porque la competitividad de las empresas se basa, cada vez más, en ventajas competitivas cualitativas e inmateriales, estéticas y simbólicas.

LA ILUSIÓN DEL POSCONSUMISMO

Las amenazas que pesan sobre la ecosfera también han llevado a la valoración de nuevas actitudes ante la espiral hiperconsumista. Como no se puede esperar la salvación a partir únicamente de la reconversión del aparato productivo, la urgencia está en liberarse de la toxicodependencia del consumo. Así, es necesario aprender no solo a producir de forma distinta, sino también a consumir de forma distinta. En este marco es donde las corrientes más radicales alaban el decrecimiento, el posdesarrollo y la «simplicidad voluntaria».

Al denunciar la carrera enloquecida en pos del «tener más», los defensores de la «feliz frugalidad» proclaman que «menos es mejor», menos velocidad, menos derroche. Se busca una nueva salvación en un estilo de vida que no soporte el peso de la obsesión consumista, en una «feliz sobriedad» (Pierre Rabhi) basada en la autolimitación de las necesidades. El ideal consiste en vivir poseyendo menos cosas, pero estableciendo más vínculos humanos y sociales. Si se quiere escapar a las catástrofes ecológicas y los callejones sin salida del desarrollo infinito, hay que conseguir un cambio completo de valores y de modelo de sociedad. La tentación peligrosa de las cosas debe ser sustituida por la seducción feliz del equilibrio y el intercambio social.

Cabe entonces plantearse las siguientes cuestiones: ¿en qué medida el ideal de la feliz sobriedad tiene posibilidades de imponerse como modelo alternativo global para la humanidad?, ¿es creíble pensar que pueda llegar a seducir más allá de a una minoría pequeña de consumidores del planeta? En mi opinión, la respuesta es clara: no. El escenario mucho más probable no es la universalización del *ethos* de la «feliz frugalidad», sino su continuidad en el seno de una extrema minoría de la población. Y esto debido a tres razones fundamentales.

En primer lugar, porque el ideal de sobriedad choca de plano con las aspiraciones a los goces materiales de la inmensa mayoría de los individuos. Sin duda no faltan las críticas dirigidas al exceso de consumo, a lo superfluo y a las «falsas necesidades». Sin embargo, el 80 % de los franceses aprueba esta idea: «consumir, poder comprar lo que nos gusta, contribuye en gran medida a la felicidad» (encuesta ObSoCo 2015). En la era hipermoderna, nos encanta detestar el consumo, al tiempo que gozamos de él cotidianamente y no dejamos de protes-

433

tar contra el descenso del poder adquisitivo. Por este motivo, varios estudios muestran que el modelo del poscrecimiento tendría muchas dificultades para asegurar una mayor felicidad a los consumidores, pues, aunque es cierto que la lógica del «siempre más» aplicada al consumo no siempre nos hace más felices, también es cierto que la regresión del poder adquisitivo provoca insatisfacción e inseguridad persistentes.[1]

El segundo motivo tiene que ver con el hecho de que el consumismo no es un puro efecto mecanicista de operaciones de marketing. Sus raíces son profundas, estructurales, por vincularse con el Estado social democrático que, inseparable del proceso de destradicionalización, engendra la sed neófila, el «mal del infinito» (Durkheim), «la pasión del bienestar material» (Tocqueville). Baudelaire ya señalaba el estrecho vínculo que une la modernidad con lo transitorio, lo fugaz, la moda. Tocqueville subrayaba «la necesidad continua de lo nuevo» entre los hombres democráticos que necesitan «lo inesperado y lo nuevo», «emociones vivas y rápidas [...] que los saca al instante de sí mismos».[2] Y en «el aprecio del bienestar se muestra una pasión tenaz, exclusiva, universal».[3] Durkheim destacó la fuerza de la «pasión del infinito» propia de las sociedades modernas individualistas: liberadas del yugo de la tradición, las apetencias ya no tienen límites, los individuos no se conforman ya con su suerte y «sueñan con lo imposible», tienen «sed de cosas nuevas, de goces ignorados, de sensaciones innominadas, pero que pierden todo su sabor en cuanto se cono-

1. Claudia Senik, *L'économie du bonheur,* La République des idées, Le Seuil, París, 2014, págs. 83-84.

2. Alexis de Tocqueville, *De la démocratie en Amérique,* en *Œuvres complètes,* tomo I, vol. 2, Gallimard, París, 1961, págs. 66 y 64. (Versión española: *La democracia en América,* en *Obras completas,* Alianza, Madrid, trad. de Dolores Sánchez de Aleu.)

3. *Ibid.,* pág. 138.

cen». En todos los niveles de la sociedad, «todas las ansias se elevan sin saber dónde posarse definitivamente».[1] Como la pasión moderna por las novedades radica en el Estado social democrático-individualista, todo invita a pensar que la pasión neófila y los goces de la vida material están lejos de desaparecer. Hay que ser muy ingenuo para creer que el ideal de la «feliz frugalidad» sea capaz de provocar el declive de la atracción de las novedades mercantiles.

Hay que señalar un tercer motivo. Está relacionado con la naturaleza del sistema económico basado en la innovación perpetua. Al desarrollar una oferta proliferante de productos variados y cambiantes, pero también al ensalzar los valores materialistas y hedonistas, el capitalismo de seducción ha creado un consumidor insaciable de novedades. No existe ningún motivo para pensar que esta dinámica de innovación consustancial al capitalismo no vaya a prolongarse y, con ella, el consumidor insaciable. Ni los imperativos ecológicos, ni la utopía de la simplicidad voluntaria pondrán fin a la fuerza de atracción consumista. Mañana, en las sociedades hipermodernas consumistas y destradicionalizadas, los individuos, ávidos de sensaciones renovadas, seguirán deseando los productos de la oferta mercantil.

Es cierto, sin embargo, que asistimos al auge de nuevas actitudes de consumo: alquilar en vez de comprar, reparar en vez de tirar, comer productos bio, participar en la ecomovilidad, el ecoconsumo y el consumo colaborativo o mostrarse escéptico frente al consumo como vía de acceso a la felicidad. Dicho esto, por muy significativos que sean estos fenómenos, no indican el fin del tropismo neófilo. En todas partes, las compras por internet aumentan, el turismo nacional e internacional

---

1. Émile Durkheim, *Le suicide,* PUF, París, 1979, pág. 287, pág. 304 y pág. 285. (Versión española: *El suicidio,* Losada, Madrid, 2004, trad. de Manuel Arranz Lázaro.)

progresa año tras año, el mercado de los cruceros está en pleno desarrollo, los consumos de series de televisión y de músicas baten todos los récords, se multiplican los fans de los videojuegos, la asistencia a parques de entretenimiento está en alza. El placer de ir de compras y el *shopping* recreativo al acecho de estímulos sensoriales y emocionales no están en absoluto en declive. En una época en la que «darse un gusto» se ha convertido en un comportamiento legítimo, el escenario más probable es que nos preocuparemos más por un consumo duradero, pero, al mismo tiempo, consumiremos más actividades de ocio, juegos, moda, viajes, músicas, películas, conciertos, restaurantes, festivales y cuidados para el cuerpo. El advenimiento de una cultura posconsumista no forma parte de los escenarios probables del futuro próximo.

En realidad, nunca se han comprado tantos bienes materiales, productos electrónicos, artículos para la casa y la decoración como ahora. E incluso si el consumo de bienes manufacturados retrocediera, ¿cómo imaginar un movimiento de decrecimiento en el ámbito del consumo de medicamentos, de visitas, análisis y exámenes médicos, así como en el orden del consumo de terapias psicológicas? Sobre un fondo de lucha contra el malestar, nuestra época asiste al éxito creciente de las terapias psicológicas, pero también de los libros y los talleres de expansión de la conciencia y de relajación. En todas partes se multiplican los gurús, *coaches,* las conferencias y las sesiones psicológicas basadas en técnicas variadas. Hoy por hoy, incluso aquello relacionado con el «desarrollo personal» no escapa ya del *ethos* consumista.

Sin duda, no veremos de inmediato desaparecer la seducción consumista. Las ofertas mercantiles materiales y culturales procuran placeres fáciles y frecuentes, aligeran el peso de lo cotidiano, «levantan la moral», hacen olvidar las preocupaciones de la vida ordinaria, funcionan como medios de consuelo, llenan el vacío existencial, compensan las frustraciones, las

436

decepciones y los sentimientos de incompletitud. No está claro qué podría, en un futuro próximo y para la mayoría, aportar tantos beneficios hedonistas y «terapéuticos» exigiendo al mismo tiempo tan pocos esfuerzos. Todo son razones que deberían impedir de forma duradera el advenimiento de una cultura frugal posconsumista. Si la denuncia excluyente del sistema me parece un callejón sin salida, no es solo porque no es realista, sino también porque se niega a reconocer la cara positiva del fenómeno que, aunque pese a las personas de gran corazón, también existe. No todo es horror y desolación. Incluso si la economía de seducción lleva a la mercantilización desmesurada de la vida, a las satisfacciones frívolas y fútiles, hay que constatar que también permite satisfacer muchas de las necesidades fundamentales: estar informado, comunicarse, viajar, ser cuidado, vivir mejor materialmente. En el capitalismo consumista, no todo está destinado al vilipendio público: la diversidad de modelos de vida, el bienestar material, el entretenimiento, los juegos, la oferta hedonista, ninguno de estos fenómenos es indigno por sí mismo. Los problemas ecológicos y humanos que plantea la sociedad de seducción son tan inmensos como inquietantes: sin embargo, no justifican la demonización de la que es objeto.

Decir que, en materia de antojo consumista, no habrá una «Gran Noche» no significa que «la partida esté terminada» y que no se pueda hacer nada para corregir sus excesos y derivas. Respecto a esto, el «desconsumo» no es deseable, pero sí lo es el «consumir mejor», en otras palabras, una relación más cualitativa con los gastos mercantiles. En lugar de estigmatizar el consumo «en bloque», tenemos que buscar los medios capaces de hacer retroceder las modas de consumo «negativo» (fiebre por las compras, compulsión, adicción) y hacer que progresen los consumos cualitativos. Lo que se debe denunciar no es el capitalismo consumista, sino una sociedad que no se organiza suficientemente en función de las dimensiones más ricas de la vida humana. No tenemos que trabajar por la promoción de un modo de vida frugal, sino por la reducción de la influencia excesiva del *ethos* consumista sobre los deseos, las expectativas y las aspiraciones de los individuos. No hay que abolir el capitalismo de seducción, hay que enriquecerlo por vías distintas a la de la inmediatez consumible: no hay que cambiar la sociedad de gozo, sino esa excrecencia suya que desvía a las personas del sentido del esfuerzo, del pensamiento, de la creación y de las actividades que exigen un compromiso y dan sentido.

SEDUCCIÓN NEGRA

Si, a largo plazo, las degradaciones de la ecosfera constituyen sin duda el desafío más importante al que se enfrentan nuestras sociedades, a corto plazo, la violencia terrorista es el fenómeno más directamente antinómico con los principios organizadores de la seducción-mundo. Asesinatos en masa, yihadismo, atentados indiscriminados: estas agresiones asesinas suscitan una reacción inmensa de repulsa en las poblaciones embargadas por el espanto y petrificadas por el horror. Aquí se detiene el universo de la seducción y se sustituye por una sociedad conmocionada y en estado de alarma.

Atracción fatal

Si bien el terrorismo islamista choca frontalmente con los principios de la sociedad de seducción, hay que constatar que, sin embargo, está dotado de un poder de atracción extraordinario para cierto número de jóvenes que, no obstante, han mamado el consumismo hedonista y mediático. Es tal dicho poder de atracción que lleva a los jóvenes radicalizados a sacrificarse por su causa, a morir como mártires, a cometer atenta-

438

dos contra su propio país. La seducción de las religiones seculares de la modernidad ha sido sustituida por la seducción de la «religiosidad mortífera» (Farhad Khosrokhavar) que constituye el islamismo yihadista. Así, paralelamente a la seducción «festiva», se ejerce actualmente, sobre ciertos jóvenes y a escala muy reducida, un poder de atracción de naturaleza muy distinta, la fascinación extrema de la yihad, de los atentados suicidas y de las operaciones de martirio. Esta es la cara negra de la seducción soberana de los tiempos hipermodernos.

Entre los nativos de los países occidentales, la tentación de la yihad es un fenómeno generacional que atañe a adolescentes y jóvenes adultos de quince a veintinueve años. Lo extraordinario es que estos jóvenes radicalizados pueden pertenecer a cualquier categoría social. Por ello, contrariamente a lo que a veces se dice, no es la exclusión económica la que constituye el caldo de cultivo de la radicalización violenta. David Thomson muestra en su estudio que entre los franceses que fueron a combatir para la organización Estado Islámico estaban representados todos los estratos sociales.[1] En la situación actual, el yihadismo atrae a perfiles de individuos muy diversos: a los jóvenes musulmanes desclasados de los barrios periféricos se suman conversos cada vez más numerosos (de un 35 a un 40 %), estudiantes, diplomados, chicas jóvenes, jóvenes sin antecedentes penales. Hay que observar que la fascinación que ejerce el extremismo islamista no es exclusiva de ninguna categoría social en particular.

No hay ningún vínculo entre pobreza y activismo terrorista. ¿Qué es entonces lo que lleva a los jóvenes a abrazar la causa de la yihad en Occidente? Algunos observadores han subrayado de forma muy superficial el papel que en ello desempeña la sociedad de la imagen y la búsqueda de la celebridad mediática. Mohamed Merah filmaba todas las ejecuciones que come-

1. David Thomson, *Les Français jihadistes,* Les Arènes, París, 2014.

tía con una cámara atada al cuerpo, Mehdi Nemmouche soñaba con que uno de los episodios del programa *Faites entrer l'accusé* [«Haga entrar al acusado»] estuviera dedicado a él. Saïd Kouachi escribió este sms a Amedy Coulibaly: «¿Nos has reconocido? ¿Nos has visto en la tele?». La lógica del *star system* consustancial a la sociedad de seducción ha conseguido adueñarse incluso del espíritu de los asesinos fanatizados: «Los autores de la masacre reclamaban en primer lugar esa parte de la atención pública que únicamente un acto muy mediatizado puede ofrecer [...] los asesinos no son en absoluto los mensajeros de una guerra entre civilizaciones, ni de una cuarta guerra mundial. Se trataba de simples criminales en busca de gloria. Eran asesinos de la sociedad del espectáculo», sostiene Peter Sloterdijk.[1]

Según Olivier Roy, lo que más seduce a los jóvenes yihadistas en Occidente no es la teología, ni la sharia, ni la búsqueda de una utopía, sino la radicalidad en sí misma, la radicalidad de la violencia extrema, la radicalidad de matar y matarse, que procura el gozo de la omnipotencia. En la base de la tentación de la yihad estaría la fascinación nihilista de la violencia, la muerte y la destrucción pura.[2] Los vídeos de propaganda que muestran defenestraciones, degollaciones y decapitaciones de rehenes no enseñan únicamente una política del terror destinada a golpear a la opinión pública occidental, sino que también son el testimonio de una atracción por la crueldad, la muerte, la ultraviolencia. Mohamed Merah declara en sus últimos instantes de vida: «Yo amo la muerte como vosotros amáis la vida». De este modo, según una fórmula que causó sensación, «No es el islam lo que se radicaliza, es la radicalidad la que se islamiza» (Olivier Roy).

1. Peter Sloterdijk, «La réponse des Français à ce crime est une prouesse», *Le Monde,* 12 de febrero de 2015.
2. Olivier Roy, «Le djihadisme est une révolte générationnelle et nihiliste», *Le Monde,* 24 de noviembre de 2015.

Sin embargo, tal como señala Scott Atran, los jóvenes yihadistas no se consideran en absoluto «nihilistas».[1] Afirman, precisamente, que quieren combatir el nihilismo de Occidente, su vacío espiritual, su individualismo, su consumismo despectivo de cualquier valor en las antípodas de la ley de Dios. Las razones invocadas para justificar los actos terroristas no son algo secundario: no podemos considerarlas el revestimiento contingente de la pasión mortífera que sería el elemento principal. No esconden una radicalidad nihilista original, son lo que lleva a los hombres a comulgar con ideas extremistas, a mostrarse insensibles a cualquier sistema de valores opositor, a comulgar de forma incondicional con ciertas creencias.[2] El fanatismo yihadista se nutre de ideas religiosas con las que los adeptos comulgan de manera tan absoluta que los incitan a morir por ellas, a sustraerse de cualquier forma de apego a la existencia. Al servicio de la gloria de Alá, impulsada por el amor a Dios, esta glorificación de la muerte es fundamentalmente de esencia sacrificial y, por ello, se opone frontalmente a nuestro universo gobernado por la racionalidad instrumental, los derechos individuales y los valores privados, hedonistas-consumistas.

Por este motivo, en todos los aspectos, el yihadismo constituye un modo de existencia intrínsecamente antiindividualista. Morir por el reino de Dios, hacerse explotar, se encuentra en las antípodas del individualismo contemporáneo que se construye en el rechazo de todas la éticas sacrificiales. En este sistema en el que nada está vacío de sentido, las creencias se sustraen al libre examen individual y la organización de los días está dominada por valores ultrarrigoristas, reglas estrictas que

1. Scott Atran, «État islamique: l'illusion du sublime», *Cerveau & Psycho*, n.º 66, noviembre-diciembre de 2014.
2. Gérald Bronner, *La pensé extrême. Comment des hommes ordinaires deviennent des fanatiques,* Denoël, París, 2009.

les permite existir como individuo *negándose como individuos*

prescriben hasta en el más mínimo detalle todos los aspectos de la vida: familia, religión, vestimenta, alimentación, relaciones...

Por otro lado, sin embargo, éste tipo de compromiso lleva el sello de la potente dinámica de individualización característica de nuestra época. Este militantismo extremo no es nada tradicionalista, ya que esta privado de la antigua evidencia social de lo religioso: se apoya en conocimientos teológicos minimalistas, en una «santa ignorancia» adquirida a veces rápidamente en internet.[1] En lo más hondo, la adhesión de los jóvenes adeptos es el resultado de una motivación personal, de una afirmación estrictamente individual, tal como atestiguan ejemplarmente los yihadistas recién convertidos. Marcel Gauchet ha resaltado perfectamente la aparente contradicción del fenómeno: si los jóvenes sienten la tentación del radicalismo islámico es porque «les permite existir como individuos negándose como individuos».[2]

La sumisión voluntaria del neoyihadista a reglas fundamentalistas y sacrificiales comporta beneficios psicológicos e identitarios: escapar de la desorientación y de las dudas que son el sino de los individuos que se desarrollan en el seno del cosmos liberal individualista, vivir con referencias que los estructuran, inscribirse en una comunidad, establecer vínculos con una tradición transnacional, pertenecer a la comunidad de los elegidos y conseguir una estabilidad psíquica tranquilizadora.

Además, así se alcanza un estatus glorioso y se conquista la autoestima. Muchos yihadistas europeos de ascendencia magrebí han sido pequeños delincuentes (robo, tráfico de

1. Olivier Roy, *La Sainte Ignorance. Le temps de la religion sans culture,* Le Seuil, París, 2008.
2. Marcel Gauchet, «Les ressorts du fondamentalisme», *Le Débat,* n.º 185, 2015, pág. 81.

442

droga) y han cumplido una pena de prisión. Han roto con su familia, están mal integrados en la comunidad musulmana, no frecuentan la mezquita del barrio, no hablan árabe, no saben rezar y no se interesan por cuestiones teológicas. Sus padres no les han transmitido nada del islam, así que tienen un conocimiento religioso muy limitado y participan poco en la vida religiosa comunitaria: están en gran medida desislamizados y «desterritorializados». Todos ellos fenómenos anómicos que expresan un individualismo de tipo negativo[1] inseparable de la falta de autoestima y de la inseguridad identitaria y narcisista. El individuo negativo se ve como un ser insignificante, sin valor ni interés: sufre a causa de una imagen nada narcisista de sí mismo. Al abrazar una causa sagrada, estos jóvenes transforman el odio hacia sí mismos en odio hacia el mundo occidental, íntimamente consiguen una dignidad moral que les faltaba hasta entonces, así como un sentimiento de orgullo, de superioridad en relación con los no creyentes. Por esta vía, encuentran un medio para «renacer» a la vida (*born again*), de sustituir el desprecio de sí mismos por la autoestima. Al funcionar como una herramienta de purificación de los pecados y de redención individual, el yihadismo seduce a ciertos jóvenes porque les da sentido pleno a su existencia y la sensación de ser alguien importante, un héroe con un destino glorioso.[2]

Si la radicalización armada tienta a los adolescentes y a los jóvenes adultos de Occidente, es porque puede dar respuesta a la llamada de una vida distinta, más palpitante. A través de una visión idealizada o «romántica» de la yihad, esta aparece

---

1. Sobre este concepto, Robert Castel, *Les métamorphoses de la question sociale. Une chronique du salariat,* Fayard, París, 1995.

2. Farhad Khosrokhavar, *Quand Al-Quaïda parle. Témoignages derrière les barreaux,* Grasset, París, 2006, del mismo autor, *Radicalisation,* Éditions de la Maison des Sciences de l'Homme, París, 2014.

como un medio para escapar de la banalidad de los días y de la ausencia de metas estimulantes. La sed de aventura, la promesa de un destino glorificador, la necesidad de una causa capaz de dar un sentido a una vida plana y sin brillo desempeñan un papel nada despreciable en el poder de atracción del terrorismo islamista. Ante el vacío «ideológico» de la sociedad liberal de seducción, el sueño yihadista se nutre de la atracción de la aventura y del riesgo, susceptibles de suscitar una intensidad de ser. A pesar de que todo esto la opone al individualismo liberal, la tentación yihadista tiene relación con el aumento del individualismo de la experiencia, ávido de emociones y sensaciones fuertes.

Yihadismo y sociedad de seducción

Otros vínculos unen el terrorismo con la sociedad de seducción. Así lo atestiguan las maneras de comunicar que utiliza. A pesar de expresar un odio visceral hacia la civilización occidental «corrompida», en sus vídeos de propaganda difundidos en las redes sociales, el Estado Islámico se sirve de puestas en escena tomadas de los wésterns, las películas de terror hollywoodenses o del universo de los videojuegos. Efectos especiales, trucajes, montaje ultrarrápido, imágenes de alta definición, músicas exaltadoras, primerísimos planos, imágenes a cámara lenta y aceleradas: la estética del cine estadounidense de gran espectáculo se moviliza para aterrorizar al enemigo, pero también para animar a los jóvenes a unirse a la *yihad*, suscitar vocaciones de asesino e incitar actos de terrorismo en el corazón de las sociedades liberales. Con este «terrorismo publicitario» que «glamouriza» la barbarie dándole una dimensión mítica,[1] el Dáesh se apropia de aquello que rechaza. Ins-

1. «La France peut-elle vaincre Daech sur le terrain de la guerre de

444

trumentaliza para sus propios fines las estrategias mediáticas inventadas por la sociedad del entretenimiento y de la satisfacción inmediata. A través de «Daeshwood»,[1] se trata de presentar una imagen *cool* del compromiso yihadista, electrizar a los simpatizantes, entusiasmar a través de los códigos escenográficos de la sociedad del espectáculo que, utilizados en contra de ella misma, se transforman en armas de destrucción masiva.

Esta forma de comunicación en la red está al servicio de la propaganda del Estado Islámico y de sus objetivos de adoctrinamiento de los jóvenes. Sin embargo, la fuerza de las imágenes y los mensajes de propaganda no explican por sí mismos la tentación yihadista. En lo más hondo, este fenómeno en Europa es indisociable del auge de la sociedad de seducción que, al dar prioridad a la felicidad privada y a los goces materialistas, ha provocado el desplome de la fuerza reguladora de las instituciones colectivas, la disolución de los marcos sociales tradicionales y «la carencia de utopía» del mundo contemporáneo. Si bien la poderosa ola de individualización, fruto del estallido de los modos de socialización estructuradora, es portadora de la autonomía de las personas, al mismo tiempo va acompañada de fragilidades identitarias, de una nueva inseguridad psicológica, al estar los individuos privados de las ayudas del colectivo y abandonados a sí mismos para conducir y construir su existencia. De ahí el aumento de necesidades de referencias simbólicas estructuradoras y de integración comunitaria. La causa yihadista ofrece los medios para ello de manera paroxística: basándose en un «nosotros» estructurado por la religiosidad fundamentalista, el joven yihadista accede a una identidad personal y religiosa que da seguridad, puede escapar

l'information?», en Christian Harbulot (dir.), *Rapport d'alerte,* École de guerre économique, París, diciembre de 2015.

1. Jonathan Nossiter, «Daeshwood ou l'esthétisation des vidéos islamistes», *Le Monde,* 20-21 de diciembre de 2015.

del sentimiento de aislamiento y, a veces, de tendencias depresivas o de una visión pesimista de la vida.[1]

Es muy verosímil que la seducción negra no vaya a desaparecer pronto. Y esto es así porque la dislocación hiperindividualista favorece el aumento de patologías de la insuficiencia de uno mismo, los resentimientos, las búsquedas de revalorización identitaria y de experiencias extremas entre los jóvenes. De este modo, se suma a la fascinación yihadista la fascinación de los tiroteos sin relación con el terrorismo, las masacres en masa, *school shootings* y otras matanzas suicidas. En Estados Unidos, los tiroteos en masa se cobraron, ente 2013 y 2015, mil doscientos cincuenta muertos y más de tres mil heridos; entre enero y octubre de 2105, se produjeron 294 tiroteos en masa, que se cobraron 380 muertos: según *The Washington Post,* no pasaron más de ocho días seguidos sin que se produjera uno de estos *mass shootings.* Estos tiroteos asesinos y suicidas seguirán fascinando sin duda durante mucho tiempo a las personalidades desequilibradas y nihilistas de la sociedad de seducción.

LA SOCIEDAD DE SEDUCCIÓN VIGILADA

Con el fin de luchar contra las amenazas de atentados terroristas, nuestras sociedades han intensificado considerablemente las medidas de seguridad y los sistemas de vigilancia. Desde los atentados del 11 de septiembre de 2001 y la guerra contra el terrorismo que se desarrolló después, Estados Unidos primero y luego los Estados europeos no han dejado de reforzar los dispositivos de vigilancia de las personas y las comunicaciones. Con el Patriot Act, aparecieron medidas como la

1. Kamaldeep Bhui, «La radicalisation relève de la santé publique», *Le Monde,* 14 de diciembre de 2015.

detención sin inculpación ni límite de tiempo de los extranjeros sospechosos de terrorismo en la prisión de Guantánamo, la elaboración de listas de personas peligrosas, la vigilancia de los mensajes electrónicos en internet, la escucha de conversaciones telefónicas sin autorización previa de la justicia.

En la lucha antiterrorista, Europa ha tomado el mismo camino. En Francia, al estar bajo el control directo del Estado, la vigilancia de los internautas elude cualquier procedimiento judicial. En todas partes se implantan medidas de control electrónico de los flujos migratorios, la generalización del visado biométrico de los pasajeros en los aeropuertos. Y en todas partes se multiplica el hecho de prolongar la conservación de los datos recogidos sobre los individuos, así como de las imágenes grabadas por las cámaras de videovigilancia.

En los lugares físicos del territorio, el aeropuerto representa una de las figuras más emblemáticas de la sociedad hipervigilada. En los aeropuertos se despliegan dispositivos de seguridad reforzada: patrullas militares, aumento de la sensibilidad de los arcos de detención de objetos metálicos, cacheo aleatorio de pasajeros, sistemas de alarma antiintrusión, seguridad de los perímetros, cámaras de vigilancia que pronto se acoplarán con las tecnologías de reconocimiento facial.

Y, sin embargo, las terminales parecen cada vez más inmensos centros comerciales ricos en una gran variedad de tiendas, bares y restaurantes. Actualmente, los aeropuertos tratan de ser atractivos y lujosos, con arquitecturas originales e interiorismos elegantes. En todas partes, las zonas dedicadas a las tiendas y a los servicios aumentan; en todas partes brillan los anuncios, las marcas de prestigio, los rótulos de marcas de moda y lujo internacional: el aeropuerto se ha convertido en un lugar destacado del comercio que ofrece los productos y los servicios atractivos de los centros urbanos. Un lugar altamente paradójico, marcado por la yuxtaposición del hipercontrol de seguridad y la tentación consumista.

Las *fan zones* ilustran también la lógica paradójica de la sociedad de seducción hipervigilada. Instalados en el centro de las grandes ciudades para permitir que los seguidores se reúnan y sigan los partidos de fútbol en una gran pantalla, estos espacios están organizados para ofrecer comodidad y placer al público con actividades de animación, escenarios para conciertos y puestos de comida y bebida. Al mismo tiempo, desde los atentados terroristas, la cuestión de la seguridad de las *fan zones* se ha vuelto un tema muy sensible. Los dispositivos de seguridad se han reforzado considerablemente: cacheos minuciosos en la entrada, patrullas de policías, uso de empresas de seguridad privada y sistemas de videovigilancia. Ahora, la cálida seducción del ambiente, la fiesta y los conciertos se desarrolla bajo una protección y vigilancia extremas.

Por lo demás, el terrorismo está lejos de constituir el único factor que favorece el advenimiento de la sociedad de vigilancia generalizada. Sabemos, desde las revelaciones de Edward Snowden, que el FBI y la NSA pudieron recopilar, desde 2007, datos de carácter personal de millones de ciudadanos de Estados Unidos y de otros lugares del mundo, fueran o no sospechosos. Instituciones políticas y económicas, así como una treintena de jefes de Estado y de gobierno también fueron objeto de escucha. La cantidad de datos numéricos reunidos y almacenados por Estados Unidos es astronómica: solo durante el mes de marzo de 2013, el programa de vigilancia informática Prism permitió interceptar y analizar más de ciento veinticinco mil millones de metadatos digitales. Esta cibervigilancia, cuya amplitud no tiene precedentes y que se desarrolla de manera virtual, se sustenta en las redes digitales y en la capacidad de tratamiento algorítmico.

Añadamos que el ciberespionaje solo constituye una parte de un fenómeno mucho más amplio de recogida de información masiva (*«Collect it all»*). Con la digitalización exponencial de nuestras sociedades y los progresos de la miniaturización, los medios de vigilancia se han perfeccionado y

448

o vigilancia ininterrumpida —
o neovigilancia / marketing

extendido considerablemente. Satélites de geolocalización, aplicaciones para teléfonos móviles, microchips, objetos conectados, captadores, todos ellos son tecnologías que permiten a los padres «seguir a sus hijos», rastrear a los individuos en todos sus actos, vigilar las constantes de salud de los usuarios y de los pacientes con enfermedades crónicas, capturar hasta el más mínimo flujo urbano *(smart cities),* transmitir las informaciones relativas al hábitat («hogar conectado»). La época hipermoderna es contemporánea de una vigilancia ininterrumpida, global y totalizadora que desemboca en un «panoptismo de datos»,[1] una *data mining* capaz de anticipar tendencias que todavía no son discernibles. Es el momento de la vigilancia en masa, de los poderes predictivos, fruto de operaciones algorítmicas que se aplican en los ámbitos de los seguros, el marketing, la gestión de las ciudades, de la salud y la seguridad pública.

En el momento de los sistemas computacionales y del *big data,* la noción de vigilancia adquiere un nuevo significado. A la vigilancia a la antigua, policial, física, de seguridad dirigida a sujetos «peligrosos», se suman ahora las operaciones de recogida y tratamiento de datos personales obtenidos a partir de nuestras navegaciones en la red. Esta neovigilancia ya no tiene que ver con la seguridad, sino que su objetivo es comercial. Ahora se consolida el *data marketing,* la «gobernabilidad algorítmica»[2] que se desarrolla de forma ininterrumpida y con nuestro consentimiento. La nueva dominación estadística no coacciona, no somete a órdenes despóticas: incluso, con los algoritmos de recomendación utilizados por las grandes plataformas de venta de la red, llega a seducir a los consumidores, al presentarles de

---

1. Éric Sadin, *Surveillance globale. Enquête sur les nouvelles formes de contrôle,* Flammarion, París, 2009 y *La vie algorithmique. Critique de la raison numérique,* L'Échappée, París, 2015.
2. Antoinette Rouvroy y Thomas Berns, «Le nouveau pouvoir statistique», *Multitudes,* n.º 40, 2010.

manera automatizada e instantánea aquello que mejor se adecua a las expectativas idiosincrásicas de cada uno.

No se constituye un *Big Brother* policía y omnipotente, ni la dominación disciplinaria y coercitiva propia de las «instituciones completas y austeras» (Foucault), sino una vigilancia de tercer tipo, desmaterializada, que ha perdido su verticalidad, banalizada, que se lleva a cabo a partir de las prácticas expresivas, lúdicas y hedonistas de cada uno: compras, viajes, música, *posts* en Facebook, textos, tuits. Hemos alcanzado el momento en el que las operaciones de vigilancia global no hacen retroceder en absoluto el universo de la seducción, pues los individuos, que saben que están siendo rastreados y geolocalizados, siguen entregados a sus prácticas digitales de entretenimiento y comunicación. Paradójicamente, la sociedad de seducción no es antinómica con la nueva sociedad de vigilancia: constituye una de sus condiciones de desarrollo. Cuanto más se multiplican las actividades cotidianas relacionadas con la seducción-mundo, más se refuerza el poder de la vigilancia de datos.

¿DIVERTIR O EMBRUTECER?

Si la sociedad de seducción está acusada de frustrar a la gente, también lo está de precipitar la ruina de la cultura y la vida del espíritu. Esta crítica no es algo reciente: ya en los años cuarenta, Adorno y Horkheimer lanzaban sus flechas contra la industria cultural que «no deja a la fantasía ni al pensamiento de los espectadores ninguna dimensión en la que pudieran [...] pasearse y moverse por su propia cuenta». Su resultado no es solo el control de las conciencias, el conformismo y la aceptación del orden social, sino una «depravación de la cultura» fuente de embrutecimiento[1] de masas.

1. Max Horkheimer y Theodor W. Adorno, *La dialéctica de la ilus-*

¿Embrutece la seducción?

Las críticas que inicialmente se dirigieron al cine y a la publicidad se extienden a la televisión, acusada de instaurar la dictadura del entretenimiento, de «vaciar» las cabezas a través de programas que enganchan y entontecen («telebasura»), de sandeces, chácharas y opiniones insignificantes. Por su parte, la información funciona a base de simplificación y sensacionalismo: se descartan las explicaciones complejas y se favorecen los comentarios en diagonal y un tratamiento emocional de la actualidad. Aún más ampliamente, todo el capitalismo cultural, a través de los videojuegos, de los cómics, los *blockbusters* hollywoodenses, los parques temáticos y las revistas de famosos, produce actividades de ocio y espectáculos concebidos para la distracción en detrimento de la reflexión. Respecto a esto, la sociedad de seducción solo acentuaría el camino del espíritu democrático «hacia dejar de pensar» que ya señaló Tocqueville.[1]

A todo esto se suma la red, acusada a su vez de poner en peligro la vida intelectual, las capacidades de reflexión y concentración, la facultad de comprender textos largos y complejos. La cuestión se plantea así: ¿y si Google afectara negativamente a nuestras capacidades cognitivas?[2] Se multiplican las preocupaciones y alertas: llega un momento en que la superabundancia de datos mata la actividad reflexiva; ya no reflexionamos, mariposeamos, acumulamos informaciones sin comparar. Como hay que encontrar todo con un clic, cada vez cuesta más hacer un esfuerzo continuado para acceder al saber. De este modo,

---

tración. Fragmentos filosóficos, Trotta, Madrid, 2016, trad. de Juan José Sánchez.

1. Alexis de Tocqueville, *De la démocratie en Amérique, op. cit.,* pág. 19.
2. Nicholas G. Carr, *Internet rend-il bête? Réapprendre à lire et à penser dans un monde fragmenté, op. cit.*

el poder de atracción ejercido por la inmediatez digital podría acentuar la deriva hacia un pensamiento de tipo consumista, desperdigado y desestructurado. «Devastación espiritual», destrucción masiva de la cultura y del pensamiento: estas son, para sus adversarios, las consecuencias gravísimas de la sociedad de seducción. Los programas culturales se relegan a última hora de la noche y el 43 % de los franceses de más de quince años mira la televisión más de veinte horas semanales, el número de «grandes lectores» retrocede y el tiempo dedicado a la lectura, desde finales de los años ochenta, se halla en declive. La lectura, en Francia, solo ocupa el 4 % del tiempo de ocio de los hombres en activo y el 7 % del de las mujeres. Según la encuesta European School Survey Project on Alcohol and Other Drugs (Espad), la proporción de jóvenes que no leen nunca o casi nunca ha pasado, entre 2003 y 2015, de un 53 % a un 61 %. Informes del National Endowment for the Arts (2007) señalan que los jóvenes leen más documentos digitales, pero menos libros impresos y, por si fuera poco, lo hacen con mayores dificultades de lectura.

De forma aún más general, la vida intelectual en sí misma pierde su antiguo prestigio. El «valor espíritu», antaño celebrado por Valéry, se hunde mientras que triunfan los valores materialistas, la cultura del *business*, de las actividades de ocio, del deporte y del entretenimiento. Los debates en televisión tienen que amoldarse al formato del entretenimiento, al visto y no visto que excluye cualquier «dolor de cabeza»: la exposición de las ideas debe acercarse al espectáculo. Se trata de saber un poco de todo, sin esfuerzo y de forma placentera, tal como muestran la multiplicación de libros de divulgación, diccionarios, «resúmenes», guías y las primeras páginas mediáticas dedicadas a los grandes filósofos. Cada vez más la relación con la vida intelectual está marcada por la pérdida de interés por todo aquello que no concierne directamente a las preocupaciones personales y las soluciones

452

a problemas de la cotidianeidad. La relación «desinteresada» y «abstracta» con las cosas del espíritu es sustituida por una relación consumista o utilitarista. Las preguntas propiamente teóricas se suplantan por la búsqueda de soluciones útiles para la vida práctica, psicológica y relacional.

Entonces, ¿qué queda de la incandescencia de la vida intelectual que caracterizó la época de la cultura contestataria? En los años sesenta y setenta se desarrolló, a través de las corrientes estructuralistas, althusserianas, lacanianas, izquierdistas y deconstructivistas, el momento propiamente *moda* de la vida intelectual, con sus divas, sus coqueterías estilísticas, sus provocaciones sofisticadas y sus excesos dandis.[1] Este ciclo, aunque portador de conformismo y animado por la voluntad de asombrar y deslumbrar a la galería mediante proezas de lenguaje, un virtuosismo verbal y una radicalidad elegante, iba acompañado de un excepcional relieve de la vida intelectual. Esa época ya es cosa del pasado: ya no tenemos, en este ámbito, vanguardias, gurús ni éxtasis. El encanto iniciático y la magia liberadora que habitaban la vida intelectual se han evaporado:[2] su fuerza seductora se ha apagado. Esta pérdida de aura supone el advenimiento de un nuevo régimen del pensamiento, su momento *light,* que coincide con el declive del poder de atracción de la razón teórica. A medida que se perfecciona el arsenal de la tentación mercantilizada, decrece el potencial de seducción de la vida intelectual. El encanto se ha roto, el estado de gracia excepcional del que se beneficiaron las obras más especulativas se ha disipado. Es imposible escapar

1. Gilles Lipovetsky, «Le désenchantement de la pensée», *De quoi l'avenir intellectuel sera-t-il fait?, Enquêtes, 1980, 2010,* obra colectiva presentada por Marcel Gauchet y Pierre Nora, col. Le Débat, Gallimard, París, 2010.

2. Marie-Claude Blais, Marcel Gauchet y Dominique Ottawi, *Conditions de l'éducation,* Stock, París, 2008, págs. 83-88.

de esta constatación: han dejado indiscutiblemente de hechizar a las mentes.

La pérdida de magia de la vida del espíritu constituye una fuerte tendencia de la sociedad de seducción, pero no es la única: hay otro camino, pues, al mismo tiempo, la televisión informa al público, ofrece datos que nos asoman a otros mundos, permite escuchar puntos de vista diversos, da la palabra a expertos, economistas o universitarios para hablar sobre cientos de cuestiones. Ha sido ella, sobre todo, la que ha hecho descubrir la economía a la sociedad francesa: el vocabulario económico, presente diariamente en los discursos mediáticos, se ha convertido en un lenguaje corriente. Si bien es cierto que la velocidad de la información y la brevedad de los análisis no pueden dar una explicación profunda de los acontecimientos, no se puede reducir el efecto del tratamiento mediático a un simple entretenimiento y a la «desinformación»: los medios cambian las formas de comprender el curso de las cosas. Simplifican pero también, en cierto modo, complejizan nuestra relación con el mundo. Y si la información tiene el deber de no ser aburrida, no deja, sin embargo, de preocupar y desestabilizar a los individuos, perdidos en un magma de datos variados que cambian permanentemente.

¿Máquina para descerebrar? Hay que constatar, sin embargo, que el hiperconsumismo no ha conseguido abolir la capacidad del ser humano de cuestionarse las cosas y de mostrar su desacuerdo cultural. Por el contrario, cada vez son más las cuestiones que son objeto de debate público. Contrariamente a las tesis del «hombre unidimensional», las facultades críticas y opositoras del hombre están muy vivas. Así lo atestiguan las fuertes controversias sobre la ciencia de la procreación artificial, las manipulaciones genéticas, la eutanasia, el aborto, el matrimonio gay, la adopción de niños por parte de los homosexuales o el multiculturalismo. El encanto de las tentaciones consumistas no impide en absoluto el auge de conflictos

454

morales y desacuerdos de fondo sobre las formas de convivencia. No se organiza una «sociedad cerrada» (Marcuse), sino una cultura problemática, abierta e incierta.

Esto no impide que no falten los motivos para mostrarse pesimista respecto al progreso del uso de la razón. Programas de televisión desoladores por su estupidez, política «posverdad», sectas, grupos esotéricos, teorías del complot, progresión de los partidos populistas, despertar de los fundamentalismos religiosos, cruzada yihadista: el desvanecimiento de las ideologías extremas y los progresos de la escolarización no han puesto fin en absoluto a las creencias ocultas, los mitos conspirativos, las demagogias políticas, las distintas manipulaciones de los afectos y los imaginarios. La lección es dura: si bien la sociedad de seducción contribuye al retroceso de las conflictividades sociales paroxísticas, no ha conseguido hacer retroceder a las visiones simplistas del mundo, las informaciones falsas, la credulidad de las masas, las creencias ocultas ni las actitudes impermeables a las pruebas y argumentaciones racionales.

Obviamente, la sociedad de seducción no es ajena a este fracaso del ideal del Siglo de las Luces. Al destruir las formas de imposición colectiva y al arruinar la fe en las grandes ideologías totalizadoras, el cosmos seductivo ha provocado una desregulación hiperindividualista fuente de confusión, desorientación y angustias. De ahí, las demandas de sentido, así como el éxito de las explicaciones simplificadoras, las soluciones milagrosas, los demagogos para los cuales los hechos objetivos tienen menos importancia que los llamamientos a las emociones y creencias personales: lo que hoy se denomina la política «posverdad» o «posfactual». Sin duda, el desprecio por los hechos y la retórica del *pathos* en el orden del discurso político no son algo nuevo. Simplemente, sorprende que sea la sociedad de lo *cool* la que haya preparado desde hace tiempo, a través del *branding,* la comunicación emocional y las políticas de imagen, el éxito de los discursos conminatorios de la «posverdad». Respecto a esto, hay que ver en ella la última etapa y una nueva manifestación del reino del «gustar y emocionar», incluso por la vía de una retórica especialmente agresiva.

Por muy inquietante que sea esta radiografía, no puede justificar, no obstante, las tesis que sostienen el advenimiento de una era de «no pensamiento» o de «pospensamiento» (Giovanni Sartori) en la que el *homo sapiens* cede el paso al *homo videns,* a causa de la influencia de las imágenes televisivas y de su capacidad para atrofiar las capacidades de abstracción y comprensión. No debemos perder de vista que los individuos, aun estando muy poco estructurados, se muestran incluso así más críticos que en las sociedades tradicionales, en las religiosas o en aquellas dominadas por las ideocracias de la primera modernidad. Con todos sus vicios, las democracias liberales reconfiguradas por las estrategias de seducción son regímenes pluralistas en los que se ejercen la libertad de discusión, la confrontación de las ideas y los proyectos, los debates contradictorios abiertos a todos en un gran número de instancias.[1] Debido al pluralismo político, a la multiplicación de los puntos de vista presentados en los medios y puestos a disposición de todos, a la disolución de los marcos referenciales religiosos e ideológicos y al aumento del nivel

1. La cara positiva de la sociedad de seducción no se limita a este único aspecto. Contribuye de forma decisiva al apaciguamiento de las democracias, a la reducción de los antagonismos más violentos y a la progresión de la tolerancia. Subrayemos como ejemplo el hecho de que, a pesar de los ataques terroristas que golpearon a Francia, asistimos a un descenso importante de los ataques y agresiones contra los musulmanes durante el mismo periodo. Las discriminaciones respecto a ellos son moneda corriente, pero el retroceso de actos contra los musulmanes también es algo digno de mención. Véase Informe 2016 del Collectif contre l'Islamophobie en France (CCIF).

escolar medio, un cantidad mayor de individuos se muestran capaces de llevar a cabo un examen libre y dirigir una mirada crítica sobre lo que observan.

A pesar de la crisis de deseabilidad de la alta cultura y del triunfo de la imagen, no tiene fundamento hacer del eclipse del cuestionamiento y de la reflexión intelectual el signo de la época. Si bien el capitalismo seductor ha conseguido liquidar la fe en las perspectivas revolucionarias mediante el poder de atracción de sus ofertas de goce, no ha puesto fin al espíritu crítico y al uso individualizado del entendimiento.

Así, a pesar de que proliferan los pensamientos caricaturescos y perezosos, las manifestaciones de confusión y credulidad de los espíritus, nada de catastrofismo, pero tampoco ningún triunfalismo, pues no es el déficit de capacidades críticas lo más preocupante, sino el auge de modos de pensamiento simplistas y rígidos, más dirigidos por lo emotivo que por la razón. El espíritu crítico no lo es todo: debe ir acompañado de una reflexión lúcida y realista, debe construirse, debe reflexionarse, debe alimentarse y dirigirse correctamente. Hay que constatar que los efectos de la cultura de seducción distan mucho de ser satisfactorios. De ahí la urgencia y la amplitud de la tarea que nos incumbe, la de trabajar en las transformaciones necesarias de nuestros sistemas educativos.

INNOVACIÓN, FORMACIÓN Y CREACIÓN

Obviamente, el cuadro de conjunto que presenta nuestra época no invita a un optimismo beato, de modo que se imponen cambios de fondo si se quiere evitar lo peor y organizar una sociedad que esté más conforme con los ideales humanistas de paz civil y realización del potencial de los individuos.

¿Qué hacer? El mundo ha cambiado: ya no es el momento de la «Gran Noche», de las alternativas radicales que supuestamente pueden cortar la historia en dos. Ante el capitalismo no disponemos de ninguna solución de recambio creíble ni de ningún contramodelo global. No hay más salvación que seguir los caminos trazados por la modernidad a través de sus tres invenciones fundamentales —la tecnociencia, el mercado y la individualización democrática—, una modernidad de la cual la sociedad de seducción representa uno de sus «productos» contemporáneos. Ante los desafíos planetarios, ecológicos y demográficos, se impone sin duda la exigencia de un sistema productivo que reduzca los flujos materiales y su impacto negativo sobre el medio ambiente. Sin embargo, es ilusorio creer que lo conseguiremos a través del decrecimiento y la reducción virtuosa de las necesidades. Al contrario de lo que afirman los apóstoles de estas corrientes, no hay otra solución que la que estigmatizan, a saber, el desarrollo económico y la innovación tecnocientífica. Son los únicos medios efectivos capaces de responder a los retos del mundo que se avecina. No hay mejores caminos que la inversión en investigación y desarrollo, la dinámica de la «destrucción creadora», la única capaz de inventar nuevos modos de producción y consumo. Las soluciones existen: hay que buscarlas en el desarrollo de la razón, de la inteligencia humana y artificial, de la creatividad emprendedora. Es precisamente «la innovación la que salvará al mundo».[1]

En esta línea, hay ciertos signos esperanzadores. Cada vez más jóvenes diplomados e incluso estudiantes se muestran tentados por la creación de empresas y se lanzan a la creación

1. Nicholas Bouzou, *L'innovation sauvera le monde. Philosophie pour une planète pacifique, durable et próspère*, Plon, París, 2016.

de *start-up*. Según una encuesta Universum realizada a un millón de estudiantes de 54 países, el 7,8 % de los jóvenes declara querer crear su empresa. Según el Insee, más de quinientas cincuenta mil nuevas empresas fueron creadas en Francia en 2014: entre sus creadores, más del 8 % fueron jóvenes diplomados. En relación con los años sesenta y setenta, el cambio es sorprendente: ahora, para muchos jóvenes, ser emprendedor es *cool*. El gusto de ganar dinero, por supuesto, no está ausente de ello, pero no es la motivación preponderante. Gana la pasión por el proyecto, el gusto por el riesgo, la voluntad de independencia y libertad, la posibilidad de poder gestionar a su antojo el tiempo dedicado a trabajar. Para muchos jóvenes, crear su *start-up* es una forma de aventura movida por la pasión de la innovación y el reto, a veces por el deseo de inventar un mundo más respetuoso con el medio ambiente, atendiendo más a las necesidades reales de los individuos. Construir un mundo mejor, ya no a través del compromiso político, sino a través de la innovación emprendedora, la acción pragmática, la producción de productos duraderos y servicios de calidad. La pasión de emprender e innovar constituye un contrapeso feliz para el reino de la seducción-consumo que nos invade.

No obstante, el culto desenfrenado al negocio conlleva nuevos problemas. En Estados Unidos, creadores de empresas *hight tech* desarrollan discursos centrados en la idea de que los estudios universitarios suponen una pérdida de tiempo y dinero, una inversión inútil e incluso nociva ya que la formación posterior a la secundaria inculca el conformismo, refrena los impulsos creativos, mina la independencia de espíritu, incita a no salirse de los caminos conocidos. Como los cursos son mediocres y la innovación no se aprende en las aulas de la facultad, lo mejor sería no alargar los estudios y convertirse lo antes posible en creador de una *start-up* innovadora. Los adeptos del movimiento *unschooling* radicalizan esta posición y dejan de enviar a sus hijos a la escuela para que aprendan libremente, como quieren, sobre todo a través de internet y el acceso gratuito a todos los saberes del mundo que este ofrece.

Cabe preocuparse por estas corrientes que desacreditan el conocimiento y el mundo educativo institucional. Una de las consecuencias del culto hegemónico al negocio es que los estudios, la investigación y los oficios científicos pierden cada vez más su prestigio y su capacidad de atracción: de este modo, somos testigos de «la desafección de los jóvenes respecto a las ciencias». Las élites eligen las carreras de dirección de empresa y finanzas que están mejor remuneradas y consideradas que las de los laboratorios de investigación. Esta situación es tan preocupante como detestable. Si bien la cultura emprendedora es positiva y necesaria, se convierte en algo nefasto cuando desprecia todo aquello que no es mercantil. Para corregir la sociedad de seducción, tenemos la necesidad imperativa de volver a dignificar el trabajo teórico, de revalorizar la investigación y los oficios científicos.

En un contexto más amplio, si hay que oponerse a estas corrientes es porque la vida deseable no se reduce a la empresa y a los negocios. Tal como funciona, la sociedad de seducción mercantil no es lo mejor que podemos desear para el futuro de la humanidad. Tenemos la responsabilidad de proponer a las generaciones futuras nuevos horizontes, una ambición superior, un modelo de vida distinto al negocio, a lo consumible infinito y a la diversión perpetua. Aunque creamos en vano que la sociedad de seducción pueda, en un futuro más o menos próximo, dejar paso a un modelo de vida radicalmente distinto, es, sin embargo, indispensable que desarrollemos alternativas a su hegemonía, contrapesos para la cultura del consumismo desenfrenado, cortafuegos capaces de ampliar los horizontes de vida y ofrecer perspectivas más altas que únicamente las del beneficio y el consumismo total. Entre estos contrapesos está el saber, la cultura y el arte.

460

No hay nada más importante para el futuro que construir un mundo en el que sea reconocida la prioridad central del ámbito de la inteligencia, el espíritu y, en consecuencia, de la formación de los hombres. Ante la sociedad seductora, tenemos que promover una sociedad educadora, permanente y global. Esta no hará desaparecer milagrosamente a la otra, pero al menos debería reducir sus problemas y derivas patógenas. Para frenar los efectos nocivos de la sociedad del entretenimiento, ningún otro camino puede superar la movilización educativa y la promoción de una educación global ambiciosa.

Una de las grandes características de la época hipermoderna consiste en el nuevo lugar que ocupa el conocimiento en las actividades de trabajo y el sistema económico. «Capitalismo cognitivo», «sociedad posindustrial», «sociedad informacional» y «sociedad del conocimiento» son algunos de los conceptos propuestos actualmente para denominar la mutación en curso. Desde los primeros años setenta, Daniel Bell señalaba el paso de la sociedad industrial orientada hacia la producción a la sociedad posindustrial basada en el conocimiento y la información. La revolución de las TIC y de internet amplifica también el peso del saber, que se convierte en el recurso principal de la actividad económica. Hemos llegado al momento en que el conocimiento se impone como la principal fuerza productiva, la principal forma de capital y de trabajo. Ello conlleva que los agentes económicos tengan que poseer, en el ejercicio de sus profesiones, cualificaciones superiores. Para encontrar un lugar en esta sociedad, cada vez es más importante poseer un «capital de conocimiento», formarse permanentemente, adquirir nuevas competencias a lo largo de toda la vida. En este contexto, si el papel de la educación resulta más imperativo que nunca, no es solo porque tiene efectos positivos sobre el progreso técnico, sino también porque constituye para los

461

individuos la mejor herramienta que existe para encontrar un lugar en la sociedad, evitar el paro de larga duración y ejercer una actividad profesional más rica y creativa.

Apostar por la educación significa, en primer lugar, promover una escuela ambiciosa, capaz de elevar los recursos intelectuales, las capacidades de análisis y reflexión de todos, incluso de las clases humildes. Para luchar contra el fracaso en los aprendizajes iniciales, en concreto en el ámbito de la comprensión lectora, necesitamos, como dice Jean-Pierre Terrail, «una especie de revolución copernicana», a saber, una «pedagogía de la ambición» que se oponga a las derivas de la escuela atractiva (motivación, juego, descubrimientos y libres iniciativas de los alumnos) que se empezó a desarrollar en los años sesenta y setenta. Para hacer que todos los alumnos accedan al pensamiento conceptual abstracto que les permite proseguir sus estudios secundarios, tenemos el deber de encarrilar una «escuela de la exigencia intelectual» que no sea reacia a asumir la austeridad de las reglas, las repeticiones de ejercicios, los aprendizajes tediosos, los saberes abstractos y «cultivados».[1] La primera forma de lucha contra la hegemonía de la cultura del gustar (juego, placer, libertad, realización inmediata del niño) debe empezar en la escuela a través de dispositivos pedagógicos basados en el esfuerzo y la disciplina intelectual de todos los alumnos de todos los medios sociales.

Creación y cultura

Sin embargo, la ambición educativa que debe ser la nuestra va más allá del ámbito de las adquisiciones fundamentales y de los saberes técnicos y profesionales. Más que nunca, ne-

1. Jean-Pierre Terrail, *Pour une école de l'exigence intellectuelle. Changer de paradigme pédagogique*, La Dispute, París, 2016.

cesitamos una educación «global» que incluya las «humanidades», la literatura, la historia y la «cultura general», ya que estos polos constituyen recursos necesarios para la capacidad de autonomía de los individuos, el medio indispensable para no perderse en el magma de las informaciones disponibles en la red, elevar las capacidades reflexivas y críticas de los ciudadanos.

Además de tener el mérito de ayudar a comprender el curso del mundo, las disciplinas de cultura general pueden permitir a los individuos interesarse por cosas distintas a los productos mercantilizados y escapar del aislamiento consumista. El poder de atracción de los productos mercantiles, incluso los fútiles, no puede considerarse una abominación, pues la necesidad de relajación es inherente a la condición humana. Lo lamentable es que a veces resulta tan apremiante que acaba por impedir el disfrute de otros goces, de otras actividades. No se debe denunciar el hiperconsumo diciendo que solo produce subplaceres, satisfacciones débiles. Esto no se corresponde con la realidad vivida: ¿cómo medir los placeres, cómo compararlos? ¿Qué autoriza a decir que escuchar a Ravel procura un placer más intenso que escuchar al último cantante que se ha puesto de moda? Si hay que denunciar el fetichismo consumista es porque limita demasiado el abanico de fuentes de atracción. La función de la formación global no es paliar un déficit de placer, sino el déficit en materia de ampliación de los gustos e intereses.

Esta es una de las grandes misiones de la sociedad educadora. La educación debe plantearse a la vez como una fuerza de oposición al reino invasivo de la seducción «fácil» y como el instrumento que abre las vías a otros ámbitos atractivos en relación con la cultura y la belleza artística. Debe permitir disfrutar de otros tipos de placeres, los que ofrecen tanto las argumentaciones racionales como las bellezas estilísticas del arte y la literatura. No hay un único registro del «gustar y emocionar». Una de las misiones de la escuela es favorecer el desarrollo de atracciones distintas de las que ofrecen los bienes efímeros mediático-mercantiles. Contra la omnipresencia de estos, la escuela se honra al fijar como meta la formación de individuos capaces de ser cautivados por otras cosas que no sean las modas de los aparatos electrónicos, las series de televisión y los videojuegos. Al transmitir los elementos de nuestra herencia cultural secular, la escuela y la educación global se presentan como los agentes indispensables para abrir y enriquecer los placeres que pueden sentir los individuos.

Hay más. Por una educación exigente no hay que entender el conjunto de dispositivos que permiten la adquisición de los saberes necesarios para el ejercicio del pensamiento racional, de la ciudadanía y de una profesión. «Aprender» está relacionado también con las actividades artísticas. Al desarrollar el gusto de expresarse a través de la pintura, el teatro, la música, la fotografía, el vídeo o la danza, se construye una relación con la cultura capaz de limitar la tentación consumista. Cuando se pinta, se escribe un libro, se toca música, hay menos urgencia por comprar los últimos productos de marca: el deseo está en otro lugar. Desarrollar una actividad creativa, sea cual sea, hace retroceder la tendencia de atribuir un valor central a la adquisición de bienes mercantiles. Al estimular el gusto de hacer, se trabaja para reducir el poder de atracción del consumismo «pasivo». Por este motivo, la sociedad educadora tiene que redoblar sus esfuerzos para despertar el interés por las prácticas culturales y artísticas y la formación en ellas. Por ello, animar las acciones creativas es una de las vías ricas de futuro para escapar de la influencia excesiva de lo consumible. Esta vía no es moralista ni ascética, no implica ninguna renuncia; sencillamente reduce el fetichismo consumista mediante el interés hacia una actividad creativa.

Si la educación artística ya no debe ser considerada una disciplina secundaria, es también porque nuestra época registra un fuerte desarrollo del gusto por la creación y la expresión artística tal como demuestra el aumento del número de artistas profesionales, así como la espectacular progresión de las prácticas artísticas de aficionados: *The Pro-Am Revolution*.[1] Mientras se multiplican los participantes en coros, el 18 % de los franceses a partir de los quince años practican música a nivel *amateur*. En el ámbito de la pintura, la proporción de aficionados, en Francia, ha pasado del 3 % al 10 % entre 1981 y 1997 y en el de la escritura del 3 % al 6 %. Actualmente, tres franceses de cada diez desarrollan una actividad artística frente a un 1,5 % en los años setenta. Casi la mitad de la población estadounidense ha seguido clases de música, un tercio de ella fuera de la escuela, y un cuarto de ella ha recibido clases diversas: pintura, artesanía, escritura. La seducción del arte ha irrumpido en la era de la práctica democrática de masas.

En la cultura individualista, hedonista y «posmaterialista», los individuos, en mayor número que en el pasado, aspiran a expresarse, crear, realizar cosas «ricas», estimulantes, personales.[2] Si la práctica artística atrae a un número creciente de individuos es porque constituye una fuente de satisfacción que el trabajo, sinónimo demasiado frecuentemente de monotonía, ausencia de iniciativa y asfixia de la singularidad individual, no permite. De ahí la seducción que ejercen las formas de realización de uno mismo a través de actividades más ricas, creativas y personales que permiten conseguir algo apasionante y que valoran a los seres tanto respecto a sí mismos como

1. Patrice Flichy, *Le Sacre de l'amateur. Sociologie des passions ordinaires à l'ère numérique*, Le Seuil, París, 2010.
2. Según un sondeo *Le Figaro Littéraire-Opinion Way* de 2009, más de un millón cuatrocientos mil franceses han redactado un manuscrito, y un francés de cada tres ha pensado en escribir un libro; aproximadamente cuatrocientas mil personas ya han enviado su texto a una editorial. La época registra también el éxito de los talleres de escritura.

respecto a los otros. La escuela debe tener en cuenta y responder a esta necesidad de un hacer creativo.

Así, la respuesta que debe aportarse a la seducción mercantil hipertrofiada apela a la activación de los recursos culturales y creativos. No se conseguirá hacer que progrese el gusto por la cultura a través del cambio de programas de televisión, a través de una política ambiciosa en materia de bibliotecas ni a través de la instauración de un «pase cultural» ofrecido a todos los jóvenes el día de su mayoría de edad. A través de estas vías no se conseguirá hacer retroceder las patologías del todo-seductor mercantil, sino que se conseguirá a través de la excelencia de los aprendizajes escolares, la movilización de los recursos intelectuales y culturales y la formación artística. No soñemos: las ofertas del capitalismo cultural no cambiarán su naturaleza mientras encuentren consumidores atraídos por la insignificancia espectacular. ¿Qué es lo que hará cambiar el *ethos* consumista? El retroceso del «embrutecimiento de masas» pasa por una formación escolar y artística de calidad. Nuestra época debe invertir en dicha formación para que las tentaciones consumistas permanezcan en el lugar que debería ser el suyo.

Para abrir el abanico de los ámbitos de seducción, necesitamos antídotos contra la influencia del hiperconsumo. La educación, la cultura, el arte y la creación bajo todas sus formas son las piezas principales. Ante la fuerza de la tentación consumista omnipresente, tenemos que crear contextos sociales capaces de favorecer el desarrollo de nuevos objetivos existenciales. Las llamadas a cualquier tipo de «suplemento del alma» no aportarán una solución duradera, sí lo hará una inversión masiva en educación y cultura, así como nuevos paradigmas pedagógicos capaces de suscitar los deseos creativos de todo tipo.

No habrá una revolución global anticonsumista: el camino hacia una sociedad menos desequilibrada, en la cual el

466

progreso no esté solo relacionado con el PIB sino con las personas consideradas en su globalidad, será largo. El ideal de desarrollo duradero es noble, pero no debe ser concebido exclusivamente como un nuevo modelo económico destinado a responder a los grandes retos medioambientales: hay que plantearlo como un objetivo humano. Del mismo modo que debemos llevar a cabo de forma progresiva una «transición ecológica», también tenemos que poner en marcha todo aquello que pueda servir para realizar una «transición cultural» que permita desarrollar una ecología del espíritu. Si el objetivo de la ecología industrial es limitar los impactos de la industria en el medio ambiente, la ecología del espíritu se empeña en encontrar los medios culturales para limitar los daños del hiperconsumo en las existencias y los potenciales humanos. Esto requiere una movilización cultural concebida como instrumento principal que permita desarrollar modos de vida más «ricos», menos desequilibrados, menos focalizados sobre el consumo. No solo necesitamos energías nuevas para un desarrollo sostenible, sino también nuevas energías existenciales, una nueva economía mental, una nueva política cultural al servicio del desarrollo personal de los individuos. Si hay que preservar el equilibrio de los ecosistemas, es igualmente imperativo luchar contra los desequilibrios existenciales provocados por el todo-consumismo. Hay que considerar la inversión cultural como una de las grandes respuestas que hay que dar a la excrecencia del consumo. No son los ideales abstractos, las cruzadas morales ni un universo mediático más «inteligente» los que nos librarán de la unidimensionalidad consumista, sino los focos seductivos y duraderos portadores de enriquecimiento de uno mismo.

Incluso si la sociedad de seducción tal como funciona actualmente no nos da los medios para afrontar de forma satisfactoria los retos del porvenir y exige para ellos distintos contrapesos, no hay motivo para demonizar su reino. No se *no se* trata de construir un más allá radical de dicha sociedad, sino una sociedad de seducción que, liberada de la hegemonía de los valores materialistas y presentistas, sea compatible con el esfuerzo y el trabajo, la superación de uno mismo, la creación y la reflexión. Nuestra responsabilidad consiste en promover, en lugar de una seducción pasiva, una seducción aumentada, una seducción que impulse las pasiones ricas y buenas, aquellas que permiten el progreso de uno mismo, el enriquecimiento de las experiencias y facultades humanas.

ÍNDICE ONOMÁSTICO

473

ÍNDICE